Gerhard Konzelmann

Vermächtnis für den Frieden

Hussein von Jordanien

56. / 57.

23. Woche

Beirut → München → Stuttgart

Donnerstag, 18. Juni

SA 4.03
SU 20:41

Irgend bringt mich
um Flug hier
pe Abflug Beirut
  LH Europajet
10⁴⁰ Ortszeit Ankft München
11³⁰ Abflug in München
     LH 2660 nach
12²⁰ Ankft. Stuttgart
Abholung durch SDR-Fahrzeug
Gespräch mit Herrn Jaedicke:
Auszahlung Urlaub
von fünf Arab (1 Monat).
15⁰⁰ Bank
16¹⁵ festgestellt daß
viel zu viel Text im
Feddajjinfilm, gekürzt.
Abendessen bei
Concha + Inge.
20⁰⁰ Tagesschau: Bericht
     aus Amman von gestern.
Concha + Inge krank)

→ Hussein denkt nicht an
Abdankung. "Erst, wenn ich
meinem Volk nicht mehr
nützlich sein kann. Er
spricht von "Elementen", die
hinter der Revolution, der
Konspiration stehen.

Wahl in England:
Sozialisten
verlieren!

Gerhard Konzelmann

Vermächtnis für den Frieden

Hussein von Jordanien

*Mit 38 Fotos
und 1 Übersichtskarte*

HERBIG

Bildnachweis

Alle Abbildungen aus den Archiven der Buchverlage Langen Müller Herbig und der Privatsammlung des Autors, außer:

Bilderdienst Süddeutscher Verlag: Frontispiz, 9, 10, 15, 17, 18, 19, 21, 22, 24, 25, 26, 27, 28, 29, 30, 32; *Monday Morning:* 31, 33, 34, 35, 36; *Hartwig Weber:* 1, 4, 5, 7, 11

Schutzumschlaggestaltung: Wolfgang Heinzel
Umschlagfoto: action press, Hamburg
Satz: Filmsatz Schröter, München
Gesetzt aus 10,7 / 12 Punkt Palatino auf Macintosh
in QuarkXPress
Druck und Binden: Graph. Großbetrieb Pößneck GmbH
– Ein Mohn-Betrieb –
Printed in Germany
ISBN 3-7766-2105-2

INHALT

Allah hat bestimmt –
»kein Grund zur Trauer«

Bereits mit 16 Jahren war dem jungen Mann Hussein Ibn Talal bewußt geworden, daß dem Tod – auch dem eigenen – keine besondere Bedeutung zuzumessen ist, daß das Leben des einzelnen auf der Erde nur eine Episode in Allahs gewaltiger Ordnung des Geschehens darstellt. Nachdem er diese Erkenntnis gewonnen hatte, überstand Hussein Ibn Talal im Zeitraum von 47 Jahren mindestens zwölf nahe Begegnungen mit dem Tod, verschuldet durch Attentäter.

Mit 63 Jahren stirbt Hussein Ibn Talal durch Krankheit in seinem Palast Bab al Salam – Tor des Friedens – außerhalb der jordanischen Hauptstadt Amman. Zuvor hatte er noch Anweisung gegeben, seinen Tod als unwichtigen Vorgang zu betrachten: »Allah hat bestimmt, daß ich jetzt sterbe. Das ist kein Grund zur Trauer!«

Die Ergebung in Allahs Willen lenkte Husseins Gedanken, solange er noch bei Bewußtsein war. Als die Gehirnfunktionen aussetzten, war sein Leben am Ende angekommen, doch sein Tod durfte nicht verkündet werden – Husseins Herz mußte weiterschlagen, bis die Vorbereitungen zu den Trauerfeierlichkeiten abgeschlossen waren. Die islamische Vorschrift war zu erfüllen, daß der Tote innerhalb von 24 Stunden nach dem letzten Schlag des Herzens zu bestatten ist. Um eine der religiösen Tradition angemessene Frist zwischen Tod und Bestattung zu ermöglichen, mußte eine Maschine für die Fortdauer der Herzfunktionen sorgen, bis sich Monarchen und Präsidenten der befreundeten Staaten per Flugzeug auf den Weg ins Königreich Jordanien gemacht hatten. Schließlich konnte Hussein Ibn Talal der islamischen Vorschrift gemäß nur Stunden nach dem Tod zur letzten Ruhe gelegt werden.

In der Zwischenzeit hatte Husseins Sohn Abdallah legal und offiziell die Königswürde übernommen. So war es geschehen, daß der Mann, der dem Tod keine Bedeutung zugemessen hatte, zum befristeten Weiterleben gezwungen worden war. Die Verzögerung seines Todes war zum wichtigen Vorgang geworden für den Fortbestand der Dynastie der Haschemiten. Ein halbes Jahrhundert zuvor hatte der Großvater des Hussein Ibn Talal auf diesen Enkel hingewiesen mit der Bemerkung: »Wenn mein Leben ausgelöscht wird, wird er die Haschemiten weiterleben lassen!« Hussein Ibn Talal war dabei, als das Leben dieses Großvaters ausgelöscht wurde – durch Kopfschuß. Der abrupte Tod des Königs Abdallah von Jordanien hatte Husseins Leben geprägt. Nie mehr konnte er vergessen, daß der Tod immer nahe ist.

Es war der 20. Juli 1951. König Abdallah hatte sich entschlossen, Jerusalem einen Besuch abzustatten, obgleich er gewarnt worden war, daß der Aufenthalt dort für ihn gefährlich werden könne. Vom Botschafter der Vereinigten Staaten war die deutlichste Warnung ausgesprochen worden. Er hatte am Tag vor der geplanten Jerusalemfahrt König Abdallah aufgesucht und ihn angefleht, er möge die Heilige Stadt meiden, da einige Menschen dort den Monarchen haßten. Der Botschafter konnte oder wollte nicht deutlicher werden. Der junge Hussein, der bei diesem Gespräch anwesend war, behielt die Antwort seines Großvaters im Gedächtnis: »Ich werde sterben, wann und wo es mir bestimmt ist. Ob mein Tod hier in Amman geschehen wird oder in Jerusalem, liegt allein in Allahs Hand!«
Am Vorabend der Jerusalemfahrt erlebte König Abdallah eine Überraschung. Einige der Höflinge, die aufgefordert worden waren, den Monarchen zum Freitagsgebet in der Al-Aqsa-Moschee zu begleiten, lehnten dankend ab. Dies war ein außergewöhnlicher Vorgang. Bisher war es als Bevorzugung angesehen worden, vom Herrscher zu Ausfahrten mitgenommen zu werden. Jetzt aber wollten die Minister, Hofbeamte, Offiziere und sogar mancher islamische Geistliche diese Nähe meiden. Der König fand die vorgebrachten Entschuldigungen und Ausflüchte fadenscheinig. Abdallah fragte sich, ob konkrete Hinweise auf einen Attentatsplan Anlaß waren für das seltsame Verhalten der hochgestellten Männer des Hofes.
Abdallah war überzeugt, er habe von den Bewohnern des Westjordanlandes nichts zu befürchten. Er erinnerte sich an die Begeisterung, mit der er im Land zwischen Jenin und Hebron immer begrüßt worden war. Er war doch der geliebte König aller Jordanier. Um deutlich zu machen, wie sicher er sich

fühlte, beschloß Abdallah, Hussein nach Jerusalem mitzunehmen.

Daß der Enkel zur Begleitung des Königs gehörte, war im Protokoll nicht vorgesehen. Am Abend des Vortags der Jerusalemfahrt ließ Abdallah den 16jährigen zu sich in den Basmanpalast kommen, der im Osten der damals noch sehr kleinen Stadt Amman liegt – am linken Abhang über dem Rinnsal Nahr Amman. Hussein, der bei seiner Mutter Prinzessin Zain wenige hundert Meter vom Basmanpalast entfernt in einem schlichten zweistöckigen Gebäude aus Kalkstein ebenfalls am Hangufer des Nahr Amman lebte, war erstaunt, daß ihn sein Großvater zu so später Stunde zu sich beorderte. Zu Fuß betrat Hussein den Palastgarten, der damals kaum bewacht war. Die Mitglieder der Haschemitendynastie fühlten sich noch in Sicherheit. Hussein hätte auch sein Auto, ein älteres britisches Modell, benützen können, doch er wagte es nicht, vor den Augen und Ohren des Großvaters am Basmanpalast vorzufahren. Der Großvater hatte zu verstehen gegeben, daß er den Enkel für zu jung hielt, um ein Kraftfahrzeug meistern zu können. Der Besitz des Autos war allerdings kein Geheimnis mehr vor dem König. Abdallahs Augen waren scharf: Er hatte Tage zuvor aus der Entfernung Hussein beobachtet, als dieser beim Tor des Palastparks sein Kabriolett bestiegen hatte.

Ein ungeduldiger König wartete am Vorabend des 20. Juli 1951 auf den Enkel. Abdallah stellte sofort die Frage, ob Hussein ihn nach Jerusalem begleiten wolle. Er sprach von der seltsamen Angst der Minister, der Hofbeamten, der Offiziere und gab seiner Verwunderung Ausdruck, daß sogar Geistliche von Angst vor dem Tod geplagt seien. Als Abdallah erklärte, er sei auf der Suche nach jemandem, der keine Angst habe, zögerte Hussein, wie er sich später erinnerte, keinen Augenblick, dem Großvater zu versichern: »Selbstverständlich komme ich mit! Wenn der König keine Furcht kennt, kenne ich auch keine!«

Der 20. Juli 1951 war ein Freitag, der heilige Wochentag der Moslems. Beabsichtigt war, zur mittäglichen Gebetszeit vor der Al-Aqsa-Moschee in der Heiligen Stadt einzutreffen. Als Abdallah zur Abfahrtszeit am frühen Morgen den Enkel sah, war er überrascht, daß Hussein im einfachen dunklen Zivilanzug den Wagen besteigen wollte. Er befahl Hussein, eine Uniform anzuziehen. Hussein war verblüfft, denn der Großvater hatte bisher nie Wert darauf gelegt, daß der Enkel, der mit keiner offiziellen Funktion betraut war, eine Uniform trage. Jetzt kam Hussein in Verlegenheit: Er besaß zwar eine Uniform – die eines Fliegeroffiziers – doch sie lag zu Hause. Eigentlich war keine Zeit mehr, sie zu holen. Abdallah aber bestand darauf, daß der Wagenkonvoi solange wartete, bis Hussein die Uniform angezogen hatte. Hussein glaubte später, die Hartnäckigkeit des Großvaters habe ihm das Leben gerettet.

Trotz der Verzögerung blieb noch Zeit für einen Abstecher. Der König wollte unbedingt nach Nablus, eine Stadt, die 40 Kilometer nördlich von Jerusalem liegt. Die Fahrt dorthin entsprang einer Laune des Monarchen und hatte eigentlich keinen Sinn. In Nablus angekommen, lehnte Abdallah alle Einladungen der Honoratioren ab. Bürgermeister Suleiman Bey Tukan schlug vor, die Majestät möge in der Moschee von Nablus das Freitagsgebet verrichten, doch Abdallah bestand auf der Weiterfahrt nach Jerusalem.

Am Rande der arabischen Altstadt, die damals zu Jordanien gehörte, stand dem Monarchen ein kleines Haus zur Verfügung. Dorthin fuhr die Kolonne der Fahrzeuge, der die Einfahrt in die engen Gassen der Altstadt versperrt war. Im kleinen Haus machten die Honoratioren der Stadt ihre Aufwartung. Unter ihnen befand sich Dr. Musa Abdallah Husseini. Er war mit dem Großmufti von Jerusalem Hadsch Mohammed Amin Husseini verwandt, der während der 30er Jahre den Widerstand der Palästinenser gegen die jüdische Besiedlung Palästinas geleitet hatte und der in jener Zeit voll Hoffnung gewesen war, Hitler und die deutsche Wehrmacht würden die Grundlage schaffen für den Aufbau eines Staates der Palästinenser. Im Jahr 1951 lebte der Großmufti von Jerusalem im Exil in der libanesischen Hauptstadt Beirut, doch er konnte es nicht lassen, aus der Ferne Politik in Jerusalem zu machen. Er wollte den Widerstand gegen die Haschemiten entfachen. Hadsch Mohammed Amin Husseini schürte den Kampf des Husseini-Clans gegen die Führung der Haschemitensippe. Der 20. Juli 1951, so glaubte der hohe Geistliche im Exil, werde ein entscheidender Tag sein.

Die Vertrauten des Hadsch Husseini ließen sich nichts anmerken: Sie demonstrierten Loyalität zu den Haschemiten. Der nahe Verwandte des Großmuftis verbeugte sich als Untertan tief vor seinem Monarchen und wünschte ihm ein langes Leben. Nichts wies darauf hin, daß dieser in Deutschland ausgebildete Akademiker einer der Drahtzieher des Ereignisses war, das wenige Minuten später stattfinden sollte.

Zur Gebetszeit brachen Abdallah, Hussein, das spärliche Gefolge und ein Dutzend Mitglieder der gehobenen Stände zur Al-Aqsa-Moschee auf. Von Südwesten her stiegen sie durch enge, schmutzige Gäßchen zur Terrasse des Haram as-Sherif, des »erhabenen Bezirks«, hinauf. Es war bekannt geworden, daß der König zum Freitagsgebet erscheinen werde, deshalb hatten sich viele Menschen auf der freien Fläche vor der Al-Aqsa-Moschee versammelt. Das Heiligtum war einst – so besagt die islamische Glaubenstradition – vom Propheten Mohammed gesegnet worden und ist den Gläubigen fast ebenso heilig wie die Ka'aba im Hof der Großen Moschee von Mekka.

Als Hussein Ibn Talal im Gefolge des Königs den Platz überquerte, glaubte er viele feindselige Gesichter zu sehen. Doch er hatte keinen Anlaß, beunruhigt zu sein. Hussein bemerkte die starke Präsenz des Militärs, und auch dem König fielen die vielen Soldaten und Offiziere auf. Abdallah zeigte sich vor allem verärgert über die Ehrenwache, die vor der Moschee angetreten war. An einem heiligen Ort wie diesem hatten seiner Meinung nach Bewaffnete nichts zu suchen. Direkt verantwortlich für die Sicherheit des Monarchen war Oberst Habis Madschali. Er hatte die Aufgabe, Abdallah vor jeder Gefahr abzuschirmen. Als der König ihn zurechtwies, er wolle nicht vom Volk abgesperrt werden, er sei doch der Vater all der Menschen, die zu ihm drängten, gab Oberst Habis Madschali dem König den Weg frei.

In dem Augenblick, als Abdallah durch das Portal der Moschee trat, rannte hinter dem rechten schweren Torflügel ein Mann hervor. Noch im Laufen richtete er eine Pistole auf den Monarchen und schoß. Abdallah wurde am Kopf getroffen und sackte zusammen. Sein weißer Turban flog einige Meter weit durch die Luft und fiel zu Boden. Hussein wollte sich dem Attentäter entgegenwerfen, doch dieser schoß noch einmal. Das Geschoß traf schräg einen Orden, der an die Uniformjacke geheftet war und wurde abgelenkt. Hussein blieb unverletzt – dank des Ordens an der Uniform.

Eingeprägt in Husseins Gedächtnis und Bewußtsein hat sich, daß keiner aus der Begleitung des Monarchen den fliehenden Attentäter aufzuhalten versuchte. Sie alle suchten sich selbst zu schützen. Erst die Soldaten draußen vor der Moschee erschossen schließlich den Mörder. Es blieb die Erfahrung, daß die überaus starke Militärpräsenz auf dem Platz vor der Al-Aqsa-Moschee das Attentat nicht hatte verhindern können. Zu dieser Mittagsstunde des 20. Juli 1951 sollte Hussein erfahren, daß auf Leibgarde, Offiziere und zivile Höflinge kein Verlaß war. Seine Erkenntnis daraus war: Der Thron ist umdrängt von Männern, die Schmeicheleien gegen Pfründe eintauschen wollen – doch im Augenblick der Gefahr lassen sie den Herrscher allein. Für den 16jährigen sollte dieser Freitag zum prägenden Ereignis seines Lebens werden. Bis zum Ende seines eigenen Daseins wird er erzählen, daß mit dem Tod des Großvaters seine Einsamkeit begann: »Ich bin seither umgeben von vielen Menschen, doch ich bin sehr, sehr einsam!« Die Einsamkeit war fortan für 46 Jahre sein bestimmendes Lebensgefühl – auch wenn er es durch Frauen, Flugzeuge und schnelle Autos zu überspielen versuchte.

Am frühen Nachmittag dieses 20. Juli 1951 fand sich der 16jährige auf der einfachen Landepiste nördlich von Jerusalem an der Straße nach Ramallah wieder – ratlose und verwirrte Minister und Höflinge hatten ihn dorthin gebracht. Hussein selbst hatte Mühe, sich zu konzentrieren. Ein Arzt hatte ihm »eine Spritze gegen den Schock« gegeben. Auf der Landepiste kümmerte sich schließlich ein britischer Luftwaffenoffizier, ein Schotte namens Jock Dalgleish, um den Jungen, der noch immer seine Fliegeruniform trug. Dalgleish brachte den Enkel des toten Königs zu einer zweimotorigen Maschine vom Typ Dove und flog ihn nach Amman. Hussein suchte Zuflucht bei seiner Mutter. Während des kurzen Fluges über den Jordan, so erzählte Hussein später, habe er sich nach seinem Vater gesehnt, der sich jedoch nicht im Lande befand, sondern in einem Schweizer Sanatorium medizinisch und therapeutisch behandelt wurde. Man hoffte, daß dort die Erkrankung von Geist und Gemüt geheilt werden könnte. König Abdallah hatte allerdings nie einsehen wollen, daß sein Sohn wirklich krank war. Abdallah und Talal hatten sich nie besonders verstanden. Der König hatte dem Sohn oft vorgeworfen, er sei launenhaft, schwächlich, unkonzentriert, und es war kein Geheimnis, daß der Herrscher dem Kronprinzen die Macht nur ungern übergeben hätte. In Hussein hatte Abdallah wohl den richtigen Nachfolger gesehen. Systematisch hatte der Großvater den Enkel in die Aufgaben eines Monarchen eingeführt und auch der Besuch der Al-Aqsa-Moschee von Jerusalem hatte diesem Ziel dienen sollen. Hussein war später mehr und mehr überzeugt, Abdallah habe an jenem 20. Juli 1951 geahnt, daß er getötet werden würde. »Ich wünsche mir, von einem Unbekannten in den Kopf geschossen zu werden!« Diese Worte des Königs waren dem Enkel im Gedächtnis haften geblieben.

Der gewaltsame Tod war nichts Ungewöhnliches im Königreich Jordanien im Sommer des Jahres 1951. Am Montag vor dem Freitag des Attentats war auf jordanischem Boden der libanesische Politiker Riyad as-Solh ermordet worden. Auf der Rückfahrt von der Audienz bei Abdallah war er im Stadtgebiet von Amman durch Schüsse tödlich getroffen worden. Ein derartiges Attentat war zum ersten Mal in der jordanischen Hauptstadt geschehen. Trotz Polizeigeleit war das Kraftfahrzeug des Riyad as-Solh von einem anderen Wagen überholt worden, aus dem jemand mit einer Maschinenpistole auf den libanesischen Politiker feuerte. Der Schütze und der Fahrer starben durch Geschosse der jordanischen Polizisten. Beide waren Libanesen – Christen.

Riyad as-Solh war die unbestrittene Leitfigur der Moslems im Libanon gewesen. Er hatte im christlich beherrschten Nachbarland am Mittelmeer dem islamischen Bevölkerungsteil Rechte erkämpft. Ein Zusammenhang zwischen der Ermordung des Begründers des »Libanesischen Nationalpakts« und dem Attentat auf den jordanischen König war nicht zu erkennen, doch beide Ereignisse waren Ausdruck der gereizten Leidenschaften, die Jordanien und weite Teile Arabiens aufwühlten.

»König von ganz Palästina« –
die Wurzeln des Königsmords

Drei Jahre vor dem Attentat auf König Abdallah, im Sommer
1948, hat der erste Nahostkrieg zwischen Israel und den arabischen Staaten stattgefunden. Vorausgegangen waren Gefechte
um jüdische und arabische Siedlungen im britischen Mandatsgebiet Palästina, die schließlich die britischen Mandatstruppen
in derartige Schwierigkeiten brachten, daß die Regierung in
London in der ersten Hälfte des Monats Mai 1948 auf die Kontrolle über Palästina verzichtete. Dem ersten Nahostkrieg vorausgegangen war auch die Gründung des Staates Israel am
14. Mai 1948.
Während der Monate vor Ausbruch des offenen Krieges hatte
König Abdallah als einziger arabischer Staatschef Kontakt zu
führenden jüdischen Politikern gehalten. Er hatte nichts einzuwenden gegen jüdische Siedlungen westlich des Jordan, betrachtete er doch die Siedler insgeheim schon als seine Untertanen. Besonders pflegte Abdallah die Beziehung zu Golda
Meir, die damals »Director of the Political Department of the
Jewish Agency« war, der offiziellen politischen Vertretung der
jüdischen Bevölkerung im britischen Mandatsgebiet Palästina.
Die letzte Begegnung zwischen Golda Meir und dem jordanischen König hatte am 11. Mai 1948 stattgefunden, also drei
Tage vor dem Termin des britischen Truppenabzugs und der
Proklamation des Staates Israel. Golda Meir war in Männer-
kleidung nach Amman gekommen. Über den Verlauf des Gesprächs berichtete sie:
»Abdallah machte einen traurigen Eindruck. Er war nervös
und deprimiert. Er leugnete nicht, daß er uns versprochen
hatte, es werde keinen Krieg geben. Die Situation habe sich
eben verändert. Der Herrscher versuchte mir klarzumachen,
daß er sich selbstverständlich ganz Palästina aneignen werde,
und daß wir deshalb keinen Staat proklamieren könnten. Wir
sollten uns darum kümmern, die jüdische Zuwanderung aufzuhalten. Emir Abdallah sicherte zu, daß wir Vertreter in sein
Parlament entsenden dürften – und später auch in seine Regierung. Er teilte mir mit, er habe die Absicht, uns fair zu behandeln.« Golda Meir betonte in ihrem Bericht ausdrücklich, sie
habe den Herrn über Transjordanien davor gewarnt, Krieg zu

führen – denn die jüdischen Kämpfer würden unbedingt gewinnen. »Er reagierte nicht auf meine Warnung.«

Abdallah war überzeugt, daß seine Truppen siegreich sein würden. Er wußte, daß er schlagkräftige Verbände besaß. Mit ihrer Kampfkraft wollte er sich ganz Palästina aneignen. Durch diese Annexion sollte sein armseliges Wüstenland um fruchtbare Gegenden vergrößert werden. Er war überzeugt, der Besitz von Jerusalem werde sein Prestige in Arabien und in der ganzen Welt gewaltig steigern. Erste Erfolge auf dem Gebiet westlich des Jordan steigerten seine Siegesgewißheit: Am Tag nach dem Gespräch mit Golda Meir griff eine jordanische Einheit die jüdische Siedlung Kfar Etzion an, die südlich von Jerusalem zwischen Bethlehem und Hebron liegt. Das Dorf wurde von 500 Frauen und Männern verteidigt; nur wenige überlebten die Kämpfe. Am 13. Mai war die Region um Kfar Etzion in der Hand der Truppen des jordanischen Herrschers.

Der siegreiche Verband gehörte zur Arabischen Legion, die ein erfahrener britischer Offizier aufgebaut hatte: Generalleutnant Sir John Bagot Glubb – kurz »Glubb Pascha« genannt. Zusammen mit anderen britischen Offizieren hatte er wild entschlossene Wüstenkrieger in disziplinierte Soldaten einer modernen Armee verwandelt. Die Arabische Legion des Herrschers von Transjordanien umfaßte 10 000 Mann – aufgeteilt in drei Brigaden, die über Pferde und wüstengängige Fahrzeuge verfügten, und fünf Panzerverbände und 50 Artilleriebatterien. Sie galt für die Organisatoren der israelischen Streitkräfte als schlagkräftig und gefährlich, auch wenn sie keine Luftwaffe besaß. Ihre Schlagkraft verdankte die Arabische Legion vor allem ihren britischen Offizieren, die meist Erfahrungen aus dem Zweiten Weltkrieg besaßen. Bezahlt wurde sie, wie Generalleutnant Sir John Bagot Glubb, aus der Londoner Staatskasse. Die britische Regierung finanzierte und organisierte also den militärisch stärksten Teil des Widerstands gegen die Gründung des jüdischen Staats.

Auch Ausrüstung, Bewaffnung und Munition wurden nicht vom jordanischen Herrscher bezahlt. Die britische Regierung beglich die Rechnungen der britischen Waffenindustrie. Diese großzügig erscheinende Regelung war günstig für die Regierenden in Amman, solange die Arabische Legion ein Werkzeug Londoner Politik im Nahen Osten war. Versuchte jedoch der

Herrscher, selbst über politische und militärische Aufgaben zu bestimmen, reduzierten die Verantwortlichen in Downing Street Nr. 10 den Etat und drosselten die Munitionslieferung. Selbständige Entscheidungen wurden dem Oberbefehlshaber der jordanischen Streitkräfte nicht zugestanden. Glubb Pascha war in Wirklichkeit nicht dem Herrscher in Amman, sondern der britischen Krone unterstellt.

Im Mai 1948 war es offensichtlich die Absicht der regierenden Labour Party, die ehrgeizigen Pläne des haschemitischen Herrschers zu unterstützen, der kein Geheimnis daraus machte, Palästina seinem Staat einzuverleiben. Premierminister C. R. Attlee war nicht bereit, die Gründung des jüdischen Staates zu begünstigen. Er war sich in diesem Fall einig mit den Verantwortlichen des State Department in Washington. Assistant Secretary Dean Rusk bat Anfang Mai 1948 Vertreter der zionistischen Bewegung, die Proklamation des jüdischen Staates vorläufig zu unterlassen. Schließlich mahnte sogar Secretary of State George C. Marshall zu Geduld und Vorsicht. David Ben Gurion kümmerte sich nicht um die Ratschläge aus London und Washington. Er wußte, warum.

Am 17. Mai, drei Tage nach der israelischen Staatsproklamation, befahl Glubb Pascha der 1st Infantery Company of the Arab Legion von Ramallah her den Vorstoß auf Jerusalem. Am folgenden Tag bewegte sich diese Einheit über den Ölberg, vorbei am Garten Gethsemane zum Kidrontal; dann begann sie den Aufstieg zum Stephanstor. Innerhalb der Mauern der Altstadt begann der Kampf um das Jüdische Viertel. Außerhalb der Mauern wurde um den Zugang zum Mount Scopus gekämpft. Die jüdischen Verbände, die sich dort befanden, wurden eingeschlossen.

Die Arabische Legion war den Kampfgruppen des sich eben formierenden jüdischen Staates überlegen. Sie war ausreichend mit Kriegsmaterial versehen. Ihre Artillerie war in der Lage, mehr als 10 000 Geschosse auf das Jüdische Viertel der Jerusalemer Altstadt abzufeuern.

Am Krieg gegen Israel nahmen auch ägyptische, syrische, libanesische und irakische Streitkräfte teil. Sie waren an Zahl beachtlich, doch ihre Kampfkraft war schwach. Ihre Kommandeure waren der Meinung gewesen, der Einmarsch nach Palästina sei eher ein Spaziergang in Richtung Jerusalem. An heftigen jüdischen Widerstand hatten sie nie geglaubt. Den Aufbau des jüdischen Staates zu verhindern, schien kein Problem zu sein. Ihr eigentliches Kriegsziel war, die Ausbreitung des Herrschaftsbereiches von Emir Abdallah in das Gebiet westlich des Jordan zu verhindern. Abdallah war für die Regierenden in Cairo, Baghdad, Damaskus und Beirut der eigentliche Gegner, ihm wollten sie bei der Besetzung des Landes zuvorkommen.

Als am 24. Februar 1949 auf der Insel Rhodos Waffenstillstand mit dem ägyptischen Oberkommando geschlossen wurde, war das Ziel der arabischen Armeen gescheitert, dem jungen Staat Israel das Leben auszulöschen. Die Existenz Israels war nicht mehr gefährdet. Die ägyptischen Truppen hatten eine blamable Niederlage erlitten – sie hatten nur den Gazastreifen am Mittelmeer für König Faruk sichern können.

Am 3. April 1949 verpflichtete sich auch Jordanien zur Einhaltung der Waffenruhe. Abdallah konnte als einziger der arabischen Staatschefs mit dem Erreichten zufrieden sein: 30 Prozent des Gebiets von Palästina gehörten ihm. Wiederum als einziger arabischer Staatschef war er bereit, den Waffenstillstand in einen dauerhaften Frieden mit Israel umzuwandeln – unter Beibehaltung der Waffenstillstandslinie als gültiger Grenze. Abdallah sicherte sofort die rechtliche Situation seines neuen Besitzes ab: Im Dezember 1949 ließ er sich in Jericho zum König proklamieren. Bescheiden war er dabei nicht: Er nannte sich »König von ganz Palästina«.

15 Monate später annektierte Abdallah offiziell die von der Arabischen Legion gehaltenen Gebiete westwärts des Jordan. Sie wurden damit fester Bestandteil seines Staates, der nun »Königreich Jordanien« genannt wurde. Die Eingliederung des Jordanwestufers wurde sofort von Großbritannien anerkannt, sie entsprach also der offiziellen britischen Politik.

Die Annexion löste sofort heftige Proteste der Palästinenser aus. Der Grund: Die Bewohner des Jordanwestufergebiets wurden durch dieses Dekret zu Jordaniern erklärt – sie durften sich nicht mehr Palästinenser nennen. Sie empfanden sich als Opfer eines Unrechts. Sie waren Palästinenser gewesen und sie wollten Palästinenser bleiben. Die Mehrheit der Bewohner des Landes zwischen den Städten Hebron und Jenin wollte nicht Untertan von König Abdallah sein. Sie sahen in diesem Monarchen einen Beduinenfürsten mit Denk- und Lebenskategorien, die von der Wüste, von der Beduinentradition geprägt waren – sie aber waren Seßhafte, Städter, die eine urbane Kultur pflegten. Die Bauern und Kaufleute warfen dem Monarchen aus dem Geschlecht der Haschemiten vor allem vor, er habe durch sein Unverständnis gegenüber bäuerlichen Belangen ein umfangreiches Gebiet, das landwirtschaftlich nutzbar ist, an die Israelis verschenkt.

Der Vorwurf war nicht unberechtigt. Eine Klausel des Waffenstillstandsvertrags sah vor, daß sich die Arabische Legion hinter die von ihr gehaltene Linie zurückzog. Diese Absetzbewegung der Arabischen Legion um zwei bis drei Kilometer längs der gesamten Frontlinie von 180 Kilometern Länge war von den israelischen Unterhändlern als unbedingte Voraussetzung für die Gültigkeit des Friedensvertrags vom April 1949 gefordert worden.

Insgesamt bedeutete dieses Zugeständnis den Verzicht auf 400 Quadratkilometer Land, auf 7 Prozent des gesamten Westufergebiets von rund 6000 Quadratkilometern. Der Verzicht betraf fruchtbares Land und landwirtschaftliche Betriebe. Eigentum und Existenzgrundlage von mehr als 300 Familien mußten aufgegeben werden.

Abdallah hatte der Klausel zunächst nicht zustimmen wollen. Aber israelische Kontaktpersonen hohen Ranges hatten ihn unter Druck gesetzt mit der Drohung, wenn er der Landabtretung nicht zustimme, werde der Krieg unweigerlich wieder beginnen. Jedoch erst als ihm Generalleutnant Sir John Bagot Glubb zu verstehen gab, daß ein israelischer Angriff auf breiter Front voraussichtlich den Verlust von mehr als 400 Quadratkilometern Land bedeutete, ließ Abdallah die Abtretung zu. Wie verheerend sich dieses Zugeständnis auswirkte, war an der Stadt Kalkilja zu erkennen, die am westlichen Auslauf der Hügelkette von Nablus liegt. Die Menschen von Kalkilja waren wohlhabend gewesen durch die Orangenplantagen im Westen ihrer Siedlung. Gemäß der Klausel des Waffenstillstands gehörten diese Plantagen, die nur 300 Meter von den Häusern entfernt waren, jetzt israelischen Landwirten – die Demarkationslinie trennte Stadt und Anbaugebiete. Den Bewohnern von Kalkilja war ihre Erwerbsquelle genommen worden. Sie konnten zur Erntezeit zusehen, wie Israelis die Orangen pflückten.

Die betroffenen palästinensischen Bauern warfen dem König

vor, er habe ihr Land verschenkt – und die Regierungen in Cairo und Damaskus griffen den Vorwurf auf. Sie hatten mit dieser Politik die Möglichkeit, das eigene Versagen zu vertuschen. Die Empörung gegen Abdallah und die Arabische Legion drängte das Erstaunen über die blamablen Leistungen der syrischen und ägyptischen Streitkräfte in den Hintergrund. Die Agitation der Regierenden in Damaskus und Cairo brachte König Abdallah und Generalleutnant Glubb in Verdacht, sie stünden dem jüdischen Staat positiv gegenüber, seien Verbündete der Juden – sie verschenkten an die Juden sogar fruchtbares arabisches Land. Der Haschemitenfürst und der englische Offizier hätten den palästinensischen Boden, den sie nicht an die Juden vergeben haben, selbst geraubt und für Jordanien annektiert – Abdallah und Glubb seien reich geworden durch diesen Diebstahl!

In der Tat war es die Absicht des transjordanischen Monarchen gewesen, seinen armen Staat, dessen Boden zu 89 Prozent aus Steppe oder Wüste bestand, durch Eroberung des fruchtbaren Landes am Jordanwestufer einschließlich der Heiligen Stadt Jerusalem reicher und angesehener zu machen. Daß ihm dies auch teilweise gelungen ist, hatte den Neid der Mächtigen in den größeren Nachbarstaaten geweckt.

Die Vorwürfe wurden auf die Tagesordnung einer Sitzung der Arabischen Liga gesetzt. Diese Dachorganisation der Arabischen Staaten war im März 1945 gegründet worden als Organ zur Stärkung der arabischen Einheit. Nach dem militärischen Konflikt von 1948 wurden sie als Plattform zur Austragung innerarabischer Konflikte mißbraucht. Der ägyptische König Faruk wurde während der Ligatagung zum Wortführer der Hetzkampagne gegen Abdallah und Glubb Pascha. Doch er erlitt eine Niederlage. Nur Syrien unterstützte seine Forderung, Jordanien müsse die Annexion des Westjordanlandes rückgängig machen. Das Ergebnis der Ligatagung war dennoch, daß an Abdallah der Makel hängenblieb, er sei ein Verräter, der sich mit Hilfe britischer Offiziere bereichert habe.

Die Saat ging auf. Zwar wurde der König bejubelt, wenn er sich in Städten und Dörfern des Westjordanlandes sehen ließ, doch diese Begrüßungen spiegelten nicht die wahre Stimmung der Palästinenser wider. Die Menschen jubelten, weil der hohe Besuch die Trostlosigkeit ihres Daseins unterbrach. Sie feierten jeden, der Jubel von ihnen erwartete. In Wahrheit standen die Palästinenser unter dem Einfluß der Honoratiorenfamilie Husseini, die keinen Haschemiten über sich duldete. Die Sippe Husseini wollte in Jerusalem und in ganz Palästina herrschen. Bestimmende Persönlichkeit der Sippe war der frühere Großmufti von Jerusalem, Hadsch Mohammed Amin Husseini. Sein Handlanger in der Heiligen Stadt war Dr. Musa Abdallah Husseini, der dem König unmittelbar vor dem Attentat noch ein langes Leben gewünscht hatte. Er und drei weitere Verwandte des Großmuftis wurden später von einem jordanischen Sondergericht für schuldig befunden, zum Attentat angestiftet zu haben, und zum Tode verurteilt. In ihrer Verteidigungsrede betonten sie, der Emir der Haschemiten sei zu Recht in Jerusalem getötet worden, da er sich angemaßt habe, über Palästina zu herrschen. Die Haschemiten aber seien keine Palästinenser.

»Aus der Sippe Koraisch« – die Herkunft der Haschemitendynastie

Vater der Sippe ist ein Beduine, der Haschem hieß. Seine Lebenszeit wird in das 6. Jahrhundert unserer Zeitrechnung datiert. Doch seine Person ist in der Historie der Familie Haschem unbedeutend. Sie beginnt nach Meinung der Haschemiten mit dem Propheten Mohammed, der herausragenden Persönlichkeit der Sippe. Über die Bedeutung seiner eigenen Familie soll der Prophet gesagt haben: »Aus den Söhnen des Ibrahim erwählte Allah den Ismail; aus den Söhnen des Ismail erwählte Allah die Sippe Kinana; aus der Sippe Kinana erwählte Allah die Sippe Koraisch; aus der Sippe Koraisch erwählte Allah Banu Haschem, den Stamm Haschem.«
Eine andere Überlieferung berichtet: »Die Haschemiten sind die edelsten aller Familien. Ihre Abstammung ist an Reinheit nicht zu übertreffen.« Die Mitglieder von Banu Haschem sahen sich immer als Spitze des arabischen Adels und damit vor allen anderen dazu bestimmt, Arabien zu beherrschen.
Die Heimat der Sippe ist der Hedschaz, das Gebiet um Mekka und Medina, dort war Banu Haschem die geachtete Autorität. Innerhalb des islamischen Großreichs der Kalifen, das nach

dem Tode des Propheten entstanden war, zählte die Stimme der Haschemiten wenig. Sie gehörten nicht zu denen, die Einfluß hatten in Damaskus oder Baghdad.

In die Geschichte Arabiens trat Banu Haschem erst im Jahre 1908 ein, als Arabien vom Sultan des Osmanenreiches beherrscht wurde: Sultan Abdul Hamid II. gab dem Haschemitensheikh Hussein die Würde eines Emirs von Mekka. Zu jener Zeit trug das Oberhaupt von Banu Haschem den respektheischenden Titel »Sherif«, ein islamisches Adelsprädikat, das nur dem Oberhaupt der Prophetensippe vorbehalten war.

Sherif Hussein, die imposante Erscheinung eines Beduinenfürsten, war im Jahre 1908 60 Jahre alt. Bis er zum Mann herangewachsen war, hatte er unter Beduinen gelebt – auf Wanderung mit dem Stamm durch die Wüste des Hedschaz. Das Leben der Beduinenfamilie Haschem unterschied sich kaum von dem anderer Nomadensippen. Banu Haschem nahm lediglich durch die Zugehörigkeit zur Prophetenfamilie eine Sonderstellung im Hedschaz ein.

Es war damals Brauch, daß die bedeutendsten Sippen der Arabischen Halbinsel ihre jungen Männer, die Anspruch auf die Emirwürde besaßen, dem Hof des Sultans in Istanbul als Geiseln zur Verfügung stellten. Diese Geiseln sollten das Wohlverhalten der Sippen absichern. Meuterte eine Sippe gegen die Autorität des osmanischen Oberherrn, wurde die Geisel getötet. Da die Sippen wünschten, daß ihre hoffnungsvollen jungen Männer wohlbehalten aus Istanbul zurückkehrten, fügten sie sich dem Willen des Herrschers.

Auch Hussein aus dem Stamm Haschem war als junger Mann jahrelang als Geisel in Istanbul gewesen und war dort seiner Würde als Mitglied der Prophetenfamilie entsprechend behandelt worden. Und doch hatte er sich als Gefangener gefühlt. Er hatte vor allem unter der Unsicherheit gelitten, sein Leben könnte auf dem Spiel stehen. Seine Furcht war, ohne Vorwarnung von einem Augenblick auf den anderen umgebracht zu werden, sollte sich Banu Haschem unbotmäßig verhalten. In dieser Situation hatte er sich angewöhnt, seine Umgebung mit Argwohn zu beobachten. Aus dem Verhalten der Höflinge wollte er Aufschluß darüber gewinnen, ob der als despotisch und blutrünstig geltende Sultan Abdul Hamid II. schon über das Schicksal seiner Geisel entschieden hatte. Argwohn war fortan ein hervorstechender Charakterzug des Sherifen Hussein und auch der 60jährige litt noch ständig unter der Angst, er könne ermordet werden, der gedungene Attentäter stehe schon bereit. Auch als Sultan Abdul Hamid II. ihn mit dem hohen Amt des »Beschützers der Heiligen Stätten von Mekka und Medina« ausgezeichnet hatte, traute er keinem.

Im Jahr des Aufstiegs der Haschemiten zur Herrschaft über Mekka und Medina verlor der Sultan Abdul Hamid II. seine absolute Macht im Osmanischen Reich. Offiziere, die unter der Rückständigkeit des Reichs litten, entrissen dem Gewaltherrscher die Führung des Reichs – es blieb ihm noch die religiöse Funktion als Beschützer der Heiligen Stätten in Mekka und Medina. Der Sultan war weiterhin die zuständige Autorität für den Haschemitensherif im Hedschaz.

Die Entmachtung des Sultans veränderte das Osmanische Reich. Die Sultane hatten über Jahrzehnte hin jeden Ansatz einer Veränderung in Richtung Demokratie unterdrückt. Die »Jungtürken«, die Abdul Hamid II. gezwungen hatten, auf politischen Einfluß zu verzichten, setzten die Verfassung von 1876 wieder in Kraft, gaben dem Parlament Mitspracherecht und planten soziale Reformen. Ihr Schwung, das Reich zu verändern, wurde durch innere Unruhen gebremst sowie durch Konflikte in den Provinzen des riesigen Staates, der vom Schatt al-Arab über die Arabische Halbinsel und Nordafrika hinweg bis Libyen reichte.

Im Jahr 1911 griff Italien nach Libyen. Ein Jahr später verdrängten die Staaten der Balkanallianz nach zwei Kriegen die Türken aus ihren europäischen Besitzungen – ihnen blieb auf dem europäischen Kontinent nur das Gebiet um Istanbul.

Im Oktober 1914 ließen sich die Mächtigen im türkischen Reich, die längst eine Diktatur organisiert hatten, unter Verzicht auf demokratische Reformen zum Kriegseintritt auf der Seite des Deutschen Kaiserreiches hinreißen. Das Osmanische Reich war ein wertvoller Verbündeter für Deutschland – mitten in seinem Gebiet verlief der Suezkanal, die Lebensader des britischen Empires. Diese Wasserstraße war ein wichtiges Bindeglied zwischen dem englischen Mutterland und Indien als Bestandteil des Empires. Die selbstverständliche Aufgabe der türkischen Armee war daher die Bedrohung des für das Empire lebenswichtigen Suezkanals. Die türkischen Verbände wurden dabei durch ein deutsches Expeditionskorps in Palästina unterstützt. Englische Strategie im Ersten Weltkrieg mußte sein, die türkischen und die deutschen Streitkräfte im Nahen Osten zu neutralisieren, um sie vom Suezkanal fernzuhalten. Dieses Ziel mußte mit einer geringen Streitmacht erreicht werden, denn die Hauptmacht der britischen Verbände wurde auf den Schlachtfeldern Europas gebraucht. England suchte Verbündete im weiten Umfeld des Suezkanals.

Aufgefordert, Verbündete anzuwerben, fiel dem britischen Hochkommissar in Cairo – es war Horatio Herbert Kitchener – der Haschemitensherif im Hedschaz ein. Wenige Monate zuvor hatte Kitchener ein Gespräch mit Abdallah, dem Sohn des Sherifen, in Cairo gehabt. Hussein hatte Abdallah, den späteren König von Jordanien, zu dieser Kontaktaufnahme geschickt. Abdallah sollte sondieren, welche Haltung Großbritannien gegenüber haschemitischen Plänen einnehmen würde, einen eigenen Staat der Araber zu gründen – gegen die Machtinteressen der Türkei. Kitchener hatte ausweichend geantwortet, denn zu diesem Zeitpunkt rechnete der Hochkommissar nicht mit einem türkisch-englischen Konflikt – und schon gar nicht mit dem Ausbruch eines Weltkrieges. Als der Weltkrieg dann doch unerwartet begann, schickte der britische Hochkommissar Vertrauensleute zur Haschemitenführung in den Hedschaz. Sie sollten die einflußreiche Sippe zur Teilnahme am Kampf gegen die Türken bewegen.

Mit der Ankunft der Emissäre in Medina begann ein Mißverständnis, das sich bis in die Gegenwart hinein ausgewirkt hat: Abdallah, der Großvater König Husseins, war bis ans Ende seines Lebens davon überzeugt, Horatio Herbert Kitchener hätte ihm versprochen, bei einem mit Hilfe der Haschemiten errungenen Sieg über die Türken und die Deutschen werde London dem Haschemitensherif gestatten, sich »König aller Araber« zu nennen – als Herrscher über ganz Arabien und über die Gesamtheit der Araber.

Für Sherif Hussein war die Aussicht verlockend: Er sagte zu, sich auf der Seite Englands am Krieg zu beteiligen. Doch er ließ dem Hochkommissar auch mitteilen, er sei eigentlich für ein derartiges Unternehmen nicht gerüstet – er benötige Geld und Waffen. Seine Forderungen wurden erfüllt. Britische Militärberater brachten Gewehre, Maschinengewehre und Munition in den Hedschaz. Sie übergaben nach und nach auch größere Summen in britischer Währung. Zu den Militärberatern zählte Thomas Edward Lawrence.

Am 5. Juni 1916 proklamierte Sherif Hussein in Mekka den Ausbruch des »Aufstandes aller Araber« gegen die Türken. Am 2. November 1916 verkündete er die Unabhängigkeit Arabiens unter Führung der Haschemiten.

Emir Hussein begriff schnell, daß für ihn am »Aufstand der Araber« zu verdienen war. Der britische Hochkommissar in Cairo ließ ihm monatlich 100 000 Pfund überbringen – damals ein stattlicher Betrag. Die Leistung, die Banu Haschem dafür erbrachte, war gering: Unter Führung von Thomas Edward Lawrence, der bald »Lawrence of Arabia« genannt wurde, sprengten Beduinentrupps die Anlagen der Hedschazbahn, die von den Türken dringend für Truppentransporte gebraucht wurde. Um direkte Angriffe auf größere Heereseinheiten drückten sich die »arabischen Aufständischen« mit gutem Grund: Sie waren an Kampfkraft zu schwach.

Der Begriff »Aufstand der Araber« übertreibt den wahren Sachverhalt gewaltig. Allein die Stämme aus dem Hedschaz beteiligten sich an dieser Rebellion. Die Mehrheit der arabischen Sippen blieb ihren Herren in Istanbul treu. Die meisten Sheikhs, die außerhalb des Hedschaz mächtig waren, verachteten fortan den Haschemitensherif. Sie spuckten aus, wenn sie seinen Namen auszusprechen hatten. Für sie war es nicht faßbar, daß der Verantwortliche für die Ka'aba in Mekka auf seiten der ungläubigen Engländer gegen die islamische Türkei und gegen den »Kalifen« kämpfte – den Titel »Kalif« in der Nachfolge des Propheten Mohammed trug der nur politisch entmachtete Herrscher des Osmanischen Reiches noch immer. Gegen ihn Krieg zu führen, galt den Sheikhs, die nicht zum Clan der Haschemiten zählten, als Verbrechen.

Sherif Hussein wehrte sich mit dem Argument, er benütze die Engländer im Interesse aller Araber. Mit englischer Unterstützung werde es gelingen, das türkische Joch der Unterdrückung abzuschütteln, und wenn die Türken erst geschlagen wären, werde ein arabischer Staat in Glanz und Gloria erstehen.

Die Sheikhs außerhalb des Hedschaz ließen sich jedoch von diesem Argument nicht beeindrucken. Die Stammesfürsten in der Mitte und im Osten der Arabischen Halbinsel standen im

Jahre 1916 schon seit einem Jahrzehnt unter dem Einfluß einer anderen starken Persönlichkeit, die sich mit Härte und Beduinenschlauheit durchgesetzt hatte: Emir Abdel Aziz Ibn Saud. Er war der Chef der Sippe As-Saud, die schon ein Jahrhundert zuvor versucht hatte, Arabien zu einigen. Abdel Aziz Ibn Saud verlangte von seinem Clan und von den Stämmen, die sich ihm anschlossen oder die er unterwarf, strenge Beachtung der islamischen Glaubensvorschriften. Wer sich seiner Autorität nicht freiwillig beugte, wurde dazu mit Gewalt gezwungen. Abdel Aziz Ibn Saud strebte die Vorherrschaft auf der Arabischen Halbinsel an. Sein Blick war längst auf Mekka gerichtet. Er wollte selbst »Beschützer der Heiligen Stätten« werden. Daß er nicht den Vorzug besaß, mit der Sippe des Propheten Mohammed verwandt zu sein, kümmerte das Oberhaupt der Sippe As-Saud nur wenig.

Sein Rivale, Emir Hussein, das Oberhaupt der Haschemiten, beging noch im Jahr 1916 den Fehler, seine Souveränität auf die Stämme des Nedschd, des Binnenhochlandes der Arabischen Halbinsel, ausdehnen zu wollen: Er forderte die Sheikhs jener Stämme auf, an ihn, den König aller Araber, Steuern und Tribut zu zahlen. Sie aber führten Steuern an Abdel Aziz Ibn Saud ab und dachten nicht daran, die Gegenwart der haschemitischen Steuereintreiber im Nedschd zu dulden.

Der König aller Araber nahm diese Zurückweisung hin in der Erwartung, seine Ansprüche bald mit Hilfe der Engländer durchsetzen zu können. Er war sicher, in absehbarer Zeit von Damaskus aus ein großes arabisches Reich zu regieren, zu dem auch das Nedschdgebiet gehört, und dann wollte der König aller Araber die Unterwerfung des Abdel Aziz Ibn Saud und der gesamten Sippe As-Saud gnädig annehmen.

Über zwei Jahre wurde im Nahen Osten mit wechselndem Glück gekämpft. Die Engländer gewannen und verloren Gefechte – doch sie drangen unaufhaltsam und stetig in Palästina vor. Auch die Reiter des arabischen Aufstands meldeten einen spektakulären Erfolg. Sie eroberten im Juli 1917 die Hafenstadt Aqaba, am Golf von Aqaba, am östlichen Fortsatz des Roten Meeres. Doch dieser Triumph war nicht von wesentlicher militärischer Bedeutung – er diente der Stärkung des haschemitischen Selbstbewußtseins.

Der Vormarsch der Briten ging von der Halbinsel Sinai aus

und folgte der Heerstraße, die oft in der Geschichte seit der Zeit der Pharaonen zu Eroberungszügen benützt worden war. Am 28. Oktober 1917 erreichten die Verbände des Generals Allenby die Stadt Gaza in Palästina. Dem General war von seiner Regierung die Order erteilt worden, bis Weihnachten 1917 Jerusalem zu erobern. Der Erfolg gerade zu diesem Datum sollte propagandistisch ausgewertet werden – Mißerfolge in Frankreich konnten mit einer entsprechenden Sondermeldung übertüncht werden. Tatsächlich erfüllte General Allenby den Wunsch seiner Regierung: Am 11. Dezember 1917 vertrieben die britischen Streitkräfte die türkischen und deutschen Verteidiger aus der Heiligen Stadt.

Die Reiter aus dem Hedschaz waren an diesem Erfolg nicht beteiligt. Doch Emir Hussein verkündete zum Jahreswechsel 1917/18, er sei jetzt nicht nur der Beschützer der Heiligen Stätten von Mekka und Medina, sondern auch des Felsendoms und der Al-Aqsa-Moschee von Jerusalem. Diese Orte habe Prophet Mohammed durch seine Anwesenheit, nachdem er in einer wundersamen »Nachtreise« auf seinem Lieblingspferd durch die Lüfte geflogen war, geheiligt. Der Prophet war ein Haschemit gewesen – und jetzt seien die Haschemiten dabei, wieder nach Jerusalem zurückzukehren.

Im September 1918 zogen die letzten türkischen und deutschen Streitkräfte aus dem arabischem Gebiet ab. Damaskus war »vom osmanischen Joch« befreit. Beim Einzug in die Stadt hatte General Allenby den Reitern der Haschemiten den Vortritt gelassen. Um den Stolz der Araber zu pflegen, wollte er den Eindruck erwecken, arabische Krieger hätten Damaskus befreit, und die Engländer seien nur die Hilfstruppen gewesen. Die britische Regierung hatte die Anweisung gegeben, den Haschemiten den Triumph zu gönnen. Diese Geste sollte vor allem dem amerikanischen Präsidenten Wilson vor Augen führen, daß Großbritannien im Nahen Osten keinerlei imperialistische Ziele verfolge, hatte der Präsident doch zu erkennen gegeben, er sei gegen jede Vergrößerung des britischen Imperiums. Die Verantwortlichen in London hatten in dieser Endphase des Ersten Weltkriegs Grund, sich die Sympathien des Präsidenten der USA nicht zu verscherzen.

Daß seine Reiter als erste in Damaskus einrückten, gab dem Sherifen von Mekka und Medina das Gefühl, sein angenommener Titel »König aller Araber« entspreche schon bald der Wirklichkeit. Deshalb händigte er seinem ältesten Sohn Faisal das wertvollste Dokument aus, das er besaß: Einen Brief des britischen Hochkommissars in Cairo, Sir Henry McMahon, der zum Nachfolger des legendären Kitchener bestellt worden war. Ausdrücklich ist in diesem Brief darauf hingewiesen, die britische Regierung trete für die Unabhängigkeit der Araber ein. Die Herrschaft der Haschemiten im Staat der Araber wurde allerdings nicht direkt angesprochen, doch konnte für den Sherifen Hussein und dessen Söhne Faisal und Abdallah der Eindruck entstehen, es sei eine Selbstverständlichkeit, daß die Krone den Haschemiten gehöre.

Mit dem Brief des britischen Hochkommissars in der Tasche reiste Emir Faisal von Mekka nach Damaskus. Er kam dort mit einem Sonderzug der Hedschazbahn an. Die Honoratioren der Stadt empfingen den ältesten Sohn des »Königs aller Araber« mit offensichtlicher Begeisterung. Faisal leitete aus diesem Verhalten der Damaszener Oberschicht ab, sie sei mit seiner Dynastie als Herrscherfamilie einverstanden. Das war jedoch ein Mißverständnis: Der Jubel galt dem Vertreter des Hauses Haschem, dessen »Arabischer Aufstand« nach Meinung der Bewohner von Damaskus wesentlich zur Befreiung von den Türken beigetragen hatte.

Die Menschen der Oase Damaskus sind Städter, sie haben eine andere Tradition als die Beduinen des Hedschaz. Die Haschemiten und die Damaszener gehörten zwei unterschiedlichen Kulturen an. Dies ist schon in der Frühgeschichte des Islam so gewesen: Der islamische Staat veränderte sich in seiner Struktur, als sich die Macht nach dem Jahr 660 mit den Omajaden von Medina nach Damaskus verlagerte. Der Stamm Haschem war für die Oase am Antilibanongebirge bedeutungslos. Emir Faisal, der älteste Sohn des Haschemitensherifen aber glaubte, Damaskus für seine Sippe gewonnen zu haben. Er gab sich den Titel Vizekönig und errichtete eine provisorische Regierung in dem von seinen Truppen kontrollierten Syrien.

Im Frühjahr 1918 fühlte Hussein, der in Medina geblieben war, daß sich Unheil anbahnte. Ihm war zugetragen worden, daß sich die britische und die französische Regierung darauf geeinigt hatten, Arabien in Einflußzonen ihrer beiden Staaten aufzuteilen. Das entsprechende Abkommen, das von den Diplomaten Sykes und Picot ausgearbeitet worden war, existierte bereits seit dem 16. Mai 1916 als Vereinbarung über die Teilung arabischer Gebiete des Osmanischen Reiches. Sie sollte nach der Niederlage der Türken in Kraft treten.

Das Abkommen Sykes-Picot ging zwar davon aus, daß nach dem Krieg ein Staat der Araber oder eine Konföderation arabischer Staaten existieren würde, doch wollten weder die Engländer noch die Franzosen den Arabern echte Unabhängigkeit zugestehen. So sollte in Palästina die britische Regierung die Politik bestimmen und in Syrien die französische. Das Abkommen Sykes-Picot schränkte in jedem Fall die Souveränität des Königs aller Araber ein.

Im Februar hatte Hussein zur Kenntnis nehmen müssen, daß die britische Regierung einen Teil des Gebiets, auf das er Anspruch erhob, an das jüdische Volk vergeben hatte. Der britische Außenminister Arthur James Balfour war ermächtigt worden, im Namen der britischen Krone zu erklären, die Regierung Ihrer Majestät »views with favour the establishment in palestine of a national home for the Jewish people«. Adressat der Erklärung war Lord Rothschild, der führende Kopf der zionistischen Bewegung in England – er besaß Einfluß auch auf die jüdische Bevölkerung der USA. Der britische Außenminister Balfour bat Lord Rothschild ausdrücklich, er möge den Wortlaut der Erklärung den wichtigen Persönlichkeiten der zionistischen Zirkel mitteilen, diente doch die »Balfour Declaration« vom 2. November 1917 einem aktuellen politischen Zweck: Sie sollte das Interesse der Juden in den USA an einem raschen und für England siegreichen Kriegsende wecken. Die jüdischen Bürger der USA waren vielfach emotional mit dem ihnen heiligen Land Palästina verbunden. Daß Juden in das »Land der Väter« zurückkehren konnten, war ihnen ein Anliegen, auch wenn sie selbst nie die Absicht hatten, die USA zu verlassen. Den Menschen, die den Gedanken an die jüdische Heimstätte verwirklicht sehen wollten, wurde auch deutlich, daß dies erst nach dem Sieg möglich sein würde. Die Folge war die Intensivierung der amerikanischen Kriegsanstrengungen. Die Balfour Declaration hat ihren Zweck erfüllt.

Hussein, der König aller Araber, ließ sich in seiner Überzeugung nicht erschüttern, die britische Regierung werde, trotz der sich widersprechenden Zusagen, letztlich zu ihm halten.

1919 –
die Haschemiten als Opfer europäischer Politik

Als in Versailles und in anderen Vororten der französischen Hauptstadt nach Kriegsende die politischen und territorialen Folgen des Konflikts ausgearbeitet wurden, da war für die vielfältigen internationalen Konferenzen das Thema »Königreich Arabien« ein Nebenaspekt der zu verhandelnden Probleme.

Emir Faisal war von seinem Vater, dem König aller Araber, nach Versailles geschickt worden, um die Ansprüche der Haschemiten durchzusetzen. Die Anweisungen an den Sohn waren eindeutig: Er mußte die Anerkennung eines unabhängigen arabischen Staates fordern. In dieser Frage durfte Faisal keine Kompromisse eingehen – auch nicht in Verhandlungen über den Machtanspruch der haschemitischen Dynastie.

Faisal besaß keinerlei Erfahrung auf dem Gebiet der Diplomatie, der internationalen Konferenzen. Er redete in harschem, forderndem Ton: »Ich vertrete hier meinen Vater, der auf Bitten der englischen und der französischen Regierung den Aufstand der Araber gegen die Türken angeführt hat. Ich bin hier, um zu verlangen, daß die arabisch sprechenden Völker als ein unabhängiges, souveränes Volk anerkannt werden!« Als ihm die Frage gestellt wurde, ob die Araber überhaupt zivilisiert genug seien, um sich selbst regieren zu können, reagierte Faisal beleidigt: »Mein Land war schon zivilisiert, als noch sämtliche auf dieser Konferenz vertretenen Länder von Barbaren bevölkert waren!« Mit dieser Einstellung war auf den Versailler Konferenzen im Januar 1919 nichts zu erreichen. Man lachte über den seltsamen Prinzen aus der Wüste, der im Konferenzsaal in Begleitung zweier gewaltiger Nubiersklaven erschien, die ihm mit gezückten Schwertern Respekt verschaffen sollten.

Hussein und seine Söhne Faisal und Abdallah erkannten nicht, daß sich die Welt verändert hatte: Der Weltkrieg war zu Ende und England hatte gesiegt – auch im Nahen Osten. Die Haschemiten wurden nicht mehr gebraucht, und die Siegermächte fühlten sich ihnen gegenüber nicht zu Dank verpflichtet. Das Dokument, auf das sich Faisal in Versailles berief, trug neben der Unterschrift des britischen Hochkommissars McMahon das Datum 24. Oktober 1915. Es war überholt durch das Abkommen Sykes-Picot vom Mai 1916 und durch die Balfour Declaration vom 2. November 1917. Hussein, der immer noch abgeschieden in Medina lebte, blieb vom Wahn umfangen, er werde doch noch Herrscher Arabiens. Schreiben, die er vom britischen Hochkommissar in Cairo erhielt, bekräftigten ihn darin, begannen sie doch mit dieser Anrede: »An den exzellenten und hochgeborenen Herrn, den Nachfahren edler Sherifen, die Krone der Stolzen, den edlen Zweig aus dem Stammbaum des Propheten, den verehrungswürdigen und hochgeehrten Herrn, den Gesegneten der Gläubigen, an den Herrn aller Herren, an den Sherifen, der von Sherifen abstammt. An seine Exzellenz, den Sherifen Hussein. Seine Segnungen werden seinem Volke zugute kommen in tausendfältiger Form«. Daß er von den englischen Kolonialbeamten in Cairo verspottet werden könnte, daran dachte der König aller Araber nicht.

Erfolglos zurückgekehrt von den internationalen Konferenzen bemühte sich Faisal, der Vizekönig, eine Verwaltung für den arabischen Staat seines Vaters aufzubauen. Doch er mußte zur Kenntnis nehmen, daß sich in Beirut, das damals zur Provinz Syrien gehörte, eine französische Administration für Syrien entwickelte. Sie berief sich als Grundlage ihrer Arbeit auf das Abkommen Sykes-Picot, das Syrien den Franzosen zusprach.
Diese Entwicklung und Mutmaßungen über die Friedenspläne der Alliierten versetzen das Land in Unruhe. Der Allgemeine Syrische Kongreß, gewählt 1919, proklamierte im März 1920 den Staat Groß-Syrien, dem auch Palästina angehören sollte, und wählte Faisal zum König des Vereinigten Königreichs Syrien. Doch dann überstürzten sich die Ereignisse. Die von England und Frankreich gesteuerte internationale Konferenz von San Remo übertrug im April 1920 die Kontrolle über Syrien an Frankreich. Dieses »Mandat« gab der französischen Regierung das Recht, rasch zu handeln. Im Juli 1920 besetzten französische Verbände Damaskus.
Am 27. Juli 1920 erhielt Faisal ein Schreiben des kommandierenden französischen Generals: »Ich habe die Ehre, Ihrer Königlichen Hoheit eine Entscheidung der französischen Regierung mitzuteilen. Ihre Hoheit wird aufgefordert, Damaskus zu verlassen. Ein Sonderzug steht Ihrer Königlichen Hoheit und dem Gefolge zur Verfügung. Dieser Sonderzug fährt

vom Hedschazbahnhof in Damaskus um fünf Uhr morgens des kommenden Tages ab.«

Am 28. Juli 1920 um fünf Uhr morgens verließ der Haschemitenemir Faisal mit 25 Frauen und 72 Höflingen Damaskus. Da er ihnen keine Hoffnung auf künftigen Glanz machen konnte, ließen ihn unterwegs Höflinge und Frauen im Stich. Schließlich traf Faisal, fast ohne Begleitung, auf dem Bahnhof von Al Kantara am Suezkanal ein. Dort wartete er auf den fahrplanmäßigen Zug nach Cairo.

Emir Abdallah Ibn Hussein, der Bruder des entthronten Vizekönigs, zog später ein Fazit der Ereignisse des Jahres 1920: »Der Erfolg lag damals dem Hause der Haschemiten zum Greifen nahe. Wir haben uns jedoch durch zwei verhängnisvolle Fehler den Erfolg verscherzt. Wir hatten blindes Vertrauen in die Engländer gehabt und wir hatten geglaubt, die arabischen Stämme und ihre Sheikhs würden entschlossen zur Erreichung der Einheit zusammenarbeiten. Wir waren dazu überzeugt, sie würden sich dem Würdigsten und dem berufenen Führer, meinem Vater, unterordnen. Doch der Geist der Uneinigkeit hat die Araber befallen und uns ins Unglück gestürzt.« Für das Unglück, das sie nun traf, trugen die Haschemiten zu einem beachtlichen Teil selbst die Schuld: Der König aller Araber hatte sich selbst maßlos überschätzt.

Auch nach dem Debakel von Damaskus blieb Hussein als Sherif von Mekka und Medina oberste Autorität für die Heiligen Stätten und für das Hedschazgebiet. Doch er war ein alter Mann geworden, halsstarrig und uneinsichtig. Er begriff jetzt allerdings das volle Ausmaß des Doppelspiels der Engländer. Kitchener und McMahon titulierte er als »Schoßhündchen des Satans«, und er wünschte der englischen Regierung den Aufenthalt in den heißesten Öfen der Hölle. Die Regierung in London reagierte darauf mit Streichung der Hilfsgelder für den Haschemitensherif.

Doch noch einmal meinte Hussein eine Chance zu haben, sich an die Spitze der Araber zu stellen. Die Versuchung packte ihn, im Februar 1924 das höchste geistliche Amt im Islam zu beanspruchen: Er wollte Kalif werden.

Das Osmanische Reich war zusammengebrochen, die Türkei wurde von einer rein weltlich orientierten Militärregierung beherrscht – und doch galt der entmachtete Sultan wenigstens

pro forma als Autorität in Glaubensfragen mit der Funktions-
bezeichnung »Beschützer der Gläubigen«. Er wurde eingeord-
net in die lange Reihe der Amtsnachfolger des Propheten
Mohammed. Ihm allein gebührte das Recht, den Heiligen
Krieg gegen die Ungläubigen auszurufen.

Mit der politischen Entmachtung des Sultans war allerdings
innerhalb weniger Monate auch das höchste religiöse Amt des
Islam ausgehöhlt und entwertet worden. Die Moslems nahmen diesen Kalifen nicht mehr zur Kenntnis. Der starke Mann
der aus dem Osmanischen Reich hervorgegangenen Republik
Türkei, Mustafa Kemal Atatürk, zog aus dieser Entwicklung
die Konsequenz: Er sah im Frühjahr 1924 keinen Sinn mehr
darin, ein Amt weiterbestehen zu lassen, das bedeutungslos
geworden war. Mustafa Kemal Atatürk dekretierte, das Kalifat
sei erloschen, das Amt stehe zur Disposition.

In der islamischen Welt war kein empörter Aufschrei über die
Entscheidung des Militärdiktators der Türkei zu vernehmen.
Nirgends und von niemand wurde der Kalif vermißt. Die rie-
sige islamische Gemeinde der Welt brauchte offenbar keinen
Kalifen.

Allein Hussein, der Sherif von Mekka und Medina, der sich
König aller Araber nannte, war überzeugt, der Fortbestand des
Kalifenamtes sei Allahs Wille – und es sei auch der Wille des
Allmächtigen, daß ein Mann aus hochangesehener Familie die
Aufgabe habe, Beschützer der Gläubigen zu sein. Er argumentierte, das Kalifenamt sei nur deshalb ausgehöhlt worden, weil
die Amtsinhaber keine Legitimität besessen hätten, sich Nachfolger des Propheten zu nennen. Er allein – Hussein aus der
edlen Familie der Haschemiten – besitze die Voraussetzung für
den Anspruch auf das Kalifat: Er sei mit dem Propheten
Mohammed blutsverwandt. Im Gefühl, absolut richtig zu handeln, ließ er während des Freitagsgebets in der Großen
Moschee in Mekka verkünden, das Kalifenamt sei auf ihn
übergegangen und sei jetzt im Besitz der edelsten Familie, die
von Allah gesegnet worden sei.

Die Gläubigen in Mekka jubelten: Sie sahen in der Übernahme
des Kalifats durch die Haschemiten eine Steigerung des Ansehens ihrer Stadt, die nun wahrhaftig zum Zentrum des islamischen Glaubens werden würde. Doch außerhalb von Mekka
löste die Proklamation Kopfschütteln aus. Schon in Medina

war die Meinung verbreitet, die Haschemiten dürften schon deshalb nicht Beherrscher der Gläubigen werden, weil sie bei der Administration der heiligen Stätten versagt hätten. Waren zur Zeit der Osmanenherrschaft die Pilgerstraßen im Hedschaz sicher, so wurden die Pilger jetzt, da die Haschemiten für ihre Sicherheit zuständig waren, von räuberischen Beduinenbanden bedroht. Der Vorwurf lautete auch, der Haschemitenclan bereichere sich. Die Preise für Brot und Trinkwasser seien durch Erhöhung der Steuern gestiegen. Die Abgaben seien für die Pilger unerschwinglich geworden. In Mekka, so war zu hören, herrsche Mißwirtschaft.

Die Pilger, die während der letzten Jahre in Mekka gewesen waren, sprachen zu Hause über die Veränderung zum Schlechten in der heiligen Stadt. Ihre eindeutige Meinung war die Ursache für die allgemeine Ablehnung der Kalifenwürde für den Haschemitensherif. Entscheidend aber für das Schicksal der Haschemiten war der Standpunkt der islamischen Gläubigen aus Indien – dort lebten 70 Millionen Moslems. Ihre Geistlichkeit gehörte zu den härtesten Kritikern der Haschemiten. Sie hielten die Zustände im Bereich der Ka'aba in Mekka für unerträglich. Indien war damals Bestandteil des britischen Empires. So konnte es nicht ausbleiben, daß die britischen Administratoren in den indischen Städten und Dörfern von den Klagen über die Haschemiten erfuhren. Sie vernahmen auch, die Pilger würden die Familie As-Saud, die im Osten und in der Mitte der Arabischen Halbinsel herrschte, als Beschützer der Gläubigen vorziehen.

Der Standpunkt der indischen Moslems wurde in London registriert und ernstgenommen. Er beeinflußte die britische Regierung in ihrer Beurteilung der Situation auf der Arabischen Halbinsel. Im Colonial Office setzte sich der Gedanke durch, Emir Abdel Aziz Ibn Saud sei der bessere Kandidat für die Partnerschaft mit England in der arabischen Welt. Die Haschemiten waren die Verlierer.

Abdel Aziz Ibn Saud spürte, daß die Chance stieg, sich auf der Arabischen Halbinsel durchzusetzen. Er verstärkte seine Propaganda gegen die Haschemiten – und er wußte, daß er gehört werden würde: »Jener König aller Araber hat nicht genug: Jetzt will er sich auch noch den Mantel des Propheten um die Schultern werfen. Jener alte Narr, der mit den Ungläubigen gegen den Kalifen paktiert hat, will jetzt den Kalifen beerben. Er ist doch schuld, daß die Kraft des Kalifen zerbrochen ist. Hussein ist durch den Pakt mit den Ungläubigen selbst zum Ungläubigen geworden. Ein Ungläubiger aber ist nicht geeignet, Kalif zu sein!« Abdel Aziz Ibn Saud wäre in der Lage gewesen, mit Hilfe seiner exzellenten Reiterei den Sherifen von Mekka sofort aus der Heiligen Stadt zu treiben. Doch er war vorsichtig, denn schließlich ließ es sich nicht klären, daß die Haschemiten mit dem Propheten Mohammed blutsverwandt waren. Er hielt es für klug, eine Versammlung der Geistlichen seines Herrschaftsbereichs einzuberufen, die entscheiden sollte, ob Krieg gegen den Sherifen von Mekka erlaubt sei.

Die Versammlung hatte sich noch nicht entschieden, da handelte der Kommandeur der Saudireiterei. Er griff die Stadt Taif an, die 60 Kilometer ostwärts von Mekka lag und dem Sherifen Hussein unterstand. Verantwortlich für die Verteidigung von Taif war der Sohn des Sherifen Ali Ibn Hussein. Als die Verteidiger in eine kritische Lage gerieten, floh Ali Ibn Hussein aus Taif. Er und seine Bewaffneten ließen die Bewohner schmählich im Stich. Die Sieger wüteten grausam. Dreihundert Männer und Frauen sollen erschlagen und erstochen worden sein.

Die Nachricht vom blutigen Geschehen in Taif drang rasch nach Mekka und erregte dort panische Angst. Die Sorge vor einem Angriff der Saudireiterei war berechtigt. Die Stadt aber war nicht auf Verteidigung eingerichtet. Bisher hatten sich die Bewohner darauf verlassen können, daß Mekka von militärischen Aktionen verschont blieb, hatte der Prophet Mohammed doch gemahnt: »Gläubige, kämpft nicht im Schatten der Ka'aba!« Jetzt aber war zu befürchten, daß die wilden Reiter der Saudisippe die Mahnung nicht beachteten. Als die Palastwache des Haschemitensherifs desertierte, brach Panik in Mekka aus. Die angesehensten Bewohner baten den Sherif, er möge Mekka verlassen, denn seine Gegenwart allein reize Abdel Aziz Ibn Saud zu Gewaltakten gegen Bewohner und Stadt.

Hussein, der sich ohne Hilfe sah, folgte dem Wunsch der Honoratioren. Er nahm an Schätzen mit, was greifbar war. Goldmünzen wurden in alte Benzinfässer eingeschweißt und zur Küste transportiert. An Bord eines kleinen Dampfers verließ das Oberhaupt der Haschemitenfamilie den Hedschaz. Die

Honoratioren meinten danach: »Sherif Hussein war schlimmer als die osmanischen Gouverneure! Er hat uns ausgeplündert!«
75 Jahre war Hussein alt, als er sich auf den Weg in ein ungewisses Exil begab. Es war im September des Jahres 1924, als sich die Haschemiten von ihrer angestammten Heimat verabschiedeten.

Potential für einen Konflikt – Churchills Memorandum

Den Untergang des Sherifen Hussein im Konflikt mit Emir Abdel Aziz Ibn Saud hatte Abdallah Ibn Hussein, der tatkräftigste der Söhne des Sherifen vorausgesehen. Er wollte nicht mit dem starrsinnigen Vater ins Unglück gestürzt werden – er wollte sich von Husseins Schicksal lösen und unabhängig sein Glück versuchen.
Hatte sein Bruder Faisal Damaskus ohne Gegenwehr den Franzosen überlassen, so war das seine Sache; in ihm jedenfalls war die Vision vom arabischen Staat unter der Herrschaft der Haschemiten noch lebendig. Im Herbst des Jahres 1920 – nach dem Ende der Herrschaft seines Bruders in Damaskus – entschloß er sich, einen Aufstand gegen die Franzosen in Syrien zu organisieren. Dieser Entschluß löste eine Wende zum Positiven in der haschemitischen Geschichte aus.
Abdallah Ibn Hussein und ein Dutzend Freunde nahmen in Medina eine Lokomotive und Wagen der stillgelegten Hedschazbahn in Betrieb. Da kein Holz zu finden war, um die Lokomotive zu beheizen, hackten die Männer unterwegs die Telegrafenmasten um und zersägten die Bahnschwellen. Abdallah und seine Begleiter wären rascher vorangekommen, wenn sie geritten wären, doch die Fahrt mit der eigentlich nicht funktionierenden Eisenbahn machte ihnen Spaß. Das größte Problem dabei war, daß die Zisternen der zerfallenen Bahnstationen im trockenen Wüstenland kein Wasser enthielten. Nach tagelanger Fahrt erreichte die Haschemitengruppe Ma'an, eine kleine Stadt etwa 150 Kilometer nördlich von Aqaba. Die Bahnstrecke führte zwar weiter nach Norden, doch sie war hier unterbrochen. Die Nachricht von der Ankunft des

Haschemitenemirs Abdallah verbreitete sich bis zur Bergstadt As-Salt, die hoch über dem Jordantal liegt. Dort tagten unter Aufsicht des britischen Hochkommissars für Palästina die Notabeln des Ostjordanlandes – die Stammessheikhs und Gemeindevorsteher, die Grundbesitzer und die Vorstände der Kaufmannsvereinigungen, die Sprecher der islamischen Geistlichen und einige wenige, die sich als arabische Nationalisten bezeichneten.

Emir Abdallah war vom Glück begünstigt. Ein Mann wie er wurde gesucht.

Das Abkommen Sykes-Picot war in Kraft getreten. Arabien war geteilt. Da weder die Franzosen noch die Engländer Interesse daran hatten, sich in die Alltagspolitik der Stämme und Städte in Syrien und im Mandatsgebiet Palästina einzulassen, brauchten sie fähige Männer von möglichst angesehener Abstammung, die energisch genug waren, die auseinanderstrebenden Absichten der ehrgeizigen Notabeln zu bändigen. Der britische Hochkommissar für Palästina hatte bisher niemand gefunden, den die Notabeln über sich als Respektsperson dulden würden – bis eben zu jenem Tag, als Emir Abdallah Ibn Hussein mit seinem »Sonderzug« in Ma'an eintraf.

Und er brauchte dort nicht lange zu warten. Aus Kerak, einer Kleinstadt, die durch ihre Kreuzritterburg bekannt ist, kam ein britischer Offizier namens Kirkbride herüber; der brachte Reitkamele für die Haschemitengruppe mit. Abdallah bedankte sich dafür – und für die Ehre, »von der britischen Regierung empfangen zu werden«.

Die britische Regierung sah sich seit der Übernahme der Mandatsgewalt der Schwierigkeit gegenüber, daß die Balfour Declaration vom 2. November 1917 von den zionistischen Bewegungen in England und in den USA so interpretiert wurde, daß ganz Palästina in »a national home for the Jewish people« verwandelt werde. Dr. Chaim Weizmann – 1874 geboren, ab 1948 der erste Präsident des Staates Israel – beispielsweise legte die Balfour Declaration sehr weitreichend aus: »Ganz Palästina muß so jüdisch werden, wie England englisch ist!« Diese Vision sollte also nach Dr. Weizmanns Vorstellung das gesamte Mandatsgebiet von Palästina umfassen, also auch die Region ostwärts des Jordan.

Als Winston Churchill im Frühjahr 1921 zum Colonial Secre-

40

tary der britischen Regierung ernannt wurde – zum Minister, der für die britischen Kolonien zuständig ist – gehörte es auch zu seinen Pflichten, sich um das Palästinaproblem zu kümmern. Nach gründlichem Studium der Materie verfaßte Winston Churchill ein Memorandum, das die Position der Londoner Regierung festlegte. Darin wies der Colonial Secretary die Auffassung zurück, die Dr. Chaim Weizmann vertreten hatte: Die Interpretation des Textes der Balfour Declaration gestatte keineswegs die Absicht, Palästina so jüdisch zu machen, wie England englisch sei. »Die Regierung Ihrer Majestät betrachtet jede Erwartung in dieser Hinsicht als nicht erfüllbar. Sie verfolgt kein derartiges Ziel.« Das Churchill-Memorandum besagt ausdrücklich, es sei zu keinem Zeitpunkt daran gedacht gewesen, »Palästina als Ganzes in ein Jewish National Home zu verwandeln«: In der Balfour Declaration komme nur zum Ausdruck, daß diese Heimstätte im Bereich des palästinensischen Gebiets gegründet werden könne.

Erkennbar ist Churchills Absicht, die Gebietsfläche, die für das Jewish National Home in Frage kommt, möglichst klein zu halten. Der Colonial Secretary handelte durchaus im Interesse der Araber, die damals auf palästinensischem Boden die Mehrheit bildeten. Das Churchill-Memorandum stellt fest, die Zahl der Juden in Palästina beschränke sich auf 80 000 – das waren ungefähr 10 Prozent der Gesamtbevölkerung. Churchill hielt eine begrenzte Zuwanderung jüdischer Familien für berechtigt.

Um die Auswirkung der Balfour Declaration nicht im Sinne der zionistischen Bewegung ausufern zu lassen, festigte die britische Regierung die Situation der Araber durch Persönlichkeiten, die arabische Ansprüche vertreten konnten. In Jerusalem, der wichtigsten Stadt des Jordanwestufergebiets, wurde 1920 Hadsch Mohammed Amin Husseini zum Mufti ernannt. Ihm war aufgetragen, die Araber von Westpalästina nicht allein in Fragen des Glaubens, sondern auch politisch anzuführen. Für Ostpalästina reservierte das Colonial Office diese Funktion dem zweitältesten Sohn des »Königs aller Araber«. Ihm, dem Emir Abdallah Ibn Hussein, wurde aufgetragen, in Transjordanien für Stabilität zu sorgen. Mit dieser Machtzuweisung an Hadsch Mohammed Amin Husseini und an den Haschemitenemir war das Potential für einen Konflikt geschaffen, der am 20. Juli 1951 tödlich für Abdallah enden sollte.

Winston Churchill leitete im März 1921 in Cairo eine Konferenz hoher britischer Kolonialbeamter, die – auf Drängen des Colonial Secretary – Wiedergutmachung leisten sollte für die Nichteinhaltung der Versprechen des Hochkommissars McMahon aus dem Jahr 1915 gegenüber der Haschemitensippe.

Zwar konnte und wollte die Konferenz nichts unternehmen, um den Haschemiten die Herrschaft über Mekka, Medina und den Hedschaz vor dem Zugriff des Clans As-Saud zu retten, doch sie war bereit, an die Familie Haschem zwei respektable Aufgaben zu vergeben: Abdallah Ibn Hussein war künftig für Transjordanien zuständig und sein Bruder Faisal Ibn Hussein, der von den Franzosen aus Damaskus ausgewiesen worden war, für das Land am Unterlauf von Euphrat und Tigris, das einst die osmanische Provinz Mesopotamien, und jetzt – durch Englands Entscheidung – der Staat Irak geworden war. Die Haschemiten konnten zufrieden sein mit Churchills Entscheidung.

Um Abdallah Ibn Hussein Sicherheit zu geben für die Zukunft seines Herrschaftsbereichs, wurde die definitive Fassung des Textes der Mandatsvereinbarung von den Gremien des Völkerbundes verabschiedet, der Transjordanien ausdrücklich als Gebiet bezeichnete, in dem das Jewish National Home nicht etabliert werden durfte. Letztlich verantwortlich für diese einschränkende Definition des Mandatsauftrags war der Rat der Nationen im Völkerbund. Für die Schaffung eines ausgedehnten jüdischen Staates gab es damals wenig Sympathie in den Gremien des Völkerbundes.

Persönlichkeiten der zionistischen Bewegung waren damals empört – und sie gaben die Schuld für die Haltung des Völkerbunds der Politik Winston Churchills. Diese Empörung über die räumliche Beschränkung der jüdischen Heimstätte ist bis heute spürbar. Viele Bürger des Staates Israel fühlten und fühlen sich betrogen um einen Großteil des »Landes der Väter«. König Hussein hatte jahrelang Angst, Israel werde sich zu seiner Regierungszeit holen, was ihm durch Churchill entrissen worden ist. Er fürchtete während der 70er Jahre, die israelische Armee werde irgendeinen Anlaß benützen, um Transjordanien zu besetzen – um es nie mehr freizugeben.

Das Emirat Transjordanien, das dem Emir Abdallah Ibn Hussein zugewiesen wurde, besaß eine beachtliche Fläche, doch es bestand kein Grund, darauf stolz zu sein, denn sie war fast ausschließlich karge und unfruchtbare Wüste. Allein das Ostufer des Jordan und die daran anschließenden Hügel boten landwirtschaftlich nutzbaren Boden. Auch an Bodenschätzen war Transjordanien arm. Bekannt waren nur die Phosphatlager am Toten Meer. Auch die Zahl der Bewohner des Emirats war gering: Sie wurde auf 350 000 Menschen geschätzt. Die überwiegende Mehrzahl waren Beduinen.

Emir Abdallah Ibn Hussein bezog in der winzigen Stadt Amman im engen Tal eines Flusses, der im Sommer austrocknete, ein bescheidenes Haus, das sich an den Hang duckte. Seine Fassade war aus behauenen Kalksteinen gemauert. Der Herrscher wohnte dort mit zwei offiziellen Frauen sowie mit einer dunkelhäutigen Nubierin, die überaus schön gewesen sein soll und die vom Emir bevorzugt wurde. Das für seinen Haushalt nötige Geld, eine bescheidene Summe, erhielt er von der britischen Kolonialverwaltung. Die Regierung in London sah sich bald gezwungen, die Finanzierung des gesamten Staates, den Churchill begründet hatte, abzusichern.

Auch der Aufbau der Polizeitruppe und der kleinen Armee, die der Emir vor allem zur Kontrolle der Emiratsgrenzen benötigte, wurde von Großbritannien bezahlt. Für Polizei und Militär wurden Reiter rekrutiert, die – unter Führung der Haschemiten – im Jahr 1916 am »Aufstand der Araber« teilgenommen hatten. Zum Kommandeur wurde ein britischer Oberst ernannt, der bald in Transjordanien Peake Pascha genannt wurde. Er erhielt vom britischen Kriegsministerium den Auftrag, die künstlichen Grenzen des Emirats abzusichern. Sie waren von Politikern in London und beim Völkerbund in Genf ohne Rücksicht auf geographische Bedingungen und auf Stammestraditionen gezogen worden. Sippen, die jetzt zum Bereich des Clans As-Saud gehörten, erhoben Anspruch auf Wüstenstriche, die – nach Mandatsregelung – Transjordanien zugesprochen worden waren. Mit Übergriffen der Saudstämme, die sich benachteiligt fühlten, mußte gerechnet werden.

Hinter den Aktivitäten der Stämme aus dem Nedschdgebiet stand der Ehrgeiz der Saudfamilie. Ihrem Emir Abdel Aziz Ibn Saud gehörten jetzt auch die Oasen und Wüsten des Hedschaz, aus denen er die Haschemiten vertrieben hatte. Ihm war es ein Dorn im Auge, daß die von ihm verfolgte Sippe

Haschem an seiner Nordgrenze Fuß gefaßt hatte. Er wollte den Haschemitenstaat schon in seiner Gründungsphase vernichten. So schickte er seine Stammesreiter los zur Erstürmung der Kleinstadt Amman und der Residenz der Haschemiten. Doch die britische Militärverwaltung für den Nahen Osten hatte vorgesorgt. Sie hatte dem Oberst Peake Pascha rechtzeitig zehn Maschinengewehre, fünf Granatwerfer, drei Panzerspähwagen und zwei kleine Flugzeuge zur Verfügung gestellt. Mit Hilfe dieser Waffen und der kleinen transjordanischen Armee gelang es den britischen Offizieren, die Saudireiter aufzuhalten. Die Geschlagenen verloren rund 400 Reiter und fünf Kriegsbanner.

Am 15. Mai 1923 erhielt das Emirat einen legalen Status: Die britische Regierung bestätigte die Unabhängigkeit des Wüstenstaates. Die Souveränität war allerdings gewaltig eingeschränkt: Emir Abdallah Ibn Hussein mußte zur Kenntnis nehmen, daß sein Vormund in London saß. Abdallah konnte nicht frei entscheiden auf den Sektoren der Verteidigung, der Finanzen, der inneren Sicherheit und der Außenpolitik – sie waren den englischen Offizieren und Beamten vorbehalten, die sich in Transjordanien einzunisten begannen. Sie mischten sich nur nicht in das Leben der transjordanischen Stämme ein. Abdallah Ibn Hussein erkannte, daß zwei Faktoren seine Macht absicherten: Gute Beziehungen zu den Stämmen und absolute Treue gegenüber Großbritannien.

Das Schulgeld bezahlte der Großvater –
Husseins unruhige Jugend

Als der spätere König Hussein im Jahre 1935 geboren wurde, bestand das Emirat Transjordanien seit rund 14 Jahren. Durch Beharrlichkeit war es Abdallah gelungen, die britische Vormundschaft weiter abzubauen. Das Vertrauensverhältnis zwischen dem Emir und der Regierung in London war eng geworden. Es war ihm bereits gestattet, mit arabischen Staaten konsularische Beziehungen aufzunehmen. Kontakte mit Staaten außerhalb der arabischen Welt blieben dem Emir untersagt.

Neben den politischen Beschränkungen bekam der Herrscher vor allem die finanzielle Knauserigkeit Londons zu spüren.

Dem persönlichen Haushalt fehlte Geld. Aus der Staatskasse konnte wenig für die Familie abgezweigt werden. Seine Kindheit, so erinnerte sich Hussein später, sei durch Sparsamkeit der Mutter geprägt gewesen. An den Kauf von Spielzeug sei nicht zu denken gewesen.

Der Geldmangel, unter dem Husseins Eltern litten, war nicht allein in der allgemeinen Armut des Emirats Transjordanien begründet – das von England finanziert wurde –, seine wesentliche Ursache war die Mißachtung, mit der Abdallah seinen Sohn Talal von sich fernhielt. Talal war vom Vater zwar zum Kronprinzen ernannt worden, doch Abdallah gab ihm keine Aufgabe. Dem 30jährigen Sohn vertraute der Herrscher nicht. Talal Ibn Abdallah durfte seinen Vater nicht einmal bei Schuleinweihungen vertreten; es war ihm nicht erlaubt, seine politische Meinung zu äußern; bei Hofzeremonien nahm Talal nur den dritten Platz hinter dem Premierminister und dem Verteidigungsminister ein. Die beiden waren entferntere Verwandte als der eigene Sohn.

Talal Ibn Abdallah wohnte mit seiner Frau, der Prinzessin Zain, und den drei Söhnen Hussein, Hassan und Mohammed auf Jebel Amman, einem der sieben Hügel der Hauptstadt. Das Haus des Kronprinzen war überaus bescheiden: Es bestand aus fünf Räumen, der Küche und einem Bad. Das Haus stand von drei Seiten her offen auf einem kleinen Grundstück. Der Kronprinz konnte hinüberblicken zum Amtssitz seines Vaters – doch er wurde nie allein gerufen; nur im Beisein anderer empfing ihn Abdallah. Talal saß in seinem kleinen Haus – und wurde trübsinnig. Sein Gemüt verdüsterte sich. Der Kommandeur der Arabischen Legion, General Glubb Pascha, schilderte die Symptome der seelischen Erkrankung: »Talal bekam Tobsuchtsanfälle.« Hussein hat selten über die Gemütsprobleme seines Vaters gesprochen – sie sind ein heikles Kapitel in der haschemitischen Familiengeschichte. Als Hussein das zehnjährige Jubiläum seines Regierungsantritts feiern konnte, sagte er einmal die Wahrheit: »Mein Vater war schrecklich krank! Er litt an Schizophrenie!« Hussein litt während seiner Kindheit und Jugend unter den Wutausbrüchen des Vaters, die meist plötzlich auftraten. General Glubb Pascha, der im Jahre 1943 – Hussein war damals acht Jahre alt – versuchte, einen Offizier aus Talal zu machen, meinte, daß Talal sich zu beherrschen versuchte, doch letztlich ohne Erfolg: »Er spürte es, wenn ein Anfall über ihn hereinbrach. Es gelang ihm sogar meist noch, sich mit militärischem Gruß zu verabschieden, ehe sich ihm die Sinne trübten.« Der Vater Abdallah aber hielt den Sohn für unbeherrscht. Sein Urteil sprach er oft in Gegenwart von Offizieren und Höflingen aus: »Talal ist schlecht erzogen! Mir ist nur eines mißlungen: Die Erziehung meines Sohnes!«

Die Abneigung des Monarchen traf auch die Frau des Kronprinzen, Prinzessin Zain. Sie stammte aus einem hochgeachteten Beduinengeschlecht. Zain war energisch und gewillt, ihren Platz zu behaupten. Talal Ibn Abdallah konnte es nie wagen, sich mit einer zweiten Frau zu verbinden. Dies wiederum warf ihm sein Vater vor, der stets mehrere sexuelle Beziehungen hatte. Abdallah hielt auch mit seiner Meinung nicht zurück, Talal könne sich gegenüber seiner Frau nicht durchsetzen.

Wie machtbewußt seine Mutter Zain tatsächlich war, bekam später auch Hussein zu spüren. Sie war selten einverstanden mit den Frauen, die der junge König an seiner Seite sehen wollte. Husseins Frauen hatten alle unter Zain zu leiden. Gegen den Vater ihres Mannes aber kam die energische Frau nicht an. Es gelang ihr nicht, Abdallah zu bewegen, das Einkommen ihres Mannes aufzubessern. Abdallah empfing sie erst gar nicht. So war Zain gezwungen, Schmuckstücke zu verkaufen, die sie aus ihrer eigenen Familie mitgebracht hatte.

Als aller Schmuck veräußert war, verkaufte die Mutter auch Husseins Fahrrad. Der Junge war damals elf Jahre alt. Der Verkauf geschah im Jahr 1946. Daß ihm sein Fahrrad genommen wurde, blieb Hussein als schmerzhaftes Erlebnis im Gedächtnis.

Das Fahrrad hatte Hussein ein Jahr zuvor geschenkt bekommen, von seinem Vetter Feisal, der in Baghdad darauf vorbereitet wurde, den irakischen Thron zu besteigen. Feisal war im selben Alter wie Hussein. Der Junge von Amman blickte im Jahr 1946 – als sein Fahrrad verkauft wurde – voll Neid auf den Verwandten in Baghdad: Feisal war in der Lage, Fahrräder zu verschenken – und auch noch Fahrräder britischer Herstellung.

Prinz Feisal verfügte tatsächlich über Reichtum. Der Zweig der Haschemitensippe, der seit 1921 durch Winston Churchills

Gunst die Monarchen an Euphrat und Tigris stellen durfte, war mit Geld gesegnet. Seit den 30er Jahren wurde aus dem Boden des Irak Öl gefördert. Die Ölfelder von Kirkuk und Mosul bargen gewaltige Ölvorräte, die leicht zugänglich waren. Die britischen Ölgesellschaften waren bereit, für die Förderrechte hohe Beträge zu zahlen. Die Haschemiten in Baghdad waren nicht zu Sparsamkeit gezwungen.

Husseins Vetter Feisal wartete seit 1939 auf die Thronbesteigung – seit dem Tod seines Vaters König Ghazi, der bei einem Autounfall umgekommen war. Feisal stand unter der Regentschaft seines Onkels Abdul Ilah, der Mühe hatte, den unruhigen Irak auf stabilem Kurs zu halten. Im Jahr 1941 hatte Abdul Ilah nicht verhindern können, daß ehrgeizige Militärs an Deutschlands Seite Krieg gegen England führen wollten. Vier Offiziere waren überzeugt, das Deutsche Reich gewinne den Zweiten Weltkrieg. Deutsche Kampfflugzeuge standen damals auf Flughäfen bei Baghdad, bereit einzugreifen, wenn Rommels Afrikakorps sich Palästina näherte. Doch der Rußlandfeldzug zehrte ab Sommer 1941 die Kräfte der deutschen Wehrmacht auf – die Pläne, Englands Streitkräfte im Nahen Osten von Nordafrika und von Irak her in die Zange zu nehmen, verschwanden in den Aktenschränken der Obersten Heeresführung in Berlin.

Als die vier Obersten gegen den Einfluß Englands an Euphrat und Tigris rebellierten, da war Emir Abdallah von Transjordanien durch vertragliche Bindung gezwungen, seine damals noch kleine Streitmacht, die Arabische Legion, gegen Englands Feinde zu mobilisieren. Die Arabische Legion rückte aus Amman ab in Richtung Baghdad, um englische Truppen, die bei Basra an Land gegangen waren, zu unterstützen. Die beiden Haschemitenstaaten, Transjordanien und Irak, befanden sich im Kriegszustand. Zum Glück entstand daraus kein Familienkonflikt: Rechtzeitig schlugen die britischen Truppen den Aufstand der vier Obersten nieder – ehe die Arabische Legion gezwungen war, ernsthaft anzugreifen.

Während des Zweiten Weltkriegs erwies sich der Emir von Transjordanien als makelloser Verbündeter Englands – obgleich der Haschemitenfürst nicht vergessen konnte, daß Großbritannien seinen Vater Hussein um die Herrschaft in einem Großreich der Araber betrogen hatte. Abdallah war sich bewußt, daß das Haus Haschem ohne England überhaupt keine regierende Position mehr besäße.

Abdallah geriet durch seine englandtreue Haltung in Konflikt mit arabischen Nationalisten im eigenen Land, aber auch in Ägypten, Syrien und im Irak. Sie waren zwar nirgends an der Macht, aber hatten eben doch Einfluß. Sie verstanden es, geschickt die Kluft zwischen dem Emir und dem Kronprinzen Talal für ihre Propaganda auszunützen: Sie streuten das Gerücht aus, Talal sei strikt gegen die Englandhörigkeit des Vaters. Uneinigkeit in der Beziehung zu England sei der wahre Grund des Konflikts im Hause Haschem. Talal wehre sich dagegen, daß der Herrscher von Transjordanien alle Anweisungen aus London befolge. Der Vater nehme dem Sohn diese Opposition übel.

Daß Deutschland den Zweiten Weltkrieg verlor, bedeutete einen herben Rückschlag für die arabischen Nationalisten, die in der Region westlich und östlich des Jordan auch weiterhin unter dem Einfluß des einstigen Großmuftis von Jerusalem, Hadsch Mohammed Amin Husseini standen. Ihm war zum Zeitpunkt der deutschen Niederlage mit Hilfe Frankreichs die Flucht von Berlin nach Arabien gelungen. Von Cairo und Beirut aus predigte Hadsch Amin Husseini weiterhin Parolen des Widerstands gegen England. Der Husseiniclan stand in heftiger Fehde mit den Haschemiten.

In der Zeit dieser Auseinandersetzung nach dem Ende des Zweiten Weltkriegs begann Abdallah, seinen Enkel aus dem Einfluß des Vaters Talal zu lösen. Der Großvater wollte vermeiden, »daß Hussein so schlecht erzogen wird wie Talal.« Der Emir von Transjordanien kümmerte sich um die Erziehung seines Enkels. Er wählte die Schulen aus, die Hussein besuchen sollte. Hussein erinnerte sich: »Es waren insgesamt sieben Schulen, die ich besucht habe. Der Wechsel geschah häufig von einem Augenblick zum anderen. Mein Großvater war, vorsichtig ausgedrückt, sehr herrschsüchtig. Wenn er der Meinung war, meine Arabischkenntnisse seien nicht ausreichend, hatte ich die Schule zu wechseln. Ich ging auf sieben unterschiedliche Schulen!« Das Schulgeld bezahlte der Großvater, da Talal dazu nicht in der Lage war. Hussein selbst empfand seine Situation als paradox. Er ging auf teure Privatschulen und hatte nicht einmal einen kleinen Geldbetrag zur eigenen Verfügung.

Als Hussein 14 Jahre alt war, schickte ihn Abdallah auf das Victoria College in der ägyptischen Stadt Alexandria. Der Unterricht fand in arabischer und englischer Sprache statt. Hussein fühlte sich dort außerordentlich wohl – auch wenn er es als peinlich empfand, daß er – wegen Geldmangels – selbst seine Kleider flicken und Knöpfe annähen mußte.

Das Victoria College schirmte ihn ab gegen die giftigen Anfeindungen der ägyptischen Propaganda, die in Rundfunk und Presse den Haschemitenclan als Verräter beschimpfte. Ereignisse aus dem Krieg von 1948, der vor nicht allzu langer Zeit durch Waffenstillstand zu Ende gegangen war, boten genügend Stoff. Denn auf arabischer Seite wurden Sündenböcke für die schmähliche Niederlage gesucht. In Cairo, Damaskus und Beirut waren sich die Verantwortlichen darin einig, daß der englandfreundliche Emir von Transjordanien Arabien verraten habe. Sie vergaßen dabei, daß sich allein die transjordanische Arabische Legion erfolgreich geschlagen hatte. Sie brauchten einen Grund für ihre Hetzkampagne.

Im Juli 1948 hatte sich der britische Kommandeur der Arabischen Legion gezwungen gesehen, die Städte Lydda und Ramla, die ostwärts von Tel Aviv liegen, kampflos der israelischen 89. Mechanisierten Division, deren Befehlshaber Moshe Dayan war, zu überlassen. General Glubb Pascha war der Ansicht, er verfüge nicht über genügend Truppen, um die Front auf voller Länge absichern zu können. Glubb Pascha sah seine wichtigste Aufgabe darin, beim Trappistenkloster Latrun die Straße, die von Tel Aviv nach Jerusalem führt, zu sperren. Um Streitkräfte zu sparen, zog er damals seine Truppen von Lydda und Ramla ab und verlegte sie auf die Höhenzüge östlich der beiden Städte. Dieser Rückzug hatte zur Folge, daß 80 000 Palästinenser – Einwohner der Städte und Flüchtlinge aus Kampfgebieten – den Israelis ausgeliefert waren. Als Moshe Dayan am Nachmittag des 11. Juli 1948 das Stadtgebiet von Lydda erreichte, war er erstaunt, auf keinerlei Widerstand zu stoßen. Er hatte sich auf einen harten Kampf eingerichtet. Die kampflose Einnahme nützte Jitzhak Rabin, der für diesen Feldzug die Verantwortung trug, im Einvernehmen mit David Ben Gurion sofort aus: Die 80 000 Palästinenser mußten Haus und Eigentum zurücklassen; sie wurden nach Osten ins Bergland getrieben. Haus und Eigentum übernahmen israelische

Familien. Lydda wurde in Lod umbenannt; in der Nähe entstand der Flughafen Ben Gurion.

Der britische Befehlshaber der Arabischen Legion hatte seinen Entschluß zur Räumung von Lydda und Ramla nach militärischen Gesichtspunkten gefaßt. Den wichtigen politischen Aspekt hatte Glubb Pascha nicht beachtet. Hätte der General die Städte zu verteidigen versucht, hätte ihm selbst bei einer Niederlage kein Vorwurf gemacht werden können. Jetzt aber wurde ihm sowie dem Emir von Transjordanien und dem gesamten Haschemitenclan nachgesagt, die Palästinenser verraten zu haben.

Als 13jähriger Junge hatte Hussein den Krieg mit Israel wenig beachtet. Daß die Arabische Legion erfolgreich das Gebiet nördlich und südlich von Jerusalem verteidigt hatte, das wußte er. Die weniger ruhmreichen Ereignisse waren ihm verborgen geblieben. Er hatte, als er im Sommer 1951 seine Ferien in Amman verbrachte, keine Ahnung von den Spannungen im Land, deren Ursache im Verhalten der transjordanischen Verantwortlichen lag, die Lydda, Ramla und die Orangenplantagen von Kalkilya den Israelis überlassen hatten. Die Professoren des Victoria College im ägyptischen Alexandria hatten ihm nichts davon gesagt, daß sein geliebter Großvater von vielen Untertanen gehaßt wurde. Erst nach Emir Abdallahs Tod am 20. Juli 1951 wurden dem Enkel die Zusammenhänge deutlich.

Am 20. Juli 1951 begriff Hussein auch, daß die Haschemiten in der arabischen Welt keine Freunde besaßen: Die regierende Familie in Saudi-Arabien hatte sich auf eine dauerhafte Feindschaft zur Sippe des einstigen »Königs aller Araber« eingerichtet; die Offiziere, die in Damaskus zu bestimmen hatten, mißgönnten den Haschemiten die disziplinierte Arabische Legion; die Clique um König Faruk von Ägypten sah in den Haschemiten, die in Transjordanien und im Irak herrschten, Konkurrenten im Kampf um die Führung der Araber. Die Ermordung des Haschemitenemirs Abdallah wurde besonders von den Medien in Cairo und Alexandria als Erfolg des arabischen Nationalismus gefeiert. Dieser Jubel machte Husseins Rückkehr ans Victoria College in Alexandria unmöglich. Er war jetzt Kronprinz – er hatte fortan die Würde seiner Position und seines Landes zu wahren.

50

Harrow School und Sandhurst –
der Kronprinz Hussein

König war nun Husseins Vater Talal, der keinerlei Erfahrungen in Regierungsgeschäften besaß; Abdallah hatte ihm keinen Einblick in Aufgaben und Funktionen gegönnt. Talal, der das Gespür dafür hatte, nicht geeignet zu sein für das Amt des Monarchen im schwierigen Land Transjordanien, zögerte die Heimkehr hinaus. Gerne befolgte er den Rat der Ärzte des Schweizer Sanatoriums, nicht sofort Verantwortung zu übernehmen. Erst sieben Wochen nach der Ermordung seines Vaters traf Talal in Amman ein – am 6. September 1951. Begeistert wurde er von der Bevölkerung empfangen, die nichts wußte von der seelischen Erkrankung ihres neuen Herrschers.

Wenige Tage später flog der Kronprinz nach England. Die Harrow School erwartete ihn, in der Kleinstadt Harrow-on-the-Hill in der Grafschaft Middlesex. Daß Hussein in Harrow seinen Schulabschluß machen sollte, war schon der Wunsch des Großvaters gewesen. Die britische Eliteschule sollte das Rüstzeug liefern für den künftigen Herrscher von Transjordanien. Abdallah Ibn Hussein, der sich im Dezember 1948 selbst vom Emir zum König befördert hatte, war entschlossen gewesen, Talal vom Thron fernzuhalten. Der Harrowschüler Hussein sollte sein Nachfolger werden.

Hussein war entschlossen, ein guter Schüler zu sein, doch vom ersten Tag an fühlte er sich in Harrow unwohl. Er kam mit Lehrern und Mitschülern nicht zurecht. Er verstand ihr Englisch nicht; ihm blieb ihr Denken fremd. Er klagte, manchmal sei sein Hirn derart blockiert, daß er keinen Zugang zu einer Aufgabe finde. Dabei mußte er zugeben, daß der wissenschaftliche Stand der Schule exzellent war.

Schüler in Harrow war auch sein Vetter Feisal. Er war im selben Alter wie Hussein. Er bereitete sich noch immer darauf vor, König von Irak zu werden. Beide empfanden es als belastend, daß sie nach abendländischen Vorstellungen keine Familiennamen trugen. Sie bekamen die Scheu der Mitschüler zu spüren, sie einfach mit »Feisal« oder »Hussein« anzusprechen. Hussein litt darunter, daß er deshalb meist gar nicht angesprochen wurde. Wieder stellte sich die Empfindung der

51

Einsamkeit ein. Nur beim Rugbyspiel fühlte er sich in die Gemeinschaft aufgenommen.

Zu Husseins Unbehagen in Harrow trugen auch Briefe aus der Heimat bei. Darin wurde ihm vom Gesundheitszustand des Vaters berichtet. Talal war erst 41 Jahre alt. Wäre er gesund gewesen, hätte er die Kraft gehabt, sich für sein Land einzusetzen. Doch die immer häufiger werdenden Anfälle der Tobsucht zerstörten sein Leben.

Was im Palast vorging, konnte nicht länger verborgen bleiben. Die Höflinge erzählten in der Stadt, Talal sei zeitweise wahnsinnig; er könne dann nicht mehr zur Ruhe gebracht werden. Hussein erfuhr aus den Briefen von Diskussionen in der eigenen Familie, ob nicht bald Abhilfe durch Absetzung des Königs Talal geschaffen werden müsse.

Hussein erfuhr aus Briefen allerdings auch, daß in arabisch-nationalistisch gesinnten Kreisen in Amman das Gerücht umging, Talal sei in Wahrheit gar nicht krank. Das seelische Leiden sei ihm von einem englischen Arzt eingeredet worden. Dieser Arzt wiederum stehe im Dienst der britischen Regierung, die mit Israel im Bunde sei. Die Verantwortlichen in London und in Tel Aviv hätten die Verschwörung ausgeheckt, Talal auszuschalten, weil er sich als einziger im Haschemitenclan gegen die Übergabe von Jordanien an Israel stelle. In London hätten sich die Mächtigen vorgenommen, doch noch zu erfüllen, was die Balfour Declaration im Jahr 1917 versprochen hatte: Das ganze einstige Mandatsgebiet Palästina den Zionisten auszuliefern. Hussein aber werde deshalb in England erzogen, um vollends zum Werkzeug der Engländer und der Zionisten zu werden. Nur Talal sei der Garant zur Verhinderung des haschemitischen Verrats am arabischen Volk.

Als Beweis für die Richtigkeit ihres Verdachts galt den arabisch-nationalistischen Kreisen der damals häufige Versuch uniformierter israelischer Bewaffneter, in Transjordanien einzufallen. General Glubb Pascha registrierte fast in jeder Woche einen derartigen Grenzzwischenfall, bei dem Araber getötet wurden. Nach Meinung des Befehlshabers der Arabischen Legion steckte die Absicht dahinter, in grenznahen Dörfern im Westjordanland Unruhe zu stiften, um die Bewohner zur Aufgabe ihrer Häuser zu veranlassen. Gelang es der Arabischen Legion nicht, die israelischen Überfälle abzuwehren, lautete der Vorwurf: Schuld daran hätten Offiziere, die allesamt mit Israel sympathisierten.

Glubb Pascha war im Jahr 1952 überzeugt, die israelische Regierung unterhöhle jegliche Autorität im Königreich Jordanien, um eine Situation zu schaffen, die es erlaubte, das Westjordanland und Transjordanien an Israel anzugliedern. Daß sich König Talal kaum in Jordanien aufhielt, machte die Situation noch brisanter. Ein Machtvakuum durfte nicht entstehen – es würde sofort von Israel ausgenützt werden. Zu diesem Zeitpunkt war der König zur Behandlung nach Paris gebracht worden. Hussein erfuhr aus Briefen, der Gesundheitszustand des Vaters habe sich dort verschlechtert. Talal wurde schließlich in ein Lausanner Sanatorium überwiesen. Besserung war nicht zu erwarten. Der Monarch resignierte selbst: Von seinen Pflichten wollte er nichts mehr wissen. Auch nach der Heimkehr am 4. Juli 1952 kümmerte er sich nicht um die Regierungsgeschäfte.

Der König war allein nach Amman zurückgekehrt. Königin Zain und Husseins jüngere Brüder Hassan und Mohammed waren in Lausanne geblieben. Sie wollten dort im Hotel Beau Rivage den Sommer verbringen. Dorthin fuhr auch Hussein zu Beginn seiner Semesterferien. Es sei ein wunderschöner Sommer gewesen, erinnerte er sich später. Der Ferienfriede war jedoch rasch zu Ende, als ihm am 12. August vom Hotelpagen ein Kuvert überreicht wurde mit der Aufschrift »An seine Majestät König Hussein«.

Am Tage zuvor war in Amman das Parlament zu einer geheimen Sitzung zusammengetreten. Beratungsthema waren ärztliche Zeugnisse, die König Talal bescheinigten, er sei nicht mehr fähig, Jordanien zu regieren. Der Beschluß war rasch gefaßt: Talal wurde abgesetzt; an seiner Stelle wurde Hussein zum König proklamiert. Talal nahm seine Entthronung gelassen hin. Er verließ Jordanien, um in Ägypten Ruhe zu finden. Da er dort in Politik hineingezogen wurde, von der er nichts mehr verstand, reiste er weiter in die Türkei. Unter ärztlicher Aufsicht lebte er in einer Villa am Bosporus. Von Jordanien wollte er nichts mehr wissen.

Hussein war zu jung, um die Verantwortung als König zu übernehmen. Erst mit 18 Jahren durfte er Souverän werden. Sein Onkel Sherif Nasser, der die Regentschaft ausübte, fand einen Trick, um die Wartezeit abzukürzen: Er ließ die Frist bis zur Thronbesteigung nach islamischem Zeitmaß, in Mondmonaten, berechnen. Mondmonate sind kürzer als Monate nach dem Sonnenkalender.

Die Monate bis zur Übernahme der vollen Souveränität sollten sinnvoll ausgefüllt werden. Sherif Nasser, der für Staat, Land und für die Haschemitenfamilie Verantwortung trug, kam auf die Idee, Hussein solle für sechs Monate die britische Militärakademie Sandhurst besuchen. Diese Idee, so meinte Hussein, hätte auch seinem Großvater gefallen – der allerdings auch der Meinung gewesen war, Sandhurst hätte bei seinem Sohn Talal kein positives Erziehungsergebnis zuwege gebracht. »Offizieranwärter König Hussein« – dies war der Titel des Kadetten aus Jordanien. Sechs Monate dauerte seine Ausbildung. Rückblickend meinte er: »In Sandhurst habe ich Disziplin gelernt!« Eine chronische Stirnhöhlenentzündung, unter der Hussein fortan zeitlebens litt, war wohl auf das kalte Schlafzimmer in Sandhurst zurückzuführen.

Jordanien braucht eine Luftwaffe – der König lernt fliegen

Bereits während der ersten Wochen nach der Amtsübernahme, die am 3. Mai 1953 stattfand, bekam Hussein Probleme mit Beratern und Höflingen. Sie hielten ihn für zu jung, um selbständig politische und administrative Entscheidungen zu treffen. Hussein fühlte sich durch die Berater eingeengt. Er war bereit gewesen, sich an diszipliniertes Arbeiten zu gewöhnen, doch er hatte feststellen müssen, daß seine Aufgaben schon von Untergebenen erfüllt worden waren. Wie der Großvater war er stets schon bei Sonnenaufgang in den Basmanpalast gekommen, um Akten zu studieren; zu seiner Enttäuschung fand er meist keine vor. Hussein begriff, daß die Hofbürokratie während der Regierungszeit seines Vaters die Staatsgeschäfte in die Hand genommen hatte. Ihm blieb in dieser Situation nur ein Sektor, in dem er freier entscheiden konnte: Vom Militär und von der Fliegerei verstanden die Hofbeamten nichts. Da sah der König den Ansatzpunkt für seine Entfaltung. Auf militärischem Gebiet war er nach dem Studium in Sandhurst bereits Fachmann. Jetzt wollte er auch die Fliegerei von Grund auf lernen. Auf einmal ärgerte sich König Hussein darüber, daß alle Piloten der Flugzeuge, die Jordanien besaß, Engländer waren.

An einem Julitag des Jahres 1953 – also rund zwei Monate nach seiner Thronbesteigung – fiel ihm das Erlebnis mit dem britischen Fliegeroffizier Jock Dalgleish ein, der ihn nach der Ermordung des Großvaters von Jerusalem nach Amman zurückgeflogen hatte. Hussein bat den Obersten zu sich in den Basmanpalast und informierte ihn ohne Umschweife, daß er beschlossen habe, Pilot zu werden. Der Offizier wandte ein, daß dieser Entschluß völlig ungewöhnlich sei: »Kein König auf der ganzen Welt steuert sein Flugzeug selbst. Ihr Wunsch, Majestät, wird viel Aufregung hier im Lande verursachen.« Hussein schob dieses Argument beiseite: »Ich möchte Pilot werden!«

Der Entschluß war nicht einer Laune entsprungen. Hussein hatte noch als Kronprinz in der Hoffnung gelebt, er brauche nicht König zu werden, denn diese Funktion fülle der 40jährige Talal noch für mindestens 20 Jahre aus und nach diesen 20 Jahren werde sein jüngerer Bruder Hassan Monarch. Hussein hatte als Kronprinz tatsächlich den Wunsch, als freier Mann einen »Job« auszuüben – »wie andere junge Männer auch«. Sein Idealjob war der eines Piloten. Mit der Ausbildung dazu wollte er eigentlich nach der Militärzeit in Sandhurst beginnen. Doch die Krankheit des Vaters hatte den Lebensweg anders gelenkt.

Wie der britische Oberst vorausgesagt hatte, wurde Hussein mit Protesten gegen seinen Entschluß, Flieger zu werden, überhäuft. Geduldig erklärte er seiner Mutter, den zwei Brüdern, den wenigen Freunden, dem Premierminister, den hohen islamischen Geistlichen, den Sheikhs der Beduinenstämme, daß Fliegen völlig ungefährlich sei. Hussein setzte sich tatsächlich durch.

Als letzter versuchte Oberst Dalgleish auf Bitten der Familie, dem jungen König die Idee auszureden, selbst ein Flugzeug steuern zu wollen. Beim ersten Ausbildungsflug über Amman demonstrierte Dalgleish die Leistungsfähigkeit einer kleinen Maschine vom Typ »Auster«. Der Oberst führte die hohe Kunst des Fliegens vor: Auf Rollen folgten Überschläge, steile Aufstiege und Abstürze. Im Hals des Königs stieg Übelkeit auf. Kaum aber stand er wieder auf dem Boden, setzte er für den nächsten Tag den zweiten Ausbildungsflug an.

Innerhalb weniger Wochen lernte Hussein die Beherrschung sämtlicher Flugzeugtypen, die auf der Flugpiste von Amman zugänglich waren – dort befanden sich allerdings nur alte englische Maschinen. Eine üble Folge hatte die Fliegerei allerdings: Die chronische Stirnhöhlenentzündung verschlimmerte sich.

Hussein wunderte sich am Schluß der Ausbildung, mit welchen Ausflüchten der Oberst Dalgleish den ersten Alleinflug verhindern wollte. Schließlich entdeckte der König, daß der Chef der jordanischen Luftwaffe vom Familienrat der Haschemiten angewiesen war, Hussein unter keinen Umständen in der Luft allein zu lassen. Hussein überwand auch dieses Hindernis: An einem Nachmittag, als auf dem Flugfeld Amman Aufregung herrschte, weil eine Maschine über die Piste hinausgerollt war, bestieg Hussein allein sein Übungsflugzeug und startete – zur Verblüffung des Obersten, der Vorwürfe der Haschemitenfamilie fürchtete.

Die Absicht des jungen Monarchen ging über das eigene Interesse hinaus. Er wollte die männliche Jugend des Königreichs für den Beruf des Piloten in der Luftwaffe gewinnen. Die Männer aus den Beduinenfamilien hatten bisher keine Lust gehabt, sich zum Piloten ausbilden zu lassen. Die Vorstellung, sich in die Luft zu erheben, war einem Beduinen, der von Kindheit an auf dem Pferderücken saß, völlig fremd. Hussein wünschte sich, durch sein Vorbild einen Meinungsumschwung herbeiführen zu können. Er hatte aus der Situation seines Landes heraus begriffen, daß Jordanien eine Luftwaffe benötigte – mit Flugzeugen, die von Jordaniern und nicht von Engländern geflogen wurden. Es war ihm allerdings damals nicht bewußt, daß der Aufbau der Luftwaffe lange dauern würde.

Für seine eigene Persönlichkeitsentwicklung erwies sich das Fliegen tatsächlich als nützlich. Über seine Erfahrungen als Pilot sagte er selbst: »Sobald ich die Kanzel des Piloten besteige, fühle ich keine Probleme und Sorgen mehr. In der Luft sind die Beschränkungen unwirksam, mit denen sich ein König auf der Erde abfinden muß. Ich bin dann ein Mann, der

56

sich selbst behaupten muß. Im Flugzeug wenigstens bin ich mein eigener Herr. Bald schon bemerkte ich, daß ich auch auf der Erde mehr Entschlossenheit bewies. Ich hatte mich in der Luft durchgesetzt – und ich setzte mich auch auf dem Boden durch!«

Erst nach Abschluß der Pilotenausbildung gab ihm seine Mutter Zain ein Foto, auf dessen Rückseite stand »sein erstes Flugzeug«. Das Foto zeigt Hussein als Fünfjährigen in kurzen Hosen. Er steht vor einem Spielzeugflugzeug, in das er sich setzen konnte. Flügel, Räder und Motor aus Metall sahen ganz echt aus. Ein wohlhabender Onkel hatte ihm das Flugzeug geschenkt.

Gamal Abdel Nasser:
»Die Haschemiten sind Lakaien der Imperialisten«

Neun Monate vor Husseins Inthronisierung hatten am 23. Juli 1952 in Ägypten junge Offiziere die Macht an sich gerissen, den König aus dem Land geschickt und der Monarchie ein Ende gesetzt. Der führende Kopf dieser Revolution war Gamal Abdel Nasser – Jahrgang 1913. Im zweiten Glied der Revolutionäre stand Anwar as-Sadat.

Die Parole der jungen Offiziere war: Arabien hat sich von fremden Einflüssen zu befreien – insbesondere vom Joch der englischen Kolonialmacht. Die Gruppe um Gamal Abdel Nasser, die sich »Freie Offiziere« nannte, gab den britischen Aufpassern in der ägyptischen Verwaltung und in der Organisation des ägyptischen Militärs die Schuld an der eigenen Schwäche in der Auseinandersetzung mit Israel im Jahr 1948. Die Abrechnung mit England sollte in der Ausweisung der britischen Truppen aus der Suezkanalzone ihren Höhepunkt haben. Der Suezkanal aber war für Großbritannien lebenswichtig – er verband Indien mit dem britischen Mutterland; er war die Lebensader für das Commonwealth.

Die Befreiung vom britischen Joch war Nassers wichtigstes Anliegen. Die Auseinandersetzung mit Israel war sein zweitrangiges Problem. So ist begreiflich, daß der ägyptische Revolutionär kein Verständnis für die Haschemiten aufbrachte, die in Jordanien ihre Truppen von britischen Offizieren komman- dieren ließen, die ihre Außenpolitik den Interessen Englands unterordneten, die sich von der britischen Regierung finanzie- ren ließen.

Vor der Revolution im Sommer 1952, als König Talal zu regie- ren versuchte, hatte König Faruk die Haschemiten als Verräter beschimpfen lassen – jetzt verstärkte Gamal Abdel Nasser diese Propaganda. Er gab selbst die Parole aus: »Die Hasche- miten in Amman sind Lakaien der Imperialisten!« Nassers Stimme war durch die starken ägyptischen Radiosender über- all in Arabien zu hören. Die Radiogeräte wurden damals immer leistungsstärker – und billiger. So besaßen nicht nur die wohlhabenden Familien in Damaskus und Beirut ein »Radio«, sondern vor allem auch die palästinensischen Flüchtlinge in den syrischen, libanesischen und jordanischen Lagern. Den aus der Heimat Vertriebenen wurde eingehämmert, die Schul- digen an ihrem Unglück seien allein die Haschemiten, die den Engländern hündisch ergeben seien. Die britische Regierung aber habe schon 1917 mit der Balfour Declaration bewiesen, daß sie Palästina den Zionisten ausliefern wollte. Die ägyp- tischen Radiosender riefen Palästinenser und Jordanier dazu auf, die Haschemiten zu stürzen und »den Hund Hussein« zu töten.

Die Jugend hörte auf Gamal Abdel Nasser. Die 15- bis 20jähri- gen lauschten mit Verzückung den Worten des brillanten Red- ners. Die jungen Männer, die ohnehin bereit waren, gegen die Vätergeneration zu rebellieren, fanden in Nasser ihr Sprach- rohr für ihren Drang nach Unabhängigkeit. Nasser schärfte der Jugend ein, sie müsse stolz darauf sein, zum Volk der Araber zu gehören. Nasser erinnerte an die Zeit, als die Araber eine der führenden Kulturnationen der zivilisierten Welt gewesen seien – als Harun al-Rashid Kalif des Arabischen Reiches war: »Damals hatten wir ein geeintes Reich, das von Andalusien bis zum Indus reichte. Jetzt muß unser Ziel sein, alle Menschen zusammenzuführen, die arabisch sprechen! Wir sind eine Na- tion und ein Volk!«

König Hussein war als 19jähriger durchaus aufgeschlossen für Gamal Abdel Nassers panarabische Parolen. Die jüngste Ge- schichte der eigenen Familie war ihm bekannt: Emir Hussein, der Sherif von Mekka und Medina, hatte sich »König aller Araber« genannt und hatte geglaubt, er sei dazu ausersehen, alle Araber unter seiner Herrschaft zu vereinigen. Hussein, der Urenkel des »Königs aller Araber«, war ebenfalls überzeugt, den Haschemiten sei durch die Logik der Geschichte die Aufgabe zugewiesen, die Araber einig und stark zu machen. In den Parolen zur Einigung stimmte Hussein durchaus mit Nasser überein – ihm die Führung auf dem Weg zur Einigung zu überlassen, das kam für den Haschemiten Hussein jedoch nicht in Frage.

Die Altersgenossen des Königs in Jordanien vernahmen fasziniert die Stimme des Ägypters, der in seinen Reden die einstige und die künftige Glanzzeit Arabiens beschwor. Die Gefahr war groß, daß die panarabischen Parolen auch die Idee ins Königreich transportierten, die haschemitische Monarchie stehe der Einigung Arabiens im Wege und müsse deshalb abgeschafft werden. Diese Gefahr mußte gebannt werden. Hussein, der – ganz besonders als junger König – mit Vorliebe ein Problem an der Wurzel packte, entschloß sich, nach Cairo zu fliegen und selbst mit Gamal Abdel Nasser zu reden.

Das Treffen fand statt. Da standen sich zwei völlig gegensätzliche Persönlichkeiten gegenüber: Der breitschultrige, kräftige Ägypter, der aussah wie ein erfolgreicher Sportler – und der eher schmächtige Beduinenabkömmling, der den Eindruck machte, klug, aber auch argwöhnisch zu sein. Gegenüber dem Jüngling Hussein, der damals, um älter zu wirken, einen Schnurrbart und die Andeutung eines Backenbartes kultivierte, glaubte der 23 Jahre ältere Nasser an Lebenserfahrung weit überlegen zu sein. Nasser hielt den jordanischen Monarchen für anachronistisch, dem keine Chance blieb, in der Epoche des Aufschwungs der arabischen Welt zu überleben. Für den Revolutionär war nur noch entscheidend, zu welchem Zeitpunkt der »Kleine« aus Jordanien, der so stolz darauf war, sein Flugzeug selbst gesteuert zu haben, aus der Politik Arabiens durch einen schnellen Tod verschwand.

Gleich zu Beginn der Begegnung fragte der König den Präsidenten nach dem Sinn der ständigen Attacken Cairoer Rundfunksprecher gegen die haschemitische Monarchie. Nasser gab sich überrascht: »Davon habe ich nie etwas gehört! Sie sind der erste, der mir derartiges berichtet! Ich werde diese Attacken sofort abstellen!«

Hussein glaubte dem ägyptischen Präsidenten – doch nach seiner Heimkehr mußte er feststellen, daß die Propaganda ungebrochen weiterhin gegen ihn und Jordanien polemisierte. Nach diesem Besuch in Cairo war des Königs Meinung über den Ägypter: »Gamal Abdel Nasser ist überaus freundlich, doch seine Freundlichkeit ist Lüge!« Und noch eine Überzeugung hatte Hussein gewonnen: »Nasser glaubt insgeheim an den Kommunismus, selbst wenn er diese Einstellung verschweigt. Er will, daß Arabien kommunistisch wird.«

Hussein irrte sich. Dieser Irrtum wirkte sich allerdings auf künftige Jahre aus. Während der folgenden kritischen Zeit ist der König überzeugt davon, daß Nasser ein Verbündeter Moskaus und damit ein Gegner des Westens sei. Hussein, der sich bemühte, nicht leichtfertig zu urteilen, überlegte, ob es überhaupt möglich sei, daß ein gläubiger Moslem zum Freund der Kommunisten oder gar völlig zum Kommunisten werden könne. Ein Moslem, so argumentierte Hussein mit sich selbst, habe seine ganze Existenz Allah ergeben; es sei folglich ausgeschlossen, daß er sich zum Atheimus bekenne. Hussein war verwundert darüber, daß Gamal Abdel Nasser offenbar nicht an Allah als treibende Kraft in der Geschichte der Menschheit glaubte, sondern an den dialektischen Materialismus, der eine ungeistige Idee darstelle.

In seinem Urteil, Nasser habe sich zumindest zum Freund der Kommunisten entwickelt, fühlte sich der König am 25. September 1955 bekräftigt, als Nasser zu erkennen gab, daß er Waffen im Ostblock erwerben wolle. Die Tschechoslowakei hatte sich bereit erklärt, große Mengen an Geschützen, Flugzeugen und Panzern zu liefern. Als Zahlungsmittel waren Baumwolle und Reis vorgesehen – Produkte, die am Nil wuchsen. Moskau hatte darauf gedrängt, daß die Tschechoslowakei keine Zahlung in harter Währung verlangte.

Ohne Zweifel war das Abkommen über die Lieferung moderner Waffen großzügig zugunsten Ägyptens. Die junge Generation Arabiens war begeistert: Endlich hatte das gesamte arabische Volk in der Sowjetunion einen Freund gefunden, der dafür sorgen würde, daß die lähmende und demütigende Unterlegenheit der Araber gegenüber Israel ein Ende fand.

Hussein und viele Araber der jungen Generation verfielen dem Irrtum, der von Nasser geführte ägyptische Staat gehöre von nun an zum Lager des Ostblocks. Nasser hatte das Abkommen vom 25. September 1955 nur unter Druck abgeschlossen. Die Vorgeschichte sah so aus: Die USA und Großbritannien waren bisher überaus zurückhaltend gewesen in der Abgabe von modernem, wirklich effizientem Kriegsgerät an die ägyptischen Streitkräfte. Diese Zurückhaltung war durch Rücksicht auf die Israelis bedingt, die sorgfältig darauf bedacht waren, ihre bisherige militärische Überlegenheit auch für die Zukunft zu bewahren. Der Zustand der permanenten Unterlegenheit in der Waffentechnik hatte die ägyptischen Offiziere frustriert. Das Wissen, nur über unzureichendes, veraltetes englisches Kriegsgerät zu verfügen, nagte am Stolz des Offizierskorps. Nasser mußte fürchten, daß die Generäle, Obersten und Oberstleutnants das Vertrauen in seine Führung verloren. Die Möglichkeit eines Putsches aus Unzufriedenheit war auf Dauer nicht auszuschließen. Für Nasser gab es nur den einen Ausweg: Wenn ihm der Westen in dieser Situation nicht half, mußte der Ostblock gebeten werden, Waffen zu liefern. Die Verantwortlichen in Moskau griffen nach der Chance, durch großzügiges Entgegenkommen in Cairo Fuß zu fassen. Von nun an konnten die Herren im Kreml auf den propagandistischen Wert des Schlagworts von der sowjetisch-arabischen Freundschaft setzen. In der Dritten Welt war diese Phrase erfolgreich: »Der Sozialismus hilft den Arabern, sich aus den Fesseln des imperialistischen Westens zu lösen!«

Das Abkommen vom 25. September 1955 über Waffenlieferungen des Ostblocks an Ägypten hatte eine weitere weitreichende Konsequenz: Der amerikanische Außenminister John Foster Dulles, seit 1953 zuständig für die Außenpolitik der USA, war nun ebenfalls der festen Überzeugung, Gamal Abdel Nasser sei Vasall der Sowjetunion. »Containment« nannte Dulles seine außenpolitische Linie – sie sollte die »Eindämmung« der Gefahren garantieren, die durch Expansion des Weltkommunismus entstanden. Mittel zur Durchsetzung der »Containmentpolitik« waren Gewährung oder Verweigerung von wirtschaftlichen und militärischen Hilfen. Die Regierung in Cairo stand künftig auf der Liste der Staatsführungen, die kaum mehr mit amerikanischer Unterstützung rechnen konnten. Nasser kümmerte sich darum nicht. Die Hinwendung zum Ostblock hatte ihm die ersehnten Waffen eingebracht –

und die Zuneigung der arabischen Massen. Er benützte seine Popularität zur Steigerung der Aggressivität der Angriffe gegen die haschemitische Herrschaft in Amman. Der Sender »The Voice of the Arabs«, der mit starker Kapazität von Cairo aus zu hören war, bestimmte bald das Denken von Millionen Araber. Der junge Mann, der an der Spitze der Haschemitensippe und des jordanischen Staates stand, hätte jeden Grund gehabt, sich in dieser Woge der Anfeindung und des Hasses zu fürchten.

König Hussein überprüfte im Herbst 1955 seine Situation inmitten einer arabischen Welt, die in Gamal Abdel Nasser den Helden für Gegenwart und Zukunft sah. Der Monarch mußte mit bitterem Gefühl feststellen, daß der arabische Nationalist Nasser mit seinen Vorwürfen nicht unrecht hatte. Hussein konnte nichts beschönigen: Seine Abhängigkeit von London war ein Relikt aus vergangener Kolonialzeit – die jordanische Armee befand sich in der Hand der Briten.

Das britische Schatzamt bezahlte sämtliche Kosten, die im Zusammenhang mit der Arabischen Legion entstanden. Das Schatzamt kam, nach Anweisung der britischen Regierung, für den Sold der Offiziere auf; es beglich sämtliche Ausgaben für die jordanischen Soldaten und deren Ausrüstung; es trug die Anschaffungskosten für Waffen und Munition.

Der jeweils monatlich fällige Betrag wurde jedoch nicht an die königlich-jordanische Staatskasse überwiesen, sondern auf das Separatkonto des britischen Generals Glubb Pascha. Weder der König noch der jordanische Ministerpräsident besaßen das Recht, bei der Verwendung der Gelder mitzuwirken. Daß dieser Zustand von Nasser und seinen Propagandisten aggressiv ausgenützt wurde, verstand sogar Hussein und er meinte, daß Cairo mit der Forderung recht habe: »Die britischen Offiziere müssen aus der jordanischen Armee hinausgeworfen werden!« Hussein, der gerade 20 Jahre alt geworden war, spürte, daß sein schwaches Land ohne Bündnis mit einer starken Macht auf Dauer nicht überleben konnte. Unter britischer und amerikanischer Protektion war die Vision eines Paktes an der südlichen Flanke der europäischen Sowjetunion entstanden. Hauptstützen des Paktsystems waren die Türkei und der haschemitisch regierte Irak. Diesem »Baghdadpakt« beizutreten, war im Herbst 1955 die außenpolitische Planung des Königs.

62

Er wollte jedoch nicht ohne Zustimmung Nassers handeln. Auch wenn er Tag für Tag durch die ägyptische Radiostation »Stimme der Araber« angegriffen und beleidigt wurde, akzeptierte Hussein den Revolutionär als Führungspersönlichkeit. Durch einen Sondergesandten ließ der König bei Nasser anfragen, ob der im Spiel der Mächtigen Erfahrenere Einwände gegen Jordaniens Beitritt zum Baghdadpakt habe.

Die Absicht, Mitglied des Baghdadpakts zu werden, begründete Hussein so: »Wir brauchen Verbündete zur Abwehr der Bedrohung durch den Feind Israel. Jordanien hat die längste Frontlinie aller arabischen Staaten mit Israel. Unsere Front ist 640 Kilometer lang – die Front der Ägypter nur 280 – die Syrer brauchen nur 72 Kilometer zu verteidigen und die Libanesen nur 85. Ägypten wird nicht begeistert sein, wenn wir darum bitten, es möge uns helfen, die Front von 640 Kilometern gegen die israelische Aggression zu schützen. Ägypten kann nur dankbar sein für ein Verteidigungsbündnis zwischen Jordanien und Irak, in das auch die Türkei einbezogen ist.«

In der Phase der Verhandlungen um Jordaniens Bindung an den bereits bestehenden Baghdadpakt hatte Hussein den Eindruck, Nasser habe keine Einwände gegen den jordanischen Beitritt. Daß dem Ägypter der Pakt Mißbehagen verursachte, war jedoch offensichtlich. Hussein glaubte den Grund dafür zu kennen: »Wäre Nasser in die Gründungsverhandlungen eingeschaltet worden, hätte er sich für den Aufbau des Paktsystems eingesetzt – auch wenn es gegen die Sowjetunion gerichtet ist. Was ihn am Baghdadpakt störte, war allein, daß er überhaupt keine Rolle im Kreis der Bündnispartner spielte. Niemand hatte ihn gefragt, ob er die Führungsfunktion übernehmen wolle. Wäre der »Baghdadpakt« ein »Cairopakt« gewesen, hätte Nasser mit Freuden die Bündnispartner angeführt.«

Hatte Hussein geglaubt, durch seine Sondierung wenigstens erreicht zu haben, daß von ägyptischer Seite kein Widerstand gegen Jordaniens Beitritt erfolgte, so erlebte er eine bittere Enttäuschung: Die giftige Propaganda der »Stimme der Araber« wurde lauter und noch gehässiger. Hussein begriff, daß Nasser ihn getäuscht hatte mit der Bemerkung: »Jede Stärkung Jordaniens bedeutet Stärkung der arabischen Welt. Ich habe daher keine Bedenken gegen Jordaniens Beitritt zum Baghdadpakt.«

Die Aufrufe zur Revolution, die von der »Stimme der Araber« jetzt zu jeder vollen Stunde ausgestrahlt wurden, blieben nicht ohne Wirkung in den Städten und Dörfern Jordaniens. Durch die engen Straßen von Amman zogen Demonstrationen. Bis zum Basmanpalast war das Gebrüll der Massen zu hören: »Tod dem Verräter! Nieder mit Hussein, der Jordanien an Israel verschenkt! Der Baghdadpakt ist eine imperialistische Verschwörung!«

Die Arabische Legion des britischen Generalleutnants Glubb Pascha rückte in Amman ein, um die Regierungsgebäude zu schützen. Da die Offiziere, die alle Engländer waren, zögerten, den Befehl zum Schießen zu geben, wurden die Rebellen immer kühner. Glubb Pascha ordnete den Einsatz von Tränengas an. Damit wurde erreicht, daß die wütenden Demonstranten vom Hauptpostamt zurückwichen. Hussein verkündete den Ausnahmezustand über seine Hauptstadt.

Das Resultat der Unruhen war, daß vier Minister der königlichen Regierung die Nerven verloren; sie traten zurück. Versuche, für die Zurückgetretenen Ersatz zu finden, scheiterten. Wäre Hussein ein gewöhnlicher Staatsmann gewesen, hätte er jetzt den Hubschrauber, der ständig hinter dem Basmanpalast startklar bereitstand, zur Flucht benützt. Daß die Massen nicht mehr von ihm regiert werden wollten, war deutlich zu erkennen. Berater wie Samir Rifai und Pascha Majali, die zu den Honoratiorenfamilien des Königreichs zählten, machten dem Monarchen jedoch klar, daß er eben nicht ein normaler Staatsmann war – er gehörte zur Familie Haschem und war damit von besonders edler Abstammung; er gehörte zur Familie des Propheten! Ihm mußte höchster Respekt gezollt werden. Einem Haschemiten, so argumentierte Pascha Majali, sei es nicht erlaubt, an Flucht per Hubschrauber auch nur zu denken.

Der Haschemitenkönig begriff, daß er durch seine Abstammung dem Revolutionär Nasser weit überlegen war. Nasser war gezwungen, Tag für Tag um seine Popularität bei den Massen zu ringen. Er mußte ständig durch Parolen dafür sorgen, daß die Ägypter, die Araber hinter ihm standen. Hussein aber genoß Respekt, ohne sich dafür anstrengen zu müssen. Die Zugehörigkeit zum Stamm der Haschemiten brachte ihm zwar Nassers Beschimpfungen ein – sie machte ihn jedoch vor allem überlegen. Die Erkenntnis von der Überlegenheit durch

64

Abstammung gab dem König die Kraft, Gewalt mit Gewalt niederzukämpfen. Hussein war 20 Jahre alt, als er im Herbst 1955 die Stärke seiner ganz persönlichen Kraft im Lebenskampf erkannte. In der Auseinandersetzung mit Hussein war für Gamal Abdel Nasser die Niederlage programmiert. Voraussetzung war jedoch, daß er Nassers Propaganda die Basis nahm. Dazu mußte er sein Land der britischen Kontrolle entziehen – vor allem auf militärischem Gebiet. Mit Entschlossenheit begann der König den Prozeß der Arabisierung seines Königreichs.

Die Haschemitenfamilie hatte seit den Tagen Emir Husseins, der »König aller Araber« hatte werden wollen, die Treue zu Großbritannien gepflegt – trotz der bitteren Enttäuschungen, die von den unterschiedlichen Londoner Regierungen den Haschemiten zugefügt worden waren. Der Grund für die haschemitische Partnertreue war selbstverständlich in der absolut gefestigten Machtposition Großbritanniens zu finden gewesen. König Abdullah hätte eine Loslösung aus dem britischen Machtbereich nicht überlebt. Inzwischen aber war England sichtbar schwächer geworden. Zwar hatte die einstige Weltmacht zu den Siegern des Zweiten Weltkriegs gehört, doch dieser Triumph war teuer erkauft worden. Die Wirtschaft Englands war bei Kriegsende erschöpft – das Land war von den USA abhängig.

Verbunden mit der wirtschaftlichen Schwäche war die Schrumpfung des Einflußbereichs der britischen Krone. Bitter war im Jahr 1947 das Zugeständnis der Unabhängigkeit an Indien gewesen. Da Indien nicht mehr Bestandteil der von England kontrollierten Welt war, erlosch auch das Interesse an den Staaten, die eine Brücke bildeten zwischen England und Indien. Die »Brückenstaaten« wurden selbständig: Palästina hatte sich in den unabhängigen Staat Israel verwandelt; Iran war dem britischen Einfluß entglitten; Irak war dabei, eigene Wege zu gehen; in Ägypten tilgte Gamal Abdel Nasser die Spuren britischer Kolonialherrschaft. Es war König Hussein nicht unbekannt, daß die britische Regierung darüber nachdachte, die Positionen »East of Suez« völlig aufzugeben – und dazu gehörte auch der britische Machtpfeiler Jordanien. Der Zeitpunkt war günstig, die britische Fessel rasch und für immer abzustreifen.

Glubb Paschas Entlassung –
»Ernste Folgen für Ihre Majestät«

Um die Mittagszeit des 1. März 1956 wurde Generalleutnant Sir Bagot Glubb in das Büro des jordanischen Ministerpräsidenten gerufen. Samir Rifai, der Regierungschef, teilte dem Befehlshaber der Arabischen Legion ohne Umschweife mit, der König habe entschieden, daß Glubb Pascha Ruhe benötige. Der Generalleutnant verstand sofort, daß damit seine Entlassung aus dem Dienst des Königs gemeint war. Samir Rifai fügte hinzu: »Ich habe Befehl, Ihnen dies mitzuteilen. Über die Gründe des Königs kann ich nichts sagen.« Der König habe auch angeordnet, daß der Befehlshaber innerhalb von zwei Stunden Amman verlasse, um unverzüglich aus Jordanien abzureisen. Gegen diese Anordnung protestierte Glubb Pascha: »Da kann ich seiner Majestät nicht gehorchen! Ich habe 26 Jahre hier gelebt. Fast alles was ich besitze, befindet sich in Amman. Hier leben auch meine Frau und meine Kinder.« Samir Rifai schlug vor, der Generalleutnant möge abreisen und Frau und Kinder später nachkommen lassen. Auch dagegen protestierte Glubb Pascha. Daraufhin wurde ihm eine Frist bis zum anderen Morgen um sieben Uhr gewährt.

Der Befehlshaber der Arabischen Legion wurde aus dem Königreich Jordanien vertrieben – unter nahezu schimpflichen Umständen. Der König verabschiedete sich nicht von dem Offizier, der im Jahr 1948 das Westufergebiet des Jordan für Jordanien gerettet hatte. Ein Bild des Königs mit Dankspruch und Signatur wird dem Ausgewiesenen am Flugzeug ausgehändigt. Hussein will durch die schnöde Art der Entlassung demonstrieren, daß sich Jordanien den Bruch mit England leisten kann. Das gesamte arabische Volk soll begreifen, daß der jordanische König in das Lager der arabischen Nationalisten eingezogen ist.

In England bricht am 2. März 1956 Empörung aus; Regierung und Öffentlichkeit der USA reagieren verärgert; die europäischen Verbündeten der USA sind ratlos; die Verantwortlichen in Moskau verhalten sich abwartend. Im Westen herrscht überall die Meinung vor, die Entlassung des britischen Generalleutnants sei vom jordanischen König als ein Schlag ins Gesicht der freien Welt geplant worden. Hussein werde nun dem Kreis

Nassers zugeordnet werden müssen – mit dem Hinauswurf des Briten sei ein Schritt in Richtung Ostblock getan worden. Diese Beurteilung trifft jedoch den Kern der Entscheidung des Königs nicht.

Fest steht, daß sich Hussein mit der Art und Weise der Entlassung vor Nasser verbeugen wollte – zur Beruhigung der eigenen Bevölkerung. Ende Februar hatte sich Samir Rifai, der jordanische Ministerpräsident, in Cairo aufgehalten, um mit dem Mächtigen am Nil die Modalitäten der Trennung von Glubb zu besprechen. Hussein überließ den Ägyptern die Festlegung des Zeitpunkts der Entlassung. Samir Rifai erfuhr dabei nicht, warum Nasser den Termin ausgerechnet auf den 1. März 1956 legte. An jenem Tag befand sich der britische Außenminister Selwyn Lloyd in Cairo, um dort den Wunsch seines Premierministers Sir Antony Eden nach Verbesserung der Beziehungen zwischen London und Cairo zu erläutern. Selwyn Lloyd befand sich auf dem Rückweg vom Mittagessen mit Nasser, als ihm beim Betreten seines Hotels mitgeteilt wurde, Großbritannien habe seinen wichtigen Stützpunkt Jordanien verloren. Sir Antony Eden und die regierende Konservative Partei fühlten sich beschimpft »von einem Araber«. Die Wut richtete sich dabei weniger gegen König Hussein als gegen Gamal Abdel Nasser, der England ganz bewußt habe demütigen wollen.

Hussein war irritiert, daß seine Entscheidung den Interessen Nassers diente. Dies war nicht seine Absicht gewesen. Er hatte geglaubt, allein dem eigenen Land zu dienen – und sich selbst. Mit der Entlassung des Engländers hatte sich der König im Einvernehmen mit Nasser innenpolitische Ellbogenfreiheit verschaffen wollen. Den arabischen Nationalisten in Jordanien war der Anlaß zur Empörung genommen: Die Streitkräfte des Königreichs unterstanden nicht länger einem Ausländer.

Daß er auch einen ganz persönlichen Grund zur Entlassung des Befehlshabers gehabt habe, gab Hussein zu. Der Generalleutnant war ihm zu alt. Husseins 21. Geburtstag stand bevor – Glubb Pascha aber war beinahe 60. Der König wollte sich mit Männern seines Alters umgeben. Hussein konnte auch nur schlecht verbergen, daß ihm das Gesicht dieses Engländers nicht gefiel. Der Kiefer von Glubb Pascha war von einer Verletzung verunstaltet, verkümmert. Sein Spitzname lautete deshalb »Abu Hunaik« – Vater des kleinen Kinns.

Unterschiedliche Meinungen in Sachfragen war der zweitwichtigste Grund für die Trennung. Glubb Pascha verhinderte, wohl im Einvernehmen mit seiner Regierung, die Beförderung jordanischer Offiziere über den Rang des Regimentskommandeurs hinaus. Die höheren Ränge blieben britischen Staatsbürgern vorbehalten. Männer, die England gegenüber loyal waren und weniger dem jordanischen Monarchen, besaßen die Befehlsgewalt über die Streitkräfte. Über den Einsatz der bewaffneten Macht wurde folglich in London entschieden und nicht im Basmanpalast von Amman.

Hussein hatte häufig lautstark seinen Unmut darüber geäußert, daß ihm bei Truppenbesichtigungen begabte, energische und charaktervolle Männer im Leutnantsrang vorgestellt wurden, für die es jedoch keine Aufstiegschancen gab. Mehrmals hatte Hussein über den britischen Botschafter in Amman um Berücksichtigung der Interessen des jordanischen Offiziersnachwuchses gebeten. Die Antwort, die er aus London erhalten hatte, lautete: »Zu gegebener Zeit werde daran gedacht, Jordanier in höhere Positionen aufrücken zu lassen.« Daß ihm einmal mitgeteilt wurde, im Jahr 1985 – also von damals gesehen in 30 Jahren – würden die Pionierverbände einen jordanischen Kommandeur erhalten, mußte Hussein als Brüskierung empfinden.

Hussein war mit Glubb Pascha auch über ihre unterschiedlichen strategischen Auffassungen in Streit geraten. Glubb Pascha hatte die Arabische Legion darauf vorbereitet, im Fall eines militärischen Konflikts mit Israel das Gebiet am Westufer des Jordan zu räumen. Der Generalleutnant war der Überzeugung, seine Truppe könne im Bergland nördlich und südlich von Jerusalem einer israelischen Attacke nicht standhalten. Die Verteidigungslinie müsse deshalb der Jordan sein.

Der König hatte gegen diese Auffassung protestiert. Er hatte argumentiert, der Rückzug aus dem Westjordanland werde einen gewaltigen Flüchtlingsstrom auslösen. Die Bewohner der Städte, Dörfer, Gehöfte würden versuchen, über den Jordan zu entkommen, nach Osten, nach Transjordanien: »Eine Million Jordanier werden heimatlos!« Hussein hatte sich mit seinem Konzept der Vorwärtsverteidigung nicht durchsetzen können. Er war vor allem erstaunt gewesen, daß der Generalleutnant sein defensives Konzept mit Munitionsmangel be gründete. Husseins Einwand, dann müsse eben mehr Munition beschafft werden, war mit Achselzucken beantwortet worden. Der Mangel an Munition war offensichtlich von London gewünscht: Die Regierung Eden hatte die Lieferung von Granaten an die Arabische Legion eingeschränkt. Hussein erinnerte sich daran, daß sein Großvater Abdallah einst großzügig von England mit Waffen und Munition bedacht worden war.

Im Verlauf von Wochen hatte sich im Bewußtsein des Königs der Gedanke entwickelt, die Trennung von Glubb Pascha und damit von England werde dringend notwendig, wenn er seine eigene Position im Lande verbessern wollte. Welchen Einfluß England in Amman tatsächlich besaß, wurde dem Monarchen am Verhalten seines Ministerpräsidenten deutlich. Auf Umwegen über Jordaniens diplomatische Vertretung in Cairo war an Samir Rifai der Wunsch der Sowjetunion nach Aufnahme von diplomatischen Beziehungen herangetragen worden. Der Ministerpräsident hatte nun nicht unverzüglich den König informiert – er war statt dessen zum britischen Botschafter in Amman gefahren, um mit diesem über den sensationellen Wunsch der UdSSR zu beraten.

Es fiel der britischen Regierung schwer, die Entscheidung des Königs zu akzeptieren. In der Nacht vom 1. zum 2. März 1956 hatte Charles Duke, der britische Botschafter in Jordanien, den Auftrag des Außenministers Selwyn Lloyd zu erfüllen, dem König die Konsequenz der Entlassung des Generals warnend und drohend darzustellen: »Ich muß Ihnen mitteilen, Majestät, daß die Regierung Ihrer britischen Majestät ernste Folgen für Ihre Majestät und für das Königreich Jordanien voraussieht. Diese Folgen werden schwerer Natur sein, wenn die Entscheidung der Entlassung von Glubb Pascha nicht sofort geändert wird. Der General muß seine Arbeit hier fortsetzen, und es muß uns Gelegenheit gegeben werden, die ganze Angelegenheit zu klären. Die Gefahr für die Monarchie in Jordanien ist groß!«
Hussein ließ sich durch diese Drohung nicht beeinflussen. England verlor das Königreich als Trabanten. Daß die Warnung vor einer gefährlichen Zukunft berechtigt war, zeigte sich wenige Monate später.

»Die Ehe war ein Mißerfolg« –
Intrigen und Revolte

In der Zeit der Turbulenzen in der Innen- und Außenpolitik und während der Reibereien mit Glubb Pascha, hatte Hussein den Entschluß gefaßt zu heiraten – im Alter von 19 Jahren. Die Frau seiner Wahl besaß die starke Ausstrahlung eines Mitglieds einer sehr alten Dynastie. Auf diese Abstammung wies der Titel hin, den sie trug: Sharifa. Ihre Familie gehört zum inneren Kern der Haschemitendynastie. Ihr voller Name war Sharifa Dina Abdul Hamid. Ihr Vater, Prinz Abdul Hamid, der aus dem Hedschaz stammte, lebte in Cairo. Sie war sieben Jahre älter und um einiges erfahrener als Hussein. Während er noch jungenhaft wirkte, hatte Dina das Gesicht einer reifen Frau. Seine Augen zeigten die innere Unruhe; ihre Augen blickten prüfend und entschlossen. 14 Jahre alt war er gewesen, als sie sich kennengelernt hatten: Hussein war Schüler auf dem Victoria College von Alexandria; er war vom Prinzen Abdul Hamid in seine Villa im Cairoer Vorort Heliopolis eingeladen worden. Der kleine, schüchterne Verwandte war fasziniert von Dinas Schönheit und Klugheit.

Die beiden trafen sich wieder in England. Hussein war Schüler in Harrow und Sharifa Dina studierte in Cambridge. Während er Kadett war auf der Militärakademie Sandhurst, unterrichtete sie an der Universität Cairo englische Sprache und Literatur. Hussein, damals Kronprinz, besuchte Dina in Cairo. Ohne auf seine Volljährigkeit zu warten, bat er den Prinzen Abdul Hamid um die Hand seiner Tochter. Doch der Vater zögerte. Er hielt nichts von Hussein; er sah in dem Jungen einen Schwächling, der weder für die Ehe noch für die Politik geschaffen war. Auch Sharifa Dina wollte die Bindung an Hussein nicht. Sie hatte Angst davor, mit ihm in der damals elenden, staubigen und kleinen Residenzstadt Amman leben zu müssen. Sie fürchtete die Enge des Haschemitenhofes, der von Husseins Mutter Zain beherrscht wurde. Es zeigte sich, daß ihre Angst berechtigt war.

Am 15. April 1955 fand die Heirat statt; zehn Monate später wurde die Tochter Alia geboren; acht Monate danach wurde die Ehe geschieden. Dina, die in Cambridge in Kunstgeschichte promoviert hatte, war kultiviert und intelligent. Doch sie war der Mutter ihres Mannes, der Königin Zain, nicht gewachsen. Zain wollte den Einfluß auf ihren Sohn nicht verlieren. Sie war von Anfang an gegen diese Ehe, weil Hussein nach ihrer Meinung zu jung war – und die Frau zu alt. Zain flüsterte ihrem Sohn ein, die Sharifa Dina verachte ihn. Der Schwiegertochter zeigte sie einen Brief, der auf seltsame Weise in ihre Hände gelangt war – Hussein schwor darin einer Londoner Tänzerin heiße und ewige Liebe. Daß Mutter Zain ihr Übles nachredete, erfuhr Dina durch ihre Hofdamen. Sie wurde verächtlich als »College-Girl« bezeichnet. Zain warf der Schwiegertochter insgeheim vor, daß sie »Geld verdient« habe – als Dozentin an der Universität Cairo. Eine Frau, die Geld verdiene, habe sich in der Öffentlichkeit prostituiert. Zain brachte es fertig, die anfängliche Gemeinsamkeit zwischen Hussein und Dina zu zerstören. »Die Ehe war ein Mißerfolg« – dieses Fazit zog Hussein nach der Scheidung.

Innerhalb der Haschemitendynastie verlor Hussein durch das Scheitern der Ehe an Achtung. Jetzt kippte die Meinung um. Kaum war Dina wieder in Cairo, gewann sie in Amman an Wert und Ansehen. Die Ansicht am Hofe war, sich von einer Sharifa zu trennen, sei ungehörig. Die Schuld wurde dem »unreifen Hussein« gegeben. In Kreisen des Hofes waren bald böse Bemerkungen darüber zu hören, daß Hussein die Veranlagung seines Vaters geerbt haben könnte. Der junge Mann besaß nur noch wenige Freunde in Amman. Er suchte und fand deshalb Ersatz in London und Paris. Er hatte Vergnügen daran, Wohnungen in diesen Städten zu besitzen, die ihm die Möglichkeit zur unbeobachteten Belustigung boten. Freunde in London und Paris waren bereit, ihm Frauen zu vermitteln. Hussein erwies sich dankbar dafür.

Ein ganz wichtiger Freund war Hauptmann Ali Abu Nuwar, der Militärattaché der jordanischen Botschaft in Paris. Er war während der kurzen Amtszeit des Königs Talal von Generalleutnant Glubb Pascha auf diesen Posten strafversetzt worden – der Hauptmann hatte sich abfällig über britische Offiziere geäußert.

Dem Militärattaché Ali Abu Nuwar gelang es, das Vertrauen des Königs zu gewinnen – durch ganz spezielle abfällige Bemerkungen über »Abu Hunaik«, den Vater des kleinen Kinns. Ali Abu Nuwar erwies sich in Paris dazu als Kenner der

Nachtlokale und Bordelle auf dem Montmartre und den Nebenstraßen der Champs-Élysées. Hussein blickte bewundernd zu der eleganten, selbstsicheren Erscheinung des zehn Jahre älteren Militärattachés auf. Nach der Rückkehr des Königs erhielt der Kommandeur der Arabischen Legion den Befehl, Ali Abu Nuwar aus Paris abzuberufen und ihm eine hohe Funktion in den Streitkräften zu geben. Der Premierminister unterstützte die königliche Bitte mit den erklärenden Worten: »Hussein liebt ihn eben!« Nach dieser Bemerkung wußte Glubb Pascha, was von ihm verlangt wurde. Er ernannte Ali Abu Nuwar zum »Flügeladjutanten des Königs«.

Diese Ernennung bereute Glubb Pascha schon bald. Ihm wurde zugetragen, der Flügeladjutant intrigiere gegen ihn und verlange seine Abberufung. Als sie dann am 1. März 1956 tatsächlich erfolgte, gab Glubb Pascha Ali Abu Nuwar die Hauptschuld. Daß Hussein seinen Flügeladjutanten zum Befehlshaber der Armee ernannte, hielt Glubb Pascha für einen Akt »höchster königlicher Dummheit«.

Bald darauf veränderte sich das politische Bild Arabiens radikal. Am 23. Juli 1956 verstaatlichte Gamal Abdel Nasser den Suezkanal. Die Regierungen in London und Paris wollten sich jedoch diese Behandlung ihrer Interessen nicht gefallen lassen. Ein Komplott von unglaublicher Unverfrorenheit wurde geschmiedet – Israel übernahm darin die führende Rolle. Seine Absicht war, Nasser zu demütigen. Koordinator des Komplotts war der französische Verteidigungsminister Maurice Bourgès-Maunoury. Für Israel übernahm Shimon Peres die Verantwortung, der damals Generaldirektor im Verteidigungsministerium war. Ihr Komplott wurde in die Praxis umgesetzt: Am 29. Oktober sprangen israelische Fallschirmjäger über dem Mitlapaß auf der Sinaihalbinsel ab. Ohne Kriegsgrund und ohne Kriegserklärung begann Israel den bewaffneten Konflikt. Englische und französische Truppen griffen ein – angeblich, um die internationale Wasserstraße Suezkanal zu sichern. Sie blieben ruhmlos. Am 6. November 1956 verkündete Premierminister Eden das Ende der militärischen Aktion am Suezkanal. Die Eisenhower-Administration hatte das Komplott durchschaut und ihn unter Druck gesetzt, den Krieg zu beenden. Das Ergebnis des Suezkrieges vom November 1956 war ein fulminanter Machtzuwachs Nassers: Er hatte der englischen, französischen und der israelischen Aggression standgehalten.

In Amman brandete die Begeisterung über Nassers Erfolg auf. In Massendemonstrationen wurde die Vereinigung aller Araber gefordert. Auch Jordanien sollte sich einfügen in das große, edle, einige arabische Volk. Wollte das Haschemitenregime überleben, mußte sich Hussein in die arabisch-nationalistische Strömung einpassen. Er ernannte einen Ministerpräsidenten mit panarabischen Neigungen. Dann schlug der König selbst den Beitritt Jordaniens zum ägyptisch-syrischen Beistandspakt vor. Viele hofften, dieser Beitritt sei die Vorstufe eines gesamtarabischen Einigungsprozesses. Gleichzeitig erfolgte eine Öffnung jordanischer Politik in Richtung Sowjetunion. Diese Tendenz hatte Hussein bisher strikt abgelehnt.

Die Erkenntnis war ihm unangenehm, daß sein Land sich zur Sowjetunion hin orientierte. Es wurde ihm außerdem gemeldet, in Amman habe sich eine Zelle kommunistisch aktiver Personen gebildet. Um die Linkstendenz auszugleichen, verkündete der König im Januar 1957 sein Interesse an der Verwirklichung der Eisenhower-Doktrin. Sie versprach den Staaten des Nahen Ostens Hilfe bei Bedrohung durch kommunistische Umtriebe. Dieses Interesse an der Eisenhower-Doktrin löste Reaktionen aus, die das Regime der Haschemiten in größte Gefahr brachten.

Am 13. April 1957 erfuhr der König durch Telefonate und mündliche Botschaften von Unruhen und Umtrieben in der Garnisonsstadt Zerka, die 20 Kilometer nordöstlich von der Hauptstadt Amman liegt. Hussein entnahm den Hinweisen, daß das Erste Panzerregiment Befehl erhalten habe, in Richtung Amman zu rollen, und daß auch die Prinzessin-Alia-Infanteriebrigade in Alarmbereitschaft versetzt worden sei. Aus diesen spärlichen Angaben zog Hussein die richtigen Schlüsse. Beide Einheiten wurden von Offizieren aus dem engeren Umkreis des Befehlshabers Ali Abu Nuwar kommandiert. Husseins Einstellung zu diesem einstigen Vertrauten hatte sich gewandelt – der König mißtraute ihm jetzt. Daß Ali Abu Nuwar in diesen Stunden bereit war, eine Rebellion auszulösen, war bald feste Überzeugung des 21jährigen Monarchen. Für ihn gab es nur die eine Frage: Wer unter den Offizieren hält noch zur haschemitischen Monarchie?

Offiziere des Ersten Panzerregiments meldeten sich im Basmanpalast, um ihre Treue zur Haschemitendynastie zu bekunden. Sie versicherten dem König, sie würden nur zum Schein auf die Anordnungen der Kommandeure aus dem Kreis um Ali Abu Nuwar eingehen. Hussein schickte die Männer nach Zerka zurück. Am Nachmittag befahl Hussein den Mann zu sich, der offenbar das Haupt der Verschwörung war. Ali Abu Nuwar betrat Husseins Arbeitszimmer im Basmanpalast. Der König wollte eben Rechenschaft von ihm fordern, da meldete sich am Telefon der Kommandeur der Prinzessin-Alia-Infanteriebrigade; von ihm war bekannt, daß er zum Freundeskreis um Ali Abu Nuwar zählte. Im Ton höchster Erregung berichtete er von Kämpfen im Militärlager Zerka. Verschwörer und Königstreue feuerten aufeinander. Die Situation sei völlig außer Kontrolle. Ohne lange zu überlegen, warum der Kommandeur, der zu den Aufständischen zählte, ihn angerufen habe, entschloß sich der König, nach Zerka zu fahren. Den Hauptverschwörer Ali Abu Nuwar, dem die Initiative entglitten war, nahm er mit.

Dunkelheit war inzwischen angebrochen. An der Brücke über den Ammanfluß außerhalb der Stadt standen Militärlastwagen. Hussein hielt sein Fahrzeug an und gab sich zu erkennen. Sofort begannen die Soldaten zu jubeln. Von ihnen erfuhr Hussein, daß in Zerka die Nachricht verbreitet worden war, der König sei im Basmanpalast erschossen worden. Sie waren aufgebrochen, um selbst zu erkunden, was in Amman geschehen sei. Sie erklärten sich sofort bereit, mit ihrem Herrscher nach Zerka zurückzukehren.

Während der Weiterfahrt wurde dem Monarchen, der um den Fortbestand der Haschemitendynastie kämpfte, bewußt, daß auf dem Rücksitz Ali Abu Nuwar saß, der eigentlich der Befehlshaber der jordanischen Streitkräfte war und zugleich Anführer der Rebellion. Ali Abu Nuwar benahm sich völlig apathisch; offenbar hatte er bereits mit seinem Leben abgeschlossen. Hussein konnte sich später nicht mehr erklären, warum er diesen Verschwörer mitten auf nächtlicher Straße unbehelligt aus dem Fahrzeug hatte aussteigen lassen.

In Zerka herrschte Konfusion. Brände erhellten das Dunkel rings um das Kasernengelände. Benzintanks und Kraftfahrzeuge standen in Flammen. Soldaten, denen gesagt worden war, Hussein sei tot, hatten die Offiziersquartiere der Garnison geplündert. Hussein begriff in dieser Nacht, daß sein Staat ohne ihn in Chaos verfallen würde; er allein hielt die auseinanderstrebenden Kräfte zusammen. Hussein machte in jenen von Flammen erhellten Stunden die Erfahrung, daß sich die Soldaten begeistert um ihn sammelten, sowie sie ihn erkannt hatten. Hussein stellte sich auf den Turm eines Panzers und sprach. Er reagierte wie im Fieber. Ihm war bewußt, daß dieser Kampf um die Garnison Zerka nicht leicht zu gewinnen war. An die Gefahr für sein eigenes Leben dachte Hussein nicht. Erst später erinnerte er sich: »Manchmal sausten die Geschosse schwerer Maschinengewehre an meinem Kopf vorbei. Ich konnte sogar die Hitze der Geschosse spüren.«

Es war eine Front entstanden zwischen den Getreuen der Haschemitendynastie und den Rebellen. Den Kern der Husseinanhänger bildete eine Artillerieeinheit. Die Prinzessin-Alia-Infanteriebrigade aber wurde von Männern geführt, die Jordanien in eine Republik verwandeln wollten. Ihr Idol war Gamal Abdel Nasser.

In jener Nacht des 13. April 1957 brach im Militärlager Zerka der Konflikt zwischen den beiden Persönlichkeiten Nasser und Hussein auf. Ali Abu Nuwar war nur ein schwaches Werkzeug in der Hand des Ägypters. Der jordanische Offizier sollte sein Land darauf vorbereiten, einbezogen zu werden in das Zentrum eines geeinten Arabien. Seit dem Jahr 1955 arbeitete Nasser an der Union von Ägypten und Syrien. Zwischen beiden Ländern liegt Jordanien, das im Norden eine gemeinsame Grenze mit Syrien besitzt und das im Süden, an der Spitze des Golfs von Aqaba, Ägypten sehr nahe kommt. In jener Nacht fiel die Entscheidung, ob sich Nassers Vision eines kernarabischen Staates verwirklichen ließ.

Bedrängt von Feinden, die im Dunkel lauerten, erkannte Hussein diese Dimension des Konflikts nicht. Er war überzeugt, von »Kommunisten« bekämpft zu werden, von Offizieren, die aus der Kasse des Kreml bezahlt wurden. Hussein hatte von Majoren und Obersten gehört, die in Beirut beachtliche Summen für ihr Vergnügen ausgeben konnten. Alle diese Offiziere waren nach der Entlassung des Engländers Glubb Pascha in die jordanischen Streitkräfte aufgenommen worden – als die britischen Offiziere das Land verlassen mußten. Jetzt rächte

sich die Trennung von Glubb Pascha. Er und seine Offiziers-
kollegen hätten nie gegen Hussein rebelliert. Die Revolte von
Zerka war die Folge der raschen »Arabisierung« der höheren
Offiziersränge. Ali Abu Nuwar hatte dafür gesorgt, daß vor
allem solche Offiziere befördert wurden, die nicht königstreuen Beduinenstämmen angehörten.
In jener Nacht, als die Fronten aufgebrochen waren zwischen
»Nasseristen« und Königstreuen, da wurde der Kampf durch
den wichtigsten Vorteil entschieden, über den Hussein verfügte: Er konnte, dank seiner haschemitischen Abstammung,
Respekt verlangen. Er brauchte gar nicht darauf hinzuweisen,
daß er derselben Sippe angehörte, die durch den Propheten
Mohammed über alle anderen herausgehoben worden war. In
jener Nacht bewährte sich die Faszination der haschemitischen
Abstammung vor allem auf die Angehörigen der Beduinenstämme ganz von selbst. Offiziere und Mannschaften, die von
Stammesbindungen geprägt waren, orientierten sich im Durcheinander der nächtlichen Kämpfe auf den König hin. Um Mitternacht zeichnete sich der Sieg der »Königstreuen« ab.
Als Hussein in den frühen Morgenstunden zum Basmanpalast
zurückkehrte, fand er dort Ali Abu Nuwar vor, der verhaftet
worden war. Dem um sein Leben zitternden Verschwörer
gelang Erstaunliches: Innerhalb weniger Minuten stimmte er
Hussein milde. Der wunderte sich später selbst: »Vor meinen
Augen hatte ich auf einmal das kleine Restaurant ›Colisée‹ in
Paris, den Ort vergnüglicher Stunden.« Als der Verschwörer
um die Erlaubnis bat, vom Dienst als Befehlshaber der Streitkräfte suspendiert zu werden, um das Land verlassen zu können, erfüllte ihm Hussein diesen Wunsch.
Die Milde reute ihn schon bald. Als ihm mitgeteilt wurde, daß
mehr als 100 Soldaten während der nächtlichen Kämpfe ihr
Leben verloren hatten, hätte er den Verantwortlichen doch
gern zur Rechenschaft gezogen. In Wut über Ali Abu Nuwar
geriet Hussein, als ihm die Fahnen der »Republik Jordanien«
gezeigt wurden, die im Schreibtisch des Verschwörers für die
Stunde des Sieges bereitlagen.
Für diese Nacht war der Kampf entschieden, doch die Lage im
Königreich blieb instabil. Die Intrigen am Haschemitenhof
waren noch nicht zu Ende.
Als Hussein am frühen Morgen über den Sender des staatlich-

jordanischen Rundfunks seinem Volk seinen Standpunkt zu den Ereignissen dieser Nacht erklären wollte, konnte der Schaltraum nicht geöffnet werden, weil der Schlüssel fehlte. Der Direktor des Rundfunks hatte ihn bei seiner nächtlichen Flucht nach Syrien mitgenommen. Es stellte sich heraus, daß keiner der wichtigen Sendermitarbeiter aufzufinden war.

Für den Befehlshaber Ali Abu Nuwar mußte in aller Eile ein Nachfolger gefunden werden. Doch auch der neue Kommandeur blieb nicht lange im Amt. Er hielt es für klug, sich nach Syrien abzusetzen – auch er hatte zu den führenden Köpfen der Verschwörung gehört.

Der Aufstand von Zerka hatte aber auch eine weit in die Zukunft reichende Konsequenz: Die USA und König Hussein kamen sich näher. Im State Department war erkannt worden, daß seit der Entlassung von Glubb Pascha und dem Ende der britischen Hilfeleistungen ein Sicherheitsvakuum am Jordan entstanden war. Wäre Jordanien aufgenommen worden in ein ägyptisch-syrisches Bündnis, wäre für Israel eine ernsthafte Bedrohung entstanden. Die Verantwortlichen im State Department entschlossen sich dazu, alles zu unternehmen, um die Gefahr einer Machtübernahme durch »Nasseristen« in Amman endgültig zu bannen. Verkündet wurde in Washington, die USA garantierten künftig die Unabhängigkeit des Königreichs Jordanien. Zum Zeichen dieser neuen Politik erhielten die jordanischen Streitkräfte noch im September 1957 in beachtlichem Umfang Waffen aus den USA. Die Zeit der Abhängigkeit auf diesem Gebiet von England war vorüber.

Hussein hatte einen neuen und diesmal einen starken Verbündeten gewonnen – dies verdankte er sich ganz allein: Durch seinen persönlichen Mut und seinen Einsatz hatte Hussein die Herrschaft der Haschemiten in Jordanien gesichert. Verlierer war Gamal Abdel Nasser, der darauf verzichten mußte, Jordanien in den ägyptisch-syrischen Unionsstaat einzubringen. Diese Vereinigte Arabische Republik wurde am 1. Februar 1958 gegründet. Sie litt von Anfang an darunter, daß Nasser den Syrern seinen Willen aufzwang: In Damaskus sollte das Leben so geordnet sein wie in Cairo. Syrien wurde bald zur Kolonie der Ägypter.

Ein Signal für Hussein –
der Mord von Baghdad

Nur 14 Tage nach der Verkündung, die Vereinigte Arabische Republik sei durch den Zusammenschluß von Ägypten und Syrien Wirklichkeit geworden, schlossen sich Irak und Jordanien zusammen. Am 14. Februar 1958 proklamierten die Haschemitenkönige Hussein und Feisal II. die »Arabische Föderation«.

Die Ausdehnung des Staatsgebiets dieser Arabischen Föderation war gewaltig: Es reichte vom Rand der Halbinsel Sinai bis zum Persischen Golf – von Aqaba am Roten Meer bis Basra am Schatt al-Arab. Die Arabische Föderation besaß gegenüber der Vereinigten Arabischen Republik einen gewaltigen Vorteil: Sie war reich durch die Ölvorkommen im Land um Euphrat und Tigris.

Die beiden haschemitischen Herrscher waren vom guten Willen geleitet, die Föderation auf dem Prinzip der absoluten Gleichberechtigung aufzubauen. Kein Partner sollte den anderen bevormunden dürfen. Vorgesehen war, die Grenzen zwischen Irak und Jordanien zu verwischen. Die Fahne des Föderationsstaates war als Symbol des politischen Programms der »Arabischen Föderation« gedacht: Ihre Farben waren schwarz, rot, weiß und grün. Dies waren die Farben gewesen, unter denen die Reiter der arabischen Revolte des »Königs aller Araber« in den Kampf gezogen waren – in der Hoffnung, die Einheit aller Araber erstreiten zu können. Die Arabische Föderation war gedacht als zweiter und diesmal definitiver Ansatz zur Verwirklichung der Vision des Urgroßvaters der beiden Könige. Die Haschemiten gründeten doch noch den Staat der Araber, dessen Entstehen die Engländer 40 Jahre zuvor verhindert hatten.

Der gute Wille war tatsächlich vorhanden, in der Föderation jede Bevormundung auszuschließen. Der Wille zur Gleichheit war im gegenseitigen Verfassungsabkommen zu finden, das die Grundlage der Existenz der Arabischen Föderation bildete. Er ließ sich jedoch nicht in die Wirklichkeit übertragen, weil die Persönlichkeiten der königlichen Partner zu ungleich waren. Der Unterschied war schon in Harrow zu spüren gewesen, Hussein und Feisal waren gleich alt und hatten gleich-

78

zeitig die britische Eliteschule besucht. Hussein hatte sich dort frei und eigenwillig benommen, und hatte in Sharifa Dina Abdul Hamid bereits eine ernstzunehmende Freundin. Feisal aber war von zu Hause aus an enge Vorschriften gebunden, an die er sich auch ängstlich hielt. Verantwortlich für die Vorschriften war eine eigenartige Persönlichkeit, die nur das eine Ziel hatte, Feisal zu beherrschen, um die Politik an Euphrat und Tigris auch nach Feisals Volljährigkeit weiterhin zu lenken. Emir Abdul Ilah war offiziell der Kronprinz des Irak, doch er wollte immer zeigen, daß er der Herr im Hause ist. So war sein Auto auch immer größer als das des Königs Feisal.

Dieser Onkel-Kronprinz war schuld daran, daß das Prinzip der Gleichberechtigung in der Arabischen Föderation eben doch nicht angewendet wurde. Hussein und Feisal waren übereingekommen, daß sie sich regelmäßig in der Position des Staatsoberhaupts abwechselten. Diese Abmachung wollte der Emir nicht gelten lassen. Er verlangte für Feisal das Amt des ständigen Staatsoberhaupts. Emir Abdul Ilah drohte, das Projekt der Föderation scheitern zu lassen, wenn dieser Punkt nicht in seinem Sinne geregelt werde. Da Hussein aus politischen Gründen diesen Zusammenschluß zur Abwehr der Expansionspläne der Vereinigten Arabischen Republik wollte, gab er schließlich nach – Feisal wurde ständiges Staatsoberhaupt. Das Amt blieb wenigstens in der haschemitischen Familie.

Für Gamal Abdel Nasser bedeutete die Gründung des haschemitischen Unionsstaats einen Rückschlag seiner eigenen Absichten zur Förderung der Einheit Arabiens. Da war ein ganz unerwünschtes Kokurrenzunternehmen entstanden. Doch der Ägypter vermochte seine Enttäuschung zu verbergen. Er schickte dem Staatsoberhaupt der Arabischen Föderation ein Glückwunschtelegramm, in dem er den Zusammenschluß als ein »gesegnetes Vorhaben« bezeichnete zur Erreichung der arabischen Einheit. Das gesamte arabische Volk habe darauf mit Sehnsucht und Hoffnung gewartet. Das Telegramm schloß mit der Bitte an Allah, er möge der Arabischen Föderation Bestand und eine gesicherte Zukunft geben.

Hussein erhielt kein Glückwunschschreiben von Nasser, obgleich bekannt war, daß er die treibende Kraft hinter dem Projekt war. Dies war Nassers Art zu zeigen, daß er diese Föderation mißbilligte: Er gratulierte dem schwächeren Partner. Was

Nasser beabsichtigte, erfuhr Hussein drei Monate später. Ein Kadett des Vierten Jordanischen Panzerregiments war durch sein Verhalten den Vorgesetzten verdächtig geworden. Nach der Verhaftung gab der Kadett zu, er habe von Agenten der Vereinigten Arabischen Republik den Auftrag erhalten, Hussein und dessen Onkel Sherif Nasser zu ermorden.

Der Name des Verhafteten war Ahmed Yussuf al-Hiari. Er war kein Beduine: Al-Hiari stammte aus der nordjordanischen Stadt Irbid. Dort waren die meisten der Rebellen des Zerkaaufstands zu Hause; die Bewohner von Irbid hatten gute Kontakte zu syrischen Verwandten und Bekannten. Durch derartige Kontakte war Ahmed Yussuf al-Hiari auch zu seinem Mordauftrag gekommen. Die Agenten der Vereinigten Arabischen Republik waren Syrer – und sie hatten dem Kadetten auch gesagt, die Ermordung des Königs und seines Onkels Sherif Nasser müsse in der ersten Hälfte des Monats Juli 1958 erfolgen, denn in der Mitte jenes Monats werde in Baghdad ein von Nasser organisierter Staatsstreich stattfinden.

Hussein gab sich Mühe, Feisal II. und die in Baghdad für Sicherheit verantwortlichen Persönlichkeiten zu warnen, doch niemand nahm seine Telefonate ernst.

Am 14. Juli 1958 wurde der Onkel-Kronprinz Abdul Ilah – ein behäbiger korpulenter Mann – kurz vor vier Uhr in der Frühe aus dem Schlaf gerissen. Er hörte in der Ferne das Klirren von Panzerketten. Abdul Ilah hatte sich angewöhnt, argwöhnisch zu sein. Von einer Verlegung von Panzerverbänden im Bereich der Hauptstadt hätte er informiert sein müssen. Doch ihm war nichts von der Absicht gemeldet worden, am frühen Morgen in der Nähe des Rihabpalasts im Süden von Baghdad Panzer zu bewegen.

Als das Kettenklirren immer lauter wurde, wachte auch König Feisal auf, der im Zimmer neben dem seines Onkels und Kronprinzen schlief. Feisal und Abdul Ilah versuchten telefonisch Verbindung zum Generalstabschef zu bekommen, doch der General meldete sich nicht. Auch das Telefon des Ministerpräsidenten blieb stumm. König und Kronprinz bemühten sich noch um eine Telefonverbindung, da detonierten draußen vor dem Rihabpalast Granaten. Die Geschosse schlugen im Garten ein; Erde spritzte auf. Irgendwo zersplitterten Fensterscheiben. Der Kommandeur der Palastwache meldete, Panzerverbände und Infanterieeinheiten hätten den Palast umzingelt. Die Palastwache, noch im Schlaf überrascht, sei nicht stark genug, um die Angreifer abzuwehren. Der Kronprinz forderte, der Kampf müsse unter allen Umständen fortgesetzt werden, doch der König befahl der Wache – die ohnehin schon dabei war, sich zu ergeben – den Kampf einzustellen.

Inzwischen versammelten sich haschemitische Familienmitglieder und Angehörige des Hofstaats im Treppenhaus des Rihabpalastes. Der König, im Schlafanzug, und der Onkel-Kronprinz, im Morgenmantel, gesellten sich zu ihnen. Weder Feisal II. noch Abdul Ilah waren bewaffnet.

Eigentlich sollten sich beide zum Flughafen begeben. Dort wartete das Personal einer Maschine der Iraqi Airways darauf, eine königliche Delegation, der auch Ministerpräsident Nuri as-Said angehören sollte, nach Ankara zu fliegen. In der türkischen Hauptstadt war eine Konferenz geplant, bei der die Zukunft des Baghdadpaktes zu beraten war. Daß König Hussein von Jordanien darauf verzichtet hatte, dem Bündnis beizutreten, hatte seine Bedeutung entscheidend geschwächt. Jetzt war die schwierige Frage zu diskutieren, ob die »Arabische Föderation« Mitglied des Baghdadpakts sein konnte, auch wenn der jordanische Föderationsteil weiterhin dem Bündnis fernblieb. Wie bedeutsam gerade diese Konferenz eingestuft wurde, ist aus der Teilnehmerliste zu sehen. An jenem Morgen des 14. Juli 1958 wurden in Ankara neben Feisal II. auch der Schah von Iran und der Präsident von Pakistan erwartet.

Die Organisatoren des Angriffs auf den Rihabpalast hatten den Zeitpunkt gut gewählt: Erschien der Herrscher nicht zur Konferenz des Paktes, demonstrierte er damit die Wertlosigkeit des gesamten Bündnisses augenfällig in der Öffentlichkeit. Und um jede Möglichkeit auszuschalten, daß Feisal II. und Emir Abdul Ilah doch noch nach Ankara gelangten, wurde rasch und entschlossen gehandelt. Der Kommandeur des Angriffs auf den Rihabpalast, Hauptmann Abdul Sattar Saib, betrat das Treppenhaus, stellte sich dem König vor und meldete, Brigadegeneral Abdel Al-Kerim Qassem und Oberst Abdel Salam Mohammed Aref hätten die Hauptstadt ordnungsgemäß besetzt. Beide seien dabei, eine Regierung zu bilden. Nach dieser Erklärung konnte Feisal II. noch hoffen, daß ihm und der haschemitischen Dynastie wenigstens formal der Thron erhalten blieb. Doch diese Hoffnung wurde schnell zunichte. Der Kronprinz wollte mit Brigadegeneral Qassem telefonieren, doch Hauptmann Abdul Sattar Saib verbot jeden Kontakt zur Außenwelt. Ohne ein weiteres Wort zu sagen, forderte der Hauptmann durch Gesten mit seiner Maschinenpistole den König und Abdul Ilah auf, ihm in den Garten zu folgen. Nach nur wenigen Schritten feuerte Abdul Sattar Saib auf die beiden. Er schoß, bis das Magazin seiner Waffe leer war.

Unmittelbar nach diesen Schüssen stürmten Soldaten das Treppenhaus. Sie hatten Befehl, jeden zu töten, den sie im Palast vorfanden. 14 Angehörige der haschemitischen Familie wurden durch Treffer aus nächster Nähe umgebracht – unter den Toten befand sich auch die Mutter des Königs.

Nur drei Angehörige der irakischen Haschemitendynastie überlebten den Morgen des 14. Juli 1958. Sie hatten nicht im Palast gelebt, sondern in einem abgelegenen Nebengebäude. Ihnen gelang die Flucht zur Botschaft Saudi-Arabiens in Baghdad. Nach einigen Wochen wurde ihnen die Ausreise gestattet.

König Feisal II. wurde durch die Schüsse des Hauptmanns schwer verwundet und starb eine Stunde später. Seine Leiche verscharrte man an einem unbekannten Ort. Der tote Körper des Kronprinzen aber blieb im Garten des Rihabpalastes liegen – an ihm vergingen sich die aufgepeitschten Massen.

Radio Baghdad verkündete zu dieser Stunde: »Volk von Irak, dies ist der Tag deines Sieges. Kommt alle zum Rihabpalast und seht euch den Tyrannen Abdul Ilah an, der ein Feind Allahs und ein Feind des Volkes gewesen ist!« Der Aufruf wurde befolgt. Tausende rannten mit Geheul hinaus zum Palast; hunderte zertrampelten den Körper. Hysterie packte die Bewohner der irakischen Hauptstadt. Hunderttausende befanden sich auf den Straßen. Blutrausch beherrschte ihre Sinne. Sie waren nicht zu bändigen. Wer sich ihnen in den Weg stellte, wurde erschlagen und verstümmelt. Drei jordanische Minister der Föderationsregierung, die im Hotel »Baghdad« übernachtet hatten, wurden umgebracht, obgleich Brigadegeneral Qassem angeordnet hatte, sie zu schützen.

Als um zehn Uhr in Ankara die Konferenz der Mitglieder des Baghdadpakts begann, wurde bekannt, was in Baghdad geschehen war. Während der ersten Minuten herrschte Entschlossenheit, durch Truppen der Bündnisstaaten die Revolutionsregierung des Brigadegenerals Qassem und des Obersten Aref aus Baghdad zu vertreiben. Doch dann setzte Ernüchterung ein. Als darüber diskutiert wurde, daß die Monarchie im Irak wieder eingesetzt werden sollte, stellte der Schah von Iran die berechtigte Frage, an welche Dynastie denn zu denken sei – die Haschemiten kämen wohl kaum noch in Frage. Jeder Gedanke an militärisches Eingreifen in der Stadt, die dem Baghdadpakt seinen Namen gab, wurde schließlich verworfen, da sich die USA und Großbritannien strikt dagegen aussprachen. Die Regierungen in London und Paris fanden sich rasch mit der neuen Entwicklung ab. Diese Entwicklung beunruhigte König Hussein, der das Gefühl hatte, die Welt blicke nach Amman in der Erwartung eines weiteren dramatischen Geschehens.

Von Feinden umgeben – »bin ich selbst der nächste?«

Während der Tage nach dem 14. Juli 1958 versuchte Hussein den Putschvorgang zu analysieren. Die Warnung, die er selbst nach Baghdad weitergegeben hatte, war dort nicht beachtet worden, weil Kronprinz Abdul Ilah dem Brigadegeneral Abdel Al-Kerim Qassem absolut vertraut hatte. Qassem war der einzige starke Mann des Militärs gewesen – und der einzige, der Ausstrahlung und Kraft besaß, einen Putsch durchzuführen. Doch hatte es am Hof des Königs Feisal II. nie den geringsten Zweifel an der Treue des Brigadegenerals gegeben.
Am 13. Juli hatten Qassem und Oberst Aref zum Schein beschlossen, zwei Panzerbrigaden der irakischen Armee nach Jordanien zu verlegen, »um dafür zu sorgen, daß gegen König Hussein kein Putsch inszeniert werden kann«. Von dieser Truppenbewegung in Richtung jordanischer Grenze war der Kronprinz unterrichtet gewesen. Doch die Bereitschaft zur »brüderlichen Hilfe« war nur ein Deckmantel gewesen.
Jordanische Offiziere, die sich – dem Föderationsvertrag gemäß – in Baghdad aufgehalten hatten, berichteten ihrem König nach der Rückkehr weitere Einzelheiten des Putschvorgangs. Bei umfangreichen Truppenbewegungen war es üblich, die Munition getrennt von den Panzerverbänden zu transportie-

ren. Diese Maßnahme wurde als Sicherung gegen Putschgelüste ehrgeiziger Brigadegeneräle praktiziert. Am 13. Juli war der Kronprinz gefragt worden, ob die 19. und 20. Panzerbrigade ausnahmsweise Munition mit sich führen dürften. Da Abdul Ilah die Hand dafür ins Feuer gelegt hätte, daß Qassem und Aref, die Kommandeure der beiden Brigaden, unbedingt königstreu sind, hatte er persönlich den Befehl zur Freigabe der Munition erteilt.

Offenbar hatte sich Feisal II. unter der Obhut des »Kronprinzen« völlig sicher gefühlt und an keinen Umsturzversuch durch das Militär geglaubt. Der plötzliche Ausbruch der Rebellion erschreckte den König – und er fragte nach der Ursache. Die Perfektion des Ablaufs wies auf eine lange Vorbereitungszeit hin. Das Ende war die nahezu völlige Auslöschung des irakischen Teils der Haschemitendynastie. Für Hussein stand zu diesem Zeitpunkt fest: Gamal Abdel Nasser ist der Mann im Hintergrund des Umsturzes – und er ist offensichtlich entschlossen, die gesamte Sippe der Haschemiten zu vernichten. Es mußte entschieden werden, wie der Gefahr zu begegnen sei.

Am Nachmittag des 14. Juli 1958 bestellte der jordanische König die wichtigsten Persönlichkeiten seines Kabinetts in den Basmanpalast. Er wollte darüber beraten, wie die Putschgefahr von Amman fernzuhalten sei. Die Meinung der ersten, die das Wort ergriffen, war, daß Jordanien verpflichtet sei, den Aufstand in Baghdad niederzuschlagen, schließlich seien Jordanien und Irak durch den Föderationsvertrag aneinander gebunden. Hussein unterbrach diese Diskussion nach dem dritten Redner. Er meinte: »Was ist in Baghdad noch zu retten? Soviel wir wissen, ist die königliche Familie ermordet worden. Wer soll von den Haschemiten in Baghdad regieren? Für mich kommt dies nicht in Frage!«

Hussein lenkte die Diskussion auf die Bedrohung Jordaniens. Er bemerkte, es sei zu erwarten, daß Israel gegen das Königreich aktiv werde. Es sei immer zu beobachten gewesen, daß Israel versucht hatte, aus innerarabischen Konflikten Profit zu ziehen. Der König gab zu bedenken, daß die israelische Armee das Westjordanland besetzen könnte mit der Begründung, es müsse gesichert werden, da ja wohl bald mit einem kommunistischen Umsturz auch in Jordanien gerechnet werden müsse.

Husseins Argument, die gesamte westliche Welt werde dann der israelischen Regierung recht geben, fand Zustimmung: »Washington, London und Paris werden sagen, Israel habe das Umfeld von Jerusalem vor dem Kommunismus gerettet!« Hussein warf auch ein, der Feldzug gegen das neue Regime in Baghdad sei allein schon deshalb ausgeschlossen, weil die Mobilisierung der Kräfte dafür den Abzug der jordanischen Streitkräfte von der 640 Kilometer langen Waffenstillstandslinie bedeuten würde.

Mitten in der Kabinettssitzung wurde dem König die Nachricht überbracht, die irakischen Truppenverbände, die im Rahmen des Föderationsabkommens bei Amman stationiert waren, seien beim Eintreffen der Putschmeldungen aus Baghdad in frenetischen Jubel ausgebrochen. Der Chef der Sicherheitskräfte in Amman befürchtete, daß dieser Jubel auch jordanische Einheiten anstecken könnte. Ein Aufstand der königlichen Truppen gegen den König sei dann nicht auszuschließen.

Seiner Art entsprechend, reagierte Hussein keineswegs durch Härte. Er meinte: »Laßt die Iraker jubeln. Wenn wir auf sie schießen, explodiert die Stimmung in Amman! Wir müssen ihren Chefs sagen, daß die irakischen Offiziere und Soldaten in diesem heroischen Augenblick zu Hause gebraucht werden, um den Rücken der Revolution zu stärken.«

Die Vorsicht war angebracht. Es war gerade ein Jahr vergangen seit der Militärrevolte von Zerka. Viele der beteiligten Offiziere befanden sich in Haft – andere waren noch gar nicht entdeckt worden. Die Möglichkeit, daß irgendwo in einem Militärlager die Gewalt aufbrach, war keineswegs auszuschließen. Wer war der Offizier, der sich darauf vorbereitet hatte, die Schüsse auf den König und die anderen Mitglieder der Haschemitendynastie in Amman abzugeben?

Die Situation war bedrohlich. Für Hussein stand fest, daß Gamal Abdel Nasser entschlossen war, den Haschemiten jetzt den letzten Stoß zu geben. Seine Ausgangslage dazu war nicht schlecht: Das Königreich Jordanien war jetzt ringsum von Feinden umgeben – sein Herrscher befand sich in einer eingeschlossenen Festung: Im Westen lag Israel, der Gegner in einer militärischen Auseinandersetzung; im Norden wurde Syrien von einem Regime beherrscht, das die Haschemiten haßte; im Osten war der Irak jetzt in Händen von Generälen, die auf

Haschemiten hatten schießen lassen. Im Süden, in Saudi-Arabien, regierte die Familie As-Saud, der Erzfeind der Haschemiten. Husseins Königreich war von Feinden umgeben.

Ein Blick auf die Landkarte machte die Situation deutlich: Jordanien besaß keine Straßen und keine Eisenbahnlinie mehr, über die Verbindung zur Außenwelt gehalten werden konnte. Die Straße zum noch nicht funktionsfähigen Hafen Aqaba befand sich noch in der Planung. Der einzige bisher verfügbare Luftkorridor, der durch syrischen Luftraum führte, war vom Regime in Damaskus gesperrt worden.

Die Situation war deshalb schwierig, weil Jordaniens Wirtschaft auf Lieferungen von außen angewiesen ist. Das Land besitzt keine Ölvorkommen; es muß Öl von anderen arabischen Ländern kaufen. Während der vergangenen Monate war Öl in Tankfahrzeugen von den irakischen Ölfeldern zur Raffinerie nordöstlich von Amman gebracht worden. Seit der Stunde der Revolution kam kein Tanklastwagen mehr über die wieder hermetisch verriegelte irakisch-jordanische Grenze.

Der damals noch nicht 23 Jahre alte Monarch stand vor einer schweren Entscheidung: Sein Land benötigte unbedingt und sofort Öl. Die Wasserversorgung von Amman hing vom Betrieb von Pumpen ab, die ohne Öl nicht funktionierten. Die Elektrizitätswerke wurden von ölgetriebenen Generatoren gespeist. Ohne Öl und Benzin fuhr kein Kraftfahrzeug mehr zur Versorgung der Bevölkerung. Auch die Ölvorräte der Armee waren beschränkt. Husseins Berater stellten fest, daß Jordanien innerhalb weniger Stunden nur noch beschränkt funktionsfähig war. Es blieb nur ein Ausweg: Hussein mußte die Großmacht USA um Hilfe bitten.

Hussein bat den amerikanischen Geschäftsträger Thomas K. Wright zu sich – der Botschafter selbst war außer Landes. Wright begriff die Notlage des Königs. Er setzte sich sofort mit dem State Department in Washington in Verbindung. Schon am nächsten Vormittag lag die Antwort vor: Die Regierung der USA garantierte die Ölversorgung des Königreichs. Das Resultat war, daß schon wenige Stunden später zwei amerikanische Transportmaschinen über Amman hinweg zum Militärflughafen bei der Hauptstadt flogen. Sie brachten Ölfässer ins belagerte Land. In regelmäßigem Abstand erreichten weitere Maschinen den Militärflughafen.

Das Geräusch der Flugmotoren, das auch im Basmanpalast zu hören war, wirkte beruhigend auf Husseins angespannte Nerven. Doch dann kam der Moment, in dem es Hussein auffiel, daß er das Geräusch schon länger nicht mehr vernommen hatte. Er beauftragte seinen Adjutanten, bei der Flughafenadministration nach dem Grund der beunruhigenden Ruhe zu fragen. Als Hussein den Grund erfuhr, war er verblüfft: Die amerikanischen Frachtmaschinen holten die Ölfässer in Iran ab und überflogen auf dem Weg nach Jordanien saudiarabisches Staatsgebiet. Am dritten Tag der Luftbrücke untersagte König Saud die Nutzung des saudiarabischen Luftraums für die amerikanischen Versorgungsflüge.

Thomas K. Wright, der amerikanische Geschäftsträger, brachte die schlechte Nachricht. Er war vom State Department informiert worden, daß selbst eine Demarche der US-Regierung keine Meinungsänderung in der saudiarabischen Verwaltungshauptstadt Riyadh habe bewirken können.

In seiner verzweifelten Lage zwang sich Hussein dazu, selbst König Saud anzurufen. Der Entschluß hatte ihn viel Überwindung gekostet, denn der Haß auf die Familie as-Saud saß tief im Gemüt eines jeden Haschemiten. Für die Mitglieder der Sippe Haschem gibt es kein Vergessen, daß sie vom Clan as-Saud aus ihrer Heimat im Hedschaz vertrieben worden waren. Drei qualvoll lange Stunden mußte der Haschemitenkönig Hussein auf die Telefonverbindung mit dem saudiarabischen Herrscher warten. Dann hörte er die Worte eines ungnädigen Königs Saud: »Die Entscheidung des Flugverbots ist getroffen. Sie läßt sich nicht mehr rückgängig machen!« Hussein erinnerte sich später daran, geantwortet zu haben: »Bis zum Ende meines Lebens werde ich weder vergessen noch vergeben können, was Sie mir und meinem Volk in diesen Stunden antun!« Bis zum Golfkrieg des Jahres 1991 wird Hussein dem Hause as-Saud nicht vergeben.

Die Beamten des State Department entwickelten rasch einen Plan, um Jordanien zu helfen – und er wurde von der amerikanischen Regierung gebilligt. Daß der Plan funktionierte, war für Hussein ein Wunder, doch es war ein »beschämendes Wunder«: Die amerikanischen Transportmaschinen flogen über Israel nach Jordanien. Die israelische Regierung hatte zugestimmt, daß Lieferungen aus den Öltanks der internationalen Konzerne im Libanon quer über Israel hinweg in das damals für Israel feindliche Land Jordanien transportiert wurde. Hussein zog in seinen Erinnerungen »Mein gefährliches Leben« das Fazit: »Die arabischen Bruderstaaten helfen mir nicht, doch der Todfeind Israel hilft!«

Im Sommer 1958 wurde die Wurzel gelegt für das Verständnis, das der jordanische König später für Israel entwickelte. Als sein Land am Boden lag, reif zur Beute für jeden, der zugreifen wollte, richtete Israel ihn wieder auf. Wenige Tage später zeigte die israelische Regierung noch einmal Verständnis.

Als die Ölversorgung gesichert war, kümmerte sich Hussein um die äußere und innere Bedrohung seines Landes. Sein wichtigster Feind war die Vereinigte Arabische Republik, die aus Syrien und Ägypten bestand. Meldungen trafen im Basmanpalast ein, syrische Panzerverbände seien bereits auf dem Weg, um nach Amman durchzustoßen. Diese Meldungen erwiesen sich zum Glück als falsch, doch sie bewirkten Unruhe im Palast, in den Militärlagern, in der Hauptstadt. Die Stimmung war günstig für einen Putsch.

Hussein, noch immer ein junger Mann mit jugendlichem Aussehen, erwies sich als ausgezeichneter Taktiker der internationalen Politik. Er lud den amerikanischen und den britischen Missionschef in Amman, Thomas K. Wright und Heath Mason, zu einer Besprechung in sein Arbeitszimmer ein. Er schilderte sein Land als Bastion gegen den Kommunismus in der arabischen Welt. Er sprach davon, daß Jordanien, der Freund der westlichen freien Welt, vielleicht in wenigen Stunden schon von der Vereinigten Arabischen Republik geschluckt werde. Der »Kommunist Nasser« wittere jetzt seine Chance. Dann bat Hussein um Hilfe: »Wir benötigen nicht viel – wichtig ist für mich, daß Nasser versteht, daß wir nicht allein sind.« Hussein erwähnte, am Abend des 16. Juli sei ein Agent der Vereinigten Arabischen Republik verhaftet worden, der dabei war, eine Verschwörung anzuzetteln. »Wir haben die Befehle zum Losschlagen einiger Truppeneinheiten in der Hand. Die Revolution in Jordanien war für den 17. Juli vorgesehen. Wir konnten sie verhindern!« Hussein meinte jedoch, er sei sich nicht sicher, ob damit der letzte Verschwörungsplan vereitelt sei.

Der König hatte den britischen und den amerikanischen Geschäftsträger zu sich gebeten; seine Bitte um Hilfe war an beide gerichtet. Ihre Regierungen sollten unter sich entscheiden, wer Truppen schickte. Am Morgen des nächsten Tages überflogen britische Transportmaschinen den Basmanpalast. Am Abend zuvor hatte Ministerpräsident Macmillan entschieden, dem jordanischen König zu helfen. Ihm war zu diesem Zeitpunkt ein Bericht des britischen Geheimdiensts übergeben worden, der darauf hinwies, daß das Haschemitenregime in Amman tatsächlich durch Umsturz bedroht war. Macmillan entschied darauf ohne Rücksprache mit seinem Kabinett, Fallschirmjäger, die auf Zypern stationiert waren, nach Jordanien zu verlegen.

Die britischen Einheiten waren verfügbar gewesen; die Eingreiftruppen der USA waren zu dieser Zeit im Libanon im Einsatz. Am 14. Juli 1958, am Tag des blutigen Staatsstreichs in Baghdad, hatte der libanesische Staatspräsident Camille Chamoun die Vereinigten Staaten von Amerika um die Entsendung von Marineinfanteristen bitten müssen zur Niederschlagung des Bürgerkriegs. Die islamische Bevölkerungsmehrheit hatte sich gegen die christliche Minderheit erhoben, die das kleine Land dominierte. Das Ziel der Moslemführer war der Anschluß des Libanon an den syrischen Teil der Vereinigten Arabischen Republik. Durch seinen Entschluß, amerikanische Marineinfanteristen ins Land zu holen, verhinderte Camille Chamoun, daß der Libanon in den Machtbereich Nassers geriet. Durch die Entsendung von 10 000 Soldaten sorgte Präsident Eisenhower für Eindämmung der Expansionslust des Oberhaupts der Vereinigten Arabischen Republik – zum Ärger der Sowjetführung, die es gerne gesehen hätte, wenn ihr Freund Gamal Abdel Nasser den westlich orientierten, dem »Kapitalismus zugeordneten« Libanon geschluckt hätte.

Im Sommer 1958 hatte der Ägypter in der Hoffnung gelebt, er könne jetzt die arabische Welt in seinem Sinne ordnen. In Irak war die Planung erfolgreich gewesen: Irak war jetzt eine Republik, von Männern geführt, von denen Nasser annahm, sie würden in seinem Sinne handeln. Jordanien – davon war Nasser überzeugt – würde bald von Männern seines Vertrauens geführt werden. Auch an das Überleben des unabhängigen Libanon glaubte Nasser nicht. Er war überzeugt, sich überall in Arabien auf die Massen verlassen zu können. Wenn er die Araber aufrief, folgten sie ihm. Mit Hilfe Millionen williger Araber wollte er das Feuer der Revolution in Arabien ausbreiten.

In seiner Kalkulation des Ablaufs der Ereignisse im Sommer 1958 war die Tatkraft von zwei Persönlichkeiten nicht berücksichtigt. Nasser hatte nie geglaubt, daß es der eigentlich machtlose libanesische Politiker Camille Chamoun wagen würde, sich seiner Einigungspolitik zu widersetzen. Und er hatte es für unmöglich gehalten, daß der noch so junge und unbedeutende Hussein von Jordanien einen Ausweg aus dem dicht geknüpften Netz der Verschwörungen finden würde. Chamoun und Hussein hatten mit Hilfe der USA und Englands der Vereinigten Arabischen Republik Grenzen gezogen.

Ohne Verständnis und Einverständnis der israelischen Regierung hätte Premierminister Macmillan keine Truppen von Zypern nach Jordanien schicken können. Wäre David Ben Gurion nicht einsichtig gewesen, hätte er den israelischen Luftraum – im Hinblick auf den Kriegszustand seines Landes mit Jordanien – für die britischen Transportmaschinen gesperrt. Ein Ausweichen in den syrischen Luftraum aber wäre unmöglich gewesen: Syrien erteilte keine Überflugrechte in Richtung Jordanien. Es war ganz allein der Regierung Ben Gurion anzurechnen, daß die Isolation des Haschemitischen Königreichs Jordanien aufgebrochen werden konnte.

Wie gering allerdings auch in den Köpfen britischer Politiker die Überlebenschancen des Monarchen in seinem eigenen Land eingeschätzt wurden, erfuhr Hussein aus einer durchaus ernstgemeinten Bemerkung des sozialistischen Abgeordneten Emery Hughes: »Es ist doch sicher billiger, wenn wir Hussein nach England holen. Hier braucht er nur zwei Polizisten, die für seine Sicherheit sorgen. Daheim in Jordanien braucht er eine britische Armee dazu!«

In seiner Antwort auf diese Bemerkung umriß Premierminister Macmillan die wahre Dimension des Konflikts um Jordanien: »Würde die haschemitische Herrschaft in Amman zusammenbrechen, wie das in Baghdad geschehen ist, dann würde sich der gesamte Nahe Osten in kurzer Zeit für den Westen negativ entwickeln. Wir dürfen nicht vergessen, daß wir aus jener Region unser Öl beziehen. Der Nahe Osten ist nicht irgendeine Gegend der Erde. Wir wissen, daß der Irak das Ölemirat Kuwait schlucken will, das gerade für uns von großer Wichtigkeit ist. Bedenken wir, daß der Irak seit dem 14. Juli nicht mehr zu unserer politischen Sphäre gehört. Ein derartiges

Ereignis wie die Revolution in Baghdad darf sich nicht wiederholen.«

Die Präsenz der britischen Fallschirmjäger gab dem haschemitischen Königreich Jordanien tatsächlich Ruhe: Umsturzversuche und Komplotte unterblieben. Hussein fühlte sich nicht mehr bedroht. Er glaubte sich nicht mehr die Frage stellen zu müssen, ob er der nächste der Monarchen des Nahen Ostens sei, auf den ein Mörder warte. Im Einverständnis mit Hussein verließen die britischen Einheiten im November 1958 das Königreich.

Noch während der Anwesenheit der Fallschirmjäger im Lande traf im Basmanpalast eine Rechnung über fünf Millionen Dollar für die Herstellung zweier Thronsessel in besonders exquisiten Ausführungen ein. Die Thronsessel stünden nach Bezahlung zur Lieferung oder zur Abholung bereit. Der Absender, eine Londoner Firma, erklärte im Begleitbrief, warum der König von Jordanien diese Rechnung erhalte: Er sei der einzige noch lebende Verwandte des Bestellers der Thronsessel und darum wohl auch dessen Erbe. Und darum sei Hussein, gemäß der Verfassung der Arabischen Föderation, der Nachfolger des Staatsoberhaupts Feisal II. und folglich der Abnehmer der beiden wertvollen Thronsessel.

Feisal hatte die Absicht gehabt zu heiraten. Als Zeitpunkt war der Oktober 1958 vorgesehen, nach der heißen Jahreszeit an Euphrat und Tigris. Seine Frau sollte Prinzessin Fazileth aus der Dynastie der einstigen ägyptischen Herrscher werden. Die Mutter, die damals als schönste Frau des Orients galt, gehörte zum Adelsgeschlecht der Osmanen. Ihr Großvater war Mehmed VI. gewesen, der letzte Sultan des Osmanischen Reiches. Ihr Vater war der letzte aller Kalifen, aller Nachfolger des Propheten Mohammed. Ihn hatte Husseins Urgroßvater einst beerben wollen mit der Übernahme des Kalifenamtes. Die Ehe zwischen Fazileth und Feisal hätte die Haschemiten endlich, nahezu 40 Jahre später, auf die Ebene der Kalifenfamilie gehoben.

Am Bosporus hatten sich Fazileth und Feisal kennengelernt. Der König besaß dort eine Villa in besonders schöner Lage über dem Wasser – in Nachbarschaft zum Haus der Eltern der Prinzessin. Der Bräutigam war 22 Jahre alt; die Braut war 17.

Sie war Schülerin der Heathfield School in Ascot, ein Institut, das von den Adelsfamilien Europas für die Erziehung ihrer Töchter geschätzt wurde. Prinzessin Fazileth besaß den Charme ihrer Jugend, doch nicht die Schönheit ihrer Mutter. Ihr Problem war, daß sie kein Wort arabisch sprach.

Dieser Mangel war in Baghdad unangenehm aufgefallen. Fazileth hatte ihren Bräutigam im Frühjahr 1958 in seinem Land besucht. Beide hatten die Baustelle des Palastes besichtigt, in dem künftig das junge Ehepaar wohnen sollte. Bei den offiziellen Empfängen hatte die Stimmung darunter gelitten, daß die Unterhaltung mit der künftigen Königin nur in englischer und französischer Sprache möglich war.

Für die strenggläubigen Schiiten des Irak war Fazileth nicht akzeptabel. Sie war in England erzogen, trug westliche Kleidung und besaß keine Ahnung vom islamischen Glauben, seiner Sitte, seiner Tradition. Die arabisch-nationalistischen Notabeln aber ärgerten sich darüber, daß Fazileth keine arabische Prinzessin war – das Herrschergeschlecht Ägyptens war in Baghdad nie als arabisch anerkannt worden. Die osmanische Abstammung war an Euphrat und Tigris ohnehin suspekt.

Daß die Prinzessin in Baghdad ein Fremdkörper sein würde, war vorauszusehen. Fazileth hat nicht zur Beliebtheit des Königs beigetragen. Dem »Kronprinzen« Abdul Ilah war diese Prinzessin angenehm, war doch nicht zu befürchten, daß sie sich in die Politik einmischte.

Am 14. Juli, dem Tag der Ermordung ihres Bräutigams, befand sich Fazileth in der Heathfield School in Ascot. Der Botschafter des untergegangenen Königreichs Irak brachte ihr die Nachricht von Feisals Tod. Sie versuchte sich in der Nacht jenes Tages durch Schlaftabletten umzubringen. Doch dem wachsamen Schulpersonal gelang es, sie zu retten.

Eine märchenhafte Hochzeit hätte Fazileth erleben sollen. An die Pläne zu den Feierlichkeiten erinnerten jetzt nur noch die zwei Thronsessel, reich verziert mit Gold und Edelsteinen. Der Besitz derart außergewöhnlicher Möbel hätte in Amman Unmut erzeugt. Wirklicher Abnehmer war schließlich die irakische Revolutionsregierung. Die beiden prunkvoll ausgestatteten Throne sollten gegenüber dem Volk Beweisstück sein für die Verschwendungssucht der haschemitischen Dynastie.

92

»Begegnung mit dem Tode« – syrische Düsenjäger attackieren

Nach dem Abzug der britischen Fallschirmjäger im November 1958 glaubte Hussein, er könne sich einen längeren Urlaub leisten. Er, der sich seit der Schulzeit in Harrow und seit der Kadettenzeit in Sandhurst gern mit schönen und jungen Frauen umgeben hatte, war während der turbulenten Sommermonate gezwungen gewesen, ein wahrhaft klösterliches Leben zu führen. Die Tage hatte er am Schreibtisch im Basmanpalast oder bei Truppenbesichtigungen verbracht; zum Schlafen war er hinaus vor die Stadt nach Hammar gefahren, in sein gut bewachtes, schlichtes Landhaus. Vergessen hatte Hussein, daß es schnelle Autos und Nachtlokale voll prickelnder Atmosphäre gab.

Lausanne sollte das Ziel der Urlaubsreise sein. Als Unterkunft hatte Hussein das Hotel Beau Rivage ausgewählt – dasselbe, in dem er sechs Jahre zuvor zum ersten Mal mit dem Titel »König« angesprochen worden war.

Daß Hussein die Absicht hatte zu verreisen, war kein Geheimnis: Der Urlaubsplan war im Rundfunk und in den Zeitungen verkündet worden.

Am 10. November um 8.20 Uhr startete Hussein vom Flughafen Amman aus. Er steuerte die zweimotorige Maschine vom Typ De Haviland Dove selbst. Neben ihm saß Oberst Jock Dalgleish, der Engländer, der noch immer für den Aufbau der jordanischen Luftwaffe zuständig war. Die Absicht war, zuerst Zypern anzusteuern, um dann über Athen und Rom weiterzufliegen. Die syrische Luftaufsicht war eigenartigerweise mit der Benützung des Luftraums einverstanden. Bis dahin hatte die zuständige Behörde in Damaskus die meisten Gesuche um Überfliegen des syrischen Staatsgebietes abgelehnt.

Zum Zeitpunkt der Überquerung der Grenze zwischen Jordanien und Syrien meldete sich der Flughafen Damaskus per Funk. Was er mitzuteilen hatte, verblüffte den König und den britischen Obersten: Sie wurden zur Landung in Damaskus aufgefordert. Der Protest des Königs blieb ohne Wirkung. Der Tower in Damaskus bestand auf seiner Landeorder und begann mit der Durchgabe der Positionsanweisungen.

Syrien war für den König ein feindseliges Land. Es gehörte zu

Nassers Vereinigter Arabischer Republik. Den König nach einer Landung gefangenzunehmen war den Verantwortlichen in Damaskus zuzutrauen. Um die Meinung der westlichen Welt hätten sie sich nicht gekümmert. Hussein mußte damit rechnen, als »Verräter an der Sache Arabiens« vor ein Scheintribunal gestellt zu werden.

Kaum hatte Hussein die Aufforderung zur Landung in Damaskus erhalten, flog er eine Kurve, um in den jordanischen Luftraum zurückzukehren – dem Tower Damaskus teilte er mit, er kreise solange, bis die Aufforderung zur Landung aufgehoben sei. Die Antwort war eine strenge Mahnung, den Anordnungen der Luftaufsicht zu folgen. Inzwischen war die Position des Grenzortes Ramtha erreicht. Jetzt kam dem König der Gedanke, durch Tiefflug dem syrischen Radar zu entkommen. Er ahnte inzwischen, daß die Aufforderung zur Landung nur Teil eines eigenartigen Anschlags auf seine Person war

Kaum hatte die Maschine die geringere Höhe erreicht, bemerkte Jock Dalgleish zwei Düsenjäger vom Typ Mig-17 in der Höhe, in der die De Haviland Dove zuvor geflogen war. Die zwei Düsenjäger flogen von Süden nach Norden; die Dove aber war in Richtung Süden unterwegs. Wenn sie die Aufgabe hatten, die jordanische Maschine abzufangen, waren sie schon länger unterwegs und nicht erst nach der Aufforderung zur Landung gestartet. Hussein war jetzt völlig überzeugt, daß die Luftwaffe der Vereinigten Arabischen Republik sein Flugzeug zum Absturz bringen wollte – und zwar über den unbewohnten Wüstenstrichen Jordaniens. Auf diese Weise war die Möglichkeit groß, daß nie die Wahrheit über das Geschehen in der Luft publik werden würde.

Der König fühlte sich in seiner Ansicht bestätigt, als die Düsenjäger von hinten rechts und links an der Dove vorbeischossen, um direkt vor den Augen des Königs steil in die Höhe zu ziehen. Deutlich hatte Hussein die Erkennungszeichen der Vereinigten Arabischen Republik gesehen.

Hussein hielt es jetzt für richtig, seinen Copiloten Dalgleish das Flugzeug steuern zu lassen; der war ein erfahrener Jagdflieger. Dalgleish rechnete mit einem Angriff aus der Höhe. Da er die beiden schnellen Düsenmaschinen nicht im Auge behalten konnte, verfiel er auf die Taktik, enge Kurven zu fliegen – eine nach der anderen. Sein Vorteil war, daß die zweimotorige,

94

langsame Dove engere Kurven schaffte als die schnellen Migs. Es gelang dem britischen Obersten durch fliegerische Tricks, die syrischen Piloten zu irritieren. Es wurde auch deutlich, daß sie den Befehl hatten, unter keinen Umständen auf die Dove zu schießen. Nach dem Absturz sollten keine Einschußlöcher an der königlichen Maschine zu finden sein. Das Ziel der syrischen Piloten war, den Mann am Steuer der Dove derart zu entnerven, daß er den Kopf verlor und Fehler beging, die zum Absturz führten.

Dies wäre ihnen auch beinahe gelungen. Im Bemühen, möglichst rechtzeitig die Flugmanöver der Migs zu erkennen, übersah Jock Dalgleish eine Erhebung in der Wüste. Im letzten Moment konnte der Zusammenstoß zwischen Maschine und Sanddüne verhindert werden.

Der Oberst am Steuer wußte, daß den Düsenmaschinen der Treibstoff ausgehen würde. Tatsächlich blieben plötzlich die Angriffe aus. Die Syrer waren weg.

Für den König stand fest, daß er einem Anschlag entgangen war. Sein Tod hätte das Ende der haschemitischen Dynastie bedeutet. Der Zeitpunkt hätte gepaßt: Innerhalb von drei Monaten wäre das gesamte Haschemitengeschlecht, der Stolperstein für Gamal Abdel Nasser, aus dem Weg geräumt gewesen. Hussein sagte damals selbst: »Das Abenteuer mit den syrischen Düsenjägern war eine knappe Begegnung mit dem Tod. Ich war überzeugt, die Syrer hätten mich erledigt.«

Ein Komplott –
der Verschwörer im königlichen Gefolge

Daß die Ruhe in Amman trügerisch war, das wußten zu diesem Zeitpunkt nur die jordanischen Sicherheitskräfte. Um den Herrscher nicht zu beunruhigen, gaben sie ihre Erkenntnisse selten an seinen Büroleiter, den »Chef des Diwan« weiter. Hussein sollte sich mit der Wühlerei im Untergrund nicht befassen müssen.

Es war den Sicherheitsspezialisten gelungen, ihrer Organisation eine beachtliche Effizienz zu geben. Ihre Agenten infiltrierten konspirative Zellen meist schon kurz nach deren Entstehen. Im Herbst 1958, zum Zeitpunkt der höchsten Anstrengungen der Anhänger Nassers im Kampf gegen Hussein, verfolgten jordanische Geheimagenten die Spuren von jungen Leuten, die in jordanischen Städten Anschläge verüben wollten. In einem Fall griffen sie zu spät zu: Zwei Palästinenser brachten im Bibliotheksgebäude des United States Information Service (USIS) in Amman Sprengstoff zur Explosion. Haupt der Zweiergruppe war eine junge Frau aus wohlhabendem Hause; sie hatte ihren Verlobten veranlaßt, mitzumachen. Beide waren sie auf der American University in Beirut für den Kampf gegen das »imperialistische Bündnis der Haschemiten mit den USA« angeworben worden, von Agenten der Vereinigten Arabischen Republik.

Im Frühjahr 1959 deckten die jordanischen Spezialisten ein Komplott von hohen Offizieren der Armee auf. Der führende Kopf war General Sadik as-Sharaa, der Generalstabschef der jordanischen Streitkräfte. Er hatte seinen Umsturzplan nach den Grundsätzen der Generalstabsarbeit entwickelt. Am Tag des Putsches sollte zunächst der gesamte Apparat der Armee und der Luftwaffe unter Kontrolle gebracht werden, dann waren die zivilen Kommunikationszentren zu besetzen. Die Beschießung des Zahranpalasts sollte, so sah es der Plan vor, den Abschluß des Unternehmens bilden. Im Zahranpalast wohnte Zain, die Mutter des Königs, mit ihren Söhnen Hassan und Mohammed. Sie sollten im Artilleriefeuer sterben.

Um den König, so dachte General Sadik as-Sharaa, brauchte man sich nicht zu kümmern, denn der befand sich zu einem Staatsbesuch in den USA und von dort brauchte er dann nicht mehr nach Hause zurückzukommen.

Die Details des Umsturzplans waren von einem Offizier, der zum Verschwörerkern gehörte, den Sicherheitskräften übergeben worden. Der Mann war auch weiterhin an den Vorbereitungen des Putsches beteiligt. Auf diese Weise blieb der Geheimdienst immer auf dem laufenden.

Während der König über den Verlauf seiner beabsichtigten USA-Reise nachdachte, kam er auf die Idee, wie der Anführer der Revolte unschädlich gemacht werden konnte: Hussein nahm den General Sadik as-Sharaa in seine offizielle Delegation auf. Dieser Entschluß brachte die generalstabsmäßige Planung des Stabschefs durcheinander: Der Plan sah vor, daß

1 Vater und Sohn:
Das innige Verhältnis war nur
von kurzer Dauer. Eine
Gemütskrankheit nahm
Husseins Vater schon bald alle
Kraft.

2 u. 3 Wenig Geld für „Kinder-
spielzeug":
Im Album seiner Mutter finden
sich jedoch Bilder vom „ersten
Auto" und vom „ersten Flugzeug".

4 Der Jüngling:
In der Pose des Herrschers im traditionellen Stil
Arabiens fühlte sich Hussein nicht wohl.

6 Zwei Haschemiten in Harrow
Mit Faisal (links), dem designierten Herrscher
des Irak.

7 In Ausgehuniform
Seine Majestät als Kadett der britischen Armee.

8. Vorliebe für Geschwindigkeit
Der designierte König auf der Go-Cart-Bahn
in Amman

5 Der Student in England:
Er wollte immer der Beste sein.

9 Amman, 3. Mai 1953:
Hussein wird zum König von
Jordanien eingesetzt.

10 Kurz nach der Krönung:
Hussein grüßt die Flagge der
»Arabischen Legion« - drei Jahre
später entläßt er deren britischen
Kommandeur Glubb Pascha.

geputscht werden sollte, wenn der König fern war von Amman. Putschen aber wollte der General – in Amman. Dies war jedoch unmöglich, wenn er sich mit dem König auf einer Rundreise in den USA befand.

Sadik as-Sharaa gab sich alle Mühe, den Herrscher zu überzeugen, daß seine Anwesenheit im Machtzentrum dringend geboten sei – gerade weil der König, als Oberbefehlshaber der Streitkräfte, nicht im Lande sei. Hussein aber bestand darauf, daß gerade er der Delegation angehöre, da wichtige Gespräche mit Vertretern des Pentagon über militärische Kooperation im Kampf zur Abwehr kommunistischer Verschwörungen geführt werden müßten. Dem General drohte der ausgefeilte Plan der Machtergreifung zu zerbrechen. Wenn er nicht in Amman blieb, konnte der Putsch nicht glücken. Sadik as-Sharaa führte jetzt gegenüber seinem Herrscher gesundheitliche Gründe an: Er dürfe auf Anordnung des obersten jordanischen Militärarztes keine derart lange Reise unternehmen, da er sich beim Sturz aus der Badewanne eine Prellung des Brustkorbes zugezogen habe – der Stabsarzt fürchte schmerzhafte Komplikationen. Hussein entgegnete, er bedaure, daß er vom Generalstabschef ein persönliches Opfer verlangen müsse, da dieser – im Interesse des Vaterlandes – ihn dringend in die USA begleiten müsse.

Der König deutete an, es bestehe ja auch noch die Möglichkeit, daß der Generalstabschef aus dem aktiven Dienst ausscheide und seine Funktion an einen Offizier abgebe, der sich gesundheitlich der Aufgabe gewachsen fühle. Darauf konnte sich Sadik as-Sharaa gar nicht einlassen, denn wenn er den militärischen Apparat aus der Hand gab, war ihm die Möglichkeit genommen, die haschemitische Herrschaft zu beenden. Er fügte sich dem Wunsch des Königs und begleitete ihn auf der USA-Reise.

Während des Fluges über den nördlichen Teil seines Landes dachte Hussein über die gefahrvollen Ereignisse seines letzten Fluges in Richtung Damaskus nach. Diesmal brauchte er sich keine Sorgen wegen Attacken syrischer Mig-Kampfflugzeuge zu machen. Auf Druck der US-Regierung war ihm die Benützung des syrischen Luftraums gestattet. Christian Herter, der Zuständige im State Department, garantierte die Sicherheit des haschemitischen Herrschers. Die USA fühlten sich für das Leben des Königs verantwortlich. Hussein sinnierte während der ersten Phase des Fluges über die Wechselfälle des Lebens nach. Er sagte später, er habe dabei ganz stark empfunden, in der Hand Allahs zu sein: »Alles war friedlich über der jordanisch-syrischen Grenze. Von Zeit zu Zeit meldete ich dem Tower Damaskus meine Position. Die Stimme, die antwortete, war sehr höflich. Die Gedanken an meinen »Luftkampf« ließen mich nicht los. Gefühle der Dankbarkeit empfand ich – Dankbarkeit gegenüber Allah, daß ich am Leben war.«

Hussein genoß die Reise und den Aufenthalt in den USA. Er war jetzt 23 Jahre alt und aufgeschlossen für den amerikanischen Lebensstil, der seiner Jugendlichkeit entsprach. Er hatte London und Paris erlebt, doch im Vergleich zu amerikanischen Großstädten erschienen sie ihm nun altväterlich. Er war rasch überzeugt, daß es wunderbar sein müsse, in Amerika zu leben. Ihm imponierten die Wolkenkratzer und er bestieg einige; er interessierte sich für amerikanische Altersgenossen, die eine neue Sportart entdeckt hatten, die sich »Surfing« nannte; er war begeistert von den Drugstores, in denen man alles für das tägliche Leben kaufen konnte; er wunderte sich über die Supermärkte mit ihrem gewaltigen Warenangebot; er studierte das Prinzip der amerikanischen Highways und machte sich Gedanken, ob solche Autobahnen auch für sein Land nützlich sein könnten.

Bei all den Eindrücken, die auf ihn einstürmten, vergaß der König nicht, auf seinen Generalstabschef zu achten. Sadik as-Sharaa hatte ständig in seiner Umgebung zu sein. Er wurde derart in das Programm eingebunden, daß ihm keine freie Zeit blieb. Auf Husseins Anweisung sorgte der Chef des königlichen Diwan, daß der General abgeschirmt blieb: In seinem Hotelzimmer war kein Telefon. Nachrichten seiner Offiziere im Generalstab wurden von ihm ferngehalten. Der General spürte, daß sich Unheil zusammenbraute, doch er fand keine Möglichkeit, sich aus der Isolation zu lösen.

Das Programm des Königs war umfangreich. Vor dem »World Affairs Council« warb er um Verständnis für die politischen und wirtschaftlichen Probleme seines Landes. Er wurde von Präsident Eisenhower empfangen, von Vizepräsident Nixon und vom Chef des State Department Christian Herter. Der Verschwörer Sadik as-Sharaa saß bei allen Gesprächen in der dritten Reihe hinter seinem König.

Präsident Eisenhower versprach, die USA würden Jordanien in jeder äußeren oder inneren Krise beistehen. Er erwähnte seine Sorge bezüglich der Ausbreitung des sowjetischen Einflusses auf die arabischen Staaten. Als besonders gefährlich sah Eisenhower den Ägypter Nasser an, der Syrien in die Arme der Sowjetunion getrieben habe und der auch das Regime in Baghdad dahingehend beeinflußte. Sadik as-Sharaa, der putschen wollte, um auch Jordanien dem Machtbereich Nassers zuzuführen, mußte zuhören.

Vor seinem Auftritt im Washingtoner Presseclub hatte Hussein Angst. Er hatte sich sagen lassen, die Fragen der Journalisten seien heimtückisch. Doch er fand die richtigen Worte: »Arabien ist bereit, der Welt in Zukunft viel zu geben – so wie es in der Vergangenheit, vor tausend Jahren, das Wissen und die Kultur der Menschen bereichert hat. Das, was arabischer Nationalismus genannt wird, will die Araber aus ihrer Rückständigkeit herausführen. Der arabische Nationalismus wird heute verkannt. Man nimmt uns übel, daß wir eigene Wege gehen wollen. Aber eines Tages wird die Welt die Richtigkeit unseres Weges erkennen. Sie wird Arabien schätzen lernen.«

Inzwischen waren in Amman die ersten der Verschwörer verhaftet worden. Die Sicherheitsbehörden gingen behutsam und systematisch vor. Hussein sorgte dafür, daß niemand aus der Delegation mit dem General über dieses Thema sprach. Es war Sadik as-Sharaa jedoch gelungen, jordanische Zeitungen zu kaufen. Darin las er, es seien Offiziere verhaftet und verhört worden. Er wurde sichtlich nervös. Hussein sagte später, dieses Spiel mit dem Verräter habe ihm gut gefallen.

Der 15. März als Termin des Putsches verstrich. Amman und das jordanische Königreich blieben ruhig. Einen Tag später verschwand Sadik as-Sharaa aus dem Hotel. Der König fürchtete schon, sein Generalstabschef habe sich abgesetzt und sei untergetaucht. Nach sechs Stunden meldete er sich zurück. Sein Fernbleiben entschuldigte er mit seinem Gesundheitszustand: Er leide an Schmerzen im Unterleib. Was er in Chicago unternommen hatte, konnten Husseins Vertraute in der Delegation nicht erfahren.

Hussein setzte Kraft und Intelligenz ein, um seine amerikanischen Gesprächspartner zu überzeugen, daß er jeden Versuch vereiteln werde, sein Königreich in einen Vasallenstaat

Moskaus zu verwandeln. Er hütete sich jedoch, Gamal Abdel Nasser direkt anzugreifen, doch er schilderte, mit welchen Methoden die Vereinigte Arabische Republik ihn ganz persönlich verfolge. Hussein erzählte von seinem gefährlichen Leben. Für seinen Mut und seine Verwegenheit erhielt der König viel Beifall und Sympathie. Er wurde rasch zum Lieblingskönig der Amerikaner – und der Europäer.

Es war ihm bewußt, daß ihm gerade in den USA heikle Fragen nach seinem Verhältnis zu Israel gestellt wurden. Er wich ihnen nicht aus. In seinen Antworten reduzierte er den Konflikt auf das Problem mit den Palästinensern: »Wenn sie Gerechtigkeit erfahren, werden die arabischen Staaten einem Frieden mit Israel zustimmen. Israel muß begreifen, daß durch die Gründung des jüdischen Staates den Palästinensern Unrecht geschehen ist.«

Offizielle Programmpunkte und Vergnügungen wechselten sich ab. Hussein gab zu, daß ihm der Besuch von Disneyland kindliche Freude gemacht habe. Weit mehr begeistert aber war er, als ihm die Lockhead-Werke gestatteten, eine Düsenmaschine vom Typ F 104 D selbst zu fliegen. Stolz vermerkte er, die Schallmauer durchbrochen zu haben.

Gegen Ende der Reise, in New York, bat General Sadik as-Sharaa in seinem Hotelzimmer bleiben zu dürfen, da er sich schlechter denn je fühle. Hussein reagierte hart. Er sagte in harschem Ton, es sei undenkbar, daß der ranghöchste jordanische Offizier seinen Verpflichtungen nicht nachkomme.

Während der Zwischenlandung in London machte der Generalstabschef einen letzten Versuch, sich dem Verhängnis zu entziehen. Er hatte in den Zeitungen, die der Delegation zur Verfügung standen, aber auch in ausländischen Blättern über die Aufdeckung einer Verschwörung in Jordanien gelesen. Mehr als zehn Offiziere seien verhaftet worden. Der Kopf der Verschwörerclique aber sei noch auf freiem Fuß; die Sicherheitsbehörden verfolgten eine bestimmte Spur. Nach der Lektüre dieser Berichte bat Sadik as-Sharaa den König, in England bleiben zu dürfen. Er wisse, daß er operiert werden müsse und eine derart komplizierte Operation könne nur in London durchgeführt werden. Wieder reagierte Hussein hart: Ein Chef des Generalstabs sei verpflichtet, seine Aufgabe bis zum Ende durchzuführen. Der General stand zu diesem Zeitpunkt bereits unter auffälliger Bewachung. Sadik as-Sharaa wußte, daß ihm keine Möglichkeit zur Flucht mehr offenstand.

Nach der Ankunft in Amman erhielt der General noch die königliche Erlaubnis, nach Hause zu fahren. Dort wurde er festgenommen. Ein Militärgericht fand ihn für schuldig, gegen König und Staat konspiriert zu haben. Sadik as-Sharaa wurde zum Tode verurteilt. König Hussein hat ihn nach einer Frist von einem Jahr zu lebenslanger Haft begnadigt. Nach zwölf Jahren wurde er aus der Haft entlassen. Das war im Jahr 1971. Der König hatte turbulente Zeiten kraftvoll überstanden. Er konnte es sich leisten, wirklich gnädig zu sein: Hussein ernannte Sadik as-Sharaa zum Generaldirektor des Königlich-Haschemitisch-Jordanischen Paßamtes.

»Auf dem Weg nach oben« – wirtschaftlicher Aufschwung

Die Reise in die USA begann sich bald schon für das Königreich zu lohnen. Hussein hatte Politiker und Persönlichkeiten der Wirtschaft davon überzeugt, daß unter Führung der Haschemitendynastie das Königreich Jordanien der westlichen Wirtschaftsordnung angehören werde – inmitten arabischer Staaten, die sich in Richtung Planwirtschaft zu orientieren begannen. Die Tür war offen für amerikanische Finanzhilfe. Jordanien erhielt großzügige Subventionen zum Auf- und Ausbau des Landes.

Zehn Jahre nach dem Krieg von 1948 und zehn Jahre nach dem Etablieren des Königreichs galt der durch Beschluß der Kolonialmacht England geschaffene Staat als unentwickelt. Bedroht von Putschen und Rebellionen hatten sich weder König noch Regierung mit wirtschaftlichen Belangen befassen können. Dazu gab es im engeren Umkreis der Haschemiten keine Persönlichkeit mit wirtschaftlicher Kompetenz. Unter der ursprünglichen Bevölkerung, die zu den Beduinenstämmen gehörte, gab es niemanden, der sich über den Bereich der Sippen hinaus mit Produktion und Handel befaßte. Der Gedanke, sich beruflich darauf zu konzentrieren, entstand im Kreis der palästinensischen Flüchtlinge, die – entwurzelt, von Haus und

Heimat vertrieben – in Lagern lebten. Palästinenser waren es, die zuerst daran dachten, an ihrem Zufluchtsort Handwerksbetriebe und Kleinindustrien zu gründen.

Hussein begriff die Veränderung lange nicht. Die Erinnerung an den Großvater beherrschte sein Gefühl und seinen Verstand. Der Großvater war geprägt gewesen von den Charaktereigenschaften der Beduinen. Er hatte Handel und Handwerk gering geschätzt und kein Verständnis für die Industrialisierung seines Landes aufgebracht. Der junge Hussein folgte darin unbewußt dem Beispiel des Großvaters, mit dem Resultat, daß er keinen Zugang zum Wesen der Palästinenser, die handwerklich-industriell orientiert waren, finden konnte. Er versuchte gar nicht, ihr Vertrauen zu gewinnen. Hussein war es gewohnt, sich auf die Beduinen zu verlassen. Sie allerdings waren an keinerlei Veränderung im Königreich interessiert. Der Gedanke, daß Jordanien Bestandteil einer übernationalen Wirtschaftsordnung werden könnte, war ihnen völlig fremd.

Auf eine derartige Eingliederung aber zielte die amerikanische Wirtschaftshilfe hin: Die Modernisierung des Königreichs sollte mit amerikanischen Mitteln erfolgen, nach amerikanischen Rezepten. Für dieses Konzept war der König zu gewinnen, hatte er sich doch in den USA für den »American way of life« begeistern können. Doch für die Realisierung des Konzepts wußte Hussein keinen Ansatz.

Die Hilflosigkeit resultierte zum Teil aus dem Mangel an Information über die Ressourcen seines Landes. Hussein besaß keine Statistik der Bevölkerungsentwicklung. Sein Großvater hatte vor dem Krieg von 1948 die Zahl seiner Untertanen auf 400 000 geschätzt – diese Zahl stammte aus den Papieren britischer Kolonialbeamter. Durch Eingliederung der Gebiete westlich des Jordan kamen noch einmal rund 800 000 Menschen hinzu. So hoch war also der palästinensische Anteil an der Bevölkerung Jordaniens. Hussein rechnete grob, daß er 1,5 Millionen Menschen regierte. Davon waren, nach seiner Beurteilung, höchstens 10 Prozent halbwegs ausgebildete Arbeitskräfte. Bei realistischer Einschätzung des Potentials seiner Bevölkerung mußte der Herrscher feststellen, daß die Arbeitskräfte, die zur Arbeit in Handwerksbetrieben oder in Firmen halbwegs moderner Industrie fähig waren, eine starke Neigung verspürten, Jordanien in Richtung der Ölförderländer des Persischen Golfs zu verlassen. In den Ölstaaten wurden Arbeitskräfte gebraucht – geboten wurden hohe Löhne. Das Gefälle der Verdienstmöglichkeiten zwischen dem hohen Standard in Kuwait, Saudi-Arabien und dem niedrigen Niveau in Jordanien war beachtlich.

Hussein begriff: Wenn die arbeitsfähigen Männer das Königreich verließen, blieb Jordanien weiterhin unterentwickelt. Selbst wenn die Männer das draußen verdiente Geld in die Heimat schickten, war die Rückständigkeit auf Dauer programmiert. Man mußte den Arbeitsfähigen Chancen bieten, im eigenen Land Geld zu verdienen. Die amerikanische Finanzhilfe eröffnete diese Perspektiven.

Die erste Überprüfung der wirtschaftlichen Möglichkeiten brachte die Erkenntnis, daß Jordanien arm war an verwertbaren Bodenschätzen. Reich ist Jordanien nur an Phosphaten, einem Mineralstoff, der hauptsächlich zur Düngemittelherstellung verwendet wird. Die Phosphatlager Jordaniens enthalten ungefähr zwei Milliarden Tonnen. Die Ausbeutung dieser Lager konnte zu einer Zeit beginnen, in der Phosphate auch in der Waschmittelherstellung gebraucht wurden. Abnehmer waren vorhanden. Schwierig war es, Jordanier zu finden, die den Aufbau der Phosphatindustrie meistern konnten. Amerikaner und Italiener sprangen ein. Und schon Ende der 50er Jahre hatten sie die Phosphatindustrie aufgebaut.

Vielversprechend waren bald die Ansätze der Zementindustrie. Die Grundstoffe für die Zementherstellung waren leicht zu finden. Die Verfügbarkeit von Zement begünstigte wiederum das Bauvolumen im eigenen Land. Interessenten waren jedoch vor allem die Ölstaaten der Golfregion, in denen ein Bauboom losbrach mit gewaltigem Bedarf an Zement. Das Problem war in diesem Fall der Transport. Über den Bereich Amman – Zerka – Mafraq hinaus gab es keine Straßen im Königreich. Mit Hilfe der Vereinigten Staaten von Amerika und Großbritanniens begann die Entwicklung eines Straßennetzes.

Über Ölfelder verfügte Jordanien nicht. Es war von Anfang an abhängig von Öleinkäufen in den Golfstaaten. Das Öl selbst war kein brauchbarer Stoff für den Betrieb von Motoren, von denen die Transportmöglichkeiten abhingen. Kraftfahrzeuge brauchten Benzin – eine Raffinerie für die Benzinerzeugung mußte gebaut werden. Sie entstand in Zerka – auf Anregung des Königs.

In kleinen Schritten vollzog sich der wirtschaftliche Aufschwung. Der König, der wenig von wirtschaftlichen Belangen verstand, hielt die Hand über diese Entwicklung. Am Ende dieser Phase, im Jahr 1961, zog er folgendes Fazit: »Wir haben ein Ziel vor Augen, ein Modellstaat in der arabischen Welt zu werden. Wir geben unsere ganze Kraft dafür her, die Bedingungen für ein Leben zu schaffen, dessen Standard auch für andere arabische Staaten ein erstrebenswertes Ziel ist. Als Nation ist Jordanien nahezu untergegangen. Es befindet sich auf dem Weg nach oben!«

Hussein war der Hoffnungsträger für die Menschen geworden, die in Kategorien der Wirtschaft zu denken vermochten. Wer jedoch auch weiterhin an Gamal Abdel Nasser glaubte, ließ sich davon nicht beeinflussen, der war noch immer darauf bedacht, Hussein umzubringen, um das Land endlich der Vereinigten Arabischen Republik anzugliedern. Nur wenige Monate ehe Hussein glaubte, ein positives Fazit der Entwicklung ziehen zu können, machte ein Ereignis die Instabilität Jordaniens erneut deutlich.

Es war Montag, der 29. April 1961. Hussein fühlte sich krank. Seine chronische Stirnhöhlenvereiterung hatte sich verschlechtert. Deshalb hatte er die Absicht, im Bett zu bleiben, dort waren die Schmerzen am erträglichsten. Hussein hielt sich im Haus in Hammar auf, draußen vor Amman. Kurz vor 11 Uhr rief ihn ein Mitarbeiter des Ministerpräsidenten Hassa al-Madshali an mit der Nachricht, der Ministerpräsident sei soeben ermordet worden. Hussein zog sich an, bestieg sein Auto und fuhr los in Richtung der Hauptstadt. Die Strecke von Hammar nach Amman ist 24 Kilometer lang.

Husseins Fahrzeug hatte eben den Stadtrand erreicht, da überholte ihn ein Wagen des Verteidigungsministeriums. Ihm entstieg der Oberst Habis al-Madshali, ein Vetter des Ministerpräsidenten, der berichtete, die Wucht der Detonation habe die Decke des Arbeitszimmers von Hassa al-Madshali zum Einsturz gebracht. Der Ministerpräsident liege wohl erschlagen unter den Trümmern. Der Oberst warnte vor einer Weiterfahrt zum Ort des Attentats. Er sagte, es bestehe die Möglichkeit eines weiteren Bombenanschlags. Der Oberst behielt recht. Genau 40 Minuten nach der ersten Explosion detonierte eine zweite Sprengladung. Diese Detonation riß weitere Teile des Gebäudes ein und tötete fast die gesamte Bergungsmannschaft. Der König befand sich im Basmanpalast in Sicherheit.

Bereits um die Mittagszeit informierte der Cairoer Sender »Stimme der Araber« seine zahlreichen Zuhörer, in der jordanischen Hauptstadt sei »ein Agent des westlichen Imperialismus seiner gerechten Strafe zugeführt worden«. Der Anschlag auf Husseins Ministerpräsidenten, so verkündete Nassers Propagandasender, sei nur die Vorstufe zur völligen Vernichtung der Haschemiten. Das Volk von Jordanien wurde aufgefordert, Hussein und seine Verwandtschaft zu töten.

Die Attentäter waren leicht zu identifizieren: Zwei Mitarbeiter des Ministerpräsidenten waren nicht zu finden, weder unter den Toten noch unter den Lebenden am Attentatsort. Es war anzunehmen, daß sich die beiden – nachdem sie die zwei Sprengkörper im Arbeitszimmer und im Vorzimmer versteckt hatten – nach Syrien abgesetzt hatten.

Am Nachmittag jenes 29. April 1961 glaubte Husseins Onkel Sherif Nasser zu wissen, daß ein Anschlag auf die Person des Königs direkt beabsichtigt sei. Sherif Nasser bat seinen Neffen dringend darum, weder im Basmanpalast noch im Haus in Hammar zu übernachten. Hussein folgte der Eingebung des Onkels und richtete sich für die Nacht bei einer befreundeten Familie in Amman ein.

Die Schmerzen der Stirnhöhlenvereiterung waren inzwischen unerträglich geworden. Hussein bat die Hausfrau, sie möge ihm die Nasentropfen bringen. Sie suchte die im Badezimmer abgestellte Flasche. Nervös geworden durch die Anwesenheit des Königs griff die Frau nach der Flasche – und ließ sie ins Waschbecken fallen. Die Flüssigkeit begann auszulaufen. Die Überraschung war groß, als der ausgelaufene Inhalt der Flasche schäumte, als beißende Dämpfe aufstiegen. Das Medikament war durch eine überaus scharfe Säure ersetzt worden.

Diese Entdeckung war für Hussein erschreckend. Nur jemand aus dem engsten Kreis der Familie und die Dienerschaft hatte Zugang zu seinen Medikamenten. Unter ihnen gab es offenbar jemand, der ihm einen grausamen Tod durch Zersetzung der Stirnhöhle und des Gehirns hatte bereiten wollen. Die Konsequenz dieser Erkenntnis war, daß er niemand mehr trauen konnte.

Wenige Wochen später wurden im Garten des Basmanpalasts an mehreren Tagen hintereinander tote Katzen gefunden. Sie wurden verscharrt und niemand kümmerte sich weiter um diese Angelegenheit – bis die toten Katzen auch dem König auffielen. Hussein war ein Freund von Katzen – genauso wie sein Großvater Abdallah, der sich darüber gefreut hatte, wenn sich viele Katzen in und um seinen Palast aufhielten. Der Katzenfreund Hussein verlangte, daß die seltsame Häufung der Katzentodesfälle aufgeklärt werde.

Der königliche Sicherheitsdienst fand den Mörder der Katzen: Es war der Aushilfskoch Ahmed Ne'naa. Er war von einem Vetter, der beim syrischen Geheimdienst arbeitete, mit viel Geld bestochen worden, Hussein zu vergiften. Ahmed Ne'naa war nicht sonderlich intelligent, er wußte nicht, wieviel Gift er dem Essen beimischen sollte. Der syrische Geheimdienstvetter hatte ihm auch keine rechte Anweisung gegeben, da war er auf den Gedanken gekommen, die Wirkung des Gifts an den Katzen zu erproben.

Ahmed Ne'naa wurde verhaftet und zu zehn Jahren Gefängnis verurteilt. Auf Bitten seiner Tochter wurde er jedoch bald schon von Hussein begnadigt.

Angst vor Mordkommandos – Hussein heiratet zum zweiten Mal

Zur Zeit dieser Anschläge war Nassers Beliebtheit in Syrien im Abklingen. Die Vereinigte Arabische Republik zerbrach, weil die ägyptischen Partner den syrischen Staatsteil wie eine Kolonie behandelt hatten. Von Frühjahr 1961 an war die Unzufriedenheit der Syrer von Woche zu Woche gestiegen. Am 28. September übernahm die Armee die Macht in Damaskus. Die ägyptischen Aufseher wurden vertrieben und die Vereinigte Arabische Republik für aufgelöst erklärt. Nasser war nicht mehr der schwungvolle Vorkämpfer für die Einigung Arabiens. Sein Glanz begann zu verblassen.

Vorsichtige Signale aus Damaskus erreichten Hussein, die ihm anzeigten, daß die in Syrien nach der wiedergewonnenen Unabhängigkeit Mächtigen die Versöhnung mit dem Haschemitenherrscher anstrebten. Da wurde sogar sondiert, ob eine Union zwischen Jordanien, Syrien und Irak denkbar wäre. Hussein dachte nicht daran, sich auf ein solches Abenteuer einzulassen, das zum Scheitern verurteilt war. Hussein hatte die Fehler der bisherigen Unionsbemühungen analysiert. Mit 26 Jahren bewies er dabei erstaunliche Klarsicht. Im Gegensatz zu Gamal Abdel Nasser hatte er begriffen, daß die Vereinigung arabischer Staaten und Völker an sich ohne ein gemeinsames Ziel nicht der Weg zur dauerhaften Einheit sein kann. Die Vereinigung muß einen praktischen Sinn haben; sie muß einem von den Massen erkennbaren Zweck dienen. Wenn den vereinigten Völkern nicht eine Aufgabe gestellt wird, von deren Erfüllung sie profitieren, ist die Union ohne Elan und Kraft.

Die Vereinigte Arabische Republik hatte ihre Existenz allein dem Appell zur nationalen Einheit zu verdanken. Dieser Appell hatte für einige Monate Begeisterung ausgelöst. Als den Syrern und Ägyptern dann keine Aufgabe gestellt wurde, erlahmte das Interesse am Zusammenschluß. Die Parole »Wir führen den Kampf gegen Israel« genügte nicht als sinngebender Faktor.

Hussein war sich bewußt, daß auch der eigene Versuch, Jordanien und Irak zusammenzuschließen, deshalb gescheitert war. Die Idee, die haschemitischen Königreiche aneinander zu binden und schließlich zu verschmelzen, war zu kraftlos. Hussein ging in seiner Analyse jedoch nicht so weit, den Hauptfehler der »Arabischen Föderation« zu erkennen: Die Regime der beiden Föderationspartner waren von der Kolonialmacht England eingesetzt worden – ihnen fehlte noch die Bindung an die Völker. Wenn die Haschemitendynastie entschlossen war, ihre Besitztümer zusammenzulegen, blieb dieser Entschluß ohne Wirkung auf ihre Völker. Dem König war jedoch auch deutlich geworden, daß allgemeine Schlagworte wie »Gemeinsame Abwehr des Kommunismus« hohle Phrasen blieben. Solche Schlagworte waren zu verschwommen, um zu begeistern.

Aus diesen Erkenntnissen entwickelte Hussein den Gedanken, daß allein das gegenseitige Versprechen, gemeinsame Aufbauarbeit leisten zu wollen, die von allen verstandene Grundlage sein konnte für die Schaffung eines sinnvollen und dauerhaften Unionsstaats. Die Zeit dafür, so entschied Hussein für sich, war noch nicht gekommen. Der König mußte sich eingestehen, daß er selbst noch damit beschäftigt war, das kleine Volk der Jordanier zu einigen – hinter seiner Person. Er mußte Ideen haben, eine Perspektive setzen. Von ihm wurde verlangt, Begeisterung auszulösen. Dafür genügte es nicht, Haschemite zu sein und damit zur Familie des Propheten zu gehören. Er mußte sich Respekt durch eigene Leistung gewinnen. Den Blick auf die Zukunft gerichtet, war die Perspektive, aus Jordanien einen Staat zu formen, der bewundert, wenn nicht sogar beneidet wurde in der arabischen Welt. Die Voraussetzung dafür war der Wille des jordanischen Volkes, sein Leben so zu gestalten, daß es lebenswert war. Das Volk auf diesen Weg zu bringen, darum bemühte sich der König.

Wenn der Monarch die Landkarte seines Staates betrachtete, störte ihn die Isolation des Staatsgebiets. Wollte er Jordanien verlassen, mußte er einen Nachbarstaat um Überfluggenehmigung bitten. Es war wieder geschehen, daß die syrische Luftaufsicht ihm die Benutzung des syrischen Luftraums verboten hatte. Dieses Verbot war deshalb politisch so schwerwiegend gewesen, weil Hussein auf Einladung der Vereinten Nationen geflogen war – er war eingeladen worden, vor der UN-Vollversammlung eine Rede zu halten. Die Ablehnung des Gesuchs um Benutzung des Luftraums durch Syrien hatte zur Folge gehabt, daß Hussein die saudiarabische Luftaufsicht um das Überflugsrecht bitten mußte. Die herrschende Familie in Saudi-Arabien aber war ihm, dem Haschemiten, feindlich gesinnt. Er mußte froh sein, daß er über den Nordzipfel des saudischen Königreichs zum offenen Luftraum über dem Roten Meer fliegen durfte. Syrien hatte ihm einen gewaltigen Umweg aufgezwungen. Er führte über den Sudan und über Libyen nach London; erst von der britischen Hauptstadt an befand er sich auf seiner normalen Flugroute.

Wie der König empfand auch das jordanische Volk ein Gefühl der Einengung. Und Hussein setzte sich das Ziel, den Jordaniern das Bewußtsein zu geben, an die Welt angeschlossen zu sein. Ein Zugang zum Meer mußte geschaffen werden. Die einzige Möglichkeit dazu bot der jordanische Landzipfel zur Stadt Aqaba am Golf von Aqaba. Auf diesen Ort erhob jedoch auch Saudi-Arabien Anspruch mit der eigenartigen Begrün-

dung, Aqaba sei einst von den Reitern des »Arabischen Aufstands« für den Hedschaz erobert worden, und der Hedschaz
gehöre nun zum Königreich Saudi-Arabien. Bei einem Ausbau
des Hafens Aqaba für Jordanien war also mit saudischen Protesten und Aktionen zu rechnen. Hussein aber kümmerte sich
nicht um mögliche Schwierigkeiten. Er stellte sich und seinem
Volk die Aufgabe, den kleinen Küstenort Aqaba in eine moderne, leistungsfähige Hafenstadt zu verwandeln. Israel folgte
diesem Beispiel und errichtete auf seinem Südzipfel die Hafenstadt Eilat.
Der Hafen Aqaba konnte erst von Nutzen sein, wenn er ver-
kehrsmäßig angebunden wurde. Bis zum Ende der 50er Jahre
verband nur ein Wüstenpfad die besiedelten Gegenden von
Ma'an und Kerak mit Aqaba. Es war Hussein, der den Bau
einer Asphaltstraße anordnete.
Der von oben befohlene Wirtschaftsaufschwung hatte nur zum
Teil den sozialen Erfolg, den sich der König gewünscht hatte.
Der Lebensstandard der bürgerlich etablierten Familien stieg
an. Für die palästinensische Bevölkerung brachte der Aufschwung keine Veränderung. Die Lagerbewohner fanden
keine Arbeit; sie lebten meist weiterhin von der Unterstützung
durch internationale Hilfsorganisationen. Sie sahen für sich
keine erfolgversprechende Zukunft im Haschemitenstaat.
Die Palästinenser des Königreichs Jordanien wurden jetzt zum
Adressaten der Propaganda des Senders »Die Stimme der Araber«. War der Glanz des arabischen Patrioten Gamal Abdel
Nasser auch erloschen, seine verbalen Attacken gegen König
Hussein steigerten sich. Den Palästinensern wurde eingehämmert, die Haschemitendynastie sei schuld am Unglück des
vertriebenen Volkes – und es gab viele, die den Parolen glaubten. Die Folge war eine Verschiebung in der Herkunft der
Männer, die sich zum Widerstand gegen Hussein mobilisieren
ließen. Bisher waren die Gegner des Haschemitenkönigs in der
nordjordanischen Stadt Irbid zu Hause gewesen – genannt sei
zum Beispiel der einstige Generalstabschef Sadik as-Sharaa.
Jetzt wurden sie im Flüchtlingslager Baka'a nördlich von
Amman rekrutiert. In jenem Lager wurden fortan die Anschläge auf Hussein vorbereitet.
Der immer noch junge Mann war zum Kettenraucher geworden – unter dem Druck der permanenten Anspannung. Für

seine Umgebung war die Nervosität deutlich spürbar. An Vergnügungsreisen nach Paris und London, die ihn entspannt hätten, war nicht mehr zu denken. Hussein, der seit der Ermordung seines Großvaters Abdallah ohnehin unter dem Gefühl litt, einsam zu sein, war wirklich verlassen. Es geschah selten, daß im Haus in Hammar eine Frau übernachtete; die Gefahr war zu groß, daß die Gefährtin für die Nacht eine Agentin Nassers war. So raubte ihm die Angst vor einem Mordkommando Vergnügen und Lust. Hussein sagte selbst: »Der häufige Verrat durch Menschen, denen ich vertraut hatte, hat mich zu einem Einzelgänger gemacht. Ich war abgesondert.«

Hussein wußte, daß dieser Zustand nicht andauern durfte. Er spürte das Herannahen einer Krise, die ihn zerstören konnte. Die Persönlichkeiten, die sich in der Familiengeschichte der Haschemiten auskannten, dachten an die Nervenkrankheit des Vaters. Hussein mußte davor bewahrt werden. Hussein glaubte, das Heilmittel zu kennen: eine Heirat.

Die Suche nach der passenden Frau begann. Sie konzentrierte sich zunächst auf islamische, möglichst arabische Prinzessinnen. Das Ergebnis war deprimierend. Hussein meinte später: »Ich brauchte lange, um zu begreifen, daß es nicht auf die Abstammung der Frau ankam, und auch nicht auf die Nationalität.« Mit dieser Erkenntnis war ein wichtiges Hindernis bei der Suche nach einer Frau weggeräumt.

Um der Einsamkeit zu entkommen, lud Hussein im Winter 1960/61 Familien aus Amman zu einer Party ein. Sie fand in der königlichen Villa in Shuna statt, im Jordantal. Etwas abseits vom Fluß gelegen bietet sie einen Blick auf die Stadt Jericho am anderen Ufer. Das Jordantal hat im Winter ein angenehmes Klima und deshalb fand die Party dort statt. Eingeladen war auch die Familie des britischen Pionieobersten Gardiner – einer der wenigen Engländer, die noch in jordanischem Dienst standen. Der König hatte einen guten Grund, die Gardiners zu sich zu bitten: Der Oberst hatte sich mutig bei den Bergungsarbeiten am zerstörten Haus des Ministerpräsidenten Hassa al-Madshali eingesetzt. Die Einladung war als Dank für den Einsatz am 29. August 1960 gedacht.

Der Oberst brachte seine Frau und seine Tochter Toni mit, die damals 19 Jahre alt war. Das Mädchen gefiel dem König. Sie hatte nichts Außergewöhnliches an sich. Sie war ein bürgerliches Mädchen ihrer Zeit. Hussein war angetan von ihrer Einfachheit.

Von Liebe war zunächst nicht die Rede, eher von langsam wachsender Zuneigung. Gelegenheit, sich zu treffen, bot der Go-Kart-Club von Amman. Er war erst kurz zuvor gegründet worden als Treffpunkt jüngerer ausländischer Diplomaten, denen sich im isolierten und bedrohten Jordanien keine Möglichkeit zu Vergnügungen bot. An jedem Freitag nachmittag wurden auf der kleinen Bahn Rennen gefahren. Die Gardiners waren häufig Zuschauer.

Da sich Toni Gardiner so interessiert zeigte am Go-Kart-Sport, forderte Hussein sie auf, doch auch einmal so ein kleines motorisiertes Gefährt zu besteigen. Sie mußte jedoch zugeben, überhaupt keine Ahnung vom Auto fahren zu haben. Hussein, der ein leidenschaftlicher Go-Kart-Fahrer war, gab ihr Fahrunterricht. Dabei kamen sich der König und Toni Gardiner näher. Nach einer Unterrichtsstunde fragte das junge Mädchen, ob Hussein nicht Lust habe, bei ihr zu Hause eine Tasse Tee zu trinken. Mutter Gardiner sorgte für Tee und Kuchen – und Hussein spürte, daß er zufrieden war. Das Gefühl der Einsamkeit war verflogen. Ihm gefiel der bescheidene Haushalt der Gardiners und der unkomplizierte Umgang mit seiner königlichen Würde. Er war bei der Familie Gardiner bald zu Hause.

Der Gedanke reifte, Toni könne die richtige Frau für ihn sein – doch sie war weder islamischer noch arabischer Abstammung. Hussein hatte Sorge, mit seiner Mutter Zain über diese Angelegenheit zu reden. Zu seiner Überraschung zeigte sie keinen Widerstand. Zain sprach davon, daß es wichtig sei, im Leben sein Glück zu finden: »Du hast bisher wenig Glück gehabt. Ich wünsche Dir, daß du künftig mehr Glück hast!«

Auch der Ministerpräsident meinte, es seien sicher einige Schwierigkeiten zu überwinden, »doch wenn das jordanische Volk spürt, daß Sie glücklich sind, Majestät, wird es zu ihnen stehen!«

Toni Gardiner trat zum islamischen Glauben über und nahm den Namen »Muna« an. Sie begann auch Arabisch zu lernen. Muna hat wohl gespürt, daß sie niemals von den Menschen Jordaniens, von den Beduinennachfahren und von den Palästinensern als Königin anerkannt werden würde. Sie verzichtete deshalb noch vor der Hochzeit auf diesen Titel.

Die Hochzeit fand im Zahranpalast statt, der von Husseins Mutter bewohnt wurde. Muna trug nicht das lange weiße Hochzeitskleid, in dem sie sich wenig später fotografieren ließ, sondern ein einfaches blaues Leinenkleid. Ein Schal bedeckte ihren Kopf. Hussein hatte einen grauen Anzug an. Die Zeremonie wurde vom ältesten Geistlichen vollzogen. Ihm hatten Braut und Bräutigam auf die Frage, ob sie bereit seien, die Ehe einzugehen, mit »Naam« zu antworten – »Ja!«.

Hussein und Muna zogen in den Palast von Hammar ein, der außerhalb der Hauptstadt liegt. Sie nannten ihn »Haus der Güte und des Glücks«. Dort lebten sie in der Hoffnung, tatsächlich ihr Glück zu finden.

Der Krieg im Jemen –
Nassers und Husseins Niederlagen

Gamal Abdel Nasser mußte sich nicht nur mit der Auflösung der Vereinigten Arabischen Republik abfinden, eine bittere Enttäuschung brachte ihm auch die Entwicklung im Irak. Dort war die Haschemitendynastie ausgelöscht worden, doch die Militärjunta, die jetzt in Baghdad regierte, war keineswegs bereit, sich Nassers Willen zu unterwerfen. Die Offiziere stritten zwar untereinander, doch sie waren sich darin einig, daß eine Föderation mit dem Regime in Cairo für sie nie in Frage kam. Die historische Kluft zwischen den Herrschern in Cairo und Baghdad brach auf.

Da Nasser Enttäuschungen nur schwer überwinden konnte, ergriff er die nächste Möglichkeit, sich als Vorkämpfer des Fortschritts in Arabien zu präsentieren. Er nannte sich inzwischen »Arabischer Sozialist«. Er gab vor, den Sozialismus zu unterstützen. Die Chance dazu bot sich im September 1962: Der von Nasser beeinflußte Befehlshaber der jemenitischen Streitkräfte, Oberst Abdallah al-Sallal revoltierte gegen die in Sana'a regierende religiös-konservative Imamfamilie. Der Oberst rief die Republik Jemen aus.

So ganz erfolgreich war der Putsch allerdings nicht. Dem herr-

112

schenden Imam Mohammed al-Badr war die Flucht aus seinem zerstörten Palast gelungen. Er sammelte im Gebirgsland seine royalistischen Anhänger um sich und leistete der sozialistischen Republik Widerstand. Er wurde dabei von Saudi-Arabien unterstützt. Die dort regierende Familie as-Saud schickte Geld und Waffen. Imam Mohammed al-Badr hatte berechtigte Hoffnung, bald wieder in seine Hauptstadt Sana'a einziehen zu können.

Der Jemen, an der südwestlichen Ecke der Arabischen Halbinsel gelegen, war rund 2000 Kilometer von Nassers Amtssitz entfernt, doch er fühlte sich aufgerufen, der Republik des Obersten Abdallah al-Sallal zu helfen. Er schickte Truppen in den Jemen – Panzer, Artillerie, Kampfflugzeuge. Schließlich befand sich eine beachtliche Streitmacht von 70 000 Soldaten im schwer zugänglichen jemenitischen Bergland. Da den Ägyptern das Gelände nicht vertraut war, waren sie den erfahrenen und tapfer kämpfenden royalistischen Stammeskriegern unterlegen. Die Ägypter erreichten weder Geländegewinne noch die Schwächung des Gegners. Immer offener beteiligte sich die saudiarabische Luftwaffe am Krieg in den Bergen. Nasser, der an einen raschen Sieg über Imam Mohammed al-Badr geglaubt hatte, wurde in einen Abnützungskrieg hineingezogen, der nicht enden wollte.

Der Konflikt im Jemen führte zum Streit zwischen Gamal Abdel Nasser und dem saudiarabischen Königshaus, das jegliche finanzielle Unterstützung für Nasser einstellte. Der Krieg im Jemen entwickelte sich zur blamablen Niederlage für den arabischen Sozialisten Nasser. Doch auch Hussein erlitt im Jemen eine Niederlage.

Im eigenen Interesse war der jordanische König gegen eine Fortdauer des Zwistes zwischen der Familie As-Saud und seiner Haschemitendynastie. Er suchte nach einer Möglichkeit, diesen Zwist durch eine wirkungsvolle, aber nicht teure Geste zu beenden. Als der Krieg ausgebrochen war zwischen den von Ägypten unterstützten Streitkräften des Obersten Abdallah al-Sallal und den Kämpfern des Imam, entsandte Hussein sechs Kampfflugzeuge vom Typ Hawker-Hunter an die saudiarabisch-jemenitische Grenze. Die Maschinen sollten sich auf der Seite der Royalisten am Kampf beteiligen.

Zwar war der König davor gewarnt worden, sich auf dieses

Unternehmen einzulassen; doch er hatte die warnenden Stimmen nicht beachten wollen. Und als die Katastrophe dann tatsächlich eintrat, war er außer sich: Kaum waren die sechs Kampfflugzeuge dem Zielgebiet näher gekommen, suchte und fand der oberste Offizier der jordanischen Luftwaffe Funkverbindung zu der ägyptischen Luftwaffenbasis im jemenitischen Bergland. Die Hälfte der kleinen jordanischen Luftstreitmacht ging – samt dem Befehlshaber – zu den Ägyptern über.

Für den König war dieser Vorfall eine schlimme Niederlage. Er war gewarnt worden, daß der Chef der Luftwaffe – es war nicht mehr der Engländer Jock Dalgleish – ein Sympathisant Nassers war. Hussein hatte ihm trotzdem vertraut.

»Die Stimme der Araber« nützte diesen Erfolg Nassers aus. Da war zu hören, daß dieses Ereignis zeige, wie gering das Vertrauen der jordanischen Streitkräfte und des jordanischen Volkes in den König einzustufen sei. In Amman schöpften Nassers deprimierte Anhänger neue Hoffnung.

Ein existentielles Problem –
der Streit um das Jordanwasser

Der Jordan ist der tiefste Fluß der Erde. Kurz vor seiner Mündung ins Tote Meer liegt er 400 Meter unter dem Meeresspiegel. Seinen Ursprung hat der Nahr al-Urdunn in Flüssen, die im Libanon und in Syrien entspringen. Der längste dieser Zubringer ist der Hasbanifluß, dessen Quelle nahe der Stadt Hasbayya im Antilibanongebirge liegt. Ein östlicher Nebenfluß ist der Nahr Baniyas, er beginnt im syrischen Hermongebiet. Ein dritter Zufluß ist der Dan, dessen Wasser als überaus frisch gilt. Alle Zubringer vereinen sich im Hulabecken, das seit 1948 zu Israel gehört.

Nach dem Hulabecken ist der Grenzverlauf des Nahr al-Urdunn kompliziert. Der von ihm gespeiste See Genezareth ist Gebiet des Staates Israel. Auch der Ausfluß aus dem See Genezareth ist israelisches Gebiet, ebenso zehn Kilometer Flußverlauf nach der Ausmündung aus dem See; danach gilt der Jordan als anerkannte Grenze zwischen den beiden verfeindeten Nachbarstaaten. 30 Kilometer weiter südlich beginnt am rechten Flußufer das Westjordanland, das bis zum Junikrieg des Jahres 1967 fester Bestandteil von Husseins Königreich war. Seit die Israelis 1967 in das von jordanischen Truppen geräumte Jordan-Westufer, die Westbank, einzogen, ist über eine Strecke von 60 Kilometer der Nahr al-Urdunn Demarkationslinie zwischen Israel und dem Königreich.

Noch ehe 1967 diese komplizierte geopolitische Lage geschaffen worden war, begann der Streit um das Jordanwasser. Es handelt sich nicht um einen Prestigekonflikt, sondern um eine Auseinandersetzung, von deren Ausgang die Lebensbedingungen, wenn nicht sogar die Existenz von Jordanien und Israel abhängen. Das Wasser des Flusses Nahr al-Urdunn, der auf hebräisch Ha-Yarden heißt, ist das wertvollste Gut, das den Völkern Israels, Jordaniens und Syriens zur Verfügung steht. Seit Beginn des Friedensprozesses und der Verhandlungen in Oslo beansprucht auch das palästinensische Volk einen Anteil am Jordanwasser.

Der Streit um das Jordanwasser begann 16 Jahre vor dem Krieg von 1967 – im Jahr, als König Abdallah ermordet wurde. Zu dieser Zeit versuchten die USA, durch ein erstes Hilfsprogramm die Wasserprobleme des Königreichs zu lösen. Der amerikanische Chef jenes Hilfsprogramms hatte während eines Erkundungsflugs über die Flußsysteme südlich des Sees Genezareth die Idee, den Fluß Jarmuk anzustauen. Dieser entspringt in der Ebene des Haurangebiets im südlichen Syrien; sein gesamter Verlauf, vom Ursprung bis zum Flußende im Jordanbecken, beträgt nur 30 Kilometer Luftlinie. Die vielen Schleifen und Windungen verlängern den Flußweg auf 75 Kilometer.

Dem amerikanischen Chef des Hilfsprogramms fiel es leicht, jordanische und syrische Gesprächspartner für das Jarmukprojekt zu begeistern, ist doch der Nahr al-Jarmuk für jeden Araber ein Begriff. Am Jarmuk gelang am 20. August des Jahres 636 der moslemischen arabischen Reiterei der Sieg über starke byzantinische Streitkräfte. Die Truppen des Kalifen von Mekka besiegten damals die des byzantinischen Kaisers. Nach der Schlacht am Jarmuk gehörte Syrien zum islamischen Staat. Der Niedergang von Byzanz begann und damit verbunden der rapide Aufstieg Arabiens. Der Nahr al-Jarmuk ist für Millionen geschichtsbewußter Moslems ein heiliger Begriff.

Der Jarmuk bildet südöstlich des Sees Genezareth die Grenze zwischen Syrien und Jordanien, ehe er in israelisch beherrschtes Gebiet einfließt. Nach dem Plan des Amerikaners sollte der Jarmukdamm im syrisch-jordanischen Grenzbereich errichtet werden – also auf arabischem Boden. Nach dem Namen der Region sollte er Maqarindamm heißen. Der amerikanische Initiator des Dammprojekts sah in der geographischen Lage des künftigen Bauwerks zwischen zwei arabischen Ländern einen Vorteil. Die israelische Regierung konnte sich in die Planung nicht einmischen. Der Dammbau erschien für alle Beteiligten ein sinnvolles Vorhaben: Ihm war die Aufgabe zugedacht, am Ende des Winters Regenwasser und Wasser der Schneeschmelze aufzufangen und für die Zeit der Bestellung des fruchtbaren Landes, das flußabwärts lag, zu speichern.

Als Hussein im Jahr 1953 Monarch des jordanischen Staates wurde, kümmerte er sich selbst um das Jarmukprojekt. Er war der Meinung, daß es eine versöhnliche Verbindung auf Dauer zwischen seinem Königreich und Syrien schaffen könnte, profitierten doch beide Völker und Staaten vom künftigen Damm. Vor allem aber erhoffte sich Hussein Entlastung für sein damals schon gewaltiges Flüchtlingsproblem: Nach der Gründung des Staates Israel im Jahr 1948 war Jordanien das Ziel Hunderttausender von Flüchtlingen gewesen – die genau Zahl konnte zu Beginn der 50er Jahre noch gar nicht beziffert werden. Wollte Hussein nicht soziale Konflikte entstehen lassen, mußten die Entwurzelten angesiedelt und beschäftigt werden. Das Jarmukprojekt bot die Möglichkeit, daß 100 000 Palästinenser, die nach Husseins Auffassung Jordanier waren, am Jarmuk eine Existenzgrundlage finden konnten. Der junge König schöpfte aus dieser Mitteilung Hoffnung für die soziale Stabilisierung Jordaniens.

Hussein war auch darüber erleichtert, daß die finanziellen Voraussetzungen für den Dammbau gegeben waren. Die United Nations Works and Relief Agency for Palestinian Refugees (UNWRA) hatte bereits zugesagt, die Finanzierung zu übernehmen. Diese Unterorganisation der Vereinten Nationen verfügte 1953 über 200 Millionen Dollar zur Erleichterung der Lebensumstände palästinensischer Flüchtlinge. 40 Millionen dieses Betrags waren für den Dammbau am Jarmuk bestimmt. Diese Summe, so glaubte Hussein, werde den Anstoß geben

116

für die rasche wirtschaftliche Entwicklung in Südsyrien und Westjordanien. Unter seiner Aufsicht wurde das Projekt in Zusammenarbeit mit Syrien vorangetrieben. Syrien war allerdings zu jenem Zeitpunkt ein durch Staatsstreiche instabiles Land. Von Damaskus waren kaum Impulse zu erwarten. Der jordanische Monarch, gerade 18 Jahre alt, wurde allein zur treibenden Kraft.

Die Planung wurde international angesehenen Fachleuten übertragen; Arbeiter wurden angeworben; Gelder waren bereitgestellt worden – da mußten im Herbst 1953 die Arbeiten jäh unterbrochen werden: Die israelische Regierung verlangte von Hussein den Verzicht auf das Projekt in der bestehenden Form. Die Verantwortlichen des Staudammprojektes sahen sich der israelischen Forderung gegenüber, die Planungsgrundlagen so zu verändern, daß auch die Interessen des jüdischen Staates berücksichtigt werden könnten. Israel sei am Unterlauf des Jarmuk als Anliegerstaat zu betrachten – ihm stehe deshalb ein gerechter Anteil am Jarmukwasser zu.

Mit dieser Forderung erlebte Hussein zum ersten Mal die Härte israelischer Ansprüche. Er hatte ganz selbstverständlich angenommen, daß der Dammbau auf arabischem Boden eine rein arabische Angelegenheit sei. Nun wagte es Israel, sich in diese arabische Angelegenheit zu mischen. Seine Verblüffung war allerdings groß, als er erfahren mußte, daß die Regierung der Vereinigten Staaten dem Druck der Israelis nachgab. Es war eine amerikanische Initiative gewesen, die den Bau des Maqarindammes angeregt hatte – als rein arabisches Projekt. Nun aber waren die Verantwortlichen in Washington auf einmal der Ansicht, den Israelis stehe tatsächlich ein Anteil am Jordanwasser zu. Der jordanische König zog aus dieser Erfahrung die Erkenntnis, daß die amerikanische Regierung in der Konfrontation mit israelischen Wünschen rasch zum Nachgeben bereit ist.

Hussein begriff dieses Verhalten zunächst nicht. Doch als ihm sein Onkel Sherif Nasser erklärte, warum der amerikanische Präsident Harry S. Truman im Jahr 1948 bei der Gründung des Staates Israel den jüdischen Standpunkt anerkannte, obgleich er wußte, daß die Araber im Recht waren, verstand er die Motivation einer in den USA auf demokratische Weise – mit Hilfe jüdischer Stimmen – gewählten Regierung. Truman soll, so erzählte Husseins Onkel, auf die Frage, warum er sich israelischen und nicht arabischen Wünschen beuge, ehrlich geantwortet haben: »Wenn ich von fünf Millionen aktiven arabischen Wählern bedrängt werden würde, könnte ich es mir leisten, an die Interessen der Araber zu denken!«

Hussein verstand jetzt die Situation amerikanischer Präsidenten, doch ihm blieb ein Rätsel, wie juristische Spezialisten des State Department auf die Tricks der Legal Consultants der israelischen Regierung eingehen konnten. Diese hatten argumentiert, im Jahre 1926 sei von der britischen Mandatsverwaltung dem jüdischen Ingenieur Pinhas Rutenberg für 70 Jahre die Konzession zur Nutzung des Wassers und der Wasserkraft von Jordan und Jarmuk zugesprochen worden. Der Ingenieur Rutenberg habe damals die Palestine Electric Corporation gegründet; ihr Rechtsnachfolger sei die israelische Elektrizitätsgesellschaft, und die damals erteilte Konzession sei rechtens und noch bis 1996 gültig.

Während das Jarmukprojekt nicht gebaut werden durfte, entwickelten israelische Ingenieure und Politiker den Plan, dem Jordan unbeschränkt und ohne fremde Kontrolle Wasser zu entnehmen für die Versorgung der Küstenstädte und der Siedlungen in der Negevwüste. Das System von Pumpstationen, Reservoirs und Rohrleitungen erhielt die Bezeichnung Israeli National Water Carrier. Syrische und jordanische Proteste blieben erfolglos; sie erreichten nur, daß die erste Pumpstation vom Oberlauf des Jordan in den See Genezareth verlegt wurde. Trotz beachtlichem Druck seitens des Präsidenten Dwight D. Eisenhower war kein weitergehendes Zugeständnis der israelischen Regierung zu erreichen.

Die eigene Machtlosigkeit gegenüber der israelischen Hartnäckigkeit gab dem Präsidenten der USA doch zu denken. Eisenhower nahm sich vor, das Problem fair und für alle Zeiten zu lösen. Er bestimmte den Diplomaten Eric Johnston zu seinem Sondergesandten mit der konkreten Aufgabe, zwischen den arabischen Anrainern des Jordanbeckens und den Israelis einen Kompromiß in der Wasserfrage auszuhandeln. Dahinter steckte die Absicht, den Streit um das Wasser des Jordan zu schlichten, damit die Keimzelle für eine Vision des Friedens im Nahen Osten entstehen könne. Präsident Eisenhower dachte daran, ein – von den USA gefördertes – Wirtschaftsprogramm zu entwickeln, das sich am Erfolg des Marshallplans orientierte. Dieses Programm der Wirtschaftshilfe für westeuropäische Staaten unterstützte seit dem 3. März 1948 den Wiederaufbau der Wirtschaftsstruktur bisher verfeindeter Länder. Das Resultat war der Abbau von Spannungen zwischen den Gegnern des Zweiten Weltkriegs, die Schaffung von Vertrauen und die Anregung zur Zusammenarbeit.

Botschafter Eric Johnston regte an, Israelis und Araber sollten möglichst eindrucksvolle Projekte zur Nutzung des Wassers von Jordan und Jarmuk entwickeln; Johnston stellte sich vor, daß innerhalb kurzer Zeit ein »Wettbewerb der Ideen« an die Stelle des Konfliktdenkens treten würde. Die Maximalforderungen beider Seiten waren dann in einem Masterplan in Übereinstimmung zu bringen.

Mister Johnston begriff sehr bald, daß er sich auf politisch gefährlichem Boden befand. Die israelischen Vertreter in der Planungsrunde verlangten, daß auch der Litanifluß in die generelle Regelung der Wassernutzung einbezogen werde. Der Litani aber floß auf rein libanesischem, also arabischem Territorium. Israel besaß keinen Rechtsanspruch auf einen Anteil am Litaniwasser. Die Forderungen der Vertreter des jordanischen Königs waren keineswegs bescheidener. Verlangten sie doch Verzicht des Staates Israel auf das Vorhaben, die Negevwüste mit Wasser aus dem Jordan fruchtbar zu machen. Die Israelis wiesen diese Forderung energisch zurück.

Über Monate hin trafen sich Komitees und Expertengruppen. Im Frühjahr 1955 einigten sich die Kommissionen auf einen Schlüssel zur Verteilung des Wassers von Jordan und Jarmuk: 52 Prozent sollten von den Jordaniern genutzt werden dürfen, 36 Prozent von Israel, 9 Prozent von Syrien und 3 Prozent von Libanon.

Die Einigung brachte den jordanischen König in eine schwierige Lage: Unterschrieb er die Abmachungen, die Botschafter Johnston ausgehandelt hatte, dann erkannte er mit seiner Signatur die Existenz des Staates Israel an. Da die arabischen Staaten insgesamt dazu damals in keinem Fall bereit waren, hätte sich Hussein aus der Solidaritätsfront der arabischen Staatschefs entfernt. Die Isolation, in der er sich ohnehin schon befand, wäre noch unauflösbarer geworden.

Hussein fand einen Ausweg: Er bat das oberste Gremium der Arabischen Liga, der Dachorganisation der arabischen Staaten, um Ratifizierung. Der Arab League Council lehnte die Ratifizierung am 11. Oktober 1955 ab – nicht aber den Plan der Wasseraufteilung. Diese »arabische Lösung« des Problems ermöglichte das stillschweigende Einverständnis der Beteiligten zur Nutzung des Wassers von Jordan und Jarmuk. Die israelische Regierung konnte sich als Sieger betrachten: Mit einem Anteil von 36 Prozent war Israel großzügig bedacht worden.

Da die Jordanier und Syrer den Johnstonplan nicht unterzeichneten, sah sich auch die israelische Regierung nicht zur Unterschrift gezwungen. Auf der arabischen Seite entstand sofort der Argwohn, Israel werde sich gar nicht an den Johnstonschlüssel halten. Dieser Verdacht wurde vor allem dadurch genährt, daß sich Israel weigerte, seine Wasserentnahme durch ein neutrales Gremium überwachen zu lassen. Niemand überprüfte, welche Wassermenge in den Israeli National Water Carrier gepumpt wurde. Im jordanischen Teil des Flußgrabens wuchs die Sorge, der Boden im Tal östlich des Jordan würde vertrocknen und versalzen, weil den jordanischen Bauern bald kein Wasser mehr zur Verfügung stehe. Insbesondere entstand die Angst, der East Ghor Canal, das Objekt der Hoffnung jordanischer Bauern, werde ohne Wasser und damit völlig nutzlos sein.

Der Bau des East Ghor Canals war im fünften Regierungsjahr des Königs Hussein begonnen worden in der Absicht, Jarmukwasser parallel zum Fluß in die Orangenplantagen zu leiten. Der Kanal ist 69 Kilometer lang und gesäumt von Pumpstationen und Seitenkanälen zur Versorgung der landwirtschaftlichen Betriebe.

Die Sorge der jordanischen Bauern, der East Ghor Canal trockne aus, war nicht unberechtigt. Zuerst sprachen nur Gerüchte davon, israelische Ingenieure seien dabei, die obersten Zubringerflüsse des Jordan umzuleiten. Dann aber wurde es Gewißheit: Im Quellgebiet des Flusses Dan entstanden Anlagen zur Umleitung des Wassers in Richtung des Israeli National Water Carriers.

Die Quellschüttung des Dan ist so stark, daß sich ein See bilden kann. Er liegt in einer Zone unsicherer Besitzverhältnisse: Die Syrer und die Israelis erhoben in den 60er Jahren Anspruch auf den See. Die Wirklichkeit sah so aus, daß die israelischen Streitkräfte drei Viertel des Dansees kontrollierten. Diese Situation gab ihnen die Möglichkeit, den Abfluß des

Sees zu ihrem Nutzen zu verändern. Auf Drängen des beunruhigten jordanischen Königs berief Gamal Abdel Nasser im Januar 1964 eine Gipfelkonferenz arabischer Präsidenten und Monarchen nach Cairo ein, um einen gemeinsamen Standpunkt gegenüber der israelischen Aktion am Danfluß zu entwickeln. Das Kommuniqué am Ende der Konferenz drückte die Entschlossenheit aus, den israelischen Absichten zur Umleitung des Wassers aus dem Gebiet der Quellflüsse des Jordan entgegenzutreten. Die Worte des Kommuniqués waren stark – die Wirkung gering.

Der Fortschritt der israelischen Arbeiten am Dansee veranlaßte Nasser im September 1964, die Präsidenten und Monarchen zu einem erneuten Treffen nach Cairo zu bitten. Auf der Tagesordnung stand diesmal der konkrete Plan, auf arabischem Gebiet das Wasser der Jordanzuflüsse zum Nutzen von Jordanien und Syrien umzuleiten. Das Vorhaben der Israelis sollte übertrumpft werden. Da sich alle Konferenzteilnehmer darüber einig waren, daß sich Israel diesen Eingriff in das Wassersystem des Jordan nicht gefallen lassen werde, diskutierten sie die Frage, ob die Arbeiten militärisch gesichert werden müßten. Der Vorschlag wurde gemacht, syrische, jordanische und ägyptische Truppenverbände im Gebiet der Zubringerflüsse zu stationieren. Als Kommandeur war der ägyptische Generalleutnant Ali Amer vorgesehen.

König Hussein war höchst unglücklich darüber, daß eine militärische Absicherung überhaupt als Tagesordnungspunkt behandelt wurde – er sah die Gefahr voraus, daß ein Krieg um das Jordanwasser entbrennen würde, der mit einer Niederlage der arabischen Seite enden mußte. Trotz aller Bedenken stimmte Hussein der Truppenstationierung am oberen Jordan zu. Der Grund für die Verleugnung der eigenen Meinung war wohl der, daß Hussein zum ersten Mal seit seiner Thronbesteigung von Gamal Abdel Nasser, der noch immer Ansehen in Arabien genoß, bei dieser Konferenz akzeptiert worden war. Hussein war nicht als »Lakai der Imperialisten« beschimpft worden, und auf keinen Fall wollte er nun das gute Einvernehmen mit Nasser durch eine abweichende Meinung gefährden. Hussein erhoffte durch Verständigung mit Nasser für sich und sein Land das Ende der antihaschemitischen Propaganda der »Stimme der Araber«.

Da wurde beim Herbstgipfel 1964 der arabischen Staatschefs noch ein Tagesordnungspunkt behandelt, der Hussein ein unbehagliches Gefühl verursachte: Nasser wollte die Gründung einer Palestine Liberation Organization durchsetzen. Zweck der Gründung der PLO war die »Bewahrung der palästinensischen nationalen Identität«. Die PLO sollte den politischen Rahmen bilden für die Aktivitäten der Palästinenser, die dazu bestimmt waren, der Welt deutlich zu machen, daß es die Palästinenser überhaupt noch gibt.

Da die Mehrheit der Bevölkerung seines Königreichs aus Palästinensern besteht, sah Hussein voraus, daß die Gründung der PLO vor allem ihm Probleme schaffen werde. Trotz seiner Sorge wollte er auch in diesem Fall nicht abseits stehen. Er stimmte der Gründung zu und stellte nur die eine Bedingung, daß die Aktivitäten der Palestine Liberation Organization mit der jordanischen Regierung und mit der königlichen Armeeführung abgestimmt werden müßten. Hussein wurde vertröstet, daß diese Abstimmung selbstverständlich erfolge.

Auf der »Paylist« der CIA –
erste Auseinandersetzungen mit den Palästinensern

Nasser, der Initiator der PLO-Gründung, schob geschickt die Belastung durch die Existenz der Befreiungsorganisation von sich weg und auf König Hussein zu. Der Herbstgipfel 1964 legte fest, daß das Hauptquartier der PLO in Amman etabliert werden müsse. Auch der militärische Zweig, die Palestine Liberation Army (PLA) sollte in Jordanien stationiert werden. Dieser Armee war auf dem Papier die Aufgabe zugewiesen, »Palästina zu befreien« – gemeint war, Israel zu zerstören. Für den König, der sich mit der Existenz des jüdischen Staates abgefunden hatte, war die PLA ein sinnloses militärisches Instrument, das eigentlich nur dem Prestigeanspruch Nassers diente. Hussein informierte seine Generäle, daß der Aufbau der PLA unbedingt zu verhindern sei.

Zu dieser Zeit befand sich Hussein bereits auf der Paylist der CIA. Die Organisation war darauf bedacht, die Verbindung zwischen ihr und Hussein verborgen zu halten. Das Geheimnis konnte tatsächlich bis 1977 gewahrt bleiben. Das Unterstützungsprogramm hieß im CIA-Jargon »to beef up Hussein«. Es brachte dem König persönlich regelmäßige Einnahmen in immer steigenden Dollarbeträgen. Das Schlüsselwort innerhalb der Organisation für den Monarchen war »NOBEEF«. War Jordanien gemeint, hieß das Schlüsselwort »NORMAN« Die Silbe »NO« bezeichnete in der CIA-Sprache jener Zeit den Bereich Jordanien.

Die CIA-Hilfe sollte Hussein in die Lage versetzen, sich Verbündete zu kaufen in der Abwehr »aggressiver palästinensischer Übergriffe«. Daß die Palestine Liberation Organization »kommunistisch orientiert« sein mußte, darin waren sich CIA und Hussein einig.

Zum Chef der Palestine Liberation Organization hatte Nasser Ahmed Shukeiri bestimmt, einen palästinensischen Rechtsanwalt, der früher zum Kreis des Großmuftis von Jerusalem gehört hatte. Die bisherigen Höhepunkte seiner Karriere waren sein Wirken als Vertreter Syriens bei der Arabischen Liga und als Delegierter von Saudi-Arabien bei den Vereinten Nationen.

Ahmed Shukeiri entwickelte sich in seiner neuen Position zum verblendeten Angeber, der bei jeder Gelegenheit verkündete, der Staat der Juden werde durch die PLO ausgelöscht. Von Ahmed Shukeiri stammte die böse Formulierung: »Wir werden die Juden ins Meer werfen!«

Die Ansichten von Ahmed Shukeiri und König Hussein über die Aufgabe der PLO klafften weit auseinander. Der jordanische Herrscher war der Meinung, die Organisation solle ihre Aktivität darauf konzentrieren, das Thema »Palästinenser« im Bewußtsein der Weltöffentlichkeit wach zu halten. Dies müsse vor allem durch politische Aktionen geschehen, durch die Organisation von Kongressen, durch Agitation in amerikanischen und europäischen Politikzirkeln, durch Werbung um Sympathie bei Gewerkschaften und Studentenvereinigungen. Ahmed Shukeiri hingegen begann mit dem Aufbau der Palestine Liberation Army (PLA). Er rekrutierte junge Männer, die zwar palästinensische Flüchtlinge waren, die Hussein jedoch als seine Untertanen betrachtete. Shukeiri ließ in den Flüchtlingslagern eine Palästinensersteuer erheben; er forderte Abgaben ein bei wohlhabenden Palästinensern in den jordanischen Städten. Beinahe alles, was Ahmed Shukeiri unternahm, reizte den Zorn des Königs. Nach wenigen Wochen schon ließ er das Hauptquartier der PLO in Amman schließen. Ahmed Shukeiri wich nach Cairo aus.

Das Ergebnis war, daß Hussein wieder ins Visier der Cairoer Propaganda geriet. Die »Stimme der Araber« warf ihm vor, er handle als »Agent der amerikanisch-israelischen Imperialisten« und Shukeiri heizte die Stimmung gegen Hussein noch stärker an. Der PLO-Chef warf dem jordanischen König vor, in seinen Kerkern schmachteten arabische Patrioten, die es gewagt hätten, gegen den Knecht der Imperialisten zu demonstrieren. Das gesamte Königreich, so polemisierte Shukeiri, sei ein riesiges Gefängnis für aufrechte Araber.

Nur wenig später wurde die Situation noch unübersichtlicher. Im Emirat Kuwait gründete der junge Palästinenser Mohammed Abdul-Rauf al-Qudwa al-Husseini eine Kampforganisation, die wirklich gegen Israel kämpfen wollte. Der Gründer der Kampforganisation nahm einen anderen Namen an; er nannte sich künftig Jassir Arafat; seine Organisation hieß Al-Fatah, und deren Anhänger, Fedajin genannt, begingen Anschläge in Israel. Für derartige Aktionen erhielt Al-Fatah syrische Unterstützung.

Die Verantwortlichen in Damaskus verlangten allerdings, daß die Anschläge und Sabotageakte von jordanischem Gebiet aus erfolgten, die syrisch-israelische Waffenstillstandslinie durften die Fedajin nicht als Operationsbasis benutzen. Die Regierenden in Damaskus wollten nicht durch zum Kampf entschlossene Palästinenser in einen blutigen Konflikt mit Israel hineingezogen werden. Durch Al-Fatah wollten sie keinen Ärger mit Israel bekommen; doch dem ungeliebten König Hussein gönnten die syrischen Politiker und Militärs den Ärger durchaus. So wurde die 640 km lange Waffenstillstandslinie zwischen Jordanien und Israel zum Operationsgebiet für die Fedajin der Al-Fatah. Im Westjordanland schlichen sie über Hügel und durch Täler, um schließlich auf israelischem Gebiet Sprengladungen an Pipelines und Wasserreservoirs zu legen.

Hussein mußte befürchten, daß die israelische Armee diese Überfälle durch Beschießung der Anlagen am East Ghor Canal rächen würde. Er wies deshalb Armee und Sicherheitskräfte an, Überschreitungen der Waffenstillstandslinie durch Palästinenser zu verhindern. So kam es, daß der erste Tote, den

Al-Fatah zu beklagen hatte, das Opfer von Geschossen aus jordanischen Maschinenpistolen war. Der Fedajin Ahmed Moussa war auf dem Rückweg von einer Aktion in Israel gewesen, als er tödlich getroffen wurde.

In dieser Zeit war auch Nasser darauf bedacht, die Israelis nicht zu reizen. Er hatte den Palästinensern im Gazastreifen verboten, dieses von Ägypten kontrollierte Gebiet als Ausgangspunkt für Sabotageakte zu benützen. Da die Waffenstillstandslinie um den Gazastreifen nur 50 Kilometer lang war, konnte Nassers Verbot leicht durchgesetzt werden.

Dem Sender »Stimme der Araber« gelang es wieder einmal, den Sachverhalt verdreht zu präsentieren und Nasser als Förderer des palästinensischen Freiheitskampfes zu preisen – Hussein, von dessen Territorium aus die Fedajin operierten, wenn auch gegen seinen Willen, wurde als Feind der Freiheitskämpfer beschimpft.

Die Syrer, die ebenfalls ihre Grenze sperrten, bemerkten mit Befriedigung, daß sie Hussein tatsächlich in Verlegenheit brachten: Er war machtlos gegen die wachsende Zahl von Fedajin, die über die Waffenstillstandslinie nach Israel drängten. Die Verantwortlichen in Damaskus hatten es ungern gesehen, daß sich Hussein auf den Gipfelkonferenzen des Jahres 1964 mit Nasser verständigt hatte, daß die beiden miteinander freundlich umgingen. Husseins gespanntes Verhältnis zur Führung der Al-Fatah war jetzt für den ägyptischen Präsidenten Anlaß, die Verständigung platzen zu lassen. Während der Monate der jordanisch-ägyptischen Annäherung hatte sich die syrische Führung isoliert gefühlt. Jetzt wurden die Kontakte zwischen Cairo und Damaskus wieder gepflegt – zu Lasten des Königs. Er war für die Mächtigen in beiden Hauptstädten wieder der gemeinsame Feind.

Die Baathpartei –
der hartnäckige Feind des Königs

Der volle Name der Partei lautet »Al-Hisb al-Baath al-Arabi al-Ishtiraki« – die Partei der Wiedergeburt Arabiens im Sozialismus. Der Name reflektiert die Sehnsucht des arabischen

Volkes nach der Wiederkehr jener Zeit, in der das große arabische Reich in kultureller Blüte stand. Gemeint ist die Zeit der mächtigen Kalifen, deren wichtigste Erscheinung Harun al-Rashid war. Er hatte um das Jahr 800 in Baghdad regiert, in einer Hauptstadt, in der es Bibliotheken gab mit Hunderttausenden von Bänden; in der Bäder den Bewohnern zur Verfügung standen; in der für sauberes Wasser gesorgt war; in der die Abwasserentsorgung funktionierte; in der erfahrene Ärzte praktizierten; in der gerechte Richter auf die Einhaltung der Gesetze achteten.

Bis zum Jahr 1258 hatte das Kalifenreich Bestand gehabt. Dann ging es im Ansturm der Mongolen unter. Die Erinnerung aber blieb an die kulturellen Glanzleistungen. Arabische Ärzte haben den Blutkreislauf entdeckt; Physiker haben die Meßbarkeit der Dinge erkannt und die gemessenen Werte in Zahlen festgehalten; das Zahlenprinzip der Araber ermöglichte erst das schriftliche Rechnen, die Addition und die Subtraktion. Geschichtsbewußte Araber erinnern gern an die Episode, daß der Papst einst einen Geistlichen in das Land der Araber geschickt habe, um bei islamischen Astronomen einen korrekten Kalender der kirchlichen Feiertage erstellen zu lassen.

Sprachkundige Araber weisen mit Vorliebe darauf hin, daß sich auch im Wortschatz europäischer Sprachen der Einfluß der arabischen Kultur auf die Zivilisation in Europa manifestiere. Daß Begriffe wie zum Beispiel Alkohol, Algebra, Aprikose, Orange, Chemie, Zimt, Ziffer und Zucker arabischen Ursprungs sind.

Im Rückblick auf die einstige Kulturleistung Arabiens gewinnt in den Jahren des Zweiten Weltkriegs ein Syrer die Erkenntnis, daß die Arabische Nation eine »unsterbliche Mission« zu erfüllen habe. Sein Name: Michel Aflaq. Er wurde 1910 in Damaskus geboren, als griechisch-orthodoxer Christ. Sein Familienclan war wohlhabend. Der Vater galt als arabischer Nationalist – obgleich er kein Moslem war.

Michel Aflaq studierte während der 30er Jahre in Paris. Dort befaßte er sich mit dem Marxismus. Er spürte jedoch bald, daß das Gedankengebäude Karl Marx' nicht die Heilslehre für die arabische Welt sein konnte. Arabien, so dachte Michel Aflaq, müsse seine eigenen Ordnungsprinzipien entwickeln.

Während des Zweiten Weltkriegs war Aflaq Lehrer in Damas-

kus. Als sich im Jahr 1941 der Irak gegen die britische Kolonialmacht erhob, um mit der Hilfe des Deutschen Reiches die
Unabhängigkeit des haschemitischen Königreichs an Euphrat
und Tigris zu erringen, versuchte Michel Aflaq junge Männer
dafür zu begeistern, sich dem Aufstand anzuschließen. Doch
ehe die Gruppe aus Damaskus das Zweistromland erreichte,
war der Aufstand zusammengebrochen. Die Beschäftigung mit
dem Scheitern der irakischen Unabhängigkeitsbewegung
brachte Michel Aflaq auf die Idee, eine arabisch-nationale politische Organisation zu gründen.
Die Grundlage des Programms sollte der Sozialismus sein –
allerdings nicht der Sozialismus marxistischer Prägung. Für
Michel Aflaq stand fest: »Wir können Gerechtigkeit und Fortschritt für Arabien nicht mit fremden, importierten Theorien
erkämpfen. Der arabische Sozialismus hat die Realität in der
arabischen Welt zu berücksichtigen. Er muß auf unserem
historischen Erbe aufbauen. Unser Sozialismus hat pragma-
tisch zu sein. Er muß sich den Situationen anpassen, die auf
uns zukommen. Unsere Gesellschaft befindet sich in der Entwicklung. Wir müssen unsere Situation verstehen, dann erst
können wir sie verändern.«
Veränderung bedeutete für Michel Aflaq die Beseitigung des
Einflusses der Kolonialstaaten. Sie waren mächtig in Arabien
zur Zeit, als Michel Aflaq das Programm der Baathpartei entwickelte. Für die heutigen Parteiideologen sind die »westlichen Imperialisten« noch immer in Arabien präsent, durch
ihre Agenten – König Hussein zählte dazu.
Die Befreiung von den Relikten des Imperialismus, so das Parteiprogramm, ist nur möglich durch Vereinigung aller Teile des
arabischen Volkes zur einigen arabischen Nation. Dieser
Zusammenschluß sei nicht einfach, denn die westlichen Staaten versuchten, ihren Einfluß in den Hauptstädten Arabiens zu
wahren – dies aber könne nur gelingen, wenn Arabien aufge-
splittert bleibe. In London und in Washington werden folglich
die Regierungen bemüht sein, die Zersplitterung Arabiens zu
erhalten. Dies geschehe mit Hilfe imperialistischer Agenten –
wie König Hussein. Die Beseitigung des haschemitischen
Monarchen erschien deshalb als Voraussetzung für die Schaffung der arabischen Einheit.
Während der 50er Jahre hatte Parteigründer Michel Aflaq fest-

gestellt: »Der Kampf für die Einheit der Araber ist deshalb so hart, weil für die westliche Welt vitale Interessen auf dem Spiel stehen. Der Haschemitenclan ist auch als Werkzeug der westlichen Industrienationen in der Auseinandersetzung um die Ölfelder Arabiens zu sehen. Die Haschemiten verhindern die Schaffung der arabischen Einheit – sie erleichtern damit den Engländern und den Amerikanern die Erhaltung ihres imperialistischen Einflusses.«

Michel Aflaq hat selbst das Parteiprogramm so zusammengefaßt: »Einheit, Freiheit, Sozialismus!« Diese drei Worte sind seit dem 8. März 1963 auf Plakaten und Transparenten in allen Städten und Dörfern Syriens zu lesen. Am frühen Morgen jenes Tages hat die Baathpartei die Macht in Damaskus übernommen und sie hat diese Macht trotz aller Flügelkämpfe seither nicht aus der Hand gelassen.

Die Machtübernahme durch die Baathpartei wurde am 8. März 1963 um 6.45 Uhr in der Frühe mit diesen Worten verkündet: »Im Namen Allahs und der arabischen Nation! Seit dem Beginn der Geschichte hat Syrien seine Aufgabe erfüllt im Kampf für die arabische Einheit. Das arabische Volk von Syrien hat nie seine Grenzen als endgültig angesehen. Unser Volk erkennt nur die Grenzen der großen arabischen Nation an. In der syrischen Nationalhymne ist kein Wort zu finden von Syrien. Die Hymne preist das große arabische Volk und den heroischen Krieg, den die Araber zu führen haben.«

Diese Worte sind vor allem gegen das haschemitische Regime gerichtet, das sich weigert, Jordanien in einen umfassenden Staatenverband einzugliedern. Die Baathpartei, die am 8. März 1963 die Regierung übernahm, sah es als ihre Aufgabe an, alle Gebiete, die irgendwann einmal in der Geschichte zum syrischen Territorium gehört hatten, in ein Groß-Syrien einzugliedern. Das Baathregime erkannte die Unabhängigkeit des Haschemitischen Königreichs nicht an. Die Baathideologen klagten Hussein an, er verhindere den historischen Prozeß der Bildung Groß-Syriens. Die Mächtigen in Damaskus nahmen sich vor, die haschemitische Familie aus den Palästen von Amman zu vertreiben. Diese Politik führte allerdings zu Irrtümern und zu schlimmen Niederlagen.

Die Baathführung glaubte, auf bequemem Umweg die Haschemiten vernichten zu können. Sie forderten die Palästinenser auf, diesen Kampf zu führen. Die Betroffenen merkten meist erst spät, daß sie mißbraucht wurden. Auf Geheiß der syrischen Baathführung begaben sich die palästinensischen Fedajin über Jordanien auf den gefahrvollen Weg ins israelische Gebiet, um Sprengstoffladungen an Brücken und Wassertanks anzubringen, um Straßen zu verminen, um Strommasten zu fällen.

Die »Affäre Samoa« – Jordanien wird zur Zielscheibe Israels

Mit zynischer Freude beobachteten die Baathpolitiker in Damaskus und der Kreis um Gamal Abdel Nasser in Cairo, daß Hussein die Situation an seiner Waffenstillstandslinie nicht in den Griff bekam. Die feindlichen Brüder, die sich seit dem Scheitern der Vereinigten Arabischen Republik nichts mehr zu sagen hatten, waren nur in dem einen Punkt einig: Husseins Probleme mußten derart gesteigert werden, daß ihm die Macht im Königreich entglitt und er von revolutionären Kräften gestürzt werden konnte. Beide, Nasser und die Baathisten, glaubten jeweils, von Husseins Scheitern zu profitieren.
In der Tat hatte der Monarch kaum mehr Einfluß auf das Geschehen an der Waffenstillstandslinie. Sie war 640 Kilometer lang und konnte nicht lückenlos überwacht werden. Ägypten und Syrien waren in besserer Lage: Ihre Grenzen waren wesentlich kürzer. Entscheidend aber war, daß ihre Geheimdienste effektiver organisiert waren. Die Überwachung der Palästinenser in den Lagern bei Damaskus und im Gazastreifen war derart gründlich, daß Vorhaben der Fedajin, die eventuell Syrien oder Ägypten in Verlegenheit bringen würden, rechtzeitig entdeckt und schon in der Planungsphase vereitelt werden konnten.
Husseins Probleme wurden noch intensiviert, da sein Staat wesentlich mehr palästinensische Flüchtlinge aufgenommen hatte als die Nachbarstaaten Ägypten, Syrien und Libanon zusammen. Die Zahl der Palästinenser im Königreich wurde auf 800 000 geschätzt – sie bildeten damit die Mehrheit in Jordanien. Diese Mehrheit aber war nicht zu zähmen. Die palästinensische Jugend war entschlossen zu kämpfen – sie brauchte die Ermunterung durch die »Stimme der Araber« nicht.

Die kämpferische Stimmung in den Flüchtlingslagern übertrug sich auch auf die Soldaten der jordanischen Armee. Für sie war selbstverständlich Israel der Feind; sie sahen in jedem, der gegen Israel kämpfte, einen Verbündeten. Folgten die Offiziere der Forderung des Königs, den Fedajin »Fesseln anzulegen«, so waren die einfachen Soldaten damit nicht einverstanden – wenn sie konnten, halfen sie den Fedajin.

Hussein sah voraus, daß die Massierung der Anschläge von jordanischem Gebiet aus Israel zu Gegenschlägen reizen mußte. Er versuchte deshalb, die Aggressivität der Palästinenser zu mildern. Er bot ihnen die jordanische Staatsbürgerschaft an; er gab ihnen die Möglichkeit, sich palästinensische Pässe ausstellen zu lassen. Doch dieses Entgegenkommen bewirkte nichts. Die Palästinenser wollten Palästinenser bleiben. Sie nahmen Jordanien nicht als Ersatzheimat an. Viele warfen dem König vor, er wolle ihnen mit Tricks die Identität rauben.

Am 13. November 1966 erfolgte der von Hussein gefürchtete Schlag. Ein starker israelischer Truppenverband fiel ins südliche Hügelgebiet des Jordanwestufers ein. Der Angriff sollte eine Strafaktion sein – Vergeltung für Angriffe der Fedajin auf Ziele in Israel. Das Ziel war der jordanische Ort Samoa, der in der Gegend von Hebron liegt. Die Entfernung zur Waffenstillstandslinie betrug fünf Kilometer. In Samoa lebten 4000 Menschen. Die meisten waren als Flüchtlinge aus den arabischen Gebieten gekommen, die seit 1948 zu Israel gehörten.

Seit Monaten war Samoa von Fedajin der Al-Fatah als Basis für Anschläge benützt worden. Die Fedajin waren nicht in der Kleinstadt zu Hause – sie waren aus Syrien ins Westjordanland abkommandiert worden; ihre Auftraggeber waren Funktionäre der Baathpartei in Damaskus. Die eigentlichen Bewohner von Samoa hatten nichts mit den Kämpfern der Al-Fatah zu schaffen, doch dies nützte ihnen an jenem 13. November 1966 wenig.

Um 5.30 Uhr begann die israelische Strafaktion mit einigen Schüssen aus Panzerkanonen. Dann rückten die Panzer gegen Samoa vor und umzingelten die Stadt. Zur Verteidigung waren nur acht Polizisten bereit. Die Fedajin aus Syrien hatten sich rechtzeitig abgesetzt. Die Israelis rückten in Samoa mit rund 2000 Soldaten ein. Zu ihnen gehörten Sprengspezialisten, die den Auftrag hatten, 46 zuvor festgelegte Häuser zu zerstören. Da der Widerstand der jordanischen Polizisten bald schon zusammengebrochen war, konnten die Sprengspezialisten ihren Auftrag ohne Behinderung ausführen. Die Hausbewohner waren zuvor aus ihren Wohnungen getrieben worden. 45 Minuten nach Beginn der israelischen Aktion setzten jordanische Streitkräfte zum Gegenangriff an. Etwa 20 Mannschaftstransporter, unterstützt durch gepanzerte Fahrzeuge, fuhren von Hebron her auf Samoa zu. Sie wurden von den Israelis bereits erwartet und unter Beschuß genommen, der jordanische Verband wurde dabei völlig aufgerieben.

Nicht anders erging es der königlichen Luftwaffe, die die israelische Einheit in die Flucht schlagen sollte. Dazu standen jedoch nur vier Kampfflugzeuge vom Typ Hawker-Hunter zur Verfügung; sie waren sofort in Kämpfe mit den weit überlegeneren Maschinen der israelischen Luftstreitkräfte verwickelt. Eine Hawker-Hunter wurde abgeschossen – drei Maschinen konnten entkommen.

Um 9.30 Uhr zog sich der israelische Verband über die Waffenstillstandslinie nach Israel zurück. Er hatte keinerlei Verluste erlitten. Auf jordanischer Seite waren 21 Tote und 37 Verletzte zu beklagen.

Hussein war noch immer so naiv, daß er glaubte, die ägyptische und die syrische Regierung würden ihm wenigstens mit Sympathiebeweisen zur Seite stehen. Zu seiner Verblüffung wurde er von der »Stimme der Araber« und den Sendern der Baathpartei in Syrien attackiert. Der Vorwurf lautete, Hussein habe seine Streitkräfte angewiesen, den Israelis bei Angriffen gegen Fedajinstützpunkte nur geringen Widerstand entgegenzusetzen; es sei in seinem Sinne, wenn die Stützpunkte zerstört werden. Wieder einmal war Hussein der Verräter, der den Kampf gegen Israel sabotierte.

Zehn Tage nach der israelischen Strafaktion hielt der jordanische Ministerpräsident Wasfi al Tal in Amman eine Pressekonferenz ab, um der Weltöffentlichkeit die Situation der königlichen Regierung deutlich zu machen. Wasfi al Tal präzisierte, daß die Fedajin gemäß schriftlich fixierter Abmachungen verpflichtet seien, ihre Aktionen auf jordanischem Territorium grundsätzlich dem Oberkommando der Streitkräfte in Amman bekanntzugeben. Nie sei in diesem Zusammenhang der Ortsname Samoa gefallen. Die Kleinstadt sei aus diesem Grund nie in die jordanische Verteidigungsplanung einbezogen gewesen. Wasfi al Tal wies auch darauf hin, daß die ägyptische Luftwaffe – ebenfalls gemäß einem schriftlichen Abkommen, den Schutz des Luftraums im Westjordanland südlich von Jerusalem übernommen habe. Kein einziges ägyptisches Flugzeug habe sich am Morgen des 13. November 1966 an den Kämpfen beteiligt. Der jordanische Ministerpräsident machte deutlich, daß die Verantwortung am Desaster von Samoa nicht allein bei Jordanien liege, daß die Verantwortlichen in Cairo und Damaskus tatenlos der israelischen Aggression zugeschaut hätten. Doch die Presse der westlichen Welt, der Husseins Ministerpräsident die verzweifelte Lage des Königs hatte deutlich machen wollen, blieb bei ihrer stereotypen Verurteilung: »Von Jordanien aus war Israel angegriffen worden – die israelischen Streitkräfte hatten das Recht, zuzuschlagen!«

Unterstützung fand Jordanien allein beim Sicherheitsrat der Vereinten Nationen: Mit 14 Stimmen wurde Israel wegen des »ungerechtfertigten Angriffs« verurteilt; nur Neuseeland enthielt sich der Stimme. Selbst der Delegierte der USA meinte: »Der israelische Angriff ist unverzeihlich!«

Ahmed Shukeiri, der damalige Vorsitzende der Palestine Liberation Organization, griff Hussein am aggressivsten an: »Der Haschemitenkönig liefert die palästinensischen Freiheitskämpfer den Israelis ans Messer. Die Konsequenz ist, daß der Befreiung von Tel Aviv die Befreiung von Amman vorausgehen muß.«

In Cairo tagte bald darauf der Rat der Arabischen Liga, um über die »Affäre Samoa« zu beraten. Deutlich zeigte sich die Allianz zwischen Nasser, der Baathführung und der PLO des Ahmed Shukeiri. Die Allianz wurde zusammengehalten durch den gemeinsamen Beschluß, das Königreich Jordanien in eine Republik zu verwandeln. Jeder dieser Verbündeten verfolgte eigene Ziele: Ahmed Shukeiri dachte daran, die Republik der Palästinenser auf jordanischem Boden auszurufen; Nasser wollte Jordanien seinem Einfluß unterordnen; die Syrer aber waren darauf aus, Jordanien in Groß-Syrien aufzunehmen. Für jede dieser drei Lösungen wurde in Amman demonstriert. Die Anhänger Nassers, der Baathpartei und des PLO-Chefs

Ahmed Shukeiri mobilisierten und fanatisierten die Massen. In Nablus und Ramallah – im Westufergebiet des Jordan – wurden Polizeistationen und königlich-jordanische Postämter angezündet; in Djenin und Hebron verbrannten Demonstranten die haschemitische Flagge. Hussein war gezwungen, über Nablus, Ramallah, Djenin und Hebron den Ausnahmezustand zu verhängen. Königstreue Truppen besetzten diese Städte.

Von Cairo aus verlangte nun Ahmed Shukeiri die Bewaffnung der Bewohner der nahe an der Waffenstillstandslinie gelegenen Dörfer des Westjordanlandes mit Gewehren und Maschinenpistolen, um ihnen die Selbstverteidigung gegen die Israelis zu ermöglichen. König Hussein verbot die Bewaffnung, wußte er doch, daß diese Waffen letztlich gegen Truppen, die ihm noch treu ergeben waren, gerichtet werden sollten.

Zur Abwehr der Umtriebe standen ihm nur noch reine Beduinenverbände zur Verfügung. Sie waren nicht anfällig für die arabisch-nationalistischen Parolen. Husseins Situation im Winter 1966/67 war überaus schwierig: Er konnte sich auf die Untertanen, die nicht zu den Beduinenstämmen gehörten, kaum mehr verlassen.

Es war die Mutter Zain, die Hussein überredete, an der Macht im Königreich festzuhalten. Sie zwang ihn durch ihre Überzeugungskraft, »das Erbe zu bewahren, das ihm sein Großvater Abdallah hinterlassen hat«. Hussein, der nicht immer die Stärke besaß, die notwendig war, um der Bedrohung zu begegnen, ließ sich von seiner Mutter beeinflussen, die sich zeitweilig zum wahren Regierungschef entwickelte. Sie war es auch, die ihren Sohn Hussein veranlaßte, die Nachfolgefrage zu regeln: Zain wollte, daß ihr zweiter Sohn Hassan Ibn Talal Kronprinz wurde. Er wird 33 Jahre lang, bis zu Husseins Tod, diese Funktion ausfüllen.

Die Aufrechterhaltung des Ausnahmezustandes in den Städten des Westjordanlandes bedeutete, daß wichtige Teile der noch funktionsfähigen Armeeverbände innerhalb des Landes, bei Ramallah, Djenin und Nablus stationiert werden mußten. Für die Sicherung der Waffenstillstandslinie standen kaum Truppen zur Verfügung. Allein die israelische Führung erwies sich als einsichtig: Sie verminderte den militärischen Druck auf Jordanien und verschaffte dem König eine Atempause, die er auf seine Weise ausnützte.

»Wir müssen vergessen« –
Versöhnung mit Gamal Abdel Nasser

Inzwischen spürte auch die Baathführung in Damaskus, daß sie die Agitation gegen Hussein überzogen hatte. Über Monate hin hatte sie verlangt, Hussein müsse die Waffenstillstandslinie für Fedajin der Palestine Liberation Organization öffnen, die den Kampf gegen Israel intensivieren wollten. Jetzt hörten die Verantwortlichen in der syrischen Hauptstadt von Ahmed Shukeiri, auch sie hätten die Voraussetzung zu schaffen für den arabisch-nationalistischen Kampf der PLO. Dieser Forderung konnte sich das Baathregime nicht lange entziehen. Es gestattete den Fedajin, auch von syrischem Gebiet aus Anschläge in Israel durchzuführen. Sofort setzten israelische Vergeltungsschläge ein. Die syrische Luftwaffe, die stärker war als die jordanische, versuchte die nach Syrien eingedrungenen israelischen Truppen anzugreifen. Was folgte, war eine Luftschlacht am 7. April 1967 über Syrien, bei der sechs syrische Maschinen abgeschossen wurden. Jitzhak Rabin, damals israelischer Generalstabschef, warnte die Syrer vor weiteren »Provokationen« – und ließ Bodentruppen an die Waffenstillstandslinie verlegen.
Nasser, der seit dem 4. November 1966 durch einen Pakt gegenseitiger Hilfe an Syrien gebunden war, fühlte sich zwar gezwungen, den Syrern zu helfen –unternahm jedoch nichts.
Jetzt sah die jordanische Rundfunkstation die Zeit für eigene Propaganda gekommen: Sie griff Nasser an, er lasse den syrischen Verbündeten im Stich und gab ihm hämisch den Rat, die Straße von Tiran, die Öffnung des Golfs von Aqaba, zu schließen, um sie für israelische Schiffe unpassierbar zu machen. Hinterhältig hatte Radio Amman gefragt, warum der Ägypter diese wirkungsvolle Waffe gegen Israel nicht einsetze: »Schreiben nicht die Klugheit, die Logik und die Liebe zu Arabien eine solche Maßnahme vor? Versteckt sich Nasser, der Held, hinter dem Schutzschild der UN-Truppen?« In der Tat hatte Nasser immer darauf hingewiesen, daß er sich nicht auf eine Öffnung der Waffenstillstandslinie für die PLO-Fedajin einlassen könne, da sie von UN-Soldaten überwacht werde. Über die Präsenz dieser Truppen bekam Nasser jetzt aus Amman Hohn und Spott zu hören. Er mußte auf die jordanische Propaganda reagieren: Am 17. Mai 1967 verlangte er vom Generalsekretär

134

der Vereinten Nationen den Abzug der United Nations Emergency Force von einigen Stützpunkten entlang der Waffenstillstandslinie. Dies bedeutete, daß Nasser nur den Anschein erwecken wollte, er verlange die völlige Befreiung von der UN-Kontrolle. Seine Forderung betraf nur einige der Stützpunkte. Mit gewaltigem Propagandaaufwand sollte demonstriert werden, daß sich Ägypten jetzt auch darauf vorbereite, den Kampf der arabisch-nationalistischen Patrioten gegen Israel zu unterstützen. In Wahrheit aber war Nasser darauf bedacht, die Mehrzahl der UN-Beobachtungspunkte an der brisanten Linie zu behalten. Er hatte nie die Absicht, ganz auf den Schutz durch die United Nations Emergency Force (UNEF) zu verzichten. Sie hatte sich als Deckmantel für eigenes politisch-militärisches Versagen bewährt.

Zu Nassers Verblüffung aber erklärte UN-Generalsekretär U Thant, er könne keinen Teilabzug der Emergency Force zulassen. Wäre das Netz der Stützpunkte und Beobachtungsposten an einzelnen Punkten zerrissen, sei das gesamte Überwachungssystem nichts mehr wert. Damit sei der Auftrag der UNEF erloschen.

Der völlige Rückzug der UN-Truppen, der am 19. Mai 1967 um 16 Uhr begann, überraschte alle Konfliktparteien – vor allem aber den ägyptischen Präsidenten. Diesen Schritt zur Verschärfung des Konflikts hatte er nicht gewollt. Generalstabschef Jitzhak Rabin war zum ersten Mal seit einem Jahrzehnt mit der Situation konfrontiert, daß sich seine Verbände und ägyptische Truppen unmittelbar gegenüberstanden. Bisher hatte die Emergency Force darauf geachtet, daß Ägypter und Israelis nicht aufeinander schossen. In Syrien war der Jubel gewaltig: Gamal Abdel Nasser war wieder aufgestiegen zum Vorkämpfer für das Prestige der Araber. Die ungeliebte Fessel der UN-Kontrolle war abgestreift.

Allein Hussein war bestürzt. Er wußte, daß der militärische Konflikt mit Israel nicht mehr aufzuhalten war, und er allein ahnte, daß der Krieg nicht zu gewinnen war – auch wenn Nasser seine Streitkräfte in spektakulären Paraden in Richtung Sinai marschieren ließ. Hussein fragte sich, warum Generalsekretär U Thant den eigenmächtigen Befehl zum Abzug der UNEF gegeben hatte. Eine vernünftige Begründung fiel ihm nicht ein. Zum ersten Mal empfand Hussein Sympathie für

Gamal Abdel Nasser, der offenbar Opfer einer Entwicklung wurde, die er so nicht gewollt hatte.

Zu diesem Zeitpunkt fragte sich auch U Thant, warum er sämtliche Stützpunkte und Beobachtungsposten aufgelöst hatte. Er fragte sich vor allen Dingen, warum er seinen Entschluß nicht wenigstens vom Weltsicherheitsrat hatte absichern lassen. Bis zu seinem Tode litt U Thant darunter, am 19. Mai 1967 falsch gehandelt zu haben.

Hussein mußte zugeben, daß seine Propagandamedien nicht unschuldig waren an dieser Entwicklung: Sie hatten Nasser verspottet und ihn, der auf sein Ansehen in der arabischen Welt bedacht war, dazu gezwungen, ein Scheingefecht um die Präsenz der UNEF zu führen, das nur als Augenwischerei gedacht war. Es hatte eine Eigendynamik entwickelt und dazu geführt, daß sich zwischen den ägyptischen Streitkräften und der schlagkräftigen israelischen Panzertruppe kein Puffer mehr befand, der eine weitere kritische Zuspitzung hätte abfedern können.

Und wieder, jetzt verstärkt, begann die »Stimme der Araber« über Hussein Beschimpfungen auszuschütten. Die jordanischen Hörer wurden wieder einmal aufgefordert, den Haschemitenkönig zu stürzen. Der »Sklave der Imperialisten« müsse endlich verschwinden.

Der Wutausbruch der »Stimme der Araber« bezog sich nicht allein auf Husseins Verhalten in der aktuellen Auseinandersetzung um die Öffnung der Waffenstillstandslinie für den Kampf gegen Israel, sondern war auch eine Reaktion auf die Verärgerung über die jordanische Hilfe für die Royalisten im Jemen. Seit drei Jahren schon kämpften Artilleristen aus Jordanien gegen die Republikaner. Sie waren die Verbündeten der Panzerfahrer aus Saudi-Arabien und für Nasser die Ursache der Mißerfolge seiner Soldaten im jemenitischen Bergland. Die »Stimme der Araber« brachte jetzt Nassers Wut zum Ausdruck.

Der erneute Ausbruch der antijordanischen Propaganda in den Cairoer Medien löste eine blutige Aktion der Syrer aus. Mitten im syrisch-jordanischen Grenzort Ramtha ereignete sich eine Detonation, die 14 Jordanier tötete. Der Sprengstoff, in einem Lastkraftwagen versteckt, war vorzeitig explodiert. Die syrischen Auftraggeber des Anschlags hatten beabsichtigt, die

Explosion auf dem Markt von Amman auszulösen. Dort hätte sie wahrscheinlich Hunderte von Jordaniern getötet.

Hussein hatte wieder einmal Grund, sich über die Chefs der Baathpartei in Damaskus zu wundern. In einer derart turbulenten Zeit, in der Krieg mit Israel drohte, war der Sinn eines Anschlags gegen ein arabisches Brudervolk nicht zu erkennen. Der König sah sich veranlaßt, die diplomatischen Beziehungen zum Nachbarland Syrien abzubrechen. Zum absolut ungünstigen Zeitpunkt wurde der Kontakt zu den syrischen Politikern gestört. Damit war auch die Kommunikation zwischen den jordanischen und syrischen Oberbefehlshabern und Generalstabschefs erschwert.

Dagegen war auf einmal Verständigung möglich zwischen hohen Offizieren aus Nassers Stab und jordanischen Kommandeuren im Westufergebiet des Jordan. Sie vereinbarten den Transport von zwei Einheiten ägyptischer Kommandotruppen von der Sinaihalbinsel in die Gegend von Latrun. Sie hatten Befehl bekommen, im Kriegsfall die wichtige Straße, die Tel Aviv mit dem israelischen Teil von Jerusalem verband, zu sperren. Für Hussein war die Entsendung der ägyptischen Kommandoeinheiten ein Zeichen für Nassers Verständigungsbereitschaft.

Die Sperre der Wasserstraße von Tiran war von Gamal Abdel Nasser proklamiert worden – ob sie wirkungsvoll war, konnte im Basmanpalast in Amman nicht festgestellt werden. Die jordanische Hafenbehörde von Aqaba meldete zwar noch Schiffsverkehr in Richtung des israelischen Hafens Eilath, der – gegenüber von Aqaba – ebenfalls an der Südspitze des Golfs liegt. Doch die gemeldeten Schiffe waren wohl noch vor der Sperrung in den Golf eingefahren.

Am 28. Mai 1967, nach Tagen des Abwartens, trieb Gamal Abdel Nasser die arabischen Emotionen auf die Spitze. Er hielt in Cairo eine Pressekonferenz ab und ließ sich, provoziert von Fragen, zu der Aussage hinreißen: »Wenn die Israelis den Krieg wollen, sage ich nur: Ahlen wa sahlen – herzlich willkommen!« Hussein nahm zu recht an, daß die verantwortlichen Militärs in Israel in dieser Äußerung die entscheidende Aufforderung zum Krieg sahen.

Hussein wollte erfahren, was der Ägypter wirklich dachte. Kaum war die Pressekonferenz Nassers zu Ende – Hussein hatte Nassers Worte per Transistorradio gehört –, da schickte der König seinen Generalstabschef Amer Chammash nach Cairo. Hussein erteilte dem Generalstabschef den Befehl, Nassers wirkliche Absichten zu erkunden. Dazu sollte er nicht den Präsidenten selbst aufsuchen, sondern die Kollegen im ägyptischen Generalstab nach ihren Vorbereitungen befragen. Chammash war vor allem beauftragt, in Erfahrung zu bringen, ob ein »Gemeinsames Arabisches Oberkommando« im Konfliktfall gebildet werden würde.

Der jordanische Generalstabschef wurde in Cairo ungnädig behandelt. Auf seine Frage nach dem »Gemeinsamen Arabischen Oberkommando« wurde ihm schroff mitgeteilt, ein derartiges Gremium sei nicht vorgesehen. Breche ein Konflikt aus, werde er in Absprache zwischen ägyptischen und syrischen Oberbefehlshabern bewältigt. General Chammash berichtete dem König, die Meinung Jordaniens sei in Cairo nicht gefragt.

General Chammash, 42 Jahre alt, diente schon seit 25 Jahren in der jordanischen Armee. Er hatte einst zu den jungen Offiziersanwärtern gehört, die der britische Generalleutnant Sir Bagot Glubb Pascha zur Beförderung zurückgestellt hatte. Nach Glubbs Entlassung hatte Chammash rasch Karriere gemacht. Hussein war überzeugt, sein Generalstabschef sei ein exzellenter Offizier mit besonderen Kenntnissen in den Anforderungen moderner Kriegführung. Chammash bewies tatsächlich Sachverstand und Urteilsvermögen. Er äußerte nach seiner Cairoreise gegenüber Hussein, daß die Ägypter den kommenden Krieg verlieren würden – sie seien in keiner Weise auf den Kampf vorbereitet, auch wenn sie über Truppen in großer Zahl verfügten. Hussein gab seinem Generalstabschef recht. Und doch ließ er sich in den Sog der Kriegshysterie ohne Bedenken und ohne eigenes Nachdenken hineinziehen.

Als am 29. Mai Ägypten die höchste Stufe des Alarmzustands in Kraft treten ließ, bat Hussein die ägyptische diplomatische Vertretung in Amman – sie hieß noch immer Botschaft der Vereinigten Arabischen Republik – um Vermittlung eines Zusammentreffens mit Gamal Abdel Nasser. In der Nacht zum 30. Mai erhielt der König die Antwort, Nasser erwarte ihn am nächsten Morgen.

In jenen Stunden war Zaid Rifai, der Sekretär des Königs, dessen besonderer Vertrauter. Er war Student in Harvard gewesen und gehörte einer Familie an, die der Haschemitendynastie treu gedient hatte. Sein Vater hatte bei einem Attentat sein Leben verloren. Zaid Rifai zeigte sich erstaunt, daß sein König bereit war, alle Beschimpfungen, die von Nassers »Stimme der Araber« verbreitet worden waren, so schnell zu vergessen. Doch er verstand Husseins Argument für den Flug nach Cairo: »Wir müssen vergessen, was hinter uns liegt. Wir können arabische Staaten in der Stunde der Gefahr nicht im Stich lassen. Das würde uns das arabische Volk nie verzeihen. Arabische Staaten sind bedroht. Wir müssen uns einfügen in die gemeinsame Front zur Abwendung der Gefahr.«

Die Ereignisse am vorletzten Maitag des Jahres 1967 beschreibt Hussein selbst im Versuch einer Autobiographie, die den Titel trägt »Es spricht der König«. Dieses schmale Bändchen gibt Aufschluß über Husseins Gemütsverfassung in jener dramatischen Zeit – und über sein Geschick in der Abwehr von Gefahren. Hussein ließ sich leiten vom Grundsatz »Kalkulation und Intuition«.

Um 7 Uhr in der Frühe nahm Hussein Platz im Cockpit einer Maschine vom Typ Caravelle. Sie war Eigentum der jordanischen Fluggesellschaft Alia. Der König wurde nicht von Leibwächtern begleitet, doch er hatte eine amerikanische Pistole umgeschnallt, eine Magnum 375. Ehe Hussein die Düsenaggregate auf Touren laufen ließ, sagte er noch zu seinem Sekretär, der zurückblieb: »Erwarten Sie mich zum Mittagessen zurück!« Wenn der König sein Land verließ, war es üblich, daß er seine Aufgabe offiziell und formell schriftlich an einen seiner zwei Brüder übergab. Dieses Mal leistete Mohammed, der jüngste Bruder, den Eid und versprach, die Amtsgeschäfte gemäß Gesetz und Willen des Königs zu führen.

Der Stab, der Hussein nach Cairo begleitete, war klein. Als wichtigste Persönlichkeit neben dem Monarchen galt General Amer Chammash, dem die Koordination der militärischen Einsätze anvertraut war. Von geringer Bedeutung war Ministerpräsident Saad Juma'a, der nur Erfüllungsgehilfe Husseins war. Der König war in diesen Tagen ohne wirkliche kompetente Berater.

Dieser kleine Stab hat im First Class Compartment Platz genommen. Die Economy Class ist leer. Neben dem Monarchen sitzt der Flugkapitän der Gesellschaft Alia im Cockpit. Doch

Hussein fliegt die Maschine selbst auch bei dieser Reise, die einer schwierigen Mission dient. Er ist der Ansicht, er könne nirgends besser nachdenken als am Steuer eines Flugzeugs. Die Prozedur der Landung überläßt Hussein allerdings dem Flugkapitän – für die Einweisungsgespräche mit dem Tower hat Hussein keine Geduld an diesem Tag. Er erinnert sich später, daß er nervös und gereizt gewesen sei. Nach dem Ausrollen der Maschine öffnet er selbst das linke Cockpitfenster, um draußen die königliche Flagge ans Flugzeug zu stecken.

Der jordanische Herrscher wird auf den Luftwaffenstützpunkt Almaza, der im Osten von Cairo liegt, von Gamal Abdel Nasser und von seinen Stellvertretern empfangen. Der Ägypter trägt einen grauen Zivilanzug. Die Stimmung zwischen ihm und Hussein ist verkrampft. Sie geben einander zwar die Hand, doch in ihren Gesichtern zeigt sich nur der Anflug eines Lächelns. Nasser macht eine ironische Bemerkung über die Militäruniform und über die Waffe, die Hussein trägt. Der Bespöttelte weiß keine rechte Antwort. Nasser witzelt weiter mit der ironisch gemeinten Frage, was wohl geschehen werde, wenn er den königlichen Gast aus Jordanien verhaften lasse. Hussein übergeht diese provozierende Taktlosigkeit.

Während der kurzen Fahrt vom Luftwaffenstützpunkt Almaza zum Kubbehpalast in der Stadt will Hussein das Gespräch auf den Zweck seiner Reise lenken, doch gelingt ihm dies erst im Palast. Es stellt sich schnell heraus, daß Husseins Wunsch ein Vereinigtes Arabisches Oberkommando zur Koordinierung der Vorgänge an der ägyptischen, syrischen und jordanischen Front, nicht verwirklicht werden konnte. Ganz offensichtlich fehlte dazu die Zeit.

Nasser macht einen anderen Vorschlag, der rasch zu realisieren ist: »Wir schließen einen Bündnisvertrag zwischen unseren Staaten ab! Wir halten uns dabei an den Text des Abkommens, das Ägypten mit Syrien vereinbart hat.« Der jordanische König ist damit einverstanden.

Hussein will auch das leidige Thema »PLO« bereden. Er weiß noch nicht, daß Nasser bereits während der Nacht den PLO-Vorsitzenden Ahmed Shukeiri aus Gaza herbeigeholt hat. Shukeiri wird gerufen, betritt den Konferenzraum, stürmt auf Hussein zu und schüttelt ihm die Hand. Shukeiri beteuert seine schon lang andauernde und ewige Freundschaft mit

140

Hussein und beginnt eine schwungvolle Rede mit den Worten, Hussein sei der Führer aller Palästinenser – doch niemand hört ihm zu. Nasser und Hussein unterzeichnen inzwischen den Bündnisvertrag, Shukeiri stellt sich neben Hussein und verkündet, er werde demnächst nach Amman fliegen. Da fährt ihm Nasser mit scharfen Worten dazwischen: »Du wirst nicht demnächst, sondern sofort nach Amman fliegen – mit seiner Majestät!« Und zu Hussein gewendet meint Nasser lachend: »Wenn er Ihnen Ärger macht, dann sperren Sie ihn in eines der Gefängnisse, von denen er doch dauernd erzählt!«

Nasser verabreichte dem König damit eine bittere Pille. Er mußte den PLO-Vorsitzenden nach Amman mitnehmen, auch wenn ihm dies gar nicht paßte. Nassers Unverschämtheit bestand darin, daß er den König gar nicht gefragt hatte, ob er Shukeiri mitnehmen wolle. Daß er mit Shukeiri zu Hause Schwierigkeiten bekommen werde, wußte Hussein im voraus. Der jordanische Staatschef mußte sich auch damit abfinden, daß ihm der ägyptische General Abdel Moneim Riad mitgegeben wurde. Ihn hatte Nasser zum Oberbefehlshaber an der jordanischen Front ernannt, ohne Hussein oder General Chammash zu fragen.
Zum Mittagessen ist Hussein nicht wieder in Amman zurück – die Mahlzeit wird im Kubbehpalast serviert. Um 15 Uhr verkündet die »Stimme der Araber«, Nasser und Hussein hätten in Cairo einen Vertrag geschlossen zur militärischen Zusammenarbeit. Sofort strömen die Massen in Amman und Irbid auf die Straßen. Wer in der Nähe des Flughafens der Hauptstadt wohnt, der bemüht sich, rechtzeitig zur Ankunft des Königs dort zu sein. Tausende sind tatsächlich am Airport, als Hussein aus der Caravelle steigt.
Die Begeisterung der Massen war echt. Die Menschen des Königreichs hatten sich gewünscht, der Isolation in der arabischen Welt entkommen zu können. Viele hatten den einen Wunsch gehabt, ihr König möge sich wieder an Nassers Seite stellen. Nun war der Wunsch Realität geworden, und durch seinen entschlossenen Schritt war es dem Herrscher gelungen, die Kluft zwischen sich und den arabischen Nationalisten zu überbrücken. Hussein war wieder eingegliedert in die Solidaritätsfront derer, die an Nasser glaubten.

Ahmed Shukeiri wurde bestaunt auf dem Flughafen Amman: Das war also der Palästinenser, der Nassers Vertrauen genoß. Hussein aber war ratlos, was er mit diesem PLO-Vorsitzenden anfangen sollte. Er schickte ihn, begleitet von Ministerpräsident Saad Juma'a ins Jordan Intercontinental Hotel. Das war damals das modernste Hotel in der jordanischen Hauptstadt. Hier sollte sich Shukeiri vorläufig einrichten.

Der Gast des Königs, PLO-Chef Ahmed Shukeiri, verließ am nächsten Tag schon das Jordan Intercontinental Hotel; er fuhr über die Allenby-Brücke, die den Jordan überquert, und begab sich hinauf nach Jerusalem. In der Heiligen Stadt wollte er das Kommando im anstehenden Krieg übernehmen. Er war überzeugt, diesmal würde die arabische Seite siegen – und die Palästinenser würden endlich zu ihrem Recht kommen. In Jerusalem brachte Ahmed Shukeiri seine Überzeugung lautstark zum Ausdruck und gab dabei Erklärungen ab, die den Arabern insgesamt in der Weltmeinung Schaden zufügten. Shukeiri prägte für die Beobachter in Ost und West durch sein Gehabe und vor allem durch seine maßlosen Phrasen das Bild vom blutrünstigen Araber, der über unschuldige Juden herfällt, die nichts anderes im Sinne haben, als im jungen Staat Israel ihre Äcker zu bebauen. Für die Israelis war es einfach und lohnend, die Parolen des PLO-Chefs für ihre Propaganda einzusetzen: Der Araber will den jungen jüdischen Staat vernichten – Er stört den Frieden, den Israel will. Die schlimmste Wirkung hatte die Parole: »Wir werfen die Juden ins Meer!«
Shukeiri begriff nicht, daß die Welt aus gutem Grund auf solche Drohungen mit Entsetzen reagierte. Ihm fehlte völlig das Bewußtsein für das Schicksal des jüdischen Volkes in der jüngsten Vergangenheit. Shukeiri sah nur das Leiden des eigenen, palästinensischen Volkes. Befangen von der eigenen Vergangenheit, von der »Katastrophe des Jahres 1948«, konnte er kein Empfinden dafür haben, daß die Welt nach dem Zweiten Weltkrieg den Juden mit Sympathie begegnete – daß kaum jemand in den zivilisierten Staaten dem Untergang des jüdischen Volkes mit Gleichgültigkeit zusehen würde.
Shukeiri begriff vor allem nicht, daß ein Volk, das Auschwitz durchlitten hat, mit Entschlossenheit gegen eine Wiederholung dieses traumatischen Erlebnisses kämpft. Weder Shukeiri noch

142

Hussein haben sich überlegt, wer die israelischen Kämpfer sind. Es war beiden nicht bewußt, daß viele israelische Soldaten und Offiziere die Vernichtung der Juden selbst gesehen, erlebt haben – und daß sie mit Mut und Verbissenheit – im Gedenken an das Erlebte – ihrem Schicksal eine positive Wendung erstreiten wollten. Ihre Entschlossenheit, nicht noch einmal der Vernichtung preisgegeben zu werden, mußte gewaltig sein.

Diese Auswirkungen der Verbrechen des Dritten Reiches sind von keinem der Verantwortlichen in der arabischen Welt verstanden worden – auch nicht vom intelligenten König Hussein. Daß der Konflikt mit dem jüdischen Volk nicht als normaler Zwist zwischen Völkern einzustufen war, hat er nicht begriffen. Durch Auschwitz und »Holocaust« – dieser Begriff war damals noch nicht geläufig – hatte der Nahostkonflikt eine unermeßliche Dimension erhalten, die eine Beurteilung von Ursache und Schuld erschwerte.

Weder Shukeiri noch Hussein noch Nasser erkannten diese unermeßliche Dimension des Konflikts, weil sie überhaupt nicht an die Verbrechen der Deutschen glaubten. Die drei Politiker waren voll Zuneigung zum deutschen Wesen und für das deutsche Volk. »Auschwitz«, davon waren sie überzeugt, war ein Propagandaschlagwort, erfunden von den im Zweiten Weltkrieg siegreichen Engländern, mit dem Ziel, die Deutschen für alle Zeiten in Mißkredit zu bringen.

Die Phrase des damaligen PLO-Vorsitzenden Ahmed Shukeiri »wir jagen die Juden ins Meer«, trug wesentlich dazu bei, daß noch vor dem Ausbruch des Junikrieges von 1967 die Sympathie aller Beobachter in Israels Waagschale angehäuft war. Selbst für Hussein, den die Leser von Illustrierten in den USA und in Europa gerne mochten, blieben nur wenige Sympathiegefühle übrig.

Unbelastet von der Einsicht, daß der kommende Nahostkrieg im Bewußtsein der Europäer und der US-Amerikaner bereits zugunsten von Israel entschieden war, begannen in Amman die Vorbereitungen zu der militärischen Auseinandersetzung. Der von Nasser zum Oberbefehlshaber der jordanischen Front bestimmte ägyptische General Abdel Moneim Riad traf am 1. Juni in Amman ein. Er hatte keine Ahnung von Zahl und Art der jordanischen Streitkräfte. Er wußte nichts vom Ausbildungsstand der Mannschaften und nichts von Leistungsfähigkeit und Herkunft der Waffen. Dem ägyptischen General waren die Eigenschaften des Panzers Patton M-48 unbekannt; er mußte sich erst nach der Reichweite seiner Kanone erkundigen. Überrascht war Abdel Moneim Riad, daß die königlich jordanische Armee nur über 176 derartiger Panzer verfügte. Diese Zahl hatte bisher zu den jordanischen Militärgeheimnissen gehört.

Daß diese Streitmacht nicht ausreichte, um eine Frontlinie von 640 Kilometern zu verteidigen, war dem Oberbefehlshaber sofort deutlich. Er wandte sich an den König mit dem Vorschlag, er möge das syrische Oberkommando bitten, Truppen zur Sicherung der jordanischen Front abzustellen – nach Meinung des Generals könnten die Syrer ihren Frontabschnitt mit einem Drittel der Kräfte verteidigen, die zur Verfügung standen. Hussein befolgte diesen Rat, doch er bekam vom Oberkommando in Damaskus nie eine Antwort.

Am 3. Juni hielt Hussein im Basmanpalast eine Pressekonferenz ab und informierte die Journalisten, daß auch Irak einen Verteidigungspakt mit Ägypten abgeschlossen habe. Damit seien jetzt vier Staaten zu enger militärischer Zusammenarbeit verpflichtet: Ägypten, Syrien, Jordanien und Irak. Ihre Streitkräfte würden in enger Abstimmung miteinander operieren. Nasser habe ihm versprochen, die irakischen Verbände würden sich in die jordanische Front eingliedern. Mit der Ankunft der irakischen Panzertruppen, die sehr kampfstark seien, könne schon bald gerechnet werden. General Abdel Moneim Riad ließ Dispositionspläne erstellen für die Einweisung der irakischen Kolonne, die aus Panzern und Artillerie bestand, in das Einsatzgebiet. Die Pläne erwiesen sich bald als hinfällig: Die Hilfstruppen aus Bagdad trafen gar nicht im Frontgebiet ein.

Der ägyptische General, der auch mit den Gelände des Berglands westlich des Jordan nicht vertraut war, gab Anweisungen, die bei den ortskundigen jordanischen Offizieren nur Kopfschütteln auslösten. General Amer Chammash, Kenner von Landschaft, Mannschaft und Ausrüstung, stand abseits. Die königlichen Offiziere stellten fest, General Riad sei wenigstens kein Aufschneider wie die meisten höheren Offiziere »aus Nassers Clique«.

144

Krieg und Frieden –
Entscheidungen in Tel Aviv und Cairo

Die Parole des PLO-Chefs »wir werfen die Juden ins Meer«, berührte zwar die Emotionen der Israelis, nicht aber deren Verstand. Eine Erklärung der arabischen Konfliktpartei aber wurde von der israelischen Regierung ernstgenommen. Ministerpräsident Levi Eshkol machte sich Sorgen, Gamal Abdel Nasser könne wirklich die Straße von Tiran schließen, um damit den Golf von Aqaba für den israelischen Schiffsverkehr abzuriegeln. Die Ölversorgung des jüdischen Staates hing vom Eintreffen der Tanker im Hafen Eilath ab. Der Suezkanal war für Transporte nach Israel ein unsicherer Wasserweg: Die ägyptische Suezkanalbehörde verbot die Passage von Tankschiffen, deren Ladung offensichtlich für Israel bestimmt war.

Für die Entscheidung über Krieg und Frieden war es für Levi Eshkol wichtig, den Standpunkt der amerikanischen Regierung zu erfahren. Waren Präsident Lyndon Johnson und sein Außenminister Dean Rusk bereit, mit politischem Druck den ägyptischen Staatchef zum Verzicht auf die Schließung des Wasserwegs am Beginn des Roten Meeres zu bewegen? Unmittelbar nach Verkündung der Sperre durch Nasser war der israelische Außenminister Abba Eban in eiliger Mission nach Washington geschickt worden. Sein Erkundungsauftrag wurde allerdings durch eine Mitteilung gestört, die ihm bei der Ankunft in der amerikanischen Hauptstadt überreicht wurde. Absender war Ebans Regierungschef. Eshkol teilte seinem Außenminister mit, ein Angriff der arabischen Seite stehe unmittelbar bevor. Abba Eban interpretierte die Nachricht so, er habe Johnson unbedingt darauf festzulegen, daß die amerikanische Regierung sich verpflichte, jeden Angriff auf Israel als Angriff auf US-Territorium zu betrachten.

Eban war völlig verblüfft. Nach seinen Informationen war der Gedanke völlig abwegig, Syrien oder Ägypten – ganz zu schweigen von Jordanien – seien bereit, Israel anzugreifen. Der Außenminister begriff, daß Eshkol bluffen wolle. Seine Absicht war, die amerikanische Regierung stärker in den Konflikt hineinzuziehen. Darüber war der amerikanische Außenminister Dean Rusk empört. Er fragte Eban: »Lesen Sie uns diese Mitteilung deshalb vor, damit wir Ihnen grünes Licht geben für einen Präventivschlag?« Der israelische Außenminister wußte darauf keine Antwort. Rusk erkundigte sich bei den Verantwortlichen des Pentagon, ob sie irgendeinen Hinweis auf arabische Truppenkonzentrationen erhalten hätten. Die Antwort war negativ.

Eban drängte darauf, mit Präsident Johnson selbst sprechen zu dürfen. Rusk wies auf die Probleme hin, die der Präsident derzeit zu bewältigen habe: Die Situation in Vietnam verlange seine ganze Aufmerksamkeit.

Johnson war jedoch sehr rasch bereit, den israelischen Außenminister zu treffen. Die Begegnung fand im Oval Office statt. Johnson machte gleich am Anfang deutlich, daß er nicht an einen bevorstehenden arabischen Angriff glaube. Zum Problem der Straße von Tiran meinte Johnson, es müsse bewiesen werden, daß Ägypten die Einfahrt zum Golf von Aqaba wirklich sperre. Dieser Beweis könne nur durch den Versuch erbracht werden, die Meerenge zu durchfahren – möglichst durch israelische Schiffe im Konvoi mit englischen und französischen. Von einer amerikanischen Beteiligung sprach Johnson nicht.

Am 28. Mai 1967 entschied sich Levi Eshkol nach Anhörung des Berichts seines Außenministers für eine Vertagung der Entscheidung über Krieg und Frieden. Die Zurückhaltung des amerikanischen Präsidenten brachte ihn zu diesem Entschluß. Eshkol wußte, daß er ohne amerikanische Unterstützung auf politischem Gebiet und ohne die Lieferung von Waffen und Munition keinen Krieg beginnen konnte. Außerdem hatte der Vertreter der CIA in Israel, John Haydon, dem Chef des israelischen Geheimdienstes unverblümt gesagt: »Wenn Ihr Land Ägypten angreift, werden die Vereinigten Staaten den Angegriffenen verteidigen!«

Eshkol machte nun den Fehler, daß er in einer wenig brillanten Rundfunkrede den Entschluß, abzuwarten, öffentlich bekanntgab. Er führte aus, daß ein Ende der Blockade des Golfes von Aqaba nicht so rasch zu erreichen sei und daß versucht werde, die Krise auf diplomatischem Wege zu lösen.

Diese Nachgiebigkeit aktivierte die politischen Kräfte in Israel, die den Zeitpunkt gekommen sahen für eine Ausweitung des israelischen Staatsgebiets. Zu ihnen zählte Shimon Peres, der seine Wut darüber nicht verbergen wollte, daß Eshkol die

146

Chance zum Krieg verstreichen ließ – zum Krieg, an dessen Ende der Gewinn jener Territorien stehen sollte, die Israel glaubte, besitzen zu müssen. Eshkol geriet mehr und mehr in die Isolation. Er war bereits in Gefahr, sein Amt als Ministerpräsident zu verlieren, da machte Peres den Vorschlag, Eshkol möge wenigstens auf das Amt des Verteidigungsministers verzichten. Eshkol stimmte schweren Herzens zu. Am 1. Juni wurde Moshe Dayan Verteidigungsminister. Er war entschlossen, den Krieg zu beginnen, auch wenn die USA gegen den israelischen Erstschlag waren.

Parallel zu dieser Entwicklung in Israel fielen auch schwerwiegende Entscheidungen in Cairo. Suchten Eshkol und Abba Eban amerikanische Unterstützung für den »preemptive strike« gegen die Araber, so bemühte sich Nasser um Verständnis bei der Kremlführung. Er schickte den Kriegsminister Shams ed-Din Bedran nach Moskau, um dort mit Verteidigungsminister Marschall Andrei Gretchko zu klären, ob Übereinstimmung der Meinungen zum arabischen »Erstschlag« zu erreichen war. Shams ed-Din Badran sprach nicht nur mit Marschall Gretchko, sondern auch mit Ministerpräsident Alexej Kossygin.
Gretchko meinte vorsichtig, im Kriegsfall sei es für die Sowjetunion schwierig, der ägyptischen Armee zu helfen, denn die UdSSR und Ägypten seien nicht durch eine gemeinsame Grenze verbunden. Kossygin sagte unmißverständlich, daß er keinen ägyptischen Erstschlag dulden wolle: »Wenn Sie den Krieg anfangen, sind Sie der Aggressor! Die Sowjetunion ist gegen Aggressionen!« Die Botschaft war eindeutig: Die UdSSR wollte nicht, daß die arabische Seite den Krieg beginne – und sie war nicht bereit, sich in den Konflikt hineinziehen zu lassen.
Am 2. Juni 1967 erfuhr Gamal Abdel Nasser durch den Bericht seines Kriegsministers, daß im Kreml von ihm Zurückhaltung verlangt werde. Er teilte den Entschluß, Ägypten werde nicht angreifen, den Befehlshabern der Armeebereiche mit. Abdel Hakim Amer, der zweite in der Hierarchie der Militärs, spottete über seinen Präsidenten, der nicht den Mut habe, die Entscheidung im Kampf zu suchen. Amer witzelte, auf den Gedanken, daß Israel angreife, könne auch nur Nasser kommen – nichts weise darauf hin.

Daß er wirklich nicht an einen baldigen Kriegsbeginn glaubte, bewies Marschall Abdel Hakim Amer am Morgen des 5. Juni. In Begleitung des Kriegsministers und des Chefs der Luftwaffe verließ er sein Hauptquartier und begab sich per Flugzeug auf die Halbinsel Sinai, um dort die Befehlsstände der Bodentruppen zu inspizieren. Auch hatte er ein Treffen mit Saad ed-Din Shazli, dem Kommandeur einer Spezialeinheit für besondere Einsätze, vereinbart. Während der Kommandeur noch auf den Marschall wartete, erschütterte eine Detonation Luft und Boden beim Flugfeld Bir Tamada auf der Halbinsel Sinai. Saad ed-Din Shazli wußte in diesem Augenblick, daß Israel den Krieg begonnen hatte. Shazli erinnerte sich später: »Wir standen beisammen, alle höheren Offiziere der ägyptischen Streitkräfte auf Sinai. Wir schauten uns an. Die Israelis hätten uns alle gefangennehmen können. Wir hatten nicht an den Krieg zu diesem Zeitpunkt geglaubt. Vorbereitet auf diesen Schlag waren wir nicht!«

Die gewaltige Detonation war für Shazli Anzeichen eines israelischen Luftangriffs. Eine Vorwarnung war nicht gegeben worden. Dabei war von jordanischer Seite ein Hinweis auf den Massenstart israelischer Flugzeuge per Funk an die ägyptische Kommandozentrale geleitet worden. Die Flugbeobachter auf dem Mititärflugplatz Ajloun im jordanischen Bergland ostwärts des Flusses hatten bemerkt, daß sich von allen israelischen Flugfeldern ihres Überwachungsbereichs Schwärme von Kampfmaschinen in die Luft erhoben. Ihre Meldung an die ägyptische Kommandozentrale blieb jedoch unbeachtet.

Zum Unglück für die Ägypter war am Morgen des 5. Juni 1967 für alle Luftabwehrbatterien auf der Sinaihalbinsel striktes Feuerverbot angeordnet worden. Der Zweck war, das Flugzeug des Marschall Amer, das nach Sinai unterwegs war, nicht zu gefährden. Das Resultat der Anordnung war jedoch, daß die Besatzungen der Luftabwehrbatterien – froh, an diesem Morgen vom Dienst befreit zu sein – sich nicht an ihren Geräten befanden. Sie bemerkten nichts von den israelischen Kampfflugzeugen, die über sämtliche ägyptischen Luftstützpunkte herfielen.

Als Marschall Amer gegen 8 Uhr von der rasch unterbrochenen Inspektionsreise in sein Cairoer Hauptquartier zurückkehrte, gab er Befehl, die ägyptische Luftwaffe habe sofort ein-

148

zugreifen. Da erhielt er von seinem Stellvertreter die Antwort, die ägyptische Luftwaffe besitze keine Flugzeuge mehr.
Über diesen entscheidenden 5. Juni 1967 und die folgenden Ereignisse berichtet der König in seiner Autobiographie.

Nasser:
»Sie müssen stark sein«

Die Nacht zum 5. Juni verbringt Hussein im Palast im Westen von Amman. Er will erst um 8.50 Uhr frühstücken, doch er kommt nicht dazu. Sein Adjutant meldet ihm, daß der israelische Angriff gegen Ägypten begonnen habe. Der König begibt sich in sein Hauptquartier. Gegen 9 Uhr trifft er dort ein. Er liest die ersten Meldungen, die soeben aus Cairo eingetroffen sind. Der Inhalt ist geeignet, ihn zu beruhigen: Die israelische Luftwaffe habe den Krieg begonnen mit Angriffen auf die ägyptischen Flughäfen. Dabei seien 75 Prozent der feindlichen Maschinen abgeschossen worden.
Wenig später lautet die Information aus Cairo, der Gegenangriff der ägyptischen Luftwaffe erreiche bald seinen Höhepunkt. Die Bodentruppen hätten jetzt mit ihrer Offensive auf der Halbinsel Sinai begonnen.
Noch vor 10 Uhr treffen weitere optimistische Funksprüche aus Cairo im Hauptquartier des ägyptischen Generals Abdel Moneim Riad in Amman an. Er gibt aufgrund dieser Meldungen Befehl zur Vorbereitung der jordanischen Teilnahme am Krieg. Ein Infanteriebataillon soll zum Mount Scopus vorrücken; der Hügel liegt im Nordosten von Jerusalem und gilt seit den Feldzügen der Römer vor nahezu 2000 Jahren als der Punkt, von dem aus die Stadt am besten zu beobachten und zu beherrschen ist. Seit 1948 gehörte der Mount Scopus als Exklave zu Israel. Innerhalb kurzer Zeit gelingt dem jordanischen Bataillon tatsächlich die Besetzung des Hügels.
Um 11 Uhr setzt ein weiteres Bataillon zum Angriff auf das Hauptquartier der United Nation Observers auf dem biblischen »Hügel des bösen Rates« im Süden der Altstadt von Jerusalem an. Das UN-Hauptquartier trägt den Namen »Government House«, weil dort bis zum Jahr 1948 der britische Highcommissioner of Palestine residiert hatte.

Der Kommandeur der United Nations Observers, der norwegische General Odd Bull, war gerade zum Zeitpunkt des jordanischen Angriffs auf sein Hauptquartier vom Ministerpräsidenten Eshkol gebeten worden, er möge dem jordanischen König mitteilen, daß sich der israelische Angriff allein gegen Ägypten richte – halte sich Jordanien aus dem Kampf heraus, werden auch die israelischen Streitkräfte keine Kampfhandlungen beginnen. Odd Bull spricht selbst mit dem König, um ihm Eshkols Angebot wortgetreu übermitteln zu können. Hussein kann nur antworten, daß die jordanischen Verbände die Kampfhandlungen bereits aufgenommen hätten. Es sei zu spät, sich aus dem »Krieg der Araber« herauszuhalten: »Die Israelis haben die Feindseligkeiten begonnen. Sie haben als erste geschossen. Wir werden ihnen die gebührende Antwort geben. Diese Antwort wird durch unsere Luftwaffe erfolgen.«
Ein Teilnehmer an der Lagebesprechung im jordanischen Hauptquartier, der still als Beobachter dabeisitzt, gibt Hussein nach dessen Telefongespräch mit dem UN-General den Rat, er möge seine Luftstreitkräfte auf der Stelle in ein Land fliegen lassen, das sich am Krieg nicht beteilige. Diesen Ratschlag gab ein Offizier, der Husseins Vertrauen besaß. Er kam zu spät.
Hussein hatte am Vormittag des 5. Juni 1967 die Chance, den Krieg gar nicht erst anzufangen – oder wenigstens rasch abzubrechen. Doch dazu konnte er sich nicht entschließen. Er hatte dem ägyptischen Präsidenten Nasser versprochen, im Krieg mit Israel an seiner Seite zu stehen. Er wußte, daß er vor dem arabischen Volk als Verräter dastehen würde, wenn er dem ägyptischen Verbündeten, der offensichtlich von Israel angegriffen wurde, nicht helfen würde. Er war froh gewesen, in Cairo mit Gamal Abdel Nasser zu einem Einverständnis gelangt zu sein – dieses Einverständnis wollte Hussein zu dieser Stunde nicht gefährden.
Noch vor der Mittagsstunde wird der König von Gamal Abdel Nasser selbst angerufen. Den Wortlaut des Gesprächs hat der israelische Abhördienst aufgezeichnet.
»Nasser: Hallo, mein Bruder! Guten Morgen!
Hussein: Ja, ich höre Sie ganz gut!
Nasser: Wir kämpfen mit aller Kraft an unserer Front. Wir hatten einige Anfangsschwierigkeiten, doch sie sind jetzt nicht mehr wichtig. Sie müssen stark sein! Heute haben wir sämt-

liche Flugzeuge gegen Israel geschickt. Seit heute morgen bombardiert die ägyptische Luftwaffe alle israelischen Flugplätze. Hussein: Ich gratuliere Ihnen tausendmal! Bleiben auch Sie stark!«

Zum Zeitpunkt dieses Telefonats wußte der ägyptische Staatschef, daß er keine Flugzeuge mehr besaß. Er log Hussein an in der Hoffnung, dieser werde den Krieg fortsetzen – bis endlich die starke syrische Armee bereit zum Angriff war.

Die syrische Führung, die durch Propaganda viel zur Aufheizung der Kriegshysterie im Nahen Osten beigetragen hatte, hielt ihre Truppen am 5. Juni 1967 auffallend zurück Sie erlaubte ihrer Artillerie vereinzelte Salven auf israelische Stellungen und Truppenansammlungen, doch sie eröffnete keine Offensive, die den Bündnispartnern Entlastung gebracht hätte.

Hussein glaubt den Worten Nassers. Er ist auch bereit, den Meldungen zu vertrauen, die weiterhin von Marschall Amer in Cairo eintreffen. Der Marschall verfolgt seine eigenen Absichten. Er ist Nassers Rivale: Er will selbst Staatschef werden. Amer wartet nur auf den Augenblick, an dem er die Schuld am Versagen der ägyptischen Streitkräfte Nasser zuschieben kann. Vorläufig strahlt Amer noch Optimismus aus – und Hussein glaubt ihm.

»Einigermaßen hoffnungsvoll, halb und halb beruhigt« – so erinnert sich Hussein später – verläßt er nach 12 Uhr das Hauptquartier. Er begibt sich zur Zentrale der Luftwaffe. Zwei Staffeln der Hawker-Hunter-Kampfflugzeuge sind eben vom Einsatz gegen Ziele in Israel zurückgekehrt. Die Piloten melden Erfolge: Sie haben Flugzeuge am Boden zerstört.

Gespräche des Königs mit den Piloten ergeben jedoch rasch ein negatives Bild vom Verlauf der Kämpfe. Die Piloten werden zu Einsätzen geschickt, ohne Zielangabe. Es wird ihnen nicht mitgeteilt, wo sie den Feind finden können, den sie vernichten sollen. Sie verfügen weder über Fotos der anzugreifenden Objekte noch über präzise Karten. Daß sie improvisieren müssen, macht die Piloten unsicher und hilflos, im Gegensatz zu den israelischen Piloten, die klare Angaben über die zu treffenden Ziele haben. Hussein gab nach dem Krieg mit entwaffnender Naivität zu, Jordanien habe nie Luftaufklärung über Israel unternommen. Die anderen arabischen Luftwaffen hätten ebenfalls nie Flüge über israelisches Gebiet durchgeführt.

Doch die Piloten der königlich-jordanischen Luftwaffe brauchen sich schon bald keine Gedanken mehr über Einsätze und Ziele zu machen. Um 12.30 Uhr werden die jordanischen Kampfflugzeuge durch israelische Granaten und Raketen zerfetzt – auf dem Boden. Sie sollten gerade aufgetankt werden. In einer Reihe standen jeweils acht Hawker-Hunter-Maschinen auf dem Flugfeldern von Amman und Mafraq. Sie wurden zur leichten Beute für die erfahrenen und präzise eingewiesenen israelischen Piloten.

Die jordanischen Maschinen wären auch in der Luft bei Zweikämpfen ohne Glück geblieben. Sie waren zu langsam und zu schwerfällig in den Flugmanövern. Daß die jordanische Luftwaffe – deren Aufbau er selbst vor etwas mehr als einem Dutzend Jahren aus dem Nichts begonnen hatte – wenig effizient war, wußte der König. Er hatte sich deshalb bemüht, von den Vereinigten Staaten den Starfighter F-104 zu erwerben. Das Pentagon hatte jedoch lange mit dem Abschluß des Vertrages gezögert. Dann waren, genau wie in der Bundesrepublik, Piloten tödlich verunglückt. So hatte die königlich-jordanische Luftwaffe den Krieg mit veraltetem Gerät führen müssen. Er war für sie deshalb rasch zu Ende. Um 14.30 Uhr jenes 5. Juni 1967 hatten die jordanischen Piloten – genau so, wie zuvor die ägyptischen – keine Flugzeuge mehr.

Niederlage –
kein Verräter, aber ein Verlierer

Nach der Zerstörung der Flugzeuge, Hallen und der Piste des Militärflughafens Amman drehte die letzte Staffel der Mystère-Kampfflugzeuge nicht – wie die anderen Staffeln – in einer Schleife über der Stadt nach Westen ab, sondern nahm Kurs auf den Königspalast, der, drei Kilometer entfernt, am Hang über dem Ammantal liegt. Deutlich zu erkennen war der Palast an seinem hellroten Dach. Die Staffel teilte sich: fünf der Mystère-Maschinen kurvten nach Westen ab, fünf wandten sich nach Osten. Zwei Maschinen aber jagten direkt auf das Hauptgebäude des Palastkomplexes zu. Zaid Rifai, der Privatsekretär des Königs, berichtet was dann geschah: Die Flugabwehrgeschütze, die im Palastgarten stehen, schicken den tieffliegenden Maschinen Feuerstöße entgegen. Eine Mystère wird getroffen; die rechte Tragfläche brennt sofort. Die Maschine steigt hoch und verschwindet in nördlicher Richtung. Die zweite aber setzt zum Tiefflug an. Sie fegt knapp über die Bäume und feuert zwei Raketen ab. Eine detoniert an der Außenmauer des königlichen Arbeitszimmers; die zweite durchschlägt die Fenster des Konferenzraums; sie explodiert jedoch nicht. Tief über dem tief eingeschnittenen Ammantal zieht die Mystère einen Bogen und wendet sich erneut dem Palast zu. Diesmal schießt der Pilot mit dem Bord-MG. Die Geschosse sind auf das Arbeitszimmer gerichtet; sie zerfetzen Schreibtisch und Sessel. Die Präzision des Angriffs ist verblüffend und wäre der König anwesend gewesen, hätte er keine Chance gehabt.

Der Tod des haschemitischen Monarchen hätte gleich in den ersten Kriegsstunden zur Verwirrung im Königreich beigetragen. Den Soldaten und Offizieren hätten das Leitbild und die Orientierung gefehlt. Kopflosigkeit der Armee wäre die Folge gewesen. Doch Hussein war zu diesem Zeitpunkt im Auto unterwegs. Er hatte eben mit Nasser telefoniert, der auch diesmal davon sprach, die ägyptische Luftwaffe sei sehr aktiv und zerstöre die israelischen Luftbasen. Dann forderte Nasser den Monarchen auf, »soviel Land des Feindes als nur möglich zu erobern.« Dies sei deshalb wichtig, weil am Abend der Weltsicherheitsrat die Feuereinstellung verlangen werde – dann sei es nützlich, Land als Faustpfand für Verhandlungen in der Hand zu haben.

Gegen 15 Uhr ordnete General Abdel Moneim Riad an, die Artillerie vom Kaliber 15,5 cm habe die Radarstation Kastel westlich von Jerusalem zu beschießen und den Luftstützpunkt Megiddo. Das Feuer dieser weitreichenden Geschütze mit dem Spitznamen »Long Tom« war äußerst wirkungsvoll. Inzwischen hatte der Kampf um Jerusalem begonnen – mit dem Gegenangriff israelischer Einheiten zur Vertreibung des jordanischen Bataillons vom Hauptquartier der United Nation Observers auf dem »Hügel des bösen Rates«. Diese Aktion gelang innerhalb weniger Minuten. Der Angriffsschwung der israelischen Einheit war derart kraftvoll, daß die Attacke bis zum Dorf Abu Dis weitergetragen wurde und bis zur Straße, die

Jerusalem mit Jericho verband. Ein weiterer israelischer Stoß hatte die Region von Hebron zum Ziel.

Die Treffsicherheit der »Long-Tom-Geschütze«, die jetzt mit Präzision das Airfield Ramat David und das Zentrum von Tel Aviv trafen, störte die israelische Heeresleitung. Generalmayor Uzi Narkiss wurde angewiesen, die Artilleriepositionen einzunehmen. Seine Offensive hatte die Gegend von Ramallah zum Ziel.

Die eigene Luftwaffe war zwar verloren, noch aber bestand für Hussein Hoffnung, daß die syrische Luftwaffe den Schutz des Luftraums über dem Westufergebiet des Jordan übernehmen könnte. Auch war der Irak in das Bündnis mit Ägypten, Syrien und Jordanien eingebunden – die irakische Luftwaffenführung war ebenfalls verpflichtet, den Jordaniern beizustehen. Aufgrund dieser Situation und der optimistischen Meldungen aus Cairo sah Hussein noch immer keinen Grund, an einem halbwegs ruhmvollen Ende des Konflikts zu zweifeln. Er fuhr am Abend dieses ersten Kriegstages – so berichtet er – hinaus zu seinem Haus im Westen von Amman. Dort lebte Prinzessin Muna, Husseins damalige Frau, mit den Söhnen Abdallah und Faisal. Abdallah war eben fünf Jahre alt, Faisal dreieinhalb. Abdallah wurde dann, im Frühjahr 1999, zur Überraschung vieler Nachfolger seines Vaters Hussein.

Hussein traf seine Söhne Abdallah und Faisal auf dem Balkon des Hauses stehend an: Sie sahen begeistert den israelischen Kampfmaschinen zu, die mit donnerndem Getöse über das Haus fegten. Besonders der kleine Faisal jubelte jeder Maschine zu, die genügend Krach erzeugte. Der Vater ließ ihnen ihre Freude.

Zu dieser Zeit, um 17 Uhr des ersten Kriegstages, gelang der israelischen Panzertruppe der Einbruch in das Königreich Jordanien: Sie überschritt die Waffenstillstandslinie zum Westufergebiet des Jordan bei Ramallah. Der wichtige Radiosender Ramallah fiel aus, und die Israelis eroberten die ersten Stellungen der »Long-Tom-Geschütze« auf den Hügeln westlich von Ramallah. Der jordanische Beschuß der israelischen Flugfelder Ramat David und Lod hörte damit auf.

Britische Artillerieoffiziere, die nach diesem Krieg im Auftrag des Königs das Funktionieren der jordanischen schweren Artillerie zu untersuchen hatten, kamen zu einem vernichtenden

Urteil: »Zu Beginn der Kämpfe lagen alle israelischen Luftwaffenbasen im Bereich der Geschütze vom Kaliber 15,5 cm. Hätte sich die Artillerie auf diese Ziele konzentriert, wäre die israelische Luftwaffe nicht in der Lage gewesen, die Flugzeuge wie bei einer Übung im Frieden aufzutanken und mit Raketen zu bestücken. Die jordanische Artillerie hatte die Chance, den Kriegsverlauf entscheidend zu beeinflussen.«

Am Abend – so erinnert sich der König in seiner Autobiographie – beschäftigt ihn ein ungewöhnlicher Radiobericht. Seit dem Morgen hatte das jordanische Radargerät – solange es noch unzerstört war – über dem Mittelmeer Flugzeuge geortet, die nicht vom Festland aus gestartet waren. Dieselben Radarsignale ließen die Deutung zu, daß sich »stationäre Objekte« auf dem Mittelmeer befanden, die als Flugzeugträger gedeutet werden konnten. Die jordanischen Radaroffiziere hatten den Verdacht geäußert, von diesen Flugzeugträgern würden Kampfmaschinen zum Einsatz geschickt. Welcher Nation Flugzeugträger und Kampfmaschinen waren, konnte nicht festgestellt werden.

Den Berichten, die ihm vorlagen, glaubte Hussein entnehmen zu können, daß vor der israelischen Mittelmeerküste amerikanische Flugzeugträger lagen. Hussein glaubte schließlich sogar, die US-Luftwaffe greife zugunsten der Israelis in den Kampf ein. Diese Überzeugung wurde gestärkt durch die Berichte des Marschalls Amer, der weiterhin bei seiner Behauptung blieb, 75 Prozent der israelischen Kampfflugzeuge seien von ägyptischen Piloten vernichtet worden. Hussein hatte sich zuvor schon die Frage gestellt, wie es die israelische Luftwaffe fertiggebracht habe, mit nur 25 Prozent des Materials derartigen Druck auszuüben. Die Antwort liegt jetzt auf der Hand: Die Amerikaner helfen den Israelis.

Hussein befragte den Botschafter der USA in Amman per Telefon. Die Antwort war eindeutig: »Die Vereinigten Staaten von Amerika nehmen auf keine Weise am Konflikt teil. Die Vereinigten Staaten von Amerika haben keinen Flugzeugträger in der Nähe der israelischen Küste stationiert.« Hussein glaubte dem amerikanische Botschafter nicht.

Am Abend des ersten Kriegstages telefonierten Hussein und Nasser miteinander, um das Problem der amerikanischen Einmischung zu behandeln. Beide Regierungschefs waren gezwungen, ein derart brisantes Thema auf einer Telefonleitung zu besprechen, die über die Postämter Amman und Cairo und durch die Überseevermittlung in London läuft. Geräte für verschlüsselte Kommunikation waren zwar vorhanden, doch sind sie nicht rechtzeitig installiert worden. So war es dem israelischen Abhördienst leicht möglich, den Wortlaut der »geheimen« Unterhaltung zwischen Nasser und Hussein aufzuzeichnen:

»Nasser: Wie geht es Ihnen? Ich höre, daß Seine Majestät, unser Bruder, wissen will, ob an allen Fronten gekämpft wird. (Die folgenden Sätze sind durch Störung im Telefonnetz unverständlich. Dann sagt Nasser) Sollen wir sagen, daß die Vereinigten Staaten den Israelis helfen? Hallo! Hallo! Nicht unterbrechen. Ich höre nichts mehr! Die Verbindung ist äußerst schlecht. Hallo! Hallo! Sollen wir sagen, die Vereinigten Staaten und England helfen den Israelis, oder sollen wir sagen, die Vereinigten Staaten?

Hussein: Die Vereinigten Staaten und England!

Nasser: Besitzt England überhaupt Flugzeugträger?

(Husseins Antwort ist nicht zu verstehen.)

Nasser: Gut! König Hussein wird ein Kommuniqué mit diesem Inhalt herausgeben und ich werde mich ähnlich äußern.

Hussein: Danke!

Nasser: Nicht auflegen!

Hussein: Gut! Ich bleibe dran.

Nasser: Hallo! Hallo! Bruder, nicht nervös werden! Bleiben Sie stark!

Hussein: Ja, ich höre, Herr Präsident. Wenn Sie eine Idee haben, gleichgültig, welcher Art.

Nasser: Wir werden mit allen unseren Kräften weiterkämpfen! Wir kämpfen an allen Fronten. Am Anfang war die Sache schwierig. Trotz allem, Allah ist mit uns. (Die folgenden Sätze sind nicht zu verstehen.) Eure Majestät wird also ein Kommuniqué herausgeben über die Intervention der Amerikaner und der Engländer.

(Husseins Antwort ist nicht zu verstehen)

Nasser: Im Namen Allahs! Ich sagte, daß sie ein Kommuniqué herausgeben werden und ich auch. Wir werden dafür sorgen, daß die Syrer ebenfalls erklären, daß wir von amerikanischen und britischen Flugzeugen angegriffen werden, die uns von

Flugzeugträgern aus angreifen. Wir werden also dieses Kommuniqué veröffentlichen, wir werden diesen Punkt ganz besonders deutlich machen.
Hussein: Gut. In Ordnung.
Nasser: Majestät, sind Sie einverstanden?
(Die Antwort des Königs ist nicht zu verstehen.)
Nasser: Vielen Dank! Bleiben Sie am Apparat! Wir sind mit unserem ganzen Herzen bei Ihnen! Wir setzen unsere Flugzeuge gegen Israel ein. Wir bombardieren weiter!
Hussein: Vielen Dank! Bleiben Sie gesund!«

Nach dem Ende des militärischen Konflikts ließ Hussein die Ursache dieser Fehleinschätzung suchen. Er empfand den Verlauf des Telefongesprächs als Blamage für sich selbst – deshalb wollte er die Wahrheit erfahren. Daß weder die Amerikaner noch die Engländer direkt in den Verlauf des Junikrieges eingegriffen hatten, wußte der König inzwischen. Er wußte auch, daß die Radaranlage von Ajlun fehlerhaft gearbeitet hatte. Sie konnte atmosphärische Überlagerungen nicht mehr ausfiltern. Das Radarsignal hatte unterschiedliche Empfangsbereiche miteinander verkoppelt und ein falsches Bild geliefert.
In der Nacht vom ersten zum zweiten Kriegstag verursacht der ägyptische Oberbefehlshaber an der jordanischen Front, Abdel Moneim Riad, den Zusammenbruch – und Hussein kann ihn nicht verhindern. In seinem Buch teilte er dazu folgendes mit: Dem General stehen zwei starke jordanische Panzerverbände zur Verfügung: Die 40. und die 60. Brigade. Sie verfügen über Panzer vom Typ Patton M-48. Die 40. Panzerbrigade kommandiert Oberst Rakan Anad; die 60. Brigade befehligt Husseins Vetter Sherif Seid Shaker. Oberst Rakan Anad hat den nördlichen Teil des Jordantals zu schützen; Husseins Vetter den südlichen. Offensive Bewegungen sind im Verteidigungsplan für beide Einheiten nicht vorgesehen.
Als Abdel Moneim Riad die Meldung von Cairo erhält, ägyptische Panzertruppen seien zum Angriff auf die südisraelische Stadt Beersheba angetreten und seien dabei außerordentlich erfolgreich, entschließt er sich, die 60. jordanische Panzerbrigade vom Jordantal aus in Richtung Hebron zu entsenden; Husseins Vetter soll von Hebron aus den ägyptischen Panzern den Weg öffnen. Sherif Seid Shaker gibt seinem Verband von

100 Panzern den Befehl, über die Hügel des südlichen Jordanwestufers nach Hebron abzurollen.

Die 40. Panzerbrigade, bestehend aus 88 Panzern, bekommt
die Order, die Lücke im Südabschnitt des Jordantals zu schließen, die von der abrückenden 60. Panzerbrigade hinterlassen
worden war. Rakan Anad wird angewiesen, aus dem Norden
des Jordanwestufergebiets, aus der Gegend von Djenin, nach
Jericho abzurücken.

Sowohl Sherif Seid Shaker als auch Rakan Anad wundern sich
über diesen Befehl, der definitiv beweist, daß der Ägypter das
Gelände nicht kennt. Es ist keine Region für rasche Panzer-
bewegungen; die Kettenfahrzeuge sind zu schwerfällig für die
engen und steilen Straßen; wird die Kette eines Panzers getroffen, bleibt er liegen und versperrt allen nachfolgenden Fahr-
zeugen den Weg. Der Protest der beiden Kommandeure gegen
die Befehle bleibt ohne Wirkung; der General besteht darauf,
daß sie – ohne Diskussion – befolgt werden.

Der strategische Sinn der Stationierung beider Panzerbrigaden
war gewesen, von Norden und von Süden her einen israelischen Durchbruch zum Jordangraben zu verhindern. Die
Strategie der Zangenbewegung ist nun hinfällig. Der Ägypter
begreift, daß die strategische Ausgangslage unbedingt wieder
hergestellt werden mußte: Er bittet deshalb das syrische Oberkommando, einen starken Panzerverband in die Gegend von
Djenin zu entsenden. Das Hauptquartier in Damaskus reagiert
nicht auf die Bitte.

Selbst Amer Chammash, der oberste jordanische Offizier, kann
nicht verhindern, daß die beiden wirklich schlagkräftigen königlichen Armeeverbände, die 40. und die 60. Panzerbrigade,
auf für sie ungeeignetem Gelände unterwegs sind. Vom Zeitpunkt des Verlassens der durch Flak geschützten Stellungen
sind die Panzer Beute der israelischen Luftwaffe. Sherif Seid
Ibn Shaker und Oberst Rakan Anad begreifen jetzt erst, da sie
auf ihre Bitten um Luftunterstützung ohne Antwort bleiben,
daß das Königreich keine Kampfflugzeuge mehr besitzt, die
ihren Verbänden Schutz bieten könnten. Sie sehen nur, daß der
Himmel von Mystèrekampfflugzeugen beherrscht wird.

Als die ersten Mystère hinter den Hügeln auftauchen, sind die
jordanischen Offiziere fest überzeugt, es handle sich um die
eigenen Maschinen vom Typ Hawker-Hunter, die Silhouetten

ähneln sich tatsächlich. Die Freude, eine starke Luftwaffe auf ihrer Seite zu haben, ist dann rasch verflogen.

Die 60. Panzerbrigade hat bereits ein Drittel ihrer Panzer verloren, als sie schließlich die Region Hebron erreicht. Sherif Seid Shaker schickt leichtere Kettenfahrzeuge in Richtung Beersheba voraus; ihre Mannschaften sollen erkunden, wo sich der so erfolgreiche ägyptische Panzervorstoß derzeit befindet. Es stellt sich rasch heraus, daß er gar nie stattgefunden hat. Die Panzer des Marschalls Amer befinden sich, soweit sie noch fahrbereit sind, auf der Flucht durch die Halbinsel Sinai nach Westen.

Was die jordanischen Offiziere vorausgesehen haben, geschieht nun: Die israelischen Panzerverbände greifen im Norden des Westjordanlandes an. Abdel Moneim Riad hofft auf eine syrische Gegenattacke. Sie bleibt aus. In raschem Tempo durchbrechen die israelischen Panzer die Stellungen der königlich-jordanischen Infanterie bei Nablus und Djenin. Sie formieren sich zum Durchstoß auf den nördlichen Jordangraben. Der Zusammenbruch der jordanischen Front zeichnet sich ab.

Da entschließt sich Abdel Moneim Riad zur verhängnisvollsten Entscheidung des gesamten Feldzugs: Die 40. Panzerbrigade, die in Richtung Süden fährt, auf die Stadt Jericho zu, erhält den Befehl zu wenden, um nach Norden zurückzurollen.

König Hussein, der im Ammaner Hauptquartier die Entwicklung der Panzeraktion verfolgt, ist verzweifelt. Er weiß, daß eine volle Wendung für einen Panzerverband ein riskantes Manöver ist; sie braucht eine breite Fläche. Der Raum im Jordantal zwischen Fluß und Abhang der Berge ist zu eng. Dazu sind die Panzer während des Vorgangs der Wende besonders den Raketen der angreifenden Flugzeuge ausgeliefert.

Seine Verzweiflung über diese laienhafte Kriegführung darf der König jedoch nicht zum Ausdruck bringen. Oberbefehlshaber ist Abdel Moneim Riad. Hussein hatte nicht widersprochen, als Gamal Abdel Nasser diesem General Vollmacht in der Kampfführung gegeben hatte. In der Nacht zum zweiten Kriegstag weiß der König, daß der Krieg verloren ist. Er wird in diesen Stunden nicht mehr gebraucht. Er fährt zu Prinzessin Muna und den zwei Söhnen im Haus draußen vor der Stadt. Während der Fahrt sieht er im Westen Feuerschein und grell aufsteigende Flammengarben. Dort drüben, im Jordangraben, wird seine 40. Panzerbrigade vernichtet. Einen »Schutz der

Nacht« gibt es nicht mehr. Am Himmel schweben an Fallschirmen Magnesiumfackeln, »flare bombs«, die den israelischen Piloten die Panzer sichtbar machen.

Hussein weiß zwar, daß der Krieg verloren ist, doch er kann immer noch nicht an die Verlogenheit der Meldungen aus Cairo glauben. Hatte ihn Nasser in voller Absicht angelogen? Manchmal kommt ihm der Gedanke, die Ägypter könnten vielleicht doch noch siegreich mit fliegenden Fahnen bei Beersheba auftauchen. Er begreift, daß es ein schlimmes Versäumnis war, keinen erfahrenen jordanischen Verbindungsoffizier ins Hauptquartier des Marschalls Amer delegiert zu haben. Von ihm hätte er rechtzeitig die Wahrheit erfahren.

Am frühen Morgen des zweiten Kriegstags hört Hussein von General Riad, daß der völlige Rückzug auf das Ostufer des Jordan unerläßlich sei, wenn es nicht gelinge, eine baldige Feuereinstellung zu erreichen. Riad spricht jetzt ohne Verschleierung über die Situation: »Sie können bald ihre Armee und das Westjordanland abschreiben!« Hussein verlangt, daß Nasser über die Situation informiert wird; er will sich endlich mit Nasser abstimmen. Der ägyptische Staatschef wünscht, daß ihm schriftlich per Telex eine Situationsanalyse übermittelt werde. Sie wird im Beisein des Königs von General Riad verfaßt und lautet: »Die Situation am Westufer wird hoffnungslos. Die israelische Offensive erstreckt sich auf alle Frontabschnitte. Wir werden Tag und Nacht von israelischen Kampfflugzeugen angegriffen. Wir können uns nicht mehr wehren, da der größte Teil der Luftstreitkräfte Jordaniens, Syriens und des Irak vernichtet sind. Es bleibt uns nur die Wahl zwischen folgenden drei Alternativen:

A) Eine politische Lösung wird angestrebt, die den Kampf sofort beendet. Diese Lösung muß von außen ausgehen: von den USA, von der Sowjetunion oder vom Weltsicherheitsrat.

B) Im Schutz der kommenden Nacht das Jordanwestufer zu räumen.

C) Das Jordanwestufer noch 24 Stunden zu halten, mit der Konsequenz der völligen Vernichtung aller jordanischen Streitkräfte.

König Hussein hat mich beauftragt, Sie von diesem Sachverhalt zu informieren. Er bittet Sie um Mitteilung Ihrer Meinung und Ihrer Entscheidung.«

König Hussein will dem Telex des Oberbefehlshabers Nach-
druck verleihen. Er schickt ein Telex mit diesem Text eine
halbe Stunden später ab: »Lage äußerst kritisch. Schwere Verluste an Menschen und Material. Im zeitlichen Durchschnitt
wird alle zehn Minuten einer unserer Panzer außer Gefecht
gesetzt. Feind konzentriert sich jetzt auf uns.«
Nasser zögert nicht mit seiner Antwort. Er ist einverstanden
mit dem Rückzug der jordanischen Streitkräfte auf das Ostufer
des Jordan. Gleichzeitig regt er an, der König möge die Zivilbevölkerung bewaffnen.
Hussein teilt als Antwort mit, die Zivilbevölkerung sei bereits
seit längerer Zeit bewaffnet. Doch dies entspricht nicht der
Wahrheit – das haschemitische Regime hatte sich aus gutem
Grund gehütet, Waffen austeilen zu lassen, die eventuell gegen
das Regime gerichtet werden könnten.
Am Nachmittag des zweiten Kriegstags – es ist Dienstag, der
6. Juni 1967, hält es Hussein in seinem Ammaner Hauptquartier nicht mehr aus. Die schlimmste Erfahrung sei für ihn gewesen, diese bitteren Stunden in einem fensterlosen Bunker
zubringen zu müssen. Er setzt sich ans Steuer eines Jeeps und
fährt hinunter ins Jordantal. Schon westlich der Stadt Salt ist
die Straße versperrt von ausgebrannten Kraftfahrzeugen, auf-
gerissenen Truppentransportern, zerschmetterten Jeeps. Unten
im Tal liegen Panzer ohne Ketten, ohne Turm und Geschütze
mit verbogener Panzerung, mit aufgeschlitzten Rohren. Die
Luft ist erfüllt vom Gestank der Explosionen, des verbrannten
Öls. Es riecht nach verbranntem Lack – und nach Leichen.
Hussein sucht Kontakt zu den Chefs der 40. und 60. Panzerbrigade. Er trifft am Ostufer des Jordan die erschöpfte Truppe des
Obersten Rakan Anad. Er verfügt noch über ein Dutzend Pan-
zer. Mehr als 70 hat er verloren.
Die Offiziere der 40. Panzerbrigade vermitteln ihrem König eine
Funkverbindung zu Sherif Seid Shaker, dem Kommandeur der
60. Panzerbrigade. Auch der Vetter des Königs befindet sich
auf dem Ostufer des Jordan. Er hat Stellung bezogen an der
Allenby-Brücke, um die Straße in Richtung Amman zu sichern.
Ihm sind von seinen 100 Panzern nur sechs geblieben.
Sherif Seid Shaker meldet, er rechne mit einem Angriff von
etwa 100 israelischen Panzern. Sie bereiten sich am Westufer
offenbar auf einen Angriff in Richtung Amman vor. Diese

Offensive zum jordanischen Kernland unterbleibt allerdings – zum Glück für den Vetter des Königs und den kleinen Rest seiner Truppe.

General Amer Chammash, der wieder das Kommando in Jordanien führt – nach einem Nervenzusammenbruch des Ägypters – rechnet durchaus mit einem Durchbruch der israelischen Panzerverbände nach Amman, mit der Absicht, die Hauptstadt zunächst zu umzingeln und dann zur Kapitulation zu zwingen. Hussein fürchtet um den Rest seines Königreichs.

Noch hatte der Weltsicherheitsrat keinen Beschluß zur Feuereinstellung gefaßt. Bis zum 10. Juni dauerte der offene Kriegszustand an. Innerhalb der sechs Kriegstage eroberten die israelischen Streitkräfte nicht nur das Westufergebiet des Jordan, die Golanhöhen und das Plateau im Osten der Hügel, sondern auch die gesamte Sinaihalbinsel. Die Katastrophe, die über Ägypten hereinbrach, war so schlimm wie die traumatischen Erlebnisse der Jordanier. Nichts war für den Feldzug vorbereitet gewesen; auch für die Defensive hatte es keine Dispositionen gegeben. Als die Israelis mit Wucht gegen die ägyptische Panzerwaffe auf Sinai losschlugen, existierte keine ägyptische Luftwaffe mehr. Generalstabschef Fawzi entwickelte in aller Eile einen durchdachten Rückzugsplan, der jedoch nicht mehr befolgt wurde. Feldmarschall Amer hatte zuvor schon allen Kommandeuren die Möglichkeit zur Flucht nach Westen freigegeben. Danach flüchteten die Soldaten auf eigene Faust – viele zu Fuß. Sie hatten nur das eine im Sinn, das Westufer des Suezkanals zu erreichen. Nasser verfügte nach nur zwei Tagen Krieg über keine einsatzfähige Truppe mehr.

Inzwischen hatte auch der jordanische König das Ausmaß der Niederlage Nassers erfahren. Er war auch informiert, daß sein ägyptischer Partner eine Botschaft an den syrischen Präsidenten Nureddin Atassi geschickt hatte, mit der Aufforderung, jetzt nicht mehr in den Krieg einzutreten – bisher hatten sich die Syrer fast völlig herausgehalten. Doch Verteidigungsminister Moshe Dayan nahm dem syrischen Staatschef die Entscheidung aus der Hand: Am 9. Juni, dem fünften Kriegstag, entschloß sich Verteidigungsminister Moshe Dayan, ohne Rücksprache mit seinem Regierungschef Levi Eshkol, die Syrer anzugreifen. Während dieser letzten Phase des Sechstagekriegs standen Hussein und Nasser außerhalb der militärischen und politischen Aktionen.

Während die Kämpfe am Westufer des Jordan abklangen, erhielt Hussein dieses Fernschreiben aus Cairo; Absender war Gamal Abdel Nasser:

»Mein lieber Bruder, König Hussein.

Wir befinden uns in einer der kritischen Situationen, die einem Volk manchmal aufgezwungen werden und die durchgestanden werden müssen. Dies erfordert Mut, der weit über die menschlichen Fähigkeiten hinausreicht. Wir sind uns bewußt, daß Sie sich in einer schwierigen Lage befinden. In diesen Stunden fällt auch unsere Front zusammen. Gestern hat uns die Luftwaffe des Feindes einen tödlichen Schlag versetzt. Seit gestern haben unsere Bodentruppen keine Luftunterstützung mehr. Sie sind gezwungen, überlegenen Kräften standzuhalten.

Wenn die Geschichte dieses Krieges geschrieben wird, dann wird man sich Ihres Mutes und Ihrer Standhaftigkeit erinnern. Es wird nicht vergessen sein, daß das heroische jordanische Volk ohne Zögern in den Krieg eingetreten ist, mit keiner anderen Überlegung als der, die Ehre zu wahren und die Pflicht zu erfüllen.

Ich glaube, daß unsere einzige Chance in der Evakuierung des Jordanwestufers in der kommenden Nacht liegt, in der Hoffnung, daß der Weltsicherheitsrat einen Waffenstillstand anordnet.

Die Geschichte der Völker besteht aus Rückschlägen, Siegen und Niederlagen. Wir müssen hoffen, daß die Entscheidung, die wir jetzt treffen, so bitter sie ist, unser erster Schritt vorwärts sein wird. Es ist Allahs Wille.

Ich möchte Ihnen zum Schluß sagen, wie sehr ich Ihr heroisches Verhalten, Ihren starken und tapferen Willen und die Entschlossenheit des jordanischen Volkes und seiner Armee schätze. Friede sei mit Ihnen. Allah schütze Sie!«

Hussein war nicht zum Verräter geworden. Er hatte den Krieg verloren – doch er hatte etwas gewonnen, was ihm für die Zukunft wertvoll erschien: die Wertschätzung Nassers. Die arabischen Nationalisten, die auf Nasser hörten, konnten nie mehr behaupten, Jordanien und sein König stünden abseits im Schicksalskampf des arabischen Volkes. Hussein glaubte, er müsse sich von nun an nie mehr vorwerfen lassen, sich und sein Land den Israelis zu verkaufen.

Ein letzter Schlag trifft den König am späten Abend des 6. Juni 1967. Um 23 Uhr ordnet der Sicherheitsrat der Vereinten Nationen die sofortige Feuereinstellung an der jordanisch-israelischen Front an. Hussein sieht eine Chance, der Weisung des Sicherheitsrats ohne Zögern zu folgen, denn er hat zu seiner Überraschung festgestellt, daß keineswegs alle jordanischen Streitkräfte das Jordanwestufer verlassen haben. Noch halten königliche Verbände Gebiete bei Hebron, bei Jerusalem in Ramallah und Nablus unter Kontrolle. Hussein befiehlt selbst, daß diese Plätze unter keinen Umständen geräumt werden. Halten sich jordanische Verbände westlich des Jordan, dann dokumentiert diese Präsenz den Anspruch Jordaniens und der haschemitischen Dynastie auf die Region um die Heilige Stadt Jerusalem.

Zu seiner maßlosen Enttäuschung muß er feststellen, daß General Abdel Moneim Riad kurz zuvor den Totalrückzug aus dem Westjordanland angeordnet hat. Hussein erläßt einen Gegenbefehl: Die Verbände haben in ihren Stellungen zu bleiben und sie bis zur erfolgten Feuereinstellung zu halten. Doch der Gegenbefehl kommt zu spät. Die jordanischen Einheiten befinden sich bereits auf dem Weg zum Jordantal. Der König verlangt trotzdem daß seine Truppen in die eben verlassenen Stellungen zurückkehren, doch dort befinden sich bereits die Israelis. Sie lassen sich nicht mehr vertreiben.

Der Haschemit Hussein hat einen wesentlichen Teil des Erbes verspielt, das ihm sein Großvater Abdallah hinterlassen hat: Das Bergland westlich des Jordan und in dessen Mitte die Altstadt von Jerusalem mit den islamischen Heiligtümern sind verloren, aufs Spiel gesetzt, um Gamal Abdel Nasser zu gefallen. Hussein kann am 8. Juni 1967 nicht ahnen, daß die Al-Aqsa-Moschee, vor der sein Großvater getötet worden ist, für immer der Haschemitenfamilie entrissen ist.

»Israel ist hier, um zu bleiben« – Wandlung zum Realisten

Der letzte Kriegstag war der 10. Juni 1967. Gekämpft wurde nur noch an der syrischen Front, doch sie war schon zusammengebrochen. Um 14.30 Uhr fiel die Stadt Quneitra auf dem Golanplateau kampflos in die Hände der Israelis. Damit hatten die israelischen Militärplaner alle Zielvorgaben erreicht. Die syrische Hauptstadt Damaskus lag offen vor den Siegern. Um 18.30 Uhr besiegelte der vom Weltsicherheitsrat verordnete Waffenstillstand die syrische Niederlage. Die drei arabischen Kriegspartner Ägypten, Syrien und Jordanien hatten schmachvoll verloren – einer nach dem anderen.

Der Krieg des Jahres 1967 hatte das Haschemitische Königreich Jordanien verändert. Die Hälfte seines bewohnbaren Gebietes war verlorengegangen. Jordanien wurde reduziert auf die Region am Rande der Wüste; es hatte kein Land mehr am Rande des Mittelmeers. Nicht allein, daß das haschemitische Königreich die schönsten, heiligsten und wirtschaftlich wichtigsten Gebiete verloren hatte, es mußte auch hinnehmen, daß sich in sein Restgebiet ostwärts des Jordan ein Flüchtlingsstrom ergoß. Eine Viertelmillion Menschen überquerten im Sommer 1967 den Jordan, um in Transjordanien Zuflucht zu suchen. Die Bevölkerungsstruktur wandelte sich. Hatten schon die Flüchtlinge des Krieges von 1948 den Anteil der Palästinenser im Königreich anschwellen lassen, so bildeten sie ab Sommer 1967 die Mehrheit der Bevölkerung. Der haschemitische Staat hatte als Gemeinwesen der Beduinen begonnen. Bis 1948 waren sie unter sich geblieben, jetzt aber bildeten sie die Minderheit. König Hussein war der Chef eines Palästinenserstaates geworden. Es blieb ihm nichts anderes übrig als zu versuchen, diese Mehrheit für sich zu gewinnen. Er prägte das Schlagwort: »Wir sind alle Palästinenser!«

Zu dieser positiven Wendung mit einer Zukunftsperspektive ist Husseins Verstand erst – wie er selbst bekennt – später fähig. Das bittere Ende des Sechstagekriegs, der für Jordanien nur zwei Tage gedauert hat, bewirkt einen anhaltenden Schock in Husseins Bewußtsein: »Mein Herz krampft sich zusammen, wenn ich daran denke, was geschehen ist, wenn ich an die Soldaten denke, die gefallen sind.« Auf den Tag der Niederlage folgen Stunden der Benommenheit: »Ich biß manchmal Sandwiches an, die ich dann nicht zu Ende aß. Ich trank gedankenverloren literweise Tee, und ich rauchte eine Zigarette nach der anderen.« Hussein vermag mit seinem Verstand den Ablauf der Katastrophe nicht zu begreifen. Er fragt sich immer wieder, warum er nicht in die verhängnisvolle Entscheidung der Panzerverschiebung im engen Jordantal eingegriffen hat.

In diese Phase der Benommenheit fällt der Abschiedsbesuch des ägyptischen Generals, der für den Fehler verantwortlich war. Abdel Moneim Riad will nach Cairo zurückkehren. Der General weiß, daß er die 40. und die 60. Königlich-jordanische Panzerbrigade in den Untergang geschickt hat. Er ist verlegen, als er dem König gegenüber steht. Doch Hussein meint: »Sie haben Ihr Bestes gegeben!« Der General antwortet, er bewundere den Mut der jordanischen Soldaten. Zum Schluß der kurzen Audienz bemerkt der Ägypter: »Schuld an der Katastrophe ist die arabische Politik.« Hussein gibt ihm recht.

Der König fragt sich manchmal, warum er nicht am Ende des zweiten Kriegstags mit seiner Leibgarde dem Feind persönlich Widerstand geleistet hat, in der Absicht, dabei sein Leben zu verlieren. Es dauert Tage, bis Hussein begreift, daß er noch gebraucht wird.

Langsam verschafft er sich Klarheit. Dabei schreckt ihn immer wieder neu der Gedanke, daß er Jerusalem für die islamische Welt verloren hat. Das Heiligtum, von dem aus sich der Prophet – nach der Überzeugung der Moslems – in den Himmel erhoben hat, um dort den Willen Allahs zu erfahren, untersteht nun der Aufsicht der Israelis, der Juden. Sie sind nun die Herren über den Felsendom und über die Felsplatte, die Mohammeds Fuß berührt hatte. Diese Platte unter der Kuppel des Felsendoms ist für viele Millionen gläubiger Moslems kaum weniger heilig als der Schwarze Stein, der in die Außenmauer der Ka'aba in Mekka eingelassen ist.

Die Gedanken schweifen vom Felsendom ab zur Klagemauer, die nur einige hundert Schritte entfernt ist. Sie ist das wichtigste Heiligtum des jüdischen Volkes – und ganz besonders der Israeli. Die Klagemauer ist der letzte Überrest des Tempels der Juden. Sie ist darüber hinaus der sichtbare, steinerne Beweis, daß das jüdische Volk vor Jahrhunderten, vor Jahrtausenden seine Wurzeln in Jerusalem besaß. Die Fernsehbilder sind auch in Amman bekannt, die zeigen, mit welcher Ergriffenheit die jüdischen Soldaten sich im Augenblick der Eroberung gerade diesem heiligen Platz genähert haben. Bekannt sind auch die Aufnahmen, auf denen Moshe Dayan und Shimon Peres triumphierend vor der Klagemauer zu sehen sind. Bekannt ist vor allem die Aussage des israelischen Verteidigungsministers: »Die Klagemauer werden wir uns nie mehr nehmen lassen!«

Daß die Bewohner Israels im Sommer 1967 durchweg dieser Meinung waren, wußten alle Verantwortlichen in der jordanischen Hauptstadt. Sie wußten auch genau, daß die israelischen Politiker einen Grund hatten für ihre harte Haltung. Die jordanischen Behörden hatten nahezu 20 Jahre lang, von 1948 bis 1967 den Bürgern des Staates Israel rigoros den Zugang zu ihrem Heiligtum verwehrt. Die Königlich-jordanische Regierung hatte während dieser vielen Jahre kein Entgegenkommen gezeigt. Sie war arrogant gewesen. Daß diese Arroganz gerächt werden würde von den Siegern, damit war zu rechnen.

Im Zusammenhang mit dem Verlust der heiligen Stätten des Islam wurde dem König in den Wochen, nachdem die Waffen zu schweigen begonnen hatten, auch bewußt, wieviel er im religiösen Bereich tatsächlich verloren hatte. Es war nicht allein den Verlust der Al-Aqsa-Moschee und des Felsendoms, auch die Grabeskriche in Jerusalem unterstand nicht mehr seiner staatlichen Souveränität. Von Israel kontrolliert wurden jetzt auch die Via Dolorosa, der Ölberg, der Garten Gethsemane, der kleine Ort Bethanien. Die jordanische Verwaltung war nicht mehr zuständig für die Geburtskirche in Bethlehem und für das Grab des Abraham in Hebron. Das »Land der Patriarchen« war Israel zugefallen.

Dem König wurde auch bewußt, daß künftig die Pilger an Ostern und Weihnachten nicht mehr nach Jordanien einreisen würden; sie würden von Tel Aviv aus Jerusalem und Bethlehem erreichen. Das Königreich war stolz darauf gewesen, sich »Heiliges Land« nennen zu können. Dazu bestand keine Berechtigung mehr. Die Plakate »Jordanien – das Heilige Land«, die noch im Gebäude des Zivilflughafens Amman an den Wänden klebten, stammten aus vergangener Zeit.

Wenn sich der König Rechenschaft gab in den Tagen nach der Niederlage, dann mußte er sich auch die Frage stellen, ob sein haschemitisches Regime die Bewohner des Gebiets am Westufer des Jordan richtig behandelt hatte. War das Herz des Monarchen jemals auf der Seite dieser Palästinenser gewesen? Hussein hatte kein repräsentatives Haus in Jerusalem besessen – seit er Zeuge der Ermordung des Großvaters vor der Al-Aqsa-Moschee gewesen war, hatte er wenig Neigung gezeigt, sich in Jerusalem aufzuhalten. Das Erlebnis, daß er dort einen Palästinenser gesehen hatte, der auf seinen Großvater schoß, hatte ihm Jerusalem verleidet. Sein Interesse war auf Transjordanien konzentriert gewesen und auf den Bevölkerungsteil, der von Beduinensippen abstammte. Die Palästinenser im Westen des Jordan waren ihm fremd gewesen. Diese Distanz war von den Bewohnern des Westjordanlandes als kränkend empfunden worden.

Diese Erfahrung aus der Vorkriegszeit (1948–1967) verleitete die Palästinenser, die im Westjordanland ausgeharrt hatten – und vor allem die Palästinenser, die geflohen waren – zu eigenen Schlüssen über den Kriegsverlauf. Sie gaben nicht den militärisch absurden Befehlen des ägyptischen Generals die Schuld an der Niederlage, sondern der jordanischen Armee. Zu Recht waren die Palästinenser der Meinung, die Königlich-jordanische Armee bestünde im wesentlichen aus Männern, die in den Beduinenstämmen rekrutiert worden waren. Offiziere und Mannschaften waren Angehörige der Beduinenstämme. Ihr Land war das Gebiet ostwärts des Jordan; sie hatten keine Beziehung zum Westjordanland und seinen Menschen. Und für die Palästinenser stellte sich die Frage, ob diese Offiziere und Soldaten in einem Land, das nicht ihre Heimat war, überhaupt mit voller Überzeugung gekämpft haben. Die Antwort, die sich die meisten Palästinenser auf diese Frage selbst gaben, hieß »Beduinen mochten Land und Menschen westlich des Jordan nicht: Sie sind vom Westjordanland abgefahren, so rasch sie nur konnten. Sie haben Menschen und Land im Stich gelassen!«

Gegen diese Argumentation sprach, daß die jordanische Armee nahezu 7000 Offiziere und Soldaten verloren hatte. Doch diese Opfer wurden von den Palästinensern nicht berücksichtigt. Das böse Wort, das bald in den von Israel besetzten Städten des Westjordanlandes und in den Flüchtlingslagern Transjordaniens zirkulierte, hieß: »Hussein und die Beduinen haben unser Land möbliert an die Israelis verkauft!« Gemeint war,

Hussein und die Beduinen haben palästinensisches Land samt palästinensischem Eigentum Israel überlassen. Das Wissen um die Kluft zwischen palästinensischer Mehrheit und den Angehörigen der Beduinenstämme in seiner Bevölkerung zwang Hussein zu der Aussage: »Wir sind alle Palästinenser!«
Aus dem Zustand der Benommenheit aufgewacht, reagierte Hussein tatkräftig. Ein Jahr vor Ausbruch des Junikrieges von 1967 hatte der König seinen jüngeren Bruder Hassan zum Kronprinzen eingesetzt – ihn beauftragte er jetzt mit der Aktivierung der dem Königreich verbliebenen Kräfte – wobei Hassan ausdrücklich die Palästinenser in diese Aktivierung einbeziehen sollte.
Im Jahr 1965 hatte Hassan sein Studium in Oxford abgeschlossen. Er war das erste Mitglied der Sippe Haschem, das ein Universitätsdiplom vorweisen konnte. Sein Studiengebiet war Wirtschaftswissenschaft gewesen, und dieses Wissen, das er sich in Oxford angeeignet hatte, sollte jetzt dem Königreich nützen. Hassan wurde beauftragt, das Rumpfkönigreich ostwärts des Jordan so auszubauen, daß es auch ohne das Westjordanland lebensfähig war. Für diese Aufgabe fand Hassan bald geeignete Mitarbeiter – auch bei palästinensischen Akademikern. Der Kronprinz machte den Eindruck beachtlicher Ernsthaftigkeit: Er befaßte sich mit den Problemen des geschrumpften Jordanien und suchte nach Lösungen. Dabei vergaß Hassan nicht, auch die Leiden der palästinensischen Flüchtlinge in seine Überlegungen heranzuziehen. Er dachte daran, die schöpferischen Kräfte der Palästinenser bei der Problemlösung einzubeziehen. Einige der intelligenten Köpfe des palästinensischen Volkes waren bereit, an der Gründung einer »Royal Scientific Society« mitzuwirken.
Hassan, der Haschemitenemir mit Oxfordabschluß, kümmerte sich vor allem um die Absolventen der American University in Beirut. Dieses ausgezeichnete Institut war ab 1948 permanent ein Magnet für intellektuelle Palästinenser. Hassan wollte darauf achten, daß die palästinensischen Studenten, die in Beirut der Faszination sozialistischer Ideen verfallen waren, ihren Geist in Amman praktischer Aufbauarbeit zuwenden konnten.

Der König wußte, daß die Bemühungen des Kronprinzen sinnlos waren, wenn es nicht gelang, mit dem Feind des eben vergangenen Krieges zu einem Einverständnis zu gelangen. Zum Realisten geworden, zuckte Hussein nicht davor zurück, die Erkenntnisse offen und klar auszusprechen, daß sich Israel fest im Nahen Osten etabliert hatte, »Israel ist hier, um hier zu bleiben!« Die Gefahr mußte ausgeschaltet werden, daß die Mächtigen des jüdischen Staates doch noch auf den Gedanken kommen könnten, auch das Land östlich des Jordan in ihr Territorium einbeziehen zu wollen.

Der König selbst gab zu, daß er drei Monate gebraucht hatte, um zu sich selbst zu finden: »Was mich persönlich angeht, so dauerte die schwierige Phase des Teufelskreises der Gedanken von der Niederlage im Juni 1967 bis zur Gipfelkonferenz der arabischen Staaten in Khartum Anfang September 1967.«

Es sah so aus, als ob das Ergebnis dieser Gipfelkonferenz für den jordanischen Monarchen nicht ermutigend war. Die Könige und Präsidenten Arabiens hatten sich in der sudanesischen Hauptstadt auf die rein negative Formel der drei »Nein« geeinigt: »Nein zum Frieden mit Israel! Nein zur Anerkennung Israels! Nein zu Verhandlungen mit Israel.« Da war kein Spielraum zu erkennen für die Vorbereitung der Verständigung mit dem jüdischen Staat. Die drei »Nein«, von Gamal Abdel Nasser formuliert, bedeuteten, daß die Staaten Arabiens Israel nicht anerkannten. Die drei »Nein« strichen die Existenz des jüdischen Staates aus dem politischen Bewußtsein der Araber. Dies führte zu absurden Konsequenzen: Auf handelsüblichen Landkarten wurde der Landesname »Israel« mit dickem Stift unleserlich gemacht; aus Büchern wurde der Name getilgt; war irgendwo ein sechszackiger Stern zu sehen, wurde er übertüncht – selbst der Stern der Füllfedermarke »Montblanc« erregte künftig Ärgernis.

Diese übertriebene Auslegung der Formel »Nein zur Existenz Israel« war keineswegs im Sinne Nassers. Kaum waren die drei »Nein« auf der Gipfelkonferenz von Khartum verkündet worden, begann der Erfinder dieser harten Linie ihren Sinn auszuhöhlen. Er bat zum 30. September den jordanischen König zu sich nach Cairo. Gemeinsam arbeiteten sie den Plan aus, dem Staat Israel den Frieden anzubieten unter der Bedingung, daß Israel die eroberten Gebiete freigab. Diese Formel »Land gegen Frieden« hatte zur Voraussetzung, daß die betreffenden arabischen Staaten die Existenz des jüdischen Staates anerkannten. Diese Konsequenz wurde allerdings nicht offen ausgesprochen.

Die Überlegungen des ägyptischen und des jordanischen Staatschefs wirkten sich aus im Sicherheitsratsbeschluß 242 vom 22.November 1967. Er verlangte den Rückzug der israelischen Armee »aus besetzten Gebieten« – wobei nicht ausdrücklich die Formulierung gebraucht wurde vom Rückzug aus »den besetzten Gebieten«. Diese sprachliche Feinheit erlaubte später den Israelis die Interpretation, sie seien nicht aufgefordert, alle besetzten Gebiete zurückzugeben. Durch den Sicherheitsratsbeschluß 242 sollte ein Ende des Kriegszustands (state of belligerency) zwischen den Gegnern des Junikrieges erreicht werden.

Die Mehrheit der Gegner nahm den Sicherheitsratsbeschluß 242 an: Israel, Jordanien, Ägypten und Libanon sahen im Inhalt des Beschlusses eine Chance zur Beilegung des Konflikts. Gegen den Beschluß waren die Syrer – und vor allem die Palästinenser. Denn für das palästinensische Volk besaß der Wortlaut einen gewichtigen Fehler: Es wurde im Text überhaupt nicht erwähnt; genannt wurde nur das »refugee problem«. Für die Mitglieder des Sicherheitsrats waren die Palästinenser offenbar eine amorphe Masse ohne völkische Zuordnung – sie wurden mit dem Begriff »Flüchtlinge« abgetan. Mit dieser Einstufung konnten die Palästinenser insgesamt nicht einverstanden sein.

Verbündeter der Palästinenser war die syrische Führung, für die im Herbst 1967 noch Präsident Nureddin Atassi zuständig war. Zur Überraschung von Attassi und Jassir Arafat schloß sich ein weiterer Verbündeter ihnen an: der saudiarabische König Faisal. Seine Handlungsweise wurde durch sein Interesse an den heiligen Stätten von Jerusalem bestimmt. Er war der »Beschützer von Mekka und Medina« – er wollte auch als »Beschützer der Al-Aqsa-Moschee und des Felsendoms« gelten. Faisal, das Oberhaupt des Hauses As-Saud, ließ sich in diesem Fall von der Eifersucht auf das Haus Haschem leiten: Er gönnte den Haschemiten den Besitz der heiligen Stätten von Jerusalem nicht. Die Feindschaft, die am Ende des Ersten Weltkriegs beide Geschlechter bestimmt hatte, lebte unvermindert fort. Für Faisal galt im Fall Jerusalem folgende politische Leitlinie: Um zu verhindern, daß die Heiligtümer an die Ha-

schemiten zurückgegeben werden, sollten sie in die Verantwortung der Palästinenser übergehen. An ihre Adresse war
der Wunsch des Königs Faisal gerichtet: »Ehe ich sterbe, will
ich in der Al-Aqsa-Moschee beten.«
Die Palästinenser waren damit aufgefordert, die Voraussetzung dafür zu schaffen, daß dieser Wunsch in Erfüllung gehe.

Jassir Arafat:
»Tod dem König«

Während der Monate nach dem Ende der Kampfhandlungen
gewann Jassir Arafat, der Chef der Kommandoorganisation
Al-Fatah an Bedeutung. Er versprach dem gedemütigten arabischen Volk und vor allem den Palästinensern, zu ihrer Ehre
den Kampf gegen Israel fortzusetzen, den die Regierungen
von Ägypten, Syrien und Jordanien durch den Waffenstillstand für beendet erklärt hatten. Jassir Arafat sprach seinem
Volk Mut zu – und er fand die richtigen Worte, die den verzweifelten Menschen, die ihre Heimat verloren hatten, eine
Perspektive für die Zukunft öffneten: »Arabiens Armeen
haben eine Schlacht verloren – das palästinensische Volk wird
einen Sieg erringen, der ihm das Überleben sichert.«
Zum ersten Mal verwendete Arafat den Begriff »Palästinen-
sische Revolution« um seine Bewegung zu kennzeichnen. Der
Begriff weckte Aufmerksamkeit am Hof des haschemitischen
Herrschers. Im Umkreis des Königs wurde der Begriff in Zu-
sammenhang gebracht zu Sozialismus und Marxismus, zu
Umsturz und Revolution. Arafats Al-Fatah wurde fortan mit
Argwohn beobachtet.
Die Anfänge der Kampforganisation waren bescheiden. Ara-
fats Anhänger überquerten Nacht für Nacht den Jordan, um
Waffen einzusammeln, die von den geflohenen jordanischen
Truppenverbänden zurückgelassen worden waren. Neben den
Straßen, auf den Feldern des Westjordanlandes fanden sie Ma-
schinenpistolen und Munition in großer Menge. Begehrt waren
»rocket propelled grenades«, einfache Raketengeschosse mit
hoher Sprengwirkung. So füllten sich Arafats Waffenlager auf
billige Weise.

Die Waffensammler hatten eine einfache Aufgabe, denn Israel hatte die Waffenstillstandslinie noch nicht gegen Infiltration gesichert. Erst als Arafats Männer die Gelegenheit benützten, um auf dem Rückweg Anschläge auf Wasserleitungen und Pumpstationen zu verüben, wurde die Demarkationslinie strenger überwacht.

Parallel zum Ausbau der Befestigungen, der Maschinengewehrnester, der elektronischen Zäune auf der israelischen Seite der Jordanlinie waren auch die jordanischen Sicherheitsorgane darauf bedacht, die Infiltration der Fedajin in Richtung Israel zu verhindern. So verfolgten israelische und jordanische Soldaten sowie Sonderpolizisten dieselbe Aufgabe: Sie versuchten, die Palästinenser daran zu hindern, in Israel Anschläge auszuführen. Die Kämpfer von Al-Fatah, die in der Zeit vor dem Junikrieg Erfahrungen in Kommandoaktionen gesammelt hatten, wollten ihren Kampf fortsetzen – weniger, um Israel zu schaden; sie wollten die Stimmung in der palästinensischen Bevölkerung heben. Sie wollten beweisen, daß der Krieg mit den verlorenen Schlachten nicht zu Ende war, daß die Palästinenser ihre Angelegenheit selbst in die Hand nahmen. Da trat auch für Arafat überraschend und unverhofft ein Ereignis ein, das die Situation im Königreich Jordanien radikal veränderte.

Am 19. März 1968 informierte der königliche Generalstabschef Amer Chammash den Chef der Al-Fatah, daß ein Angriff der israelischen Armee auf das Fatah-Hauptquartier in Karameh bevorstehe. Karameh ist eine Kleinstadt im Jordantal: Niedere Gebäude aus Lehm und Beton gruppieren sich um eine schlichte Moschee. Die Wege zwischen den Häusern sind staubig. Zu normalen Zeiten liegen Hunde und Esel im Schatten. Doch die Zeiten waren nicht normal seit Sommer 1967 im Jordantal. Die Kommandos der Organisation Al-Fatah hatten die Bewohner aus den Häusern verdrängt. Die Menschen, die bisher in Karameh gewohnt hatten, lebten jetzt in einfachen Strohhütten auf den Feldern. Sie hatten ihre Wohnungen für die Fedajin der Al-Fatah räumen müssen.

Daß diese Basis jetzt gefährdet war, erfuhr Arafat aus der Warnung von Amer Chammash: »Räumen Sie Karameh! Ziehen Sie sich mit ihren Leuten in die Berge zurück, dann läuft der israelische Angriff ins Leere!« Nach kurzer Bedenkzeit teilte Arafat dem hohen jordanischen Offizier mit, er habe sich mit seinen Männern beraten – ein Rückzug aus Karameh käme für Al-Fatah keinesfalls in Frage. Die Palästinenser seien zuviel geflohen. Diesmal wollten sie dem israelischen Angreifer standhalten.

Arafat begründete seinen Entschluß später: »Unsere Geschichte bestand bisher aus Flucht, Rückzug, Verzicht, Demütigung, Niederlage. Wir mußten Widerstand leisten, auch wenn wir keinerlei Erfahrung im offenen Kampf besaßen – wir waren schließlich Guerillakämpfer.«

Mit mehreren tausend Soldaten, mit Panzern, Geschützen und Kampfhubschraubern griffen die Israelis Karameh an. Sie hatten sich während der Nacht westlich der Allenby-Brücke gesammelt. Bei Morgengrauen rumpelten die Panzerketten weithin hörbar über die Holzbohlen der Brückenkonstruktion. Im Osten des Flusses teilte sich die Kolonne. Ohne Vorsichtsmaßnahmen fuhren Panzer und Mannschaftstransporter die Strecke von fünf Kilometern bis Karameh, dann schwärmten die Soldaten aus. Es gelang ihnen, Häuser am Stadtrand zu sprengen, doch im Zentrum, bei der Moschee, stießen sie auf heftigen Widerstand. Die Fedajin der Al-Fatah verteidigten jedes Haus. Die Angreifer erlitten Verluste. Um die Mittagszeit setzten die Israelis die Panzer ein, um den Widerstand zu brechen. Doch die palästinensischen Kämpfer verloren keineswegs die Nerven – sie schossen einige Panzer aus nächster Nähe ab. Gegen 14 Uhr befahl das israelische Oberkommando den Abbruch der Aktion. Die Angreifer zogen sich zurück. Sie konnten dabei nicht alle Toten mitnehmen. Daß auch Panzer am Ostufer des Jordan zurückblieben, die nur leicht beschädigt waren, empfanden die Palästinenser als Triumph, als Beweis dafür, daß sie die bisher als unüberwindbar geltende Militärtechnik des Gegners besiegt hatten.

König Hussein war nicht ganz dieser Ansicht. Ihm wurde berichtet, daß die jordanische Artillerie einen wesentlichen Beitrag zum Abwehrerfolg geleistet hatte: Sie legte Sperrfeuer auf das Flußufer und verhinderte so, daß die israelische Führung Reserven einsetzen konnte. Die 15 Kettenfahrzeuge, die östlich der Allenby-Brücke zerstört lagen, waren offenbar von Granaten der königlichen Artillerie getroffen worden.

Am Tag nach dem Kampf – so erzählt der König – fährt er hinunter ins Jordantal. Er schaut sich die zerstörten Panzer an. Im

Turm eines ausgebrannten Wracks liegt eine verbrannte Leiche. Hussein bemerkt einen jordanischen Soldaten, der auf die Leiche spuckt. Fedajin, Zivilisten und Soldaten jubeln ihm zu. Sie machen dem König Platz. Hussein blickt hinauf zu dem Soldaten und sagt: »Laß' das sein!« Der Soldat steigt vom Panzer herunter und verschwindet.

Dem König werden an diesem Morgen von den Fedajin, die im Stolz schwelgen, unglaubliche Geschichten erzählt. Er muß sich anhören, die Israelis hätten ihre Panzerfahrer mit Ketten an ihre Sitze gefesselt, um sie an der Flucht zu hindern. Die israelischen Soldaten hätten also offensichtlich Angst vor den palästinensischen Fedajin. Hussein wundert sich über die Phantasie der Palästinenser.

An diesem 21. März 1968 wird er geachtet von den Kämpfern der Kommandoorganisationen bei Karameh, weil er zeigt, daß er Respekt vor ihnen hat. Er sagt: »Von nun an sind wir alle Fedajin!« Diese Aussage wird in den Flüchtlingslagern von Mund zu Mund berichtet. Wie kann er, nach diesem für jeden sichtbaren Erfolg der Fedajin, den Kampforganisationen überhaupt noch Beschränkungen auferlegen? Die Meldestellen der Al-Fatah in Amman und Irbid werden von Freiwilligen umlagert, die sich am »ruhmvollen Kampf« beteiligen wollen.

Die Unterführer der Kommandoorganisationen – dazu zählten jetzt die Volksfront zur Befreiung Palästinas und die Demokratische Volksfront – stellten fest, daß es hochgradig befriedigend war, sich in Amman bejubeln zu lassen als die »Helden der palästinensischen Nation«. Sich nach Israel einzuschleichen aber wurde von Tag zu Tag schwieriger. Mit Hilfe elektronischer Geräte werden die Fedajin aufgespürt. Es gelingt ihnen kaum noch, die Landstraßen Israels durch Minen unsicher zu machen. Deshalb verlagerten die Fedajin ihre Aktivität auf jordanisches Gebiet. Sie veranstalteten Märsche durch das Zentrum von Amman. Bei martialischer Marschmusik brüllten sie Parolen gegen Israel, den Imperialismus und gegen die »haschemitische Oligarchie«. Der König wurde noch nicht direkt beschimpft; spürbar war aber, daß einige der Kommandochefs eine Änderung des Regimes in Amman anstrebten. Dr. George Habbash von der Volksfront zur Befreiung Palästinas und Nayyef Hawathmeh von der Demokratischen Volksfront, bereiteten sich darauf vor, die Kontrolle über die jordanische

Hauptstadt auszuüben. Ihre Männer übernahmen nach und nach die Polizeifunktionen. Jassir Arafat aber mahnte zur Vorsicht. Er betonte immer wieder, die Aufgabe der Palästinenser sei es nicht, Jordanien zu regieren, sondern die Schaffung der Heimat in Palästina. Die Mahnungen machten Habbash und Hawathmeh zurückhaltender.

Den Verantwortlichen der jordanischen Sicherheitspolizei gefiel wiederum diese Zurückhaltung nicht. Sie warteten auf eine Provokation durch die Kommandos – als diese ausblieb, inszenierten sie selbst den Zwischenfall, der Zündfunke sein sollte zum Befreiungsschlag gegen die Palästinenserorganisationen. Die Sicherheitskräfte veranlaßten einige ihrer eigenen Agenten, auf einen Polizeiposten in Amman zu feuern. Die königliche Regierung gab sich empört über diese »offene Herausforderung der staatlichen Autorität«. Sie drohte, sie werde gegen jede Organisation vorgehen, die sich nicht an Gesetze halte.

Dr. George Habbash beantwortete diese Drohung mit der Aufforderung an die Palästinenser, alles zu unternehmen, um den König zu stürzen. Seine Parole lautete: »Die Befreiung von Amman ist die Vorstufe zur Befreiung Palästinas.«

Von den Fenstern des Basmanpalasts aus waren die dunklen Rauchschwaden zu sehen, die vom Palästinenserlager auf Jebel Ashrafie über Amman aufstiegen. Dr. George Habbash hatte das Lager zur »Befreiten Zone« erklärt. Von hier aus stellte er die Autorität des Königs in Frage. Seine Anhänger zündeten alte Autoreifen an. Rauch und Gestank kündeten von der Revolution. Die Armee versuchte, das Flüchtlingslager auf Jebel Ashrafie zu stürmen, doch die Volksfront zur Befreiung Palästinas schickte den Soldaten Scharen von laut jammernden Frauen und Kindern entgegen. Der Sturm unterblieb.

Im März 1969, ein Jahr nach dem Abwehrerfolg von Karameh, reiste Hussein nach Washington. Er stand inzwischen seit mehr als drei Jahren auf der Soldliste der CIA; nun wurde von ihm verlangt, daß er sich nützlich zeige.

Präsident Richard Nixon hatte eben erst sein Amt angetreten, und nach seiner Meinung waren Fortschritte auf der Suche nach dem Frieden für sein Ansehen nützlich. Hussein riet Nixon, der Zeitpunkt für eine Friedensinitiative auf der Basis des Sicherheitsratsbeschlusses 242 sei günstig. Mit einem Protest der Kommandoorganisationen sei zwar zu rechnen, doch werde es die jordanische Armee schaffen, die Wütenden zu zügeln. Nixon versprach, Außenminister William Rogers werde einen Plan zur Friedensinitiative ausarbeiten.

Hussein konnte in Washington sicher auftreten, denn er hatte bereits im Februar 1969 von Gamal Abdel Nasser die Zusicherung erhalten, daß Ägypten den Fortbestand des haschemitischen Regimes in Jordanien wünsche. Nassers Argument war: Wenn die Kommandoorganisationen in Amman die Macht übernehmen wollen, wird die israelische Armee in Gesamtjordanien einmarschieren; dann erfüllen sich »die Zionisten« selbst das Versprechen der Balfour Declaration vom November 1917. Der Ägypter vertrat die Meinung: »Wenn die Israelis erst ganz Jordanien in der Hand haben, werden sie dieses arabische Land nie mehr herausgeben. Deshalb muß verhindert werden, daß die Israelis einen Vorwand zur Besetzung Jordaniens finden können.« Diese Worte des Mächtigen am Nil gaben Hussein den Rückhalt in der Machtprobe mit den Palästinensern.

Am 25. Juni 1970 legte Außenminister William Rogers seine Friedensinitiative vor: Geplant war ein Waffenstillstand von drei Monaten, der dazu benützt werden solle, Friedensgespräche auf der Grundlage des Sicherheitsratsbeschlusses 242 voranzutreiben.

Hussein war bereit, den »Rogersplan« anzunehmen, den er ja selbst in Washington angeregt hatte, doch er verzögerte seine positive Antwort an den US-Außenminister, bis sich Nasser entschieden hatte. Nasser teilte er mit: »Ich nehme an, was Sie annehmen – ich weise zurück, was Sie zurückweisen!« Am 26. Juli 1970 akzeptierte Hussein den Friedensplan – zwei Tage nach Gamal Abdel Nasser. Seine Verzögerungstaktik war erfolgreich: Der Zorn der Palästinenser richtete sich jetzt tatsächlich vor allem gegen Nasser. Was da geschah, war selbst für Jassir Arafat unbegreiflich: Das Leitbild des panarabischen Kampfes nahm eine Initiative der US-Amerikaner an, schwenkte auf den von Washington vorgezeichneten Kurs ein! Hussein Vorwürfe zu machen, war jetzt schwierig, da Gamal Abdel Nasser »auf dem Weg zur Kapitulation« vorangegangen war.

Kraftlos verliefen die Demonstrationen der PLO am 26. Juli 1970 in Amman. Es fiel Jassir Arafat schwer, Nasser als Verräter an der Sache der Palästinenser anzuklagen. Doch schon die vorsichtigsten Andeutungen genügten, um Nasser zu reizen. Der ägyptische Präsident verbot den Sender der PLO in Cairo.

Hussein wurde erneut zur Zielscheibe der Palästinenser, weil Dr. George Habbash und Nayyef Hawathmeh den Eindruck hatten, er sei weit schwächer als Gamal Abdel Nasser. Für sie stand fest, der Sturz des jordanischen Monarchen werde das Ende bedeuten für den »Rogersplan«. Wieder hieß die Parole »Die Befreiung von Amman ist die Vorstufe zur Befreiung Palästinas«.

Immer noch verlangte Arafat Zurückhaltung. Doch die Volksfront zur Befreiung Palästinas begann die Massen zu beherrschen, schürte Haß gegen Hussein. Bei Demonstrationen in den Flüchtlingslagern von Jebel Ashrafie wurde die Losung ausgegeben, »Tod dem König!« Sie ist ernstgemeint.

An der Straßenkreuzung von Sweileh, westlich der Hauptstadt, gerät der Konvoi des Königs in einen Hinterhalt. Aus einer Tankstelle heraus feuern Kommandos auf die vier Fahrzeuge. Hussein läßt sich geistesgegenwärtig aus seinem Fahrzeug fallen; er rollt in den Straßengraben. Die Leibwache feuert zurück, erleidet jedoch hohe Verluste. 40 Männer verlieren bei diesem Gefecht ihr Leben.

Arafat, der sich gerade in Cairo aufhielt, schickte dem jordanischen Herrscher ein Glückwunschtelegramm. Hussein nahm den Text nicht ernst. Er glaubte nicht, daß Arafat die Macht der Haschemiten erhalten wollte.

Die Spannungen in Amman nahmen zu. Die königliche Polizei war machtlos gegen die Arroganz der Fedajin, die jetzt offen verkündeten: »Amman ist unser Saigon! Von hier aus führt die Revolution zum Sieg!« Hussein wurde in die Defensive gedrängt. Er sah sich veranlaßt, Zugeständnisse zu machen: »Die Macht der Fedajin ist unsere Macht! Unsere Kraft ist auch die der Fedajin!« Daß diese Phrase hohl war, bewies ein erneuter Feuerüberfall auf den Konvoi des Königs während der Fahrt vom Palast im Westen zum Büro im Basmanpalast.

Hussein verzichtete darauf, die Nächte außerhalb der Hauptstadt zu verbringen. Er schlief jetzt auch im Basmanpalast. Seine Frau, Prinzessin Muna, schickte Hussein nach London zur elterlichen Familie Gardiner. Muna nahm die Söhne Abdallah und Faisal, die jetzt zehn und sechs Jahre alt waren, zu ihren Großeltern mit.

In der Auseinandersetzung mit den Kommandoorganisationen fühlte sich Hussein gezwungen, mit Zugeständnissen zu taktieren. Er entließ Truppenkommandeure, die der Volksfront zur Befreiung Palästinas nicht genehm waren; er hob das Verbot für Palästinenser auf, in den Straßen der Hauptstadt Waffen zu tragen. Durch Nachgeben versuchte er, den Druck auf sich selbst zu mindern. Doch jetzt glaubte George Habbash erst recht, Hussein sei schwach.

Am 1. September 1970 ist der Konvoi des Königs in der Hauptstadt unterwegs. Wieder wird er beschossen. Wieder reagiert Hussein kaltblütig: Er läßt sich aus dem Wagen fallen. Niemand von der Leibwache ist getroffen. Die Kommandos hatten aus Nervosität zu früh geschossen. Als die Schießerei abklingt, sucht der König in aller Ruhe seine rote Mütze im Straßengraben. Seine Begleiter bewundern ihn dafür.

Fünf Tage nach diesem Attentatsversuch entführten Kommandos der Volksfront zur Befreiung Palästinas Verkehrsmaschinen der Swissair, der TWA und später der BOAC auf eine Wüstenpiste bei Amman. Damit demonstrierten die Palästinenser insgesamt, daß der König scheinbar die Macht über sein Königreich verloren hatte. Die Offiziere der Beduinentruppen reagierten wütend.

»Wir gehen zu deinem Bruder Hassan!« – Kriegsrecht über Jordanien

Diese Drohung bekam Hussein von Offizieren seiner Beduinentruppe zu hören. Sie waren zu diesem Zeitpunkt der Ansicht, Hassan sei härter, werde energischer durchgreifen als Hussein. Dabei hatte der Bruder keinen Anlaß gegeben zur Ansicht, er wolle Hussein entmachten. Seine Loyalität zum König war ungebrochen. Es war der amerikanische Botschafter in Amman, der mit den Offizieren darüber gesprochen hatte, ob die Auseinandersetzung mit den Palästinern nicht besser in Hassans Hände gelegt werden sollte.

Insgeheim wurde Hussein vorgeworfen, er handle zu sehr nach seinem Gefühl – und eigentlich sei es doch sein Wunsch, im Golf von Aqaba Wasserski zu fahren. Die Beduinenoffiziere hatten mit Mißvergnügen registriert, daß Hussein immer wieder die Gelegenheit benützte, in einer gecharterten Maschine der Luftverkehrsgesellschaft Alia nach Paris oder London zu fliegen – nicht, um Prinzessin Muna dort zu treffen, sondern um Zeit mit Alia Bahaeddin Tukan zu verbringen – einer Palästinenserin. Sie arbeitete zu dieser Zeit in der Abteilung für Public Relations bei Alia; sie hielt sich meist in Paris und London auf. Diese Beziehung wurde als Faktor der Unsicherheit für die Haschemitenherrschaft angesehen, als eine schwer kalkulierbare Belastung in einer ohnehin kritischen Zeit.

Der Bruder, Kronprinz Hassan, war nicht für Eskapaden dieser Art bekannt. Er bereitete seine Ehe mit einer pakistanischen Prinzessin vor, galt als geradlinig, entschlossen. Dem jetzt 35jährigen Hussein aber wurde nachgesagt, er sei den Frauen verfallen.

Was die Offiziere dachten, das drückten die Soldaten der Beduinentruppe deutlich aus: Während einer Inspektionstour entdeckte Hussein, daß Soldaten der bewährten 60. Panzerbrigade Büstenhalter an die Schleppantennen ihrer Patton M-48 gebunden hatten – zum Zeichen, daß sie sich »zu Weibern« gemacht fühlten. Hussein begriff, daß er dabei war, entmachtet zu werden.

Er beauftragte General Amer Chammash mit einer Schätzung der möglichen Opfer eines Konflikts in der Hauptstadt. Dieser meinte: »Mit 200 Toten ist die Sache erledigt. Die Armee braucht nur 48 Stunden, um die Kraft der Palästinenserorganisationen in Amman zu brechen.« Hussein glaubte nicht an die Kalkulation. Er zögerte, den Befehl zum Angriff zu geben.

Deutlich wurde jetzt, daß die amerikanische Botschaft vom State Department in Washington die Anweisung erhalten hatte, Hussein zu überreden, er möge wenigstens zeitweise die Befehlsgewalt im Königreich an seinen Bruder Hassan übergeben – bis die Situation im Land wieder geordnet sei. Hussein zögerte, weil er fürchtete, daß die palästinensische Mehrheit im Lande den Haschemiten niemals eine Beschießung der Flüchtlingslager verzeihen würde. Er durfte nicht einseitig auf die Beduinen setzen.

Noch einmal, am 15. September 1970, handelte Hussein eine Abmachung mit Jassir Arafat aus, die den Kommandos Rückzug aus Amman und Irbid in die Flüchtlingslager abverlangte. Doch weder Volksfront noch Armee wollten sich daran halten.

Die radikalen Kräfte in der PLO erklärten an diesem 15. September 1970, die Stadt Irbid im Norden des Königreichs unterstehe künftig nicht mehr der Haschemitendynastie, sondern der »Regierung des Volkes«. Eine ähnliche Entwicklung drohte in den Städten Zerka und Ma'an. Arafat, der davor warnte, das Königreich zu zerschlagen, verlor Einfluß an die Radikalen. Auch er war jetzt der Meinung, Israel warte nur darauf, Transjordanien zu erobern – der Vorwand, Transjordanien werde unter Herrschaft der Palästinenser zu einem Vasallen Moskaus, genüge dabei als Rechtfertigung. Doch die Stimme des gemäßigten Arafat war nicht mehr gefragt.

Während kritischer Stunden besannen sich die Anhänger des Königs auf ihre Pflicht – und dazu zählten auch Palästinenser, die Sorge hatten vor einer Radikalisierung und die Israels Griff nach Transjordanien fürchteten. Am 15. September 1970 wandten sich jordanische und palästinensische Persönlichkeiten an den Monarchen mit der Aufforderung, durchzugreifen. In der Nacht zum 16. September verhängte er das Kriegsrecht über Jordanien. Dann kündigte er über den Rundfunk den Beginn des Kampfes an:

»In unserem geliebten Land herrschte eine Situation der Ungewißheit und der Unsicherheit. Wir befanden uns im Chaos. Jordanien war in Gefahr. Es ist unsere Pflicht, Maßnahmen zu ergreifen, die Recht und Ordnung wiederherstellen, die das Leben jedes einzelnen Bürgers bewahren helfen, und sein Eigentum und seine Existenzmittel. Die Ehre des jordanischen Soldaten darf nicht in den Schmutz gezogen werden. Ich bin bereit, auch in Zukunft mit den Anständigen der Kommandos zu reden. Die Verbrecher aber lehne ich ab!«

Der Zweifrontenkrieg ist vermieden –
die 60. Panzerbrigade

Die Elitetruppe, die am zweiten Tag des Junikriegs nahezu aufgerieben worden war, hatte während der vergangenen drei Jahre neue Ausrüstung erhalten. Ihr wurde die Aufgabe übertragen, dem König Respekt in seiner Hauptstadt zu verschaffen. In der Morgendämmerung des 17. September begann der

Angriff mit 300 Panzern. Dieser Streitmacht waren die Palästinenser nicht gewachsen.

Daß Hussein die Kommandoorganisationen mit der geballten Kraft der 60. Panzerbrigade angreift, damit hatten weder Arafat noch Gamal Abdel Nasser gerechnet. Der Ägypter, der dem König freie Hand gelassen hatte zu einer Strafaktion gegen die radikalen Organisationen, begriff am 18. September 1970, daß Hussein eine radikale Lösung anstrebte – er versuchte sie zu verhindern. Nasser teilte Hussein mit, er sei voll Verständnis, daß sich der König – nach soviel Geduld und Zurückhaltung – jetzt durchsetzen müsse. Er möge jedoch bitte nicht alle Palästinenserorganisationen zerschlagen. Ohne Arafat direkt zu nennen, macht das Telex deutlich, daß Nasser Schonung für den Chef der Al-Fatah verlangte. Hussein ließ sich durch Nassers Wunsch nicht beeindrucken.

Am 19. September gegen 17 Uhr wurde Hussein die Nachricht gebracht, syrische Panzerverbände seien im Anmarsch auf Amman. Sie handelten auf Befehl des wahrhaft Mächtigen in Damaskus, Hafez al-Assad. Der syrische Verband – so die Mitteilung – umfasse 210 Panzer. Einem Zweifrontenkrieg war die 60. Panzerbrigade nicht gewachsen. Noch waren die Palästinenser nicht geschlagen, da griffen die Syrer an. Hussein, der sich im Haus westlich der Hauptstadt aufhielt, gab seinen Kommandeuren im Norden den Befehl, im Fall des Zusammenbruchs ihrer Front bei Ramtha und Irbid den Rückzug auf Amman einzuleiten. In der Hauptstadt befand sich die letzte Verteidigungslinie des Königreichs. Hier wollte Hussein die Entscheidung suchen – wenn es sein sollte, auch den Tod. Das Risiko, daß »Amman untergehen wird«, nahm er in Kauf: »Wir Haschemiten haben Amman aufgebaut. Wir Haschemiten haben das Recht, Amman zu zerstören!«

Israel entschloß sich am 20. September, den syrischen Vormarsch bei Irbid aufzuhalten. In der Nähe von Bet Schean sammelten sich Panzer – und Infanterieverbände. Die israelisch-syrische Konfrontation hätte offenen Krieg bedeutet. Hafez al-Assad begriff schnell, daß seine Truppen in der Panzerschlacht die Verlierer sein würden. Das Resultat seiner Überlegungen: Die syrischen Streitkräfte zogen sich zurück.

Der Zweifrontenkrieg fand nicht statt. Die 60. Panzerbrigade konnte ungehindert die Säuberung der jordanischen Hauptstadt fortsetzen. Gesucht wurde auch Jassir Arafat, der sich irgendwo in Amman aufhielt. Der sudanesische Staatspräsident Jafaar al-Numeiri, eine Persönlichkeit von Mut und Entschlußkraft, flog insgeheim nach Amman. Er fand Arafat und nahm ihn mit zur eilig anberaumten Gipfelkonferenz arabischer Präsidenten und Monarchen.

König Hussein hatte sich vorgenommen, dem Treffen in Cairo fernzubleiben; er wollte sich die Vorwürfe der Staatschefs ersparen. Er wußte, daß er beschimpft, als Verräter an den Pranger gestellt werden würde. Als ihm jedoch mitgeteilt wurde, Jassir Arafat befinde sich bereits am Nil, da ließ er sich ein Flugzeug bereitstellen zum raschen Flug nach Cairo.

Ein Glücksfall für den König – Nassers Tod

Was Hussein erwartet hatte, traf ein: Vom ersten Augenblick seiner Ankunft im Konferenzraum des Hotels Nile Hilton war er der Angeklagte. Der libysche Revolutionsführer warf ihm vor, er sei ein Verrückter, der mit der Palästinensischen Revolution den Arabischen Nationalismus zerstöre. Hussein mußte sich beherrschen, nicht seine Pistole zu ziehen. König Faisal rettete die Situation durch die Bemerkung: »Wir sind alle Verrückte«.

Arafat klagte an, die Königlich-jordanische Armee habe bereits 20 000 Palästinenser in Amman umgebracht. Diese Zahl war derart unglaubwürdig, daß Hussein auf eine Zurückweisung der Anklage verzichten konnte. Arafat sprach auch von Völkermord und löste damit eine ärgerliche Bemerkung von Gamal Abdel Nasser aus, der meinte, man solle doch endlich das Vergangene vergessen; jetzt stehe die Aufgabe an, der palästinensischen Revolution eine Zukunft zu schaffen.

Moammar al-Kathafi beharrte darauf, es müsse von der Konferenz der arabischen Staatschefs zur Kenntnis genommen werden, daß Hussein ein Verrückter sei. Daß niemand sonst darüber reden wollte, machte den Libyer wütend. Lautstark sagte er, man wisse doch, daß die Haschemitenfamilie aus Verrückten bestehe. Der Wahnsinn sei doch schon beim Emir Hussein feststellbar gewesen, der sich in Mekka eingebildet habe, Kalif zu sein, der kleine Emir Hussein aus dem Hedschaz als Nachfolger des Propheten!

Nasser, der den libyschen Revolutionsführer als seinen Ziehsohn betrachtete, versuchte den um fast 30 Jahre Jüngeren zur Vernunft zu bringen. Er brüllte Moammar al-Kathafi an, er kompliziere den Konflikt; ohne Hussein sei nun einmal keine Lösung zu finden. Doch die Streiterei um die Haschemitenfamilie nahmen kein Ende. Moammar al-Kathafi stellte dem jordanischen König sehr direkt die Frage, ob Husseins Vater Talal nicht als verrückt gegolten habe, ob er nicht hatte deshalb abgesetzt werden müssen. Nun wurde der Sudanese Jafaar al-Numeiri ungehalten. Er meinte, er habe nicht deshalb Jassir Arafat aus Amman ins Hilton Hotel nach Cairo geholt, damit er Zeuge werde eines sinnlosen Streits. Numeiri sagte: »Inzwischen sterben Palästinenser in Jordanien. Um Irbid wird gekämpft. Wir sind hier, um die Palästinensische Nationalbewegung vor der Vernichtung zu retten. Eine Vereinbarung muß gefunden werden, die das Töten in Irbid und Amman beendet.«

Als Moammar al-Kathafi nun begann, über Husseins Bruder Mohammed zu reden, der doch der jordanischen Öffentlichkeit gar nicht mehr präsentiert werde, da griff Hussein nach seiner Pistole. Die Krankheit seines jüngsten Bruders Mohammed war ein Reizthema für Hussein: Mohammed leidet unter den selben Symptomen wie der Vater Talal Ibn Abdallah; Depressionen wechseln sich mit Tobsuchtsanfällen ab. Im Königreich darf über den Zustand des Prinzen Mohammed gar nicht gesprochen werden. Wer dieses Verbot mißachtet, der wird angeklagt, er »beschmutze die königliche Familie«. Die Mitglieder der Haschemitenfamilie stehen über jeglicher Beurteilung durch die Bevölkerung. Daß das Thema »Prinz Mohammed« von Moammar al-Kathafi vor Königen und Präsidenten behandelt wurde, ließ den König die Beherrschung verlieren. Sein Adjutant verhinderte gerade noch, daß der König schoß.

Der Streit um seine Familie hatte den König zermürbt. Er fügte sich den Vorschlägen Nassers. Hussein stimmte zu, daß die dem Militär hörige jordanische Regierung abgesetzt und durch einen palästinenserfreundlichen Ministerpräsidenten ersetzt werde. Der König war einverstanden, die Armee aus der Hauptstadt abzuziehen. Die Voraussetzungen sollten geschaffen werden,

184

daß die palästinensischen Kommandos »ihre heilige Pflicht erfüllen konnten, für ihre Heimat Palästina zu kämpfen«. Hussein unterschrieb und lächelte. Er streckte Arafat die Hand entgegen – und der ergriff sie. Auch Arafat lächelte. Nasser schüttelte den beiden Kontrahenten die Hand. Er glaubte, eine dauerhafte Lösung gefunden zu haben, die den Fortbestand der Palästinensischen Befreiungsorganisation sicherte. Seine Aufgabe bestand nun darin, die Konferenzteilnehmer – einen nach dem anderen – zum Flughafen Cairo zu bringen. Der letzte Staatschef, den er verabschiedete, war der Emir von Kuwait. Schon bei der Heimfahrt in seine Stadtwohnung verließen den ägyptischen Präsidenten die Kräfte, Stunden später war Nasser tot. Sechseinhalb Stunden hatte die Konferenz zur Rettung der PLO gedauert; sie war von Nasser beherrscht worden; er hatte sich dabei verzehrt.

Innerhalb weniger Stunden kehren die arabischen Präsidenten und Monarchen nach Cairo zurück. Sie begleiteten Nassers Leichnam auf seinem letzten Weg – allerdings nur wenige hundert Meter, dann wurden sie vom Sarg abgedrängt. Millionen von Ägyptern überschwemmten die Straßen in Cairos Innenstadt. Sie zeigten ihre Trauer; sie hatten ihre Leitgestalt verloren.

Nassers Tod war ein Glücksfall für den König. Daß der Ägypter nicht mehr lebte, daß er die Ausführung des Abkommens nicht mehr überwachen konnte, gab dem König Handlungsfreiheit. Dieser hatte nie die Absicht gehabt, den Vertrag einzuhalten. Er hatte der Armeeführung und dem amerikanischen Botschafter versprochen, der Fedajinbewegung ein Ende zu bereiten – er wollte dieses Versprechen einhalten.

Hussein war damit einverstanden, daß die Armee auch die Basen der Kommandos außerhalb der Städte auslöschte. Arafat, der sein Hauptquartier noch in der jordanischen Hauptstadt hatte, verlor den Kontakt zu seinen Kämpfern, die in den Wäldern bei Jerash und Ajlun auf den letzten Ansturm der 60. Königlich-jordanischen Panzerbrigade warteten.

Die Haschemiten aber hatten ihre Hauptstadt wieder. Der König berief das Parlament ein – und Kronprinz Hassan hielt die Eröffnungsrede. Er fuhr im offenen Kraftfahrzeug durch Amman, unter gewaltigem Jubel der Bevölkerung. Die Haschemiten konnten sich wieder sicher fühlen in Amman. Diese

Entwicklung war möglich geworden, weil die Mehrheit der Bevölkerung nicht einverstanden gewesen war mit dem Verhalten der Fedajin, die sich als Herren in Transjordanien ·gefühlt hatten. Die Kommandeure der Kommandos hatten auch die palästinensische Bevölkerung schikaniert. Jeder sollte nur dem Ziel dienen, das als »Befreiung Palästinas« definiert worden war. In Wahrheit hatten die Kommandochefs Chaos erzeugt, das der Beduinenbevölkerung nicht behagte – aber auch nicht den bürgerlich orientierten Palästinensern. Ihnen war Hussein lieber als der Marxist Habbash.

Beirut –
Amman profitiert vom neuen Finanzplatz

Das Ende des Bürgerkriegs führte zur Verarmung des Königreichs. Die Kampforganisation Al-Fatah löste ihre Konten bei jordanischen Banken auf und transferierte die Gelder nach Beirut. In den drei Jahren, die seit der Abwehrschlacht von Karameh vergangen waren, hatte Al-Fatah Millionenbeträge bei den ölreichen arabischen Staaten eingesammelt. Ein beachtliches Kapital von rund 100 Millionen Dollar hatte sich angehäuft. Die Zeit des Chaos hatte sich zumindest für die Königlich-jordanischen Geldinstitute gelohnt. Sie hatten mit Arafats Beträgen arbeiten können.
Die wohlhabende Kampforganisation hatte sich auch auf anderen Gebieten als Segen für Jordanien erwiesen: Al-Fatah war seit 1968 der größte Arbeitgeber des Landes gewesen. Al-Fatah hatte seine Kämpfer und die Helfer in der Verwaltung mit Dollars bezahlt; Witwen und Waisen erhielten Unterstützungen. Das Verschwinden der Al-Fatah brachte viele Familien in Notlagen.
Hussein mußte Ersatz für die fehlenden Beträge suchen. Die US-Regierung war unmittelbar nach Beendigung der Kämpfe in Jordanien bereit, 30 Millionen Dollar zur Verfügung zu stellen. Dann aber erwies sich Präsident Nixon als reservierter Partner. Jordanien hatte für ihn an Bedeutung verloren. Auf Gamal Abdel Nasser war in Ägypten Anwar as-Sadat gefolgt, von dem eine gemäßigte Politik erwartet wurde. Mit Anwar

as-Sadat war wohl die Zeit der Abenteuer und der panarabischen Propagandaphrasen vorüber. Die Vereinigten Staaten
waren bereit, mit Sadat dem Frieden eine Chance zu geben.
Hussein hatte seine Leistung zur Stabilisierung der Region erbracht. Er blieb für lange Zeit im zweiten Glied.

Er arbeitete an der Festigung seiner Macht. Sich selbst hatte er
die Richtung gewiesen: Nie mehr darf Chaos im Königreich
herrschen. An eine Rückkehr der Kommandoorganisationen
war nicht zu denken. Al-Fatah durfte nicht darauf hoffen, im
Jordantal wieder Basen zu eröffnen. Zur Absicherung der
Stabilität wurden die Sicherheitsdienste verstärkt, denen die
Kontrolle der Palästinenserlager übertragen war. Daß dort Rache
gepredigt wurde für die Toten des Krieges in Amman, Irbid,
Jerash und Ajlun, war kein Geheimnis. Die Gewaltbereitschaft
wurde deutlich im November 1971: Ministerpräsident Wasfi al
Tal wurde auf den Stufen des Sheratonhotels in Cairo-Gizeh
erschossen – von Palästinensern, die Wasfi al Tal verantwort-
lich hielten für die Ausführung der königlichen Befehle »zur
Tötung der Palästinenser«.

Die Organisation »Schwarzer September« war entstanden als
Racheinstrument, das die Ereignisse des Septembers 1970 ver-
gelten sollte. Die Verantwortlichen des »Schwarzen September« waren nicht in Amman zu finden, sondern in Beirut.
Dorthin war inzwischen auch Jassir Arafat umgesiedelt.

Der Tod seines Ministerpräsidenten machte dem König deutlich, daß der Prozeß der Befriedung seines Landes nicht so
rasch abzuschließen war. In nahezu jeder Palästinenserfamilie
des Ostjordanlandes waren Tote zu beklagen und Verwundete
zu pflegen. Die Fedajin, die nach der Niederlage in Jordanien
geblieben waren, beklagten sich bitter über die Härte der
Kampfführung: »Hätte die Armee im Juni 1967 so viele Granaten gegen die israelischen Truppen verschossen wie im September 1970 gegen die Palästinenserlager, hätten wir unsere
Heimat nie verloren.« Hussein erhielt einen Beinamen, der
lange haften blieb: »Der Schlächter von Amman«.

Wollte Jordanien überleben, mußte diese Zerrissenheit über-
wunden werden. Die demographische Struktur des Königreichs
ließ sich nicht ändern: Die Mehrheit der Menschen zwischen
Jordan und der Wüste waren Palästinenser. Sie für die Staatsi-
dee des Königs zu gewinnen, war eine schwierige Aufgabe. Mit

Hilfe seines Bruders Hassan, der sich zu einer Persönlichkeit mit wirtschaftlicher Kompetenz entwickelte, hoffte Hussein einen ökonomischen Aufschwung einzuleiten. Die Chancen dazu standen nicht ungünstig: Die Palästinensische Befreiungsbewegung hatte begonnen, die libanesische Hauptstadt in das Zentrum des palästinensischen Widerstands zu verwandeln. Nach und nach wurde der Finanzplatz Beirut zu einem unsicheren Ort für Geschäfte. Amman profitierte davon.

Alia –
Zeit für privates Glück

Am 14. November 1972 wurde im staatlichen Rundfunk des Königreichs folgende Meldung verlesen:
»Gewisse Informationsmedien haben den Namen seiner Majestät, König Hussein Ibn Talal, mit dem Namen von Madame Alia Bahaeddin Tukan in Verbindung gebracht. Es ist bekannt, daß Madame Tukan zu einer unserer großen Familien Palästinas gehört, mit alten und engen Beziehungen zum haschemitischen Herrschergeschlecht. Seine Majestät kennt Madame Tukan seit ihrer Kindheit. Seine Majestät empfindet für sie und ihre Familie Zuneigung und Freundschaft. Spekulationen, die über diesen Tatbestand hinausgehen, haben keine Grundlage.«
Mit dieser Meldung wurden die Untertanen des Königs auf eine bevorstehende Änderung im Familienstand des Chefs der Haschemitensippe hingewiesen. Hussein hatte sich ohne Aufhebens von Prinzessin Muna scheiden lassen, weil ihm eine Frau begegnet war, die ihm imponierte. Das einstige Fräulein Toni Gardiner entsprach den Wunschvorstellungen Husseins nicht mehr. Sie war die einfache Frau geblieben, die dem jungen Hussein beim Go-Kart-Rennen gefallen hatte. Ihr Lachen war es gewesen, das ihn fasziniert hatte. Jetzt war Hussein 37 Jahre alt; er brauchte eine reife und erfahrene Frau.
Anziehung und Politik vereinten sich in dieser Beziehung. Die palästinensische Sippe Tukan gehört zu den Grundbesitzern und Honoratioren des Gebiets westlich des Jordan. Die Mitglieder der Sippe hatten sich bis zum Jahr 1948 als Palästinenser gefühlt. Die Stadt Nablus, ihre Heimatstadt, war damals

von der Arabischen Legion des Generals Glubb Pascha für Emir Abdallah von Transjordanien gesichert worden. Die Männer der Familie Tukan, die darauf gewartet hatten, daß ein Staat der Palästinenser entstehe, mußten sich umstellen – sie wurden von einem König regiert, der für sie zuständig war bis zum verhängnisvollen Junikrieg von 1967. Wieder war Anpassung verlangt. Zu den Kämpfern für Palästina hatten die Tukans nie gehören wollen. Sie kämpften für sich. Ihre Waffen waren Geld und hohes Ansehen. Unter israelischer Besatzung hatten die Tukans ab 1967 ihren Einfluß in der Region Nablus bewahren können; sie hatten sich jedoch auch in Transjordanien geschäftlich engagiert. Die Sippe bildete eine Brücke zwischen den beiden Ufern des Jordan.

Unter dem Einfluß der Tukan-Honoratioren entwickelte Hussein die Idee eines künftigen Zwei-Nationen-Staates für Palästinenser und für Transjordanier. Herrscher beider Nationen sollte Hussein bleiben. Er dachte durchaus daran, dem Westufergebiet des Jordan nach der Freigabe durch Israel die Autonomie zu gewähren. Erste Ansätze einer späteren Entwicklung werden deutlich: Hussein will den Palästinensern ein gewisses Maß an Selbständigkeit zugestehen.

Über die Kontakte der Familie Tukan wurden in dieser Zeit Beziehungen zu israelischen Politikern geknüpft. Hussein ließ sich ein Haus bauen in Aqaba, direkt an der Grenze zu Israel. Unbemerkt konnte er hier Besuche von der anderen Seite der Grenze empfangen. Er sondierte, ob israelische Politiker Verständnis für den Zwei-Nationen-Staat aufbringen würden. Das Ergebnis der Sondierungen war eher negativ. In Israel waren sich damals alle Parteien darin einig, daß jede Entwicklung zur Unabhängigkeit der Palästinenser – und erscheine sie auch noch so harmlos – eine Gefahr darstelle. Ministerpräsidentin Golda Meir traute auch den Absichten der Palästinenserfamilie Tukan nicht, aber sie favorisierte eine kluge Frau wie Alia Tukan an der Seite des Königs.

Daß Alia Bahaeddin Tukan durch ihre Erziehung in politischen Fragen mitreden konnte, imponierte dem König. Prinzessin Muna – die darauf verzichtet hatte, Königin zu werden – war bei politischen Gesprächen zurückhaltender. Alia aber war in Geschichte bewandert, auch in arabischer Historie. Sie sprach Englisch und Italienisch und beherrschte die französische

Sprache in Grundzügen. Sie war eine Frau, die geeignet war, bei Hofe zu repräsentieren.

Als unangenehm wurde in Amman allerdings empfunden, daß sich Alia im Bikini am Swimmingpool des Intercontinental Hotels zeigte. Frauen aus Beduinenstämmen empörten sich darüber, die Sheikhs urteilten: »Sie ist zu freizügig für unser Land!« Gegen Alia war auch die Mutter des Königs. Sie hatte Prinzessin Muna mit der Zeit ins Herz geschlossen, sie wollte, daß Hussein und Muna zusammenblieben. Die Königin intrigierte gegen Husseins Beziehung zu Alia. Ihr Argument war, daß die Mutter des ältesten Prinzen weiterhin am Hofe leben müßte – als Frau des Königs, als Erzieherin des künftigen Herrschers. Der älteste Sohn Abdallah, von Muna geboren, werde wohl eines Tages den Thron besteigen – und nicht Kronprinz Hassan. Königin Zain begann Entscheidungen vorweg zu nehmen, die erst später anstanden. Sie lehnte ihren eigenen Sohn Hassan in der Thronfolge ab. Doch Mutter Zain konnte sich diesmal nur darin durchsetzen, daß Prinzessin Muna mit den Kindern in Amman blieb. Hussein an der Verbindung mit Alia Bahaeddin Tukan zu hindern, gelang ihr nicht.

Sechs Wochen nach dem Dementi einer Beziehung zwischen Alia und Hussein fand die Hochzeit der beiden statt. Hussein ließ die Nachricht von der Hochzeit auch »dem geliebten Volk am Westufer des Jordan«, also im besetzten Gebiet, mitteilen. Der jordanische Rundfunk betonte vor allem, daß die Frau des Herrschers aus Nablus im Westjordanland stamme. Das Ereignis der Hochzeit wurde allgemein so kommentiert: »Die Palästinenser und die Beduinen bilden jetzt eine Familie«.

Die Gefahr innerer Unruhen klang tatsächlich im Jahr 1972 allmählich ab. Zur Beruhigung trug bei, daß Gamal Abdel Nasser keinen Nachfolger als Promotor der panarabischen Bewegung gefunden hatte. Da gab es keinen Redner mehr in Arabien, der griffige und zündende Parolen formulieren und die Massen begeistern konnte. König Hussein wurde von keinem arabischen Staatschef mehr beschimpft. Allein die regierende Familie in Saudi-Arabien verzichtete auf ihre Vorbehalte gegenüber den Haschemiten nicht, sie wartete nur darauf, der Sippe Haschem vollends die letzte Machtbasis entziehen zu können. Seit dem Ende des Ersten Weltkriegs, seit der Haschemitenemir darauf aus war, »Kalif der Gläubigen« zu werden, hatte die unversöhnliche Haltung gegenüber dem Haus Haschem die saudiarabische Jordanienpolitik bestimmt.

Zwar war es keinem arabischen Staatschef gelungen, Nassers Format auszufüllen, und doch war da einer, der nicht unterschätzt werden durfte: König Faisal von Saudi-Arabien – und gerade dieser Monarch haßte den Haschemitenkönig besonders hartnäckig. König Faisal war einflußreich in Arabien. Er verfügte über Dollarbeträge in phantastischer Höhe. Mit seinen Dollars lockte König Faisal die arabischen Staatschefs in ein Abhängigkeitsverhältnis. Syrien, Ägypten, der Jemen und der Libanon waren auf Gelder aus der Kasse der Saudis angewiesen. Besonders großzügig war Faisal gegenüber der Palästinensischen Befreiungsbewegung (PLO) und deren Vorsitzenden Jassir Arafat. Die Ursache für diese Zuneigung war, daß auch Arafat König Hussein haßte, seit den Ereignissen des Herbstes 1970. Faisal und Arafat bildeten den Kern der Anti-Hussein-Allianz.

Hussein fühlte sich durch diese Allianz nicht bedroht. Was außerhalb seines Königreichs vorging, war ihm nach der Vertreibung der PLO aus Amman und Irbid gleichgültig. In Jordanien war er die absolute und unangefochtene Autorität. Er war noch immer ein junger Mann – noch nicht 40 Jahre alt – und wollte endlich wieder leben, und seine lebenslustige Frau half ihm dabei.

Hussein fand auch Zeit für ein neues Hobby: Er wurde leidenschaftlicher Amateurfunker. Selbst in kritischer Zeit nahm er Kontakt auf zu Funkfreunden in Europa. Ihnen schilderte er, wie seine Armee sich gerade bemühe, das »Haus Jordanien« aufzuräumen. Nach Abklingen der Spannungen versuchte Hussein, sich das Kettenrauchen abzugewöhnen; doch er blieb dem Duft der Marke »Chesterfield« verfallen.

»Hussein, der Liebling der israelischen Politiker« – Arafats Taktik

Der Realist Hussein wunderte sich über den Phantasten Arafat, der auch nach den bitteren Erfahrungen von Amman und Irbid solche Sprüche den palästinensischen Massen präsentierte: »Niemand kann das Sonnenlicht mit den Händen am Strahlen hindern – so kann König Hussein nicht den Sieg der palästinensischen Revolution aufhalten!« Der PLO-Chef verbreitete weiterhin den Glauben, eines Tages werde ganz Palästina, nicht nur das Westufergebiet des Jordan, wieder dem palästinensischen Volk gehören – Israel werde verschwinden, untergehen im Volkskrieg, der von den arabischen Massen geführt werde. Hussein war jedoch überzeugt, daß selbst Arafat an den Erfolg dieses Volkskrieges nicht mehr glauben könne, daß Arafat bereits eine politische Lösung suche, die palästinensische Autonomie auf einem Teilgebiet der einstigen britischen Mandatszone ermögliche. Um eine Brücke zu Arafats Standpunkt zu schlagen, baute Hussein die Idee des »Zwei-Nationen-Staates« weiter aus. Um wiederum der PLO-Führung eine Annäherung zu erleichtern, verzichtete Hussein für dieses völkerrechtliche Gebilde auf den Begriff »Jordanien«; es sollte »Vereinigtes Arabisches Königreich« heißen. Die Autonomie der palästinensischen Gebiete am Jordanwestufer sollte nur auf dem Gebiet der Verteidigung eingeschränkt sein.

Gegenüber bisherigen Absichten war jetzt allerdings eine Erweiterung vorgesehen: Hussein wollte auch den Gazastreifen in sein »Vereinigtes Arabisches Königreich« eingliedern. Der Gazastreifen aber hatte bisher nicht zum haschemitischen Einflußgebiet gehört. Darauf wies Arafat sofort hin. Von seinem Hauptquartier in Beirut aus schürte Arafat den Widerstand gegen Husseins Absicht, sich mit dem Gazastreifen weiteres palästinensisches Gebiet anzueignen: »Die Haschemiten haben nicht das Recht, über unser Gebiet zu verfügen. Palästina gehört allein den Palästinensern!«

Arafat ließ Husseins Argument nicht gelten, keine israelische Regierung würde jemals das seit 1967 besetzte Gebiet an eine palästinensische Verwaltung übergeben – wenn einer Territorium zurückerhalte, dann sei er es ganz allein. Arafats Entgegnung: »Daraus ist zu ersehen, daß Hussein der Liebling der israelischen Politiker ist! Der Monarch und die israelische Regierung ziehen an einem Strang: Sie rauben den Palästinensern ihr Land!«

Der Taktiker Arafat konterte Husseins Bemühen um internationale Anerkennung für den Plan der Gründung des »Vereinigten Arabischen Königreichs« mit dem Schlagwort: »Über Palästina entscheiden alle Palästinenser – nicht nur die Bewoh-

1 Heirat innerhalb der
Haschemiten-Familie:
seine erste Ehe mit
Sharifa Dina Abdul
Hamid sollte schon bald
scheitern.

2 Verbündeter und
Rivale zugleich:
Der Bruder Kronprinz
Hassan
(rechts hinter Hussein).

13 Zeigte sich gern als Feldherr – Husseins Einschätzung der militärischen Lage erwies sich jedoch meist als falsch.

14 Ende September 1970: Nasser versöhnt Hussein mit Arafat – einen Tag später stirbt Nasser.

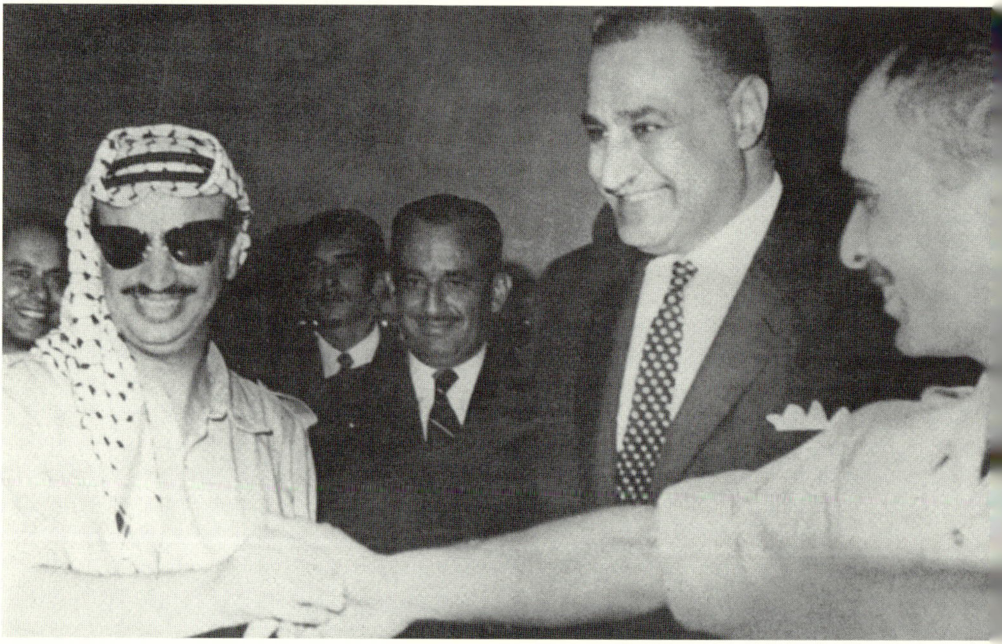

Der Überlebens-
künstler:
Mit Mut, Härte und
Glück überstand
Hussein zahlreiche
Attentate, Putsche und
Bürgerkriege.

Der Soldat:
Im Kreis seiner
Beduinenoffiziere fühlt
sich Hussein wohl.

17 Erholung von der Politik: Hussein machte den Eindruck er genieße das Leben, in Wirklichkeit blieb ihm nicht viel Zeit für Vergnügungen.

18 Der ausgebildete Pilot in einem Starfighter: Hussein wußte als einziger arabischer Staatschef, wie moderne Kampfmaschinen zu bedienen sind.

ner des Jordanwestufers und des Gazastreifens!« Er meinte damit, daß auch die Palästinenser, die 1948 und 1967 in den Libanon und nach Syrien geflohen waren, ein Mitbestimmungsrecht über das palästinensische Volk insgesamt besäßen. Mit diesem geschickten Schachzug bezog Arafat in die politische Entscheidung Teile seines Volkes ein, die nicht dem unmittelbaren Einfluß des Königs unterstanden.

Den Einfluß auf die Bewohner des Jordanwestufers hatte sich Hussein durch beachtliche finanzielle Opfer gesichert: Aus seiner ohnehin mager bestückten Staatskasse bezahlte er die Verwaltungsbeamten, die Lehrer, die Richter, die Polizisten, die städtischen Arbeiter von Nablus, Ramallah, Jericho, Djenin und Hebron. Er ließ Gelder überweisen für Schulhausbauten, für die Reparatur des Straßennetzes, für den Erhalt von Krankenhäusern im besetzten Gebiet. Der König handelte so, als ob er auch weiterhin für die einst jordanische Region im Westen des Jordan zuständig sei – obgleich Israel seinen Willen bekundet hatte, das Gebiet behalten zu wollen. Diese königliche Fürsorge galt auch für den arabischen Ostteil von Jerusalem, der bis zu Junikrieg 1967 Bestandteil des jordanischen Königreichs gewesen war. Mit seinem finanziellen Engagement hat Hussein verhindern wollen, daß die israelische Regierung auf das Jordanwestufer Anspruch mit der Begründung erhebt, sie sei ja bereits in hoheitliche Verpflichtungen eingetreten.

Wie brüchig die Beziehungen zu anderen arabischen Staaten nach der Bekanntmachung der Absicht waren, auch Gaza in das »Vereinigte Arabische Königreich« einzubeziehen, wurde dem König deutlich, als Anwar as-Sadat genau zu diesem Zeitpunkt die Attentäter aus ägyptischer Haft entließ, die im November 1971 den jordanischen Ministerpräsidenten Wasfi al Tal vor dem Cairoer Sheraton Hotel erschossen hatten. As-Sadat sorgte dafür, daß sie in den Libanon ausreisen konnten, um sich in Beirut Arafat anzuschließen. Hussein betrachtete die Freilassung als unfreundlichen Akt. Er sah sich gezwungen, die diplomatischen Beziehungen zu Ägypten abzubrechen. Zwischen Hussein und Anwar as-Sadat entwickelte sich keine Freundschaft. Der ägyptische Präsident hatte durch die demonstrative Freilassung der Attentäter gezeigt, daß ihm Jassir Arafat wichtiger war als Hussein von Jordanien. Der König rächte sich dafür.

An Israel verraten –
»Sadat und Assad arbeiten zusammen!«

Daß Anwar as-Sadat einen Krieg vorbereitete, konnte dem wachen jordanischen Geheimdienst nicht verborgen bleiben. Seit dem 24. Oktober 1972 geschahen eigentümliche Veränderungen in der ägyptischen Armeeführung, die nur mit einer völligen Kurskorrektur in der militärischen Planung zu erklären waren. Nach einer Ratssitzung aller Befehlshaber in as-Sadats Villa in Gizeh wurde General Khabir in den Ruhestand entlassen. Von diesem General war bekannt, daß er den Stand der Ausbildung und der Rüstung aller ägyptischen Truppenteile für mangelhaft und für Kriegszwecke völlig ungenügend hielt. Wenige Tage später wurde General Hassan, genannt Abdel Kader, pensioniert – und wiederum wenige Tage später erhielt der Kriegsminister General Mohammed Sadeq die Mitteilung, er habe sein Amt an General Ahmed Ismail Ali zu übergeben. General Sadeq war seit den Ereignissen des Junikrieges von 1967 der Überzeugung, Ägypten werde nie einen Kampf gegen Israel gewinnen.

Aufmerksame Beobachter konnten aus der Ernennung des Generals Saad ed-Din Shazli zum Generalstabschef schließen, daß die ägyptische Armee nicht länger an Defensive dachte. General Shazli hatte sich im Junikrieg als offensiver Kommandeur bewährt, der dem Grundsatz folgte, der Angriff sei die beste Verteidigung. Seine Ernennung bedeutete, daß sich Ägypten auf einen Angriffskrieg vorbereitete.

Offenbar wollte Anwar as-Sadat dabei nicht allein auf sich gestellt offensiv werden – die Syrer sollten sich am Krieg beteiligen. Ganz offiziell reisten syrische Militärdelegationen nach Ägypten. Ihr Aufenthalt in Alexandria wurde als Freundschaftsvisite deklariert. Zur Tarnung brachten die Syrer die Nächte in Bauchtanzlokalen zu. Argwöhnische Geheimdienstspezialisten wunderten sich darüber, daß die eigentlich puritanischen syrischen Offiziere, die Mitglieder der wenig sinnlich orientierten Baathpartei waren, am Bauchtanz Vergnügen fanden.

Besprochen wurde, daß die ägyptische und die syrische Armee gleichzeitig losschlagen sollten, weil so die Chance bestand, die israelischen Streitkräfte zu zersplittern. Dem israelischen Geheimdienst blieben die Vorgänge auf der arabischen Seite nicht verborgen. Immer wieder sah sich der Generalstab der Israel Defence Force veranlaßt, Truppenverbände in Alarmzustand zu versetzen, da offenbar ein ägyptischer Angriff drohte. Generalstabschef Saad ed-Din Shazli erinnert sich: »Zweiundzwanzigmal haben wir den Feind getäuscht. Er ist schließlich dadurch abgestumpft. Er hat nicht mehr daran geglaubt, daß wir wirklich angreifen werden.«

Für den 13. September 1973 bat Anwar as-Sadat König Hussein zum Treffen auf höchster Ebene nach Cairo. Auch der Syrer Hafez al-Assad war eingeladen. Hussein, der längst von seinem Geheimdienst über die Kriegsvorbereitung der Ägypter und Syrer informiert worden war, glaubte, er werde jetzt von as-Sadat ins Vertrauen gezogen. Der Ägypter sprach mit seinem Gast jedoch nur über allgemeine politische Fragen und über die Notwendigkeit, bald zu einer Friedenslösung zu gelangen. Hussein fragte den Gastgeber direkt nach den Vorbereitungen zum militärischen Konflikt. As-Sadat antwortete, er habe nicht die Absicht, in absehbarer Zeit am Suezkanal anzugreifen. Auch Hafez al-Assad wies den Gedanken weit von sich, er werde einen Konflikt um die Golanhöhen anzetteln.

Hussein beherrschte sich nur mühsam an diesem 13. September 1973. Er, dessen Land die Hauptlast des Krieges von 1967 getragen hatte, fühlte sich diesmal auf die Seite geschoben. Das Bewußtsein, überhaupt nicht gefragt zu sein, quälte ihn, aber er war auch ganz froh, daß er nicht zur Teilnahme an diesem Krieg veranlaßt wurde. Er glaubte nicht an den Erfolg der arabischen Seite – und er fürchtete, daß die Israelis bei einer erneuten Niederlage seiner Panzerstreitkräfte nicht zögern würden, Transjordanien zu besetzen. Hussein wollte diesen Krieg nicht, und er hoffte, ihn verhindern zu können.

Über die Kontakte der Familie seiner Frau meldete sich Hussein zum 25. September in Israel an. Die Mission war gefährlich: Hussein mußte die Waffenstillstandslinie am Jordan überqueren – auf dem Hinflug und auf dem Rückflug. Sowohl jordanische als auch israelische Luftabwehrbatterien standen am Boden bereit, auf Flugzeuge zu feuern, die von einem Luftraum in den anderen wechselten. Der König konnte nicht sicher sein, daß die Feuerleitoffiziere der Raketenstellungen vom Flug des königlichen Hubschraubers informiert waren. Gefährlich war diese Mission vor allem deshalb, weil sie auf keinen Fall entdeckt werden durfte. Hussein war als Liquidator der Palästinensischen Befreiungsbewegung in Jordanien ohnehin schon im Verdacht, im Dienste der Israelis zu stehen. Würde in Cairo und Damaskus sein Flug zum Feind bekannt werden, müßte er mit erneuten Anschlägen auf sein Leben rechnen. Er flog selbst den Hubschrauber, der auf einem israelischen Militärflugfeld bei Tel Aviv landete. Das Treffen mit Golda Meir fand in einem abgelegenen Gebäude beim Luftstützpunkt statt. Zu Beginn des Gesprächs wußte die israelische Ministerpräsidentin nicht, was Hussein ihr mitteilen wollte.

Ohne lange Einleitung sagte Hussein, er wisse aus einer absolut sicheren syrischen Informationsquelle, daß die Einheiten der Syrer, von denen man annehme, daß sie mit einem besonderen Ausbildungsprogramm beschäftigt seien, bereitstünden zu einem Angriff, der während der nächsten Stunden erfolgen solle. Die Bereitstellung zum Angriff sei nicht allein für die Bodentruppen erfolgt, sondern auch für sämtliche Raketeneinheiten und für die gesamte Luftwaffe. Diese Warnung schwächte Hussein mit der Bemerkung ab: »Natürlich kann man nicht wissen, was die Syrer wirklich vorhaben – doch was ich darlegte, ist eine Tatsache, die man nicht außer acht lassen darf!«

Golda Meir hörte dem König voll Skepsis zu. Ihr Geheimdienst hatte ihr nur Minuten vor dem Treffen mit Hussein die Information übergeben, hinter der Waffenstillstandslinie herrsche auf syrischem Gebiet Ruhe; keine bemerkenswerten Truppenbewegungen seien zu erkennen. Deshalb äußerte sie auch zunächst Zweifel an der Wahrheit von Husseins Information. Der König bekräftigte jedoch, die Quelle sitze in Damaskus und sei zuverlässig.

Die Ministerpräsidentin fragte nach längerer Überlegung: »Werden die Syrer, nach Ihrer Überzeugung, ohne Absprache und ohne Zusammenwirken mit den Ägyptern angreifen?« Hussein antwortete: »Sadat und Hafez al-Assad arbeiten zusammen!«

Da äußerte Golda Meir erhebliche Zweifel. Sie glaubte nicht daran, daß das syrische und das ägyptische Militär überhaupt in der Lage seien, ihre Aktionen aufeinander abzustimmen. Bei allen bisherigen Kriegen hätte die Kooperation nie funktioniert. Dazu müßte es dem israelischen Geheimdienst doch aufgefallen sein, wenn sich syrische und ägyptische Generäle ge-

196

troffen hätten. Von Absprachen der beiden Seiten sei dem Geheimdienst Israels nichts bekannt.

Hussein steuert seinen Hubschrauber über die Waffenstillstandslinie im Jordangraben zurück zum königlichen Palast im Westen von Amman. Er wußte, daß seine Warnung von Golda Meir nicht ernstgenommen wurde. Für ihn gab es nun vor allem die Aufgabe, sein Land aus dem Konflikt herauszuhalten.

Die Ministerpräsidentin sprach nur mit einem Politiker und nicht mit einem Offizier darüber, daß sie durch Hussein vor dem nahen Kriegsausbruch gewarnt worden war. Als der koordinierte Angriff der syrischen und ägyptischen Streitkräfte am 6. Oktober 1973 um 14 Uhr losbrach, war Golda Meir völlig überrascht.

Jom Kippur – der König gerät unter Druck

Gewaltig war die Streitmacht, die dem ägyptischen Oberbefehlshaber bei Kriegsbeginn zur Verfügung stand. Daß diese einzigartige Aufrüstung von den in Israel für die militärische Aufklärung Verantwortlichen nicht entdeckt worden war, bleibt erstaunlich.

Anfang Oktober 1973 umfaßten die ägyptischen Bodentruppen 800 000 Mann; 2200 Panzer und 2300 Geschütze waren einsatzbereit. Auf den Militärflughäfen der vorderen Linie befanden sich 550 Kampfflugzeuge sowjetischer Baumuster – allerdings von unterschiedlicher Qualität. Aufgeteilt war diese Streitmacht zwischen der Zweiten und der Dritten Ägyptischen Armee. Beide befanden sich am Westufer des Suezkanals: Die Zweite Armee im Norden; die Dritte Armee im Süden. Ihnen standen am Ostufer des Kanals in Verteidigungsstützpunkten israelische Verbände der Infanterie, Artillerie und Panzereinheiten gegenüber. Die Masse der israelischen Verteidiger befand sich in Stellungen in der Osthälfte der Sinaihalbinsel.

An der syrischen Waffenstillstandslinie konnten die Angreifer mehr als 1400 Panzer einsetzen und rund 1000 schwere Geschütze. Die Zahl der syrischen Kampfflugzeuge war zwar bedeutend, sie fiel jedoch durch den schlechten Ausbildungsstand der Piloten nicht ins Gewicht.

Um eine Vorstellung von der ägyptisch-syrischen Kampfkraft insgesamt zu geben, sei festgestellt, daß ihre Streitmacht stärker war, als die der damaligen Natostaaten zusammengenommen.

Die arabische Seite war am 6. Oktober 1973 im Vorteil: Sie war in der Übermacht und sie war durch den Überraschungseffekt begünstigt. Beide Faktoren wirkten sich aus.

An diesem 6. Oktober waren selbst Hussein und seine Generalstabsoffiziere überrascht von der Wucht und Ernsthaftigkeit der ägyptischen und syrischen Attacken. Die militärischen Verantwortlichen in Amman waren genau informiert über den Verlauf der Aktionen an den Fronten. Sie verfolgten das Zurückweichen der Israelis auf den Golanhöhen; sie konnten zumindest die Verlegenheit der Verteidiger auf Sinai ahnen, die nicht schnell genug ihre Reserven zur Front bringen konnten. Jubel brach im Hauptquartier der jordanischen Armee aus, als zu erkennen war, daß den ägyptischen Streitkräften der Übergang über den Suezkanal gelang.

Hussein, der nicht mit einem arabischen Erfolg gerechnet hatte, geriet in Verlegenheit. Wie sollte er den königlich-jordanischen Offizieren, die in der Niederlage des Jahres 1967 treu zu ihm gehalten hatten, erklären, warum das Königreich Jordanien diesmal, in der Stunde des arabischen Triumphes beobachtend und abwartend im Abseits stand. Von Erfolgsmeldung zu Erfolgsmeldung wuchs der Druck auf Hussein: Die Offiziere wollten beteiligt sein an dieser »ruhmreichsten Stunde des modernen Arabien«. Verständnislos nahmen sie wahr, daß ihr König völlig passiv blieb, nahezu apathisch. Sie dagegen wollte eingreifen und argumentierten: »Die Syrer und die Ägypter haben den Gegner in der Zange; seine Kräfte sind zwischen zwei Fronten zersplittert – wenn die jordanischen Panzerstreitkräfte Jerusalem angreifen, dann ist die Chance groß, daß wir die Heiligen Stätten wieder in die Hand bekommen. Der Feind hat keine Truppen mehr in Jerusalem stehen«. Dieser Argumentation hatte der König wenig entgegenzusetzen. In der Tat wäre ein entschlossener Angriff erfolgversprechend gewesen. Doch Hussein hatte sich vorgenommen, gegen Israel keinen Krieg mehr zu führen. Er hatte diesen Entschluß am 25. September Golda Meir gegenüber geäußert: Er glaubte noch immer daran, daß er die von Israel besetzten Gebiete –

samt Jerusalem – auf friedlichem Wege zurückholen werde. Insgeheim rechnete er wohl damit, daß ihm die Zurückhaltung in diesem Konflikt honoriert werde, insbesondere von der amerikanischen Regierung.

Hussein diskutierte mit seinen Offizieren. Sie widersprachen ihm nicht, als er sagte, die jordanische Armee sei in keiner Weise auf den Konflikt vorbereitet – zum Beispiel seien die Vorräte an Munition zu klein. Die Schuld am geringen Stand der Kriegsbereitschaft wies er dem ägyptischen und dem syrischen Präsidenten zu: Sie hätten Jordanien nicht von ihrer Offensivplanung unterrichtet; sie hätten das Königreich ausgeschlossen aus der Solidaritätsfront der kriegswilligen Araber.

Die Offiziere entgegneten, sie hätten sich bereits bei der irakischen Armeeführung erkundigt: Das Oberkommando in Baghdad sei bereit, passende Panzermunition per Lufttransport zum Luftwaffenstützpunkt Mafraq zu fliegen. Die Iraker seien überhaupt bereit, sich an diesem Krieg aktiv zu beteiligen. Diese Informationen kamen Hussein ungelegen.

Die Nachrichten, die Radio Cairo und Radio Damaskus verbreiteten, steigerten ohnehin den Druck auf Hussein: Sie versetzten die Bevölkerung im Westjordanland in Unruhe. Diesmal waren die Nachrichten nicht erfunden: Sie meldeten die Befreiung des Suezkanalostufers und sie informierten über den Durchstoß der syrischen Verbände zum oberen Jordan. Ohne Zweifel geriet Israel diesmal wirklich in Schwierigkeiten. Darauf hatte Arabien lange gewartet. Die Bewohner der Städte und Dörfer am Jordanwestufer, die seit 1967 unter der israelischen Besatzungsmacht zu leiden hatten, glaubten, die Stunde der Befreiung sei nahe – der Feind breche zusammen. Sie warteten darauf, daß die legendären Königlich-jordanischen Panzerbrigaden, die 40. und die 60., über den Jordan nach Westen aufbrachen, um die wenigen israelischen Soldaten, die nicht für die syrische und für die ägyptische Front mobilisiert worden waren, aus »Palästina« zu vertreiben. Angesichts der arabischen Siege entstand Wut über die Inaktivität der jordanischen Streitkräfte, über die Passivität des Königs. Hatten die Palästinenser im Westjordanland bisher noch auf Transjordanien Hoffnung gesetzt, so erlosch sie jetzt völlig. Der König war abgeschrieben. Jassir Arafat nahm seinen Platz im Herzen der Palästinenser des Landes nördlich und südlich von Jerusalem ein. Er verkündete über Radio Damaskus, die Haschemitendynastie habe sich wieder einmal als Feind des palästinensischen Volkes erwiesen. Die Haschemiten hätten 1948 Palästina an Israel verkauft; 1967 hätten sie dann den letzten Rest verschenkt; jetzt aber sei die Schenkung besiegelt worden. Die Feigheit der Haschemiten müsse bestraft werden – der Tag werde kommen, da das Volk von Palästina mit den verräterischen Haschemiten endlich abrechne.

Die Euphorie in Arabien hielt an. Am 8. Oktober wurde gemeldet, die ägyptischen Streitkräfte am Ostufer des Suezkanals hätten einen massiven israelischen Gegenangriff abgewehrt. Westliche Beobachter bestätigten die Meldung. Militäranalytiker sind der Meinung, seit der Panzerschlacht von Kursk, die im Zweiten Weltkrieg zwischen der deutschen Wehrmacht und der Roten Armee ausgefochten wurde, habe es keinen gewaltigeren Zusammenstoß von Kettenfahrzeugen gegeben. Damals hätten die Deutschen gewonnen – und jetzt die Ägypter. Arabien feierte zurecht einen Sieg.

Die jordanischen Offiziere begannen sich zu schämen. Sie glaubten ernsthaft, daß sie nie mehr von anderen arabischen Offizieren geachtet würden. Der König mußte Aufkündigung der Treue befürchten und Auflehnung gegen seine Befehle. Es half ihm auch nichts, daß er an das Verhalten der Syrer im Junikrieg von 1967 erinnerte. Damals hatte die syrische Führung der 40. und der 60. Jordanischen Panzerbrigade im Jordantal jegliche Luftunterstützung verweigert. Die Offiziere wollten nicht an die Vergangenheit erinnert werden; sie wollten jetzt Ehre und Ruhm gewinnen. Einige der Befehlshaber appellierten an das arabische Ehrgefühl des Haschemitenherrschers: Einst habe der haschemitische Emir Hussein den arabischen Aufstand gegen die Unterdrücker angeführt; damals habe sich der Sherif über Mekka und Medina nicht hinter Ausflüchten versteckt. Ein Haschemite drücke sich nicht vor dem Kampf.

Hussein fürchtete nicht den Kampf, sondern die Folgen einer Niederlage. Er sah den Zusammenbruch der ägyptischen und der syrischen Offensive voraus. Das Kriegsglück konnte den Arabern nicht mehr lange treu sein. Was dann geschehen würde, wußte er aus Erfahrung. Doch er stand mit dem Rücken zur Wand – er mußte sich auf ein Wagnis einlassen.

200

Hussein entschloß sich doch zur Teilnahme am Krieg. Er schickte die 40. Panzerbrigade in Richtung der syrischen Front. Dem Kommandeur wurde allerdings aufgetragen, behutsam und langsam vorzurücken. Am 13. Oktober, am achten Kriegstag, erreichte die 40. Panzerbrigade syrisches Gebiet bei Dera'a. An diesem Tag befanden sich die syrischen Streitkräfte schon seit 48 Stunden in schwieriger Situation: Ihr Vormarsch hatte sich in einen Rückzug verwandelt, der zur Flucht wurde. Bei Tell Maschara, zehn Kilometer ostwärts von der Stadt Quneitra stieß die 40. Jordanische Panzerbrigade auf israelische Panzer, die fliehende syrische Fahrzeuge verfolgten. Die Jordanier, die keinerlei Einweisung in den Frontverlauf auf dem Golanplateau erhalten hatten, waren bei ihrer nächtlichen Fahrt dem Donner der Explosionen und dem Aufblitzen der Einschläge gefolgt. Dabei waren sie in eine Lücke zwischen zurückflutenden Syrern und angreifenden Irakern geraten. Die Situation war völlig unübersichtlich. Im Dunkel der Nacht waren Zusammenstöße der Panzerfahrzeuge und Kettenschäden nicht zu vermeiden gewesen. Allein die Ehre verbot dem Kommandeur, das Heil im halbwegs geordneten Rückzug zu suchen. Die irakische Panzereinheit war ebenfalls erst aus der Heimat angekommen und war genauso desorientiert und hilflos wie die 40. Jordanische Panzerbrigade. Für die fremden Einheiten, die bereit waren, den Syrern zu helfen, bestanden keine Einsatzpläne, keine Logistik. Die jordanische 40. Panzerbrigade hatte ihre Ankunft überhaupt nicht korrekt angemeldet.
Der israelische Generalmajor Dan Lanev, der die Verfolgung der desorganisierten Syrer kommandierte, war verblüfft, als er am zehnten Kriegstag etwa 100 Centurionpanzer im Morgenlicht entdeckte. Sie rollten von Süden her auf die Flanke seines Verbandes zu, fuhren eng aufgeschlossen und rechneten offenbar nicht mit Feindberührung. Die Identifizierung war zunächst schwierig; doch die roten Wimpel, die sichtbar an den Antennen der Panzer flatterten, verwiesen auf jordanische Panzertruppen. Die Syrer erhielten also Verstärkung aus Jordanien. Bisher war dem israelischen Oberkommando nichts von einer jordanischen Kriegsbeteiligung bekannt geworden.
Die Offiziere der 40. Jordanischen Panzerbrigade besaßen keine Kenntnis vom aktuellen Gefechtsverlauf; sie unterstanden keinem übergeordneten Kommando; sie waren auf sich allein

gestellt und bemerkten nicht, daß sich ihre Panzer auf feuerbereite Kanonen der Israelis zubewegten. Sie entdeckten den Feind erst, als er auf sie feuerte, und ein Feuerschlag traf 28 jordanische Panzer, die brennend liegenblieben. Ein Viertel der jordanischen Kettenfahrzeuge, die sich im Einsatz an der syrischen Front befanden, war damit außer Gefecht gesetzt.

Die 40. Jordanische Panzerbrigade drehte ab nach Süden. Außerhalb des israelischen Artilleriebereichs formierte sich der Verband neu. Um die Scharte der Niederlage auszuwetzen, wollten sich Offiziere und Panzerfahrer noch einmal dem Feind stellen. Sie blieben jedoch weiterhin ohne Information über den Kampfverlauf, über die Bewegungen von Freund und Feind, und stießen blindwütig vor in Richtung der Straße von Quneitra nach Damaskus. Ohne daß sie den Feind zu sehen bekamen, gerieten sie in das Feuer israelischer Artillerie. Innerhalb weniger Minuten brannten zwölf jordanische Panzer. Kein Kanonier der 40. Jordanischen Panzerbrigade hatte auch nur einen Schuß abgegeben. Nach diesem Desaster zog die Brigade nun endgültig in Richtung Heimat ab. Durch Luftangriffe verlor sie unterwegs noch weitere Kettenfahrzeuge. Insgesamt mußte Jordanien 52 Panzer aus der Bestandsliste streichen. Das nutzlose Abenteuer hatte den König ein Viertel der Panzerwaffe gekostet.

Die syrischen Verluste aber waren gewaltig: Von 1400 Panzern verfügte das Oberkommando in Damaskus zur Stunde des Waffenstillstands noch über 250. Bemerkenswert ist, daß 870 syrische Panzer einsatzbereit den Israelis in die Hand gefallen sind, verlassen von ihren flüchtenden Besatzungen. Für die Syrer endete der Oktoberkrieg des Jahres 1973 erneut mit einer Niederlage. Die Ägypter aber fühlten sich als Sieger, trotz der Schwierigkeiten in der Endphase der Kämpfe am Suezkanal. Die Präsenz ägyptischer Truppen am Kanalostufer war ein sichtbarer Beweis der Stärke Ägyptens. Vor Beginn der Kanalüberquerung hatte Anwar as-Sadat seinen Generälen gesagt: »Beschafft mir zehn Zentimeter Kanalostufer und ich habe die Basis für eine politische Lösung!«

König Hussein war weder Gewinner noch Verlierer. Er besaß keine Karte im nun beginnenden politischen Spiel. Jordanien hatte Verluste erlitten, ohne daß seine Teilnahme am Kampf jemals ein Faktor im Kriegsverlauf war. Daß sich die 40. Jordanische Panzerbrigade im Krieg befunden hatte, war kaum zur Kenntnis genommen worden. Als sich die Kriegsteilnehmer unter Leitung von Henry Kissinger zusammensetzten, um positive Konsequenzen aus dem Ausgang des Konflikts zu ziehen, war der jordanische König nicht eingeladen – sein Land galt nicht als Kriegsteilnehmer.

Algier:
Vom Frieden nichts zu erwarten

So verblüffend es klingt: Die Anregung zum Krieg hatte Henry Kissinger als amerikanischer Außenminister gegeben. Seine Idee war, daß niemand an Verhandlungen im Nahostkonflikt interessiert ist, solange dieser nicht hell aufbrennt. Der richtige Gedanke steckte dahinter, kein Politiker von Kompetenz in der Welt werde sich den Kopf über einen Zwist zerbrechen, der keinen Brennpunkt bildet. Die logische Konsequenz war, daß vor Verhandlungen gekämpft und gestorben werden mußte.
Henry Kissinger hatte nicht offen zum Krieg aufgerufen, doch seine Äußerung gegenüber Hafez Ismail, dem ägyptischen Sicherheitsberater, war eindeutig gewesen: »Ich kann mich erst mit eurem ägyptischen Problem befassen, wenn daraus eine Krise geworden ist.« Anwar as-Sadat interpretierte Kissingers Äußerung korrekt: »Er will, daß wir Krieg führen. Eine rein politische Lösung des Konflikts mit Israel ist nicht in Sicht. Wir haben nur die eine Option – Krieg.«
Das Kalkül erwies sich als richtig. Schon eine Woche nach dem Ende der Kämpfe begannen die ersten offenen Gespräche zwischen den bisherigen erbitterten Feinden: An der Kilometermarkierung 101 der Hauptstraße zwischen dem Suezkanal und Cairo wurde über das Auseinanderrücken der Kampfverbände gesprochen. Der ägyptische Verhandlungsführer, General Abdel Ghani Gamasi sagte bei dieser Gelegenheit zu seinen israelischen Gesprächspartnern: »Zum ersten Mal ist ein Krieg zwischen uns unentschieden ausgegangen. Wir können sagen, wir haben gewonnen – und Sie können dasselbe sagen. Aus dieser Position heraus können wir Ägypter verhandeln. Doch wir werden dabei keinen Zentimeter unseres Bodens aufge-

ben.« Die Annäherung zwischen israelischen und ägyptischen Militärs führte zu Absprachen, zu wachsendem Vertrauen, zu Übereinstimmung in der Meinung. In der Beziehung zwischen Ägypten und Israel entstand Bewegung; zwischen Amman und Tel Aviv fand keine Kommunikation statt.

Zunächst bestand durchaus eine Möglichkeit, das Königreich in das durch den Krieg veränderte psychologische Umfeld einzubeziehen. Die Resolution des Weltsicherheitsrats Nummer 338, die den Waffenstillstand der unmittelbar betroffenen Kriegsparteien regelte, forderte auch die Inkraftsetzung des Sicherheitsratsbeschlusses Nummer 242 vom Herbst 1967, der die Rückgabe der besetzten Gebiete westlich des Jordan an das Königreich forderte; in diese Rückgabe sollte auch Ostjerusalem eingeschlossen sein. Der Weltsicherheitsrat sah unmittelbar nach Kriegsende, 1973, durchaus die Einbeziehung Jordaniens in die allgemeine Friedenslösung vor. Doch Ereignisse in Arabien selbst machten die Sicherheitsratsbeschlüsse hinfällig.

Die Absicht der Mitglieder des Weltsicherheitsrats war, aufgrund der Resolutionen 242 und 338 eine Friedenskonferenz aller am Nahostkonflikt beteiligten Parteien einzuberufen– dazu gehörte selbstverständlich auch Jordanien. Das Königreich hatte zwar nur wenig spürbar am letzten Krieg teilgenommen, doch es war Konfliktpartei. Als wichtigstes Thema der Konferenz war die Zukunft der besetzten Gebiete vorgesehen. Hussein ging ganz selbstverständlich davon aus, daß das Westufergebiet des Jordan auch weiterhin Bestandteil seines Staates und daß er der legitime Vertreter der dort lebenden Menschen war. Hussein sah sich deshalb als wichtiger Teilnehmer der kommenden internationalen Friedenskonferenz. Der Palästinensischen Befreiungsbewegung aber gelang es während der Vorbereitung der Genfer Konferenz, immer mehr arabische Staaten davon zu überzeugen, daß die Haschemitendynastie nicht das Recht habe, für die Palästinenser zu sprechen. Die Monarchen und Präsidenten Arabiens ließen sich überzeugen, daß die Haschemiten nie am Westufergebiet des Jordan interessiert gewesen seien. Dies mache doch allein schon ihr Verhalten im eben vergangenen Krieg deutlich. Arafat erinnerte auch an die »unzureichende Verteidigung des Westjordanlandes« im Junikrieg von 1967.

Der König begriff zu spät, daß Arafat die Enteignung der

Haschemiten betrieb. Sein Hinweis, schließlich zahle er die Beamten und die Pensionen der Witwen im Westjordanland aus dem transjordanischen Staatshaushalt, hatte keine Wirkung.

Ohne daß Hussein dies verhindern konnte, faßten die arabischen Staatschefs im November 1973 bei ihrer Gipfelkonferenz in Algier den geheimzuhaltenden Beschluß, die Palästinensische Befreiungsbewegung sei »die einzige legitime Vertretung des Palästinensischen Volkes.« Allein die PLO habe das Recht, auf einer künftigen Friedenskonferenz für die Palästinenser zu sprechen, in ihrem Namen zu verhandeln, ihr Selbstbestimmungsrecht zu verwirklichen.

König Hussein mußte zur Kenntnis nehmen, daß sämtliche Könige und Präsidenten Arabiens ohne Stimmenthaltung für die Übertragung der Autorität über die Palästinenser an Jassir Arafat stimmten.

Rabat:
Hussein verliert 60 Prozent seiner Untertanen

Ein Jahr nach der Gipfelkonferenz von Algier wurde die Geheimhaltung um die Klausel der »einzigen legitimen Vertretung des Palästinensischen Volkes« aufgehoben. Beim Treffen der Staatschefs in Rabat erhielt die PLO in aller Öffentlichkeit den Auftrag, alleiniger Repräsentant der Palästinenser zu sein. Der Beschluß bedeutete in letzter Konsequenz, daß auch die palästinensischen Flüchtlinge, die sich in Transjordanien aufhielten, politisch von der PLO vertreten wurden. Das hieß, daß sie nicht mehr der Souveränität des haschemitischen Herrschers unterstellt waren. Die Arabische Gipfelkonferenz von Rabat nahm damit im Oktober 1974 dem König Hussein mehr als die Hälfte der Bewohner seines Landes weg. Auch die Palästinenser in Transjordanien waren – sollte die Entscheidung der Gipfelkonferenz Gültigkeit erlangen – keine Jordanier mehr.

Besonders enttäuscht war Hussein vom Verhalten des ägyptischen Präsidenten. Unmittelbar vor Beginn der Konferenz hatte der Monarch in Cairo während einer langen Diskussion dem Ägypter das Einverständnis abgerungen, daß allein der jordanische Souverän das Recht habe, für die Palästinenser insgesamt zu sprechen. Sadat war sogar damit einverstanden gewesen, daß in einem gemeinsamen Kommuniqué dieser Beschluß der Öffentlichkeit, und damit auch den Palästinensern mitgeteilt wurde. Kaum aber hatte Anwar as-Sadat bei Beginn der Gipfelkonferenz gespürt, daß er mit seiner Unterstützung für Hussein im Kreis der Könige und Präsidenten allein blieb, vergaß er sein Versprechen an Hussein und das gemeinsame Kommuniqué. Er stimmte mit den anderen Staatschefs.

Der ägyptische Präsident erfuhr allerdings nie, daß er sich mit dieser Kursänderung im internationalen Verhandlungsgeschäft geschadet hatte. Aber sowohl Jitzhak Rabin als auch Henry Kissinger erfuhren davon, daß Sadat den König im Stich gelassen hatte. Sie glaubten fortan nicht mehr an Sadats Vertragstreue.

Unter dem Druck der Enttäuschung über Sadats Verrat stimmte Hussein selbst dieser Enteignung zu – wohl wissend, daß sie in dieser Form nicht stattfinden konnte. Wieder einmal erwies sich Hussein als ein Politiker mit Gefühl für das im Augenblick Machbare unter Verzicht auf derzeit nicht durchsetzbare Prinzipien. Mit diesem Talent überwand Hussein die folgenden schwierigen Zeiten. Der König, zu diesem Zeitpunkt 42 Jahre alt, hatte sich durch die Reihe von Krisen seines Lebens ein beachtliches Stehvermögen angeeignet. Statt sich über die Entscheidung der Kollegen Könige und Präsidenten zu entrüsten und voll Zorn abzureisen, gab sich der König würdig gelassen. Die Zustimmung zur Übergabe der formalen Zuständigkeit für die Palästinenser an die PLO hatte ihn Überwindung gekostet, doch er ließ sich nichts anmerken.

Erstaunen löste seine Bereitschaft aus, die Kosten für Gehälter und für den Verwaltungsaufwand im von Israel besetzten Gebiet westlich des Jordan auch weiterhin zu tragen – bis die Palästinensische Befreiungsorganisation selbst in der Lage sei, die Beträge aufzubringen. Mit dieser Wendung sicherte sich Hussein seinen Einfluß im palästinensischen Gebiet zumindest für die nächste Zukunft. Abzusehen war, daß Arafats Organisation in absehbarer Zeit nicht über die Beträge verfügen konnte, um Lehrer, Richter, Beamte zu bezahlen und um den Straßenbau zu finanzieren. Mit der Bereitschaft, die Verpflichtungen auch weiterhin zu tragen, blockierte Hussein jede Veränderung der Machtsituation im Westjordanland. Der Grundsatz galt auch dort: Wer zahlt, bestimmt! Der erfahrene Taktiker wußte, daß sich nichts ändern würde.

Noch einen Faktor kannte Hussein, der zu seinen Gunsten sprach: Über Probleme und Anliegen der Palästinenser werde die israelische Regierung nur mit ihm reden. Seit 1967 haben die Ministerpräsidenten Israels feierlich betont, nie mit Jassir Arafat und seiner Organisation verhandeln zu wollen. Parallel dazu haben diese Ministerpräsidenten auch die US-Regierung in die Pflicht genommen, jeden Kontakt zur PLO zu unterlassen. Selbst Henry Kissinger hatte sich zur Enthaltsamkeit in Sachen PLO verpflichtet. Um die Kluft zwischen der PLO und Israel noch zu vertiefen, hatte auch Arafat ein Gelübde geleistet: »Ich werde nie mit Israel und nie mit den USA verhandeln!«

Diese Verpflichtungen, Versprechen und Gelübde trieben die politische Entwicklung in eine Sackgasse. Die Folge davon war, daß über das Problem der Palästinenser eigentlich kein Betroffener mit dem anderen reden konnte – nur Hussein stand als Vermittler zur Verfügung.

Die PLO wollte unbedingt beteiligt sein an der künftigen Friedenskonferenz für den Nahen Osten. Doch im Konferenzverlauf würde kein israelischer Politiker mit einem Vertreter der PLO reden wollen. Würde nicht der jordanische König als Vermittler und Makler einspringen können, wäre die Teilnahme der PLO an der Konferenz ohnehin sinnlos. Der König sah sich in der guten Lage, trotz der für ihn bitteren Entscheidung der Könige und Präsidenten Arabiens in Ruhe abwarten zu können. Hussein war überzeugt, die Zeit arbeite für ihn.

Die Diskussion um die Vertretung der Rechte der Palästinenser hatte das Interesse des Monarchen geweckt. Zusammen mit dem Kronprinzen – seinem Bruder Hassan – befaßte er sich mit dem Kern des Problems. Bisher hatte sich die Haschemitenfamilie die Beurteilung einfach gemacht. Hussein hatte selbst gesagt: »Wir sind alle Palästinenser!« Richtiger in seinem Sinne wäre der Umkehrschluß gewesen: »Alle Palästinenser sind Jordanier!« Diese schlichte Bereinigung des Problems war nicht mehr aufrechtzuerhalten.

Tatsache war, daß ungefähr 60 Prozent der Bewohner Transjordaniens aus Palästina stammten. Diese nicht ganz zwei Millionen Menschen waren durch unterschiedliche Einstellung zu ihrem Volk geprägt. Da waren die Palästinenser zu registrieren, die bereits vor 1948, vor der Gründung des Staates Israel, in das Emirat Transjordanien gekommen waren. Sie waren inzwischen zu einem wichtigen Bestandteil des jordanischen Establishments geworden. Sie waren im Militär, in der Staatsverwaltung und in der Diplomatie hoch angesehen. Wer zu dieser Palästinensergruppe gehörte, fühlte sich mit dem Haschemitenregime verbunden und hielt Distanz zu Palästinenserorganisationen. Selten waren junge Männer des palästinensischen Establishments Fedajin geworden.

Die zweite Gruppe, *nazihin* genannt, hatte sich hingegen nur schwer integrieren können. Zu den nazihin gehörten Familien, die zwischen 1948 und 1967 aus dem Staat Israel über den Jordan in die Region der Hauptstadt Amman gezogen waren. Im Gegensatz zur ersten Palästinensergruppe waren sie Flüchtlinge. Den Männern der nazihin gelang selten der Aufstieg in angesehene Ämter. Viele der Söhne und Töchter studierten – und wurden Anhänger marxistischer oder panarabisch-nasseristischer Ideologien. Ihr geistiges Zentrum war die American University in Beirut, die offen war für aufbrechende geistige Strömungen. Die AUB wurde zum Sammelbecken der jungen arabischen Intelligenz und der revolutionär gesinnten jungen Frauen und Männer. In der AUB wurde auch Gewalt gepredigt, als wirksamstes Mittel, gesellschaftliche Veränderung herbeizuführen. Mao Tse Tung und Che Guevara waren die Leitfiguren, die Erfolg auf dem Weg des Fortschritts versprachen.

Die Intelligenzschicht der nazihin sah in der Herrschaft der Haschemiten eine Oligarchie, ein Instrument zur Unterdrückung und Ausbeutung der Massen. Diese Oligarchie stand im Dienst der imperialistischen USA. Sie konnte nur durch eine Revolution beseitigt werden, durch einen »Volkskrieg der Massen«. Diese Revolution wollte die Jugend der nazihin einordnen in die damals losgebrochenen revolutionären Bewegungen »von Vietnam bis Cap Verde«.

Die dritte Gruppe der Palästinenser in Transjordanien stellten die *laji'in* – die Flüchtlinge, die nach der Niederlage von 1967 das Land westlich des Jordan verlassen hatten. Diese Familien hatten meist zwei Flüchtlingsschicksale erlebt: Sie waren 1948 bei der Gründung des Staates Israel zum ersten Mal entwurzelt worden. Vertrieben aus den Städten und Dörfern, die von den Israelis beansprucht wurden, hatten sie sich im Westjordanland angesiedelt, und waren dort von den Ereignissen des Junikriegs überrascht worden. Ihre Flucht über den Jordan hatte in Transjordanien geendet.

Die laji'in bildeten die Mehrheit der Palästinenser im verbleibenden Rest des Königreichs. Sie hausten in isolierten Lagern, in Einheiten von 60 000 bis 100 000 Menschen – unterstützt von Hilfsorganisationen der Vereinten Nationen. Von den Lagern aus war eine Eingliederung in das wirtschaftliche Leben Transjordaniens so gut wie unmöglich. Dies lag nicht am bösen Willen der Jordanier und der beiden anderen Palästinensergruppen, sondern am Mangel an Arbeitsplätzen. Jordanien war kein Land, das sich entwickelte, das Arbeitskräfte benötigte. Die Schicht der laji'in war eine Belastung für die Seßhaften. Viele der laji'in lebten im Lager Baka'a nördlich von Amman. Das Wort »Baka'a« wurde zum Symbol für das Übel, das Jordanien während der 70er Jahre befallen hat. Als Fluch galt der Ausruf: »Die Pest kommt von Baka'a!«

Die Lager verwandelten sich damals in primitive Städte. Die Zelte, meist Stiftung der Bundesrepublik Deutschland, verschwanden; sie wurden ersetzt durch Hütten aus Schlammsteinen, Blechstücken und Betonteilen. Die Wege dazwischen waren unbefestigt, bei Regenwetter wateten die Menschen durch Schlamm.

Die laji'in waren und sind überzeugt, die königlich-jordanische Armee habe 1967 ihr Land fast kampflos an Israel übergeben – und ihre Führung habe sich 1973 geweigert, das verlorene Land zurückzuholen. Die laji'in fühlten sich als Opfer. Diese Palästinenserschicht haßte die Haschemitendynastie grenzenlos. An eine Versöhnung war und ist nicht zu denken. Die Hoffnung der laji'in waren die Kampforganisationen Al-Fatah und Volksfront zur Befreiung Palästinas gewesen; von ihnen war – besonders nach dem Abwehrkampf von Karameh – wenigstens eine teilweise Befreiung der Heimat und damit wenigstens für einige Sippen die Rückkehr zu Dorf und Haus erwartet worden. Aus der Schicht der laji'in hatten sich die jungen Männer für die Kampforganisationen rekrutieren lassen. Sie hatten in Amman gegen Hussein und gegen die Beduinenarmee gekämpft, und dabei schwere Opfer gebracht. Die Zahl der Toten war groß gewesen. Daß Tausende damals verwundet wurden, war in den Lagern zu bemerken. Nach der Vertreibung von Al-Fatah und Volksfront waren nicht nur die Alten, sondern auch die Jungen in Hoffnungslosigkeit verfallen.

Wer allerdings am Lager Baka'a vorüberfuhr – die Hauptstraße von Amman nach Jerash und Irbid führt daran vorbei – der bemerkte, daß die Resignation das Volk nicht völlig beherrschte: Ungebrochen war die Fruchtbarkeit des palästinensischen Volkes: Die Hälfte der Lagerbewohner war unter 17 Jahren alt.

Daß Denken und Vorstellungen der jungen Massen nicht zu erfassen und zu analysieren waren, mußte die Verantwortlichen des Haschemitenregimes beunruhigen. Die Einstellung der Jugend zur Haschemitenfamilie war nur schwer einzuschätzen. Zu befürchten war das Anschwellen eines revolutionären Potentials.

Für den König und den Kronprinzen war die Frage zunächst offen, wie die unterschiedlichen Schichten der Palästinenser nach der Entscheidung der Gipfelkonferenz von Rabat im Oktober 1974, die Palästinenser der PLO zu unterstellen, reagieren würden. Eines war festzustellen: Im Lager Baka'a brach keine Begeisterung darüber aus, daß Arafat nun künftig für die Bewohner zuständig sein sollte. An den Wänden der Lagerhütten klebten keine Plakate mit dem Abbild des PLO-Vorsitzenden und königlich-jordanische Polizisten wurden in Baka'a nicht mit Steinen beworfen. Die Lage blieb zunächst stabil.

Hussein und Kronprinz Hassan mußten, um auf Dauer das Haschemitenregime abzusichern, ihre Anstrengungen auf die Verbesserung der kritischen Situation der Lagerbewohner konzentrieren. Beide sahen den Zwang zum Ausgleich des wirtschaftlichen Potentials im Königreich; doch dieser Ausgleich war nicht rasch zu erreichen. Dem Land fehlten zunächst die Möglichkeiten, den Massen aus den Flüchtlingslagern eine sinnvolle Perspektive zu geben, ihnen Arbeit zu beschaffen. Transjordanien besaß keine Voraussetzung für den Aufbau von

Industrien, die Waren für den Export produzieren konnten. Im Boden Transjordaniens fanden sich nur Phosphate in großer Menge; doch gerade während der 70er Jahre ging der Weltbedarf an Phosphaten drastisch zurück. Der Export landwirtschaftlicher Produkte aus dem Jordantal in Richtung Kuwait und Saudi-Arabien nahm zwar zu, denn das fruchtbare Ostufer des Jordan wurde, dank der besonderen Aufmerksamkeit des Kronprinzen, intensiv landwirtschaftlich genutzt. Die Anlagen des Ost-Ghor-Kanals, die nach 1967 von der israelischen Luftwaffe weitgehend zerstört worden waren, wurden repariert und erweitert. Aber die landwirtschaftlichen Betriebe waren nicht dazu geschaffen, Tausende von Arbeitern zu beschäftigen. Die Ernte von Tomaten und Südfrüchten bot Verdienstmöglichkeiten für Saisonarbeiter. Die Landwirtschaft garantierte nur wenigen ein gesichertes Einkommen.

Eine Entwicklung aber trug ganz wesentlich zur Verbesserung der Lebensmöglichkeiten der ärmeren palästinensischen Schicht bei: Die reichen Golfstaaten brauchten Arbeitskräfte, um ihre Staatsverwaltungen aufzubauen und funktionsfähig zu halten. Unternehmer in Kuwait, in Bahrain, in Abu Dhabi und Dubai wollten am Dollarsegen des Ölbooms profitieren. Sie brauchten zupackende Hände und einfallsreiche Köpfe. Für intelligente und flexible Männer boten sich gut bezahlte Chancen.

Aus der nichtseßhaften Schicht der transjordanischen Palästinenser machten sich Männer auf den Weg an den Persisch/Arabischen Golf, um dort ihre Arbeitskraft unterschiedlicher Qualifikation den Emiraten und dem Königreich Saudi-Arabien zur Verfügung zu stellen. Der Export von Arbeitskräften machte sich für den Haschemitenstaat bezahlt. Die Palästinenser, die eigentlich den Haschemiten gar nicht mehr unterstanden, brachten ihnen Devisen ein. Die transjordanischen Gastarbeiter am Golf schickten ihren Verdienst in Dollarwährung an die Verwandten in den Lagern. Auf diese Weise verbesserte sich der Lebensstandard in den Flüchtlingslagern. Die Kaufkraft mancher Familie stieg beachtlich. Die einfachen Hütten verwandelten sich in Häuser. Den Besitzern wurde vom Regime allerdings verboten, höher als zwei Stockwerke zu bauen. Der improvisierte Charakter der Lager sollte beibehalten werden.

Die Kluft zwischen der Schicht der laji'in und den übrigen Bewohnern von Transjordanien verringerte sich etwas, doch sie blieb erhalten. Es lag allein an König Hussein, ob der Konflikt unter Kontrolle gehalten werden konnte.

»Der König trifft allein die Entscheidungen« – *der absolute Herrscher*

Zaid Rifai, der mehrmals dem König als Ministerpräsident gedient hat, beurteilte das haschemitische Regime so: »In Jordanien trifft der König allein die Entscheidungen. Das Regierungssystem ist völlig auf seine Person zugeschnitten. Der König braucht sich dabei nicht ausdrücklich auf Verfassungstexte berufen. Die Position des haschemitischen Herrschers ist im System der Ordnung Jordaniens unumstößlich verankert.«
Die Macht des haschemitischen Monarchen beruht in erster Linie auf dessen Abstammung von der Familie des Propheten Mohammed. Dabei kann er nicht als direkter Nachfolger des Gesandten Allahs – der im Jahr 632 unserer Zeitrechnung gestorben ist – bezeichnet werden. Die unmittelbare Blutsverwandtschaft existiert nicht. Wenn jordanische Veröffentlichungen zur Person des Monarchen darauf hinweisen, Hussein sei in 43. Generation Nachkomme Mohammeds, so ist diese Darstellung irreführend. Die Angehörigen der Haschemitenfamilie können nur für sich in Anspruch nehmen, daß zu ihrer Sippe einst der Prophet Mohammed, der von Allah Bevorzugte, gehört hatte. Doch dieses Verwandtschaftsverhältnis genügt, um die Haschemiten über alle anderen Muslime zu heben.
Vom Großvater Abdallah hatte Hussein gelernt, daß das Oberhaupt der Haschemitenfamilie in Angelegenheiten der Sippe und des ganzen Volkes, das zu lenken ist, durch die Vollmacht, die aus der hohen Abstammung abzuleiten ist, souverän entscheidet. Dazu muß gesagt werden, daß die Könige und Präsidenten Arabiens durchweg als Souveräne, als Diktatoren entscheiden. Politiker und Militärs ihrer Umgebung dürfen höchstens beratend, aber in Demut dem Souverän zur Seite stehen; an der Entscheidung sind sie selten wirklich beteiligt. Die Legitimation zu dieser Souveränität besteht im Normalfall

212

allein in der außergewöhnlichen Persönlichkeit des Herrschers. Das Oberhaupt der Haschemitenfamilie aber besitzt die Legitimation der Genealogie. König Abdallah und König Hussein sahen sich als Personifizierung des jordanischen Regierungssystems. Sie fühlten sich allein verantwortlich für die ihnen untertane Gemeinschaft. Diese Verantwortung teilten sie mit niemandem.

Nur zwei Faktoren beeinflußten König Husseins Entscheidungen: Intuition und Kalkulation. Zur Zeit der Spannung zwischen den panarabisch orientierten Staaten Ägypten/Syrien und dem auf sich selbst gestellten haschemitischen Jordanien berechnete Hussein sehr genau, wie weit er sich – um eine innenpolitische Entspannung zu erreichen – Gamal Abdel Nasser nähern durfte, ohne von ihm geschluckt zu werden. Der Kriegseintritt auf der Seite Nassers war eher der Intuition zuzurechnen. Das Ergebnis war prompt verheerend. Husseins Verhalten im Konflikt 1973 war pure Kalkulation bis zum Ende. Sie hat ihm den Rest seines Königreiches gerettet. Wäre er dem Rat seiner Offiziere gefolgt, hätte sich Hussein einen Platz im Exil suchen können.

Kalkulation und Intuition bestimmten auch Husseins Verhältnis zur Religion. Als Persönlichkeit der Familie des Propheten wurde von ihm besondere Betonung der Gläubigkeit erwartet. Zog er jedoch die religiöse Ausrichtung der 60 Prozent seines Volkes ins Kalkül, die Palästinenser sind, konnte er sich eine islamische Ausrichtung seines Königreichs gar nicht leisten. Der palästinensische Volksteil umfaßt schließlich auch christliche Sippen, zum Beispiel der orthodoxen Glaubensrichtung. Wenn Hussein seine religiöse Überzeugung zu definieren hatte, dann benützte er diese kalkulierte Formulierung: »Der Einfluß des Islam auf unsere Gesellschaft ist groß, doch der Einfluß des Islam auf die Politik bleibt reduziert. Nach meiner Überzeugung ist der Islam die Religion, die Gleichheit der Individuen fordert, die in einer Gemeinschaft zusammen leben. Für mich ist diese Gleichheit das wichtigste Prinzip des Islam. Wir bringen dieses Prinzip durch den Begriff Tak wa zum Ausdruck. Er umfaßt Toleranz, Liebe zu Gott, Neigung zu guten Taten, Sinn für Gerechtigkeit. Ich glaube an die moralischen Werte des Islam. Sie entsprechen in Wahrheit den moralischen Werten der freien Welt!«

Kalkulation, Intuition und religiöse Überzeugung waren die Kräfte, die Husseins Entscheidungen bestimmt haben. Hilfsinstrumente waren das Kabinett der Minister, der Königlich-Haschemitische Diwan, der Kronprinz und das Parlament.

Dem Kabinett der Minister unter Führung des Ministerpräsidenten ist in der haschemitischen Staatsordnung kein Platz von Bedeutung zugewiesen. Das Kabinett der Minister führt die Anweisungen des Königs aus. Kein Ministerpräsident darf es wagen, selbständig zu handeln. Der Ministerpräsident ist leicht auswechselbar. Es bedarf eines kurzen königlichen Befehls und der Chef der Exekutive räumt seinen Schreibtisch. Niemand wird dem König widersprechen. Ähnlich sicher sind auch die Stühle der Minister. Alle hängen von der Gnade des Herrschers ab.

Hussein beherrschte die Technik perfekt, den Ministerpräsidenten zu entlassen, wenn innenpolitische Spannungen auftraten. In den Jahren 1969 und 1970 entließ Hussein den Ministerpräsidenten immer dann, wenn die palästinensischen Kampforganisationen Grund hatten, über Repressionen durch die Regierung zu klagen. Die Repressionen hatte Hussein selbst angeordnet; die Verantwortung wurde, zu Unrecht, offiziell dem Ministerpräsidenten zugeschoben. Selbst eine starke Persönlichkeit wie Wasfi al-Tal mußte sich diese Behandlung gefallen lassen. Wasfi al-Tal formulierte seine Funktion so: »Der Ministerpräsident ist in unserer Staatsordnung ein Sicherheitsventil. Ehe der Druck den Kessel zur Explosion bringt, muß der Ventilverschluß weg.«

Der Königlich-Haschemitische Diwan ist das Sondersekretariat für den Monarchen und für den Kronprinzen. Diesem Büro gehören Sekretäre mit Profil und mit Erfahrung in Außenpolitik und in der Beziehung der Stämme untereinander an; sie können in kritischer innenpolitischer Situation durchaus wichtige Funktionen übernehmen. Sie kennen die Antipathien und die Sympathien der Stämme untereinander. Sie sind Fachleute für das Beziehungsgeflecht der Großfamilien. Die Sekretäre des Königlich-Haschemitischen Diwan haben für den Monarchen einen wichtigen Vorzug: Sie brauchen nicht gebeten und herbeizitiert zu werden. Dies hängt damit zusammen, daß sie für den Herrschenden im Palast ständig erreichbar sind. Die Räume des Königlich-Haschemitischen Diwan liegen nahe bei den Arbeitszimmern des Herrschenden. So war

214

für Hussein der gerade amtierende Sekretär des Diwan während des Aufstands von Zerka wichtig: Er wurde zur Ausführung der königlichen Befehle herangezogen – er war das »amtierende Organ der Exekutive«.

Der Kronprinz, als drittes Hilfsinstrument des Entscheidungsprozesses, konnte unter König Hussein selten sicher sein, eine stabile Position zu besitzen. Hassan, Husseins jüngerer Bruder, war 1965 zum Kronprinzen bestimmt worden, in einer Zeit, als der König selbst Stunde für Stunde von Attentaten bedroht war. Entschlossene Anhänger Nassers, die im jordanischen König das Hindernis sahen auf dem Weg zur Einigung aller Araber, trachteten ihm nach dem Leben. Husseins ältester Sohn Abdallah war damals – im Jahr 1965 – gerade drei Jahre alt. Die Entscheidung, Hassan zum Kronprinzen zu machen, war vernünftig: Im Notfall stand er als erwachsener Mann zur Verfügung, um die haschemitische Dynastie und den Staat weiterzuführen.

Hassan besaß von Anfang an einen Vorteil: Er verfügte über gründliche Kenntnisse in Volkswirtschaft, hatte sich das Rüstzeug für die Erfüllung von ganz praktischen Aufgaben auf dem Sektor der Wirtschaftsplanung, der Entwicklung erarbeitet. Mitglieder royaler Häuser in Arabien neigten sonst nicht dazu, sich mit Staatsökonomie zu befassen. Begannen die Prinzen der Emirate oder des saudischen Königshauses ein Studium in England oder in den USA, war dieses Vorhaben nur ein Vorwand für ein ungezwungenes Leben außerhalb der strengen Regeln ihres eigenen Landes. Hassan Ibn Talal aber hatte ernsthaft studiert.

Sein Nachteil war, daß ihm die eigene Mutter Schwierigkeiten bereitete. Königin Zain pflegte eine Abneigung gegen Hassan; sie machte in aller Öffentlichkeit deutlich, daß sie Hassan nicht auf dem Haschemitenthron sehen wolle. Ihre Meinung war, Hussein werde selbst noch zur Einsicht kommen, daß er seinen eigenen Sohn Abdallah zum Thronfolger bestimmen müsse – wenn er die Stabilität des Königreichs auch für die Zukunft bewahren wolle.

In der Tat genoß Kronprinz Hassan kaum Sympathien bei den Sheikhs der Beduinenstämme, die für den Fortbestand der haschemitischen Monarchie wichtig sind. Er besaß nicht die Ausstrahlung, die ein Mitglied der Familie des Propheten

Mohammed auszeichnen sollte. Seltsam war dabei, daß er ausgesprochen mißbeliebt war: Es geschah einmal, daß er aus dem Stammesgebiet der Howeitat im Süden Transjordaniens mit Stein- und Tomatenwürfen vertrieben wurde. Sein Wagenkonvoi mußte eilends die Gegend verlassen. Aus den Flüchen der aufgebrachten Beduinen konnte Hassan den Grund ihrer Ablehnung seiner Person nicht erfahren. Möglich ist, daß Hassans Mutter Zain durch böse Bemerkungen schuld war an diesem ungewöhnlichen Ausbruch der Abneigung des sonst loyalen Stammes der Howeitat.

Im Verlauf der Jahre wurde das Verhältnis zwischen Hussein und Hassan immer gespannter. Standen sie nebeneinander auf dem Vorplatz des Basmanpalastes in der Erwartung eines Staatsgastes, war aus der Körperhaltung der beiden zu ersehen, daß nur geringe Übereinstimmung von Verstand und Seele bestand. Je älter die Söhne Husseins wurden, desto mehr schwand Hassans Hoffnung, einmal wirklich König zu werden.

Das Parlament ist das vierte Instrument der Monarchie – weniger in der Entwicklung politischer Entscheidungen, als im diffizilen Prozeß des Machterhalts. Das Parlament, die Nationalversammlung, besteht aus zwei Kammern, aus dem Senat und aus der Versammlung der Abgeordneten. Der Senat wird in seiner Zusammensetzung völlig vom König bestimmt; im Senat sitzen nur Persönlichkeiten seines Vertrauens – von dieser Seite braucht der Monarch kein Wort der Kritik zu befürchten. Mehr Aufmerksamkeit des Herrschenden verlangt die Kammer der Abgeordneten. Sie sind gewählt; sie werden also durch politische Kräfte bestimmt, die nicht unbedingt der haschemitischen Monarchie hörig sind.

Diese politischen Kräfte sind selten in Parteien organisiert. Die Tradition des Transjordanlandes mit Menschen, die in Stämme eingebunden sind, kennt keine politischen Parteien. Sich Organisationen zur Interessensvertretung zu schaffen, ist eher Sache des palästinensischen Bevölkerungsteils. In palästinensischen Zirkeln entstanden die Parteien der Nasseristen, der Baathisten, der Kommunisten. Sie alle wurden 1957, in der Zeit der akuten Putschversuche, verboten – mit Ausnahme der Moslembruderschaft, der »wohltätige Zwecke« attestiert wurden. Der generelle Bann über die Parteien wurde im Verlauf der Jahre nur zeitweise aufgehoben.

Doch selbst ein gewaltiger Wahlsieg würde antiroyalistischen Kräften nicht zur Macht verhelfen. Mißfällt dem König die Zusammensetzung der Kammer der Abgeordneten, kann er die Arbeit des Parlaments suspendieren und sogar die Kammer auflösen.

Von seinem Recht der Auflösung machte Hussein im November 1974 Gebrauch – einen Monat nach der Gipfelkonferenz von Rabat, deren Beschluß ihm 60 Prozent seiner Untertanen abgesprochen hatte. Die Auflösung ersparte dem Herrscher die parlamentarische Diskussion der Demütigung, die er durch die Könige und Präsidenten Arabiens erfahren hatte. Die Auflösung ermöglichte ihm zugleich den Rückzug vom Jordanwestufer und die Konzentration auf Transjordanien.

Hussein schien der Verlierer zu sein: Die wertvollere Hälfte des Erbes, das ihm sein Großvater Abdallah hinterlassen hatte, war verloren. Aus Jordanien, dem Königreich an beiden Ufern des Jordan, war Restjordanien geworden, am Jordanostufer.

Ein Unfall? –
der Tod Königin Alias

Die arabische Gipfelkonferenz von Rabat hatte Hussein im November 1974 das Recht abgesprochen, die Palästinenser als seine Untertanen zu regieren. Er glaubte zwar nicht an die Endgültigkeit dieser Entscheidung, doch sie bewirkte Veränderungen in seinem Bewußtsein. Er bezahlte weiterhin Gehälter und Verwaltungskosten, die im Westjordanland anfielen, doch nach und nach ging er innerlich auf Distanz zur Region um Nablus, Ramallah, Djenin, Hebron und Jericho. Hussein verlor den Kontakt zur Bevölkerung und zu den Honoratioren des Westjordanlandes. Auch die Familie Tukan, die Sippe seiner Frau, verblaßte in Husseins Bewußtsein mehr und mehr an Bedeutung. Diese Entwicklung blieb nicht ohne Folgen auf die Beziehung zu seiner Frau Alia Bahaeddin.

Die Zuwendung zur Bevölkerung des Ostjordanlandes bewirkte, daß sich Hussein jetzt mehr um die Beduinen kümmerte; sie waren jetzt noch die einzige Basis der haschemitischen Herrschaft. Die Lebensauffassung am Haschemitenhof in Amman wurde strenger, konservativer. Dieser Veränderung konnte sich Husseins Frau nur schwer anpassen. Das Vorurteil, das Husseins Mutter Zain einst gefördert hatte, wurde wieder aktuell: »Sie ist zu frei in ihrer Lebensweise.« Man erinnerte sich in Amman daran, daß Alia Bahaeddin berufstätig und selbständig gewesen war, daß man sie im Bikini am Swimmingpool des Intercontinental Hotel gesehen hatte. Zwar hatte Alia auf dieses Vergnügen schon lange verzichtet, doch die Erinnerung war geblieben.

Alia Bahaeddin wurde zum Gesprächsthema in Amman. In den Haushalten mit Beduinentradition wurden ihre Reisen nach London und Paris besprochen. Bespottet wurde Husseins Bemerkung damals im Jahr 1972 aus Anlaß der Hochzeit: »Die Palästinenser und die Beduinen bilden jetzt eine Familie.« Die Scheidung von den Palästinensern war auf der arabischen Gipfelkonferenz von 1974 vollzogen worden. Erwartet wurde jetzt die Scheidung des Königs von der Frau aus der Palästinensersippe Tukan.

Doch im Jahre 1975 veränderte ein Ereignis die familiäre Situation am Haschemitenhof völlig: Königin Alia brachte einen Sohn zur Welt, den Prinzen Ali. Die Königin hatte einen Sohn geboren, der vor den zwei Söhnen der Prinzessin Muna einen beachtlichen Vorteil besaß: Seine Mutter war Araberin. Prinzessin Muna, die Frau Husseins von 1961 bis 1972, war von Abstammung Engländerin. Königin Alia Bahaeddin, geborene Tukan, entstammte einem arabischen Geschlecht. Nach der Tradition der Haschemitendynastie waren Söhne von Araberinnen in der Hierarchie den Söhnen anderer Frauen vorzuziehen. Alia Bahaeddin rückte im Jahr 1975 im Ansehen der Untertanen weit voran – auch wenn sie Palästinenserin war.

Gerade die Palästinenser aber empfanden auf einmal Gefühle für Hussein, als sei er zum Vater auch ihres Volkes geworden. In die Sippe der Haschemiten war ein Palästinenser hineingeboren worden – als lang erwartetes Bindeglied zwischen den beiden Völkern. Die Palästinenser im von Israel besetzten Gebiet und die in Transjordanien etablierten Flüchtlinge, die sich vor 1967 bei Amman niedergelassen hatten, glaubten an das Wunder einer Verbrüderung mit den Beduinenstämmen, an eine Überwindung der traditionellen Antipathie.

218

Doch die Euphorie über die Geburt des Prinzen Ali flaute rasch ab. Innerhalb der Haschemitenfamilie gelang es Prinzessin Muna, geborene Toni Gardiner, rasch, auf das unantastbare Erbrecht ihres Sohnes Abdallah hinzuweisen. Er sei und bleibe der Erstgeborene. Manche Sippen von Einfluß standen ihr bei. Muna lebte in Amman und führte ihren eigenen Hof. Sie war von Husseins Mutter Zain im Jahr der Scheidung, 1972, ausdrücklich aufgefordert worden, in der jordanischen Hauptstadt zu bleiben.

Muna und Zain hatten für Alia nie Gutes im Sinn gehabt. Die bösen Wünsche zeigten jetzt Wirkung. Bald nach der Geburt des Prinzen Ali schwächte sich die Liebe des Königs zu Alia ab. Nach und nach nahm eine andere Frau seine Vorstellung gefangen.

Er hatte zunächst nur von ihr reden hören. Die Sekretäre des Königlich-Haschemitischen Diwan kannten das Interesse des Monarchen für schöne, großgewachsene Frauen. Sie hatten den Auftrag, ihm zu berichten, wenn eine bisher unbekannte Gestalt die Neugierde reizte.

Da war im Sommer 1975 von einer Frau die Rede, die in der Hotelhalle des Intercontinental dadurch auffiel, daß sie häufig von gutaussehenden Geschäftsleuten umgeben war. Damals hatte Jordanien einen ersten Kooperations- und Handelsvertrag mit der Europäischen Gemeinschaft abgeschlossen. Für das Königreich blühte die Hoffnung auf, die Wirtschaftslage könne sich nachhaltig verbessern. Die junge Dame benahm sich auffällig: Sie umarmte ihre Freunde aus Europa besonders herzlich.

Nachforschungen ergaben, daß das auffällige Wesen Elizabeth Halaby hieß – ihre Freunde nannten sie Lisa. Sie war in den USA geboren, hatte in Princetown studiert, und war in den Nahen Osten gekommen, um Flughäfen zu planen. Ihr Vater Najib Halaby stammte aus einer Familie, die einst von Syrien in die USA emigriert war. Er hatte als Chairman der PAN AMERICAN WORLD AIRWAYS eine Menge Geld verdient.

Bald schon nach der Ankunft von Lisa Halaby in Amman brachten Gerüchte die junge Frau und den Palast in Verbindung. Es dauerte auch nicht lange, dann wurde in konservativ-islamischen Familien die Frage diskutiert, warum Hussein für die Königin Alia außerhalb von Amman, 17 Kilometer vom

Basmanpalast entfernt, ein prachtvolles Gebäude mit üppig begrünten Parkanlagen errichten ließ. Die Gerüchte konzentrierten sich darauf, ob Hussein die Mutter des Prinzen Ali aus dem Basmanpalast und aus dem gemütlichen Palast westlich der Hauptstadt verbannen wollte. Gerade dort hatten sich Hussein und Alia Bahaeddin in für Jordanien kritischer Zeit Liebe geschworen.

Ein Ereignis beendete das Gerede schlagartig. Das neue Gebäude, Haschemiyahpalast genannt, war eben fertig geworden, da starb Königin Alia, die Mutter des Prinzen Ali, bei einem Hubschrauberabsturz. Mit ihr verlor der jordanische Gesundheitsminister Mohammed al-Bashir das Leben. Königin Alia wurde am 11. Februar 1977 im Park ihres neuen Palastes bestattet. Von der Stunde des Unglücks an verstummten die Gerüchte nicht, der Hubschrauberabsturz sei kein Unfall gewesen. In Amman wurde gemunkelt, Hussein habe selbst versucht, den Gesundheitsminister am Flug mit dem Hubschrauber der Königin zu hindern.

Die Zeit der offiziellen Verlobung mit Elizabeth Halaby war kurz. Die Hochzeit fand im Jahr nach dem Hubschrauberabsturz statt. Die Braut trug ein weißes Kleid mit langer Schleppe. Sie gab sich Mühe, neben Hussein nicht ganz so großgewachsen zu wirken. Sie hatte kurz vor dem Ereignis den islamischen Glauben angenommen und nannte sich nun »Nur al-Hussein«. Das Wort »Nur« heißt Licht. Auch an dieser Frau hatten Kritiker des Königs bald etwas auszusetzen. In Beduinenfamilien wurde beanstandet, daß sie nicht arabisch sprach – und mancher Palästinenser hielt es für angebracht, sie »Husseins CIA-Frau« zu nennen – mit der Anspielung, der amerikanische Geheimdienst habe ihm Lisa Halaby ins Haus geschickt.

In der Sackgasse –
Hussein auf der Suche nach einem Freund

Nach der Gipfelkonferenz von Rabat im Jahr 1974 hatte der König die richtige Empfindung, sich und sein Königreich in eine Sackgasse geführt zu haben. Er und sein Land waren isoliert. Es hatte in Rabat niemand gegeben, der ihm zur Seite gestanden wäre; kein Monarch und kein Präsident hatte die Verknüpfung des Westjordanlandes mit Transjordanien gutgeheißen; selbst Anwar as-Sadat hatte verkündet, die Vertretung der Palästinenser sei künftig Angelegenheit der PLO.

Mit Kalkulation und Intuition machte sich Hussein daran, auszusieben, wer für eine Partnerschaft in Frage kam. Anwar as-Sadat hatte zu offensichtlich gegen Husseins Interessen Stellung bezogen; Saudi-Arabiens Königsfamilie konnte aus traditioneller Feindschaft zu den Haschemiten kein Partner sein; Irak wurde von einem instabilen Regime geleitet. Dazu konnte Hussein im Fall Irak noch nicht vergessen, daß dort sein Vetter Feisal im Jahr 1958 samt seiner Familie auf bestialische Weise ermordet worden war.

Es waren Kalkül und Intuition, die den jordanischen König veranlaßten zu prüfen, ob Syrien ein verläßlicher Partner sein könnte. Im Verlauf der Gipfelkonferenz von Rabat hatte Hussein geglaubt, feststellen zu können, daß der Mächtige Syriens, Präsident Hafez al-Assad, durchaus Sympathie für den jordanischen Standpunkt empfunden hatte, den Palästinensern sollte kein Status der Unabhängigkeit zuerkannt werden. Der Grund für die Haltung des syrischen Staatschefs, der zugleich der bestimmende Kopf der syrischen Baathpartei war, lag für Hussein in Assads prinzipieller Ablehnung eines eigenständigen Palästinensergebiets, das nicht unter der Kontrolle durch die in Damaskus Verantwortlichen stand. Nach Vorstellung von Hafez al-Assad sollten in einer »glücklichen Zukunft« Palästina und die Palästinenser Bestandteil von Groß-Syrien sein. In der Gründung eines eigenständigen Palästinenserstaates sah der Mächtige in Damaskus nur ein störendes Hindernis für ehrgeizige syrische Visionen. Hussein hingegen wollte die Palästinenser nicht freigeben, weil sie 60 Prozent seines Volkes stellten. Die Gründe für die Ablehnung der palästinensischen Selbständigkeit waren unterschiedlich – die Ziele waren dieselben: Hussein und Hafez al-Assad wollten dem Volk der Palästinenser keinerlei Eigenständigkeit zugestehen. Diese Gemeinsamkeit war für Hussein der recht schwache Ausgangspunkt seiner Sondierung in Richtung des Baathregimes in Damaskus.

Einfach war die Kontaktaufnahme allerdings nicht. Ein Problem zwischen Hussein und Hafez al-Assad war noch nicht aufgearbeitet: Hussein hatte acht Jahre zuvor, am 8. September 1966, einen Putsch gegen die Mächtigen der Baathpartei zu organisieren versucht. Der König war dabei eher laienhaft vorgegangen – der Putsch war von vornherein zum Scheitern verurteilt gewesen. Das Problem im Jahre 1974 war, daß Hafez al-Assad dem Putschorganisator Hussein nicht verziehen hatte, obgleich die beiden Staatschefs während der dazwischen liegenden acht Jahre in zwei Kriegen gegen Israel Partner gewesen waren.

Hussein hatte sich damals rächen wollen für die zahlreichen Anschläge gegen seine Person und gegen sein Land, die von Damaskus aus inszeniert worden waren; er glaubte, seine Feinde vernichten zu können.

Da war am 23. Februar 1966 Hafez al-Assad, zu jenem Zeitpunkt Chef der syrischen Luftwaffe, durch Putsch zum Verteidigungsminister aufgestiegen. Er besaß damit innerhalb der Regierung und der Baathpartei eine Schlüsselstellung. Der Schritt zur absoluten Spitze des Staates war jederzeit vollziehbar.

Drei Zivilisten blockierten noch den Weg des Generalmajors al-Assad: Der Staatspräsident Dr. Nureddin Atassi, der Ministerpräsident Dr. Jussuf Zuayyen und der Außenminister Dr. Ibrahim Machos. Die drei Baathpolitiker waren von Beruf Ärzte. Die drei Zivilisten wollten den Einfluß des Generalmajors al-Assad beschränken – doch der Offizier wehrte sich. Innerhalb der Baathpartei entstand ein Konflikt und damit eine Krise der Parteiführung. Diese Chance wollte Hussein nützen.

Am 8. September 1966 setzte Staatspräsident Dr. Nureddin Atassi eine »Versöhnungsmahlzeit« an. Beim Verzehr von Hammelfleisch und Reis in versöhnlicher Atmosphäre sollte Einigkeit innerhalb der Parteispitze wieder hergestellt werden. Außerhalb der Hauptstadt Damaskus, im Süden, auf dem Lande, trafen sich die Mitglieder der Parteispitze. Hafez al-Assad, der aus der Geschichte gelernt hatte, daß derartige »Versöhnungsmahlzeiten« meist von einer Seite dazu benützt wurden, die andere durch einen Überraschungsangriff zu liquidieren, blieb dem Festmahl fern. Damit war das Ereignis für Dr. Nureddin Atassi sinnlos geworden, denn er hatte tatsächlich die Absicht gehabt, Hafez al-Assad umbringen zu lassen. Ein enttäuschter Präsident saß an der Reistafel; er wollte nach Damaskus zurückkehren, doch er konnte das Mahl nicht abbrechen. Das Fest nahm einen langweiligen Verlauf: Es wurde viel gegessen und viel getrunken; schließlich führten jüngere Offiziere Säbeltänze auf. Dann allerdings folgte eine Überraschung: Kurz vor dem Ende der Veranstaltung stand Major Salim Hatum auf, zog seine Pistole und richtete sie auf Staatspräsident Atassi. Der Staatschef, so erklärte der Major, sei verhaftet. Die Wachmannschaften des Präsidenten wehrten sich nicht. Dieser Putsch schien gelungen, im Gegensatz zur Aktion, die der Staatschef beabsichtigt hatte.

Doch dann geschah nichts. Die Garnisonen in Damaskus und Aleppo verhielten sich ruhig – offensichtlich folgten sie den Befehlen des Verteidigungsministers Hafez al-Assad. Als jede Reaktion auf die Verhaftung des Staatspräsidenten ausblieb, verlor Major Salim Hatum die Nerven: Er setzte sich in seinen Dienstwagen und fuhr in Richtung jordanische Grenze davon; sie ist nur 30 Kilometer vom Ort der »Versöhnungsmahlzeit« entfernt. Ein anderer Offizier, Talal Abu Asali, gab ebenfalls auf und fuhr zur libanesischen Grenze. Von Beirut aus flog er nach Cairo, zu Gamal Abdel Nasser, um ihm den Komplottplan zu beichten.

Die »Stimme der Araber«, die Cairoer Radiostation der Panarabisten, enthüllte kurze Zeit später die Hintergründe des Komplotts: Der haschemitische Verräter an der arabischen Nation wollte die Vorkämpfer der Einigung Arabiens vernichten. Offiziere wie Salim Hatum und Talal Abu Asali seien mit Hilfe amerikanischer Zahlungen bestochen worden. Der Anschlag aber sei, dank der Wachsamkeit des syrischen, panarabisch orientierten Militärs, zusammengebrochen.

Der Putschplan war in seinem Ansatz dürftig gewesen: Er hatte auf der Annahme beruht, daß die Mitglieder der Baathpartei beim Offizierskorps allgemein unbeliebt seien, daß die Hauptleute und Majore bereitwillig einen Aufstand gegen die drei Ärzte an der Spitze von Staat und Partei unterstützen würden. Nicht in die Planung einbezogen war das Verhalten des Verteidigungsministers Hafez al-Assad. Daß der kluge Taktiker beim »Festmahl« nicht anwesend war, hatte bereits den Putschplan zum Einsturz gebracht. Die schwachen Nerven der Verschwörer waren dann nur noch ein zweitrangiger Faktor des Scheiterns gewesen.

Seit jenem 8. September 1966 aber konnte Hafez al-Assad der Meinung sein, der Putsch habe ganz allein seiner Person gegolten: Hussein von Jordanien habe ihn erledigen wollen. Sein vorbedachtes Fernbleiben habe ihn vor den Kugeln des Majors Salim Hatum gerettet. Der Major sei verwirrt worden, als er beim Festmahl nur den zivilen Präsidenten und die zwei anderen Ärzte vor sich gesehen habe. Der syrische Verteidigungsminister sah in Salim Hatum den gedungenen Mörder, der im Auftrag des haschemitischen Königs gehandelt hatte.

Das Maß der Belastung durch den Major war noch nicht voll. Sein Verhalten während der dem Putsch folgenden Monate mußte den Argwohn des ehrgeizigen Syrers wachgehalten haben. Salim Hatum stand fortan unter dem Schutz des königlich-jordanischen Geheimdienstes – und auch syrische Sicherheitskräfte beobachteten ihn. Der Major hielt sich häufig im jordanisch-syrischen Grenzgebiet auf.

Als Anfang Juni 1967 die Hysterie wegen eines möglichen Krieges gegen Israel Damaskus gepackt hatte, war Salim Hatum vom jordanischen Geheimdienst erneut zum Einsatz nach Damaskus geschickt worden. Diesmal lautete der Auftrag, die Drusenstämme in Syrien gegen die Armeeoffiziere zu mobilisieren, die der Baathpartei angehörten. Die drusischen Soldaten sollten sich weigern, gegen Israel zu kämpfen. Sie wollten auch Parolen gegen Hafez al-Assad in der Armee verbreiten. Der Major, der selbst Druse war, scheiterte auch mit diesem Auftrag, der nicht besser vorbereitet war als der erste. Der Major wurde unmittelbar vor Beginn der Kämpfe um die Golanhöhen vom syrischen Geheimdienst aufgespürt und verhaftet. Noch während der Kriegstage wurde Salim Hatum hingerichtet.

Möglicherweise war das Zaudern der syrischen Luftwaffe, damals den bedrängten jordanischen Panzerbrigaden zu helfen, auf diese zwielichtige Affäre zurückzuführen. Hafez al-Assad wollte Hussein von Jordanien nicht unterstützen.

Das Mißtrauen des Syrers löste sich nur langsam. Unmittelbar vor der Gipfelkonferenz von Rabat im Jahr 1974 war aus Damaskus zu hören, Hafez al-Assad habe in Parteigremien eine politische Öffnung gegenüber dem haschemitischen Königreich befürwortet. Da war sogar das Wort zu hören, Hussein sei genügend bestraft worden für »seine vergangenen reaktionären Untaten«.

Im Frühjahr 1975 begann Hussein den Syrer mit Versprechungen zu locken. Er ließ im Mai die Aussage verbreiten, im Falle eines Krieges werde das Königreich Jordanien an der Seite Syriens stehen. Dieses Versprechen war bedeutungslos, da – deutlich erkennbar – alle am Konflikt beteiligten Seiten, außer der PLO, auf Frieden setzten. Selbst Assad hatte begonnen zu begreifen, daß die Zeit für Verhandlungen gekommen war; wenigstens ein Teil seiner territorialen Forderungen an Israel wurden durch amerikanische Vermittlung von Israel erfüllt. Schon im Mai 1974 hatte der Syrer zu erkennen gegeben, daß er zu einer definitiven Friedenserklärung bereit sei, wenn Henry Kissinger schriftlich verspreche, Israel werde das gesamte Golangebiet an Syrien zurückgeben. Damals hatte der amerikanische Außenminister begonnen, Einzellösungen für den Konflikt zu finden. Er teilte den Gesamtkonflikt in Sektoren auf: in den ägyptisch-israelischen Streit; in den syrisch-israelischen Zwist; in die jordanisch-israelische Auseinandersetzung. Priorität hatte der ägyptisch-israelische Streit um Sinai; zweitrangig war jeder Zwist um das Golanplateau; Jordaniens Wünsche fanden die geringste Aufmerksamkeit. Der Aufforderung des Syrers Hafez al-Assad, eine Verpflichtung abzugeben, daß Israel das Golangebiet völlig an Syrien zurückgab, konnte und wollte Henry Kissinger im Mai 1974 nicht eingehen. Diese Weigerung fand damals Verständnis in Damaskus. Sie löste keine Aufrüstungswelle aus.

Obgleich Gedanken an einen Krieg weitgehend erloschen waren, wirkte das Versprechen des Königs, er wolle künftig Waffenpartner der Syrer sein. Bereits einen Monat nach dem Empfang der Botschaft aus Amman im Juni 1975 traf Hafez al-Assad dort zum Staatsbesuch ein. Seit zwei Jahrzehnten war derartige Herzlichkeit zwischen dem jordanischen Monarchen und einem syrischen Präsidenten nicht mehr registriert worden. Sofort begannen Gespräche darüber, wie Jordanien und Syrien zu einer Zusammenarbeit gelangen könnten. Über die Feindschaft der Vergangenheit wurde nicht mehr gesprochen. Der Themenbereich war weit gespannt: Er reichte von gemeinsamer Verteidigungsplanung bis zur Abstimmung der Außenpolitik gegenüber den Vereinigten Staaten von Amerika und zur wirtschaftlichen Kooperation.

Tatsächlich führten die Verhandlungen zu hochgespannten

Ergebnissen. Ein »Supreme Joint Committee« wurde gebildet, dem die bedeutendsten politischen Entscheidungen übertragen werden sollten. Ein »Supreme Command Council« als oberste militärische Autorität wurde beschlossen zur Beschleunigung der Verschmelzung der militärischen Kräfte beider Länder. Hussein und Hafez al-Assad versprachen sich gegenseitig feierlich, auf die politische Union ihrer Länder hinarbeiten zu wollen. Greifbare Ergebnisse wurden jedoch nicht erzielt. Kaum hatte der Syrer seine Hauptstadt wieder erreicht, verfolgte jedes Land seinen eigenen Weg. Trotzdem war die Begegnung in Amman sinnvoll: Fortan bekämpften sich Hussein und Hafez al-Assad nicht mehr in direkter Konfrontation. Entstanden während der kommenden Jahre innerarabische Spannungen um den Friedensprozeß, Krisen zwischen Jordanien und Syrien, waren beide Staatschefs immer darauf bedacht, Zuspitzungen zu vermeiden.

Im Verlauf dieser Aufarbeitung vergangenen Streits bekamen der Monarch und der Präsident zu spüren, daß die USA entgegen aller Erwartungen nicht in der Lage waren, arabische Ansprüche auf Rückgabe verlorener Gebiete zu erfüllen – nicht im erwünschten vollen Umfang. Der amerikanische Außenminister Henry Kissinger konnte sich als Jude zwar eine härtere Position gegenüber der israelischen Regierung leisten, doch er war dem Präsidenten Gerald Ford verpflichtet, der zum jüdischen Staat sehr positiv eingestellt war.

Nur eine Geste der Höflichkeit –
Kissinger in Amman

Der Krieg von 1973 war gerade zwei Monate vorüber, da wurde Hussein mit einer bitteren Wahrheit konfrontiert. Als Henry Kissinger am 16. Dezember 1973 spätabends im Basmanpalast eintraf, hatte er nicht die erste Begegnung mit dem jordanischen Monarchen. Sie waren schon vor dem Krieg von 1973 in Washington zusammengekommen – zu Gesprächen über mögliche Konfliktlösungen. Doch diesmal wollte Hussein eine konkrete Antwort auf seine direkte Frage erhalten: »Sie haben den Begriff »Truppenentflechtung« ins Spiel gebracht. Was bedeutet Truppenentflechtung für das Königreich Jordanien?«

Henry Kissinger antwortete präzise: »Wir bemühen uns um eine Truppenentflechtung auf den Gebieten der Staaten, die am Krieg von 1973 teilgenommen haben. Truppenentflechtung bedeutet die Schaffung einer Pufferzone zwischen militärischen Einheiten, die sich vor kurzem noch bekämpft haben. Zwischen jordanischen und israelischen Verbänden braucht keine Pufferzone geschaffen zu werden. Sie stehen sich nicht gegenüber. Eine Truppenentflechtung ist nirgends nötig.«

Bei diesem Gespräch im Basmanpalast waren Kronprinz Hassan und der damals engste Berater des Königs, Abdel Moneim al-Rifai, anwesend. Kronprinz Hassan schwieg. Abdel Moneim al-Rifai versuchte das Gespräch aus der Sackgasse herauszuführen; er fragte: »Könnte nicht auch Jordanien in den Prozeß der Truppenentflechtung einbezogen werden?«

Ohne Umschweife antwortete Kissinger: »Davon kann derzeit überhaupt nicht geredet werden. Dieses Thema würde jeden Fortschritt der derzeitigen Verhandlungen blockieren.«

Abdel Moneim al-Rifai hatte eine Landkarte vorbereitet, die den Verlauf des Jordan und die mögliche Zone der Truppenentflechtung zeigte. Al-Rifai versprach, diese Zone werde weder von jordanischen Soldaten noch von bewaffneten Palästinensern betreten werden. Sie könnte von Truppen der Vereinten Nationen überwacht werden. Doch auch dieses, fast demütig vorgebrachte Angebot, wurde von Kissinger kaum beachtet. Er dachte nicht einmal daran, die Landkarte zu Gesprächen nach Israel mitzunehmen.

Dem König war damit deutlich gemacht worden, daß sein Problem im Zusammenhang mit der Suche nach einer Friedenslösung völlig unbedeutend sei. Da die israelische Regierung deutlich gemacht hatte, daß über die Zukunft des Westufergebiets des Jordan nicht diskutiert werden dürfe, hielt sich der amerikanische Außenminister an diese Richtlinie. Der König, der geglaubt hatte, Kissinger sei gekommen, um mit ihm über die Erfüllung des Sicherheitsratsbeschlusses Nummer 242 auch in bezug auf jordanische Ansprüche zu sprechen, bemerkte mit Bitterkeit, daß der amerikanische Außenminister zwar in Cairo und Damaskus substantielle Gespräche führte, daß der Aufenthalt in Amman aber nur eine Geste der Höflichkeit war. In diesem Augenblick wurde es Hussein wieder einmal deutlich, daß die verlustreiche Beteiligung der 40. Jordanischen Panzerbrigade während des Oktoberkriegs auf den Golanhöhen eine sinnlose Aktion gewesen war.

Henry Kissinger muß die Enttäuschung des Königs über den Gesprächsverlauf gespürt haben, denn er sagte zum Abschied: »Versuchen Sie an allen Konferenzen teilzunehmen, die in der nächsten Zeit stattfinden. Wenn sie nicht teilnehmen, geraten Sie und Ihr Westjordanlandproblem in Vergessenheit!«

Ariel Sharon:
»Hussein muß verschwinden«

Daß die amerikanische Regierung nicht darauf bedacht war, sich für Hussein und für Jordanien einzusetzen, wurde in Israel registriert. Die Veränderung in der US-jordanischen Beziehung löste neue Ideen aus. Der ehemalige General und danach als konservativer Politiker erfolgreiche Ariel Sharon entwarf die Theorie, daß der Frieden im Nahen Osten tatsächlich gesichert werden könne, wenn die Palästinenser eine Heimat besässen, die sie entwickeln und aufbauen könnten. Diese Heimat der Palästinenser brauche gar nicht erst gegründet zu werden – wer sich an den Jordan stelle und nach Osten schaue, der habe den Palästinenserstaat vor Augen.

Diese Feststellung des israelischen Politikers war nicht aus der Luft gegriffen: Im Land östlich des Jordan bestand die Mehrheit der Bevölkerung aus Palästinensern. Das Palästinenserland existierte also bereits. Ariel Sharon zog aus dieser Erkenntnis die weitere Konsequenz: »In diesem Palästinenserstaat gibt es nur einen Fremdkörper – und das ist König Hussein und seine haschemitische Dynastie. Wenn die Haschemiten verschwinden, dann sehe ich kein Problem mehr zwischen Israel und Palästina. Jordanien ist Palästina!«

Ariel Sharon dachte seinen konsequenten Gedanken weiter: »Warum haben wir seit dem Ende der 50er Jahre dauernd König Hussein gegen die Palästinenser unterstützt? Die gegenteilige Politik wäre richtig gewesen. Die Unterstützung der Palästinenser gegen Hussein hätte uns Ströme von Blut erspart.«

Mit Entsetzen stellten die Berater des Königs fest, daß ein stabiler Faktor der jordanischen Politik zu zerbrechen drohte: Die

228

stillschweigende Übereinstimmung mit Israel. Sie war noch ziemlich jung, aber erfolgversprechend gewesen. Im Verlauf von zwei Jahren, seit 1973, hatte Hussein die Sorge vor israelischen Annexionsgelüsten verloren. Er war sich sicher, die Vereinigten Staaten von Amerika hielten die Hand über das haschemitische Königreich. Aber auf einmal wurde dem Monarchen deutlich, daß seit Beginn der Amtszeit von Präsident Gerald Ford die amerikanische Außenpolitik für ihn keine feste Basis mehr bot.

Deshalb mußte Hussein annehmen, daß Ariel Sharon in Übereinstimmung mit Washington handelte, wenn er, als israelischer Landwirtschaftsminister, diesen Zukunftsplan entwickelte: »Das Westufergebiet des Jordan wird von Israel nie mehr freigegeben. Zu diesem Thema lehnen wir jegliche Diskussion ab. Das Land am Jordan hat Gott dem jüdischen Volk für alle Zeiten zugeteilt. Wir müssen dort präsent sein. Unter Präsenz verstehe ich nicht nur die Anwesenheit von israelischen Soldaten. Wir müssen uns in diesem Gebiet entfalten können; wir müssen dort leben!« Voraussetzung dafür ist, daß die palästinensische Bevölkerung das Westjordanland verläßt: »Die Palästinenser, die noch westlich des Jordan leben, müssen darauf hingewiesen werden, daß sich ihre Heimat im Osten des Flusses befindet. Dort können sie sich ungestört selbst verwalten. Es ist dabei nicht zu übersehen, daß der derzeitige Staatschef im Staate der Palästinenser kein Palästinenser ist.«

Ariel Sharon sprach die einzig mögliche Schlußfolgerung nicht mit aller Deutlichkeit aus, doch seine Worte ließen durchblicken, was er meinte: »Ich sehe es als Tragödie an, daß gerade der gemäßigte unter den arabischen Staatschefs das größte Hindernis auf dem Weg zur friedlichen Lösung ist!« Und alle im Nahen Osten verstanden, was Ariel Sharon wirklich meinte: Die Palästinenser sollten sich von der haschemitischen Dynastie trennen. Ariel Sharon empfahl Revolution gegen König Hussein.

Als puren Zynismus mußte Hussein die Erzählung des israelischen Politikers empfinden, die den Verlauf der entscheidenden Phase im Krieg zwischen Palästinensern und Beduinentruppen im Herbst 1970 in Jordanien so schildert: »Damals waren die palästinensischen Kommandos nahe daran, den König aus Amman zu vertreiben – mit Hilfe eines syrischen

Panzerverbands. Da hat uns die US-Regierung gedrängt, dem König zu helfen. Hussein genoß damals viel Sympathie in den USA. Wir haben ihm geholfen, und das war falsch! Ich war gegen das Eingreifen auf Husseins Seite. Doch mein Standpunkt ist nicht akzeptiert worden. Die Amerikaner sagten: Wenn Hussein verliert, dann herrscht in Transjordanien ein extremistisches Regime – dann sind dort Kommunisten an der Macht. Das konnte sicher als gutes Argument gelten, doch vielleicht wäre alles ganz anders verlaufen. Der Palästinenserstaat ohne Hussein hätte auch zum Partner in einem Friedensprozeß werden können!«

Ariel Sharon zog daraus die Lehre, daß es Zeit war, die israelische Politik jetzt radikal zu verändern:»Die Monarchie in Jordanien muß gestürzt werden.« Die Entwicklung könne dadurch gefördert werden, daß die Zahl der Palästinenser in Transjordanien weiter zunehme, und daß sich dadurch der revolutionäre Druck erhöhe. Sharons These lautete: Je mehr Palästinenser in Transjordanien leben, desto dünner wird die Machtbasis des Königs – desto schneller verschwindet er!

Für die Vertreibung der Palästinenser fand Ariel Sharon ein griffiges Schlagwort: Palästinensertransfer. Die Palästinenser des Westjordanlandes müssen über den Jordan nach Osten transferiert werden. Für dieses Programm fand sich damals in Israel bei national-religiösen Politikern eine beachtliche Unterstützung.

Ariel Sharon regte kein gewaltsames Vorgehen gegen König Hussein an. Er war durchaus dafür, daß dem Monarchen das Exil schmackhaft gemacht werde. Von Vorteil war dabei, daß Hussein – als Person namentlich genannt – bereits seit Jahren auf der Soldliste des amerikanischen Geheimdienstes stand. Diese Tatsache war eben bekanntgeworden. Präsident Jimmy Carter hatte kurz nach seinem Amtsantritt die Öffentlichkeit wissen lassen, daß er die Soldpraxis des eigenen Geheimdienstes mißbillige: Er ließ die Soldlisten veröffentlichen. Da war zu lesen, daß Hussein zwischen 1957 und 1977 die Summe von 15 Millionen Dollar vom örtlichen CIA-Residenten in Amman bar ausbezahlt bekommen habe.

Ariel Sharons Kalkulation ging allerdings nicht auf: Seine Idee vom »Palästinensertransfer« löste einen Schock aus bei Palästinensern im Westen und im Osten des Jordan. Sie erkannten Ariel Sharons Zynismus und seine Brutalität. Die Person des

Königs war ihnen auf einmal wieder angenehmer. Eine überraschende politische Entwicklung im Nahen Osten sorgte allerdings dafür, daß sämtliche bisherigen Überlegungen hinfällig wurden.

»Bis ans Ende der Welt« – Sadats Jerusalemreise

Im Basmanpalast von Amman und in der Residenz des syrischen Staatspräsidenten in Damaskus erlebten die Mächtigen mit Staunen das Geschehen in Jerusalem – am Bildschirm. Die Fernsehgeräte empfingen das Signal des israelischen Senders bei Nazareth; das jordanische und das syrische Fernsehen übertrugen keine Bilder vom Besuch des ägyptischen Präsidenten in Jerusalem.

Kaum zwei Wochen zuvor hatte Anwar as-Sadat den Entschluß gefaßt, durch einen sensationellen Akt die Kluft zwischen Israel und der arabischen Welt zu überbrücken. Am 9. November 1977 hatte er ganz nebenbei in seiner Rede zur Eröffnung des ägyptischen Parlaments gesagt: »Auf der Suche nach dem Frieden bin ich bereit, bis ans Ende der Welt zu gehen, in ihre eigenen Häuser – sogar in das Haus der Knesset!«

Die Parlamentsabgeordneten, die gewohnt waren, jeder Aussage ihres Staatschefs Beifall zu spenden, beklatschten den Satz – verstanden hatten sie ihn nicht. Sogar Jassir Arafat, der Vorsitzende der Palästinensischen Befreiungsorganisation, den Anwar as-Sadat eigens zur Parlamentseröffnung von Beirut nach Cairo zitiert hatte, klatschte Beifall – wenn auch sehr zögerlich. Er war der Meinung, der Präsident habe eine seiner üblichen rhetorischen Phrasen geäußert. Unbeachtet war die Andeutung einer Jerusalemreise auch in Amman und Damaskus geblieben. Anwar as-Sadat, so war die Meinung, habe eben wieder einmal durch eine ungewöhnliche Formulierung imponieren wollen.

Doch Sadat hatte seine Worte ernstgemeint. Er hatte begriffen, daß von amerikanischen Friedensinitiativen keine Rückgabe besetzter Gebiete und kein Frieden mit Israel zu erwarten war. Im jüdischen Staat war Menachem Begin durch Gewinn der

Wahlen Regierungschef geworden. Er galt als harter Nationalist, der nicht bereit war, den Arabern entgegenzukommen. Ihn durch einen Überraschungseffekt zum Einlenken zu zwingen, war Sadats Absicht. Dem israelischen Ministerpräsidenten blieb keine Alternative, als Sadat nach Jerusalem einzuladen. Der amerikanische Präsident Jimmy Carter war begeistert von den Friedensaussichten, die sich seit dem 9. November 1977 auftaten.

Die beiden Mächtigen in Amman und Damaskus brauchten nicht besorgt zu sein über den Inhalt der Rede, die Anwar as-Sadat am 22. November 1977 vor den Abgeordneten der Knesset hielt. Der Ägypter verriet den arabischen Standpunkt nicht: Er forderte den Rückzug der israelischen Truppen aus allen seit 1967 besetzten Gebieten; er verlangte Selbstbestimmungsrecht für das palästinensische Volk bis hin zur Gründung eines eigenen palästinensischen Staates. Die Unzufriedenheit des Königs und des syrischen Präsidenten richtete sich nicht gegen den Redeinhalt, sondern gegen den Besuch des ägyptischen Staatschefs im jüdischen Staat überhaupt. Es war einheitliche arabische Politik gewesen, den Staat Israel offiziell nicht anzuerkennen; der Besuch in Jerusalem aber war wohl die eindeutigste Form der Anerkennung – vollzogen, ohne ein einziges Zugeständnis von Menachem Begin erhalten zu haben.

Schlimm fanden die meisten Araber, die Sadats Besuch verfolgten, die Szenen der Anbiederung des Gastes gegenüber den Gastgebern. Daß der Ägypter Moshe Dayan die Hand gab, daß er Menachem Begin anstrahlte, daß er zusammen mit Golda Meir in lautes Gelächter ausbrach – vor den Kameras der internationalen Nachrichtenagenturen – das war Anlaß für Ärger.

Anwar as-Sadat habe sich unwürdig verhalten, das war Husseins und Assads Vorwurf. Aus dem Benehmen des ägyptischen Präsidenten lasen sie ab, daß er die Absicht habe, einen Separatfrieden mit Israel zu schließen. Offensichtlich war Sadat entschlossen, aus der arabischen Solidaritätsfront auszubrechen, und diesen Alleingang des Ägypters nahm Hussein übel. Er fürchtete, nach dem Abschluß eines ägyptisch-israelischen Separatfriedens werde er bald mit seinem Problem, dem verlorenen Westufergebiet des Jordan, verlassen den Israelis gegenüberstehen.

Sadats Initiative hatte eine Wirkung, die sofort eintrat: In Israel wurden Sharons Theorien des »Palästinensertransfers« und der »Beendigung der haschemitischen Monarchie in Transjordanien« nicht mehr diskutiert. Sadats beharrliches Festhalten am »Selbstbestimmungsrecht der Palästinenser« machte jede Absicht zunichte, die Palästinenser aus Ramallah, Jericho, Nablus, Bethlehem und Hebron über den Jordan zu treiben. Was Sadat vor der Knesset gesagt hatte, wurde von nun an auch von Präsident Carter als vertretbare Nahostpolitik gehalten. Sadats Rede gab damit die Ziele der amerikanischen Bemühungen um eine Konfliktlösung vor: Israel mußte veranlaßt werden, die besetzten Gebiete preiszugeben – vor allem auch das arabische Land am Westufer des Jordan. Und: Israel durfte den Palästinensern keine Lösung gegen ihren Willen aufzwingen.

König Hussein konnte nicht unzufrieden sein mit der Entwicklung, die sich aus Sadats Knessetrede von selbst ergab: Kein Gedanke an Verzicht auf das Jordanwestufer; keine Realisierung der Idee vom »Palästinensertransfer«. Doch da blieb noch die Sorge, er und sein Königreich würden bedeutungslos werden im Kräftefeld der Nahostpolitik, wenn sich Anwar as-Sadat zum Friedenshelden für die Israelis und für die amerikanische Regierung hochstilisierte. Hussein fürchtete auch, Hafez al-Assad werde hineingezogen werden in den Sog des Friedensprozesses mit dem amerikanisch-israelischen Versprechen, sein Land erhalte das Golangebiet – zunächst wenigstens teilweise – zurück. Einer derartigen Versuchung – das wußte Hussein mit Bestimmtheit – konnte der syrische Präsident nicht widerstehen. Der jordanische König kalkulierte richtig: Es würde der Regierung Menachem Begin verhältnismäßig leichtfallen, auf die Sinaihalbinsel zu verzichten – möglich ist auch noch der Verzicht auf umfangreiche Teile des Golangebicts – schwer aber würde die Aufgabe des »biblischen Landes« westlich des Jordan sein. Hussein sah das Problem so: »Kein jüdischer Nationalist kann mit leichtem Herzen ein Land räumen, das nach Meinung des jüdischen Volkes den Juden von Gott für alle Zeiten übergeben worden ist.« Um nicht zum Verlierer zu werden, mußte der jordanische König zum Sprecher derer werden, die Anwar as-Sadats Verhalten verurteilten.

Die Zeit drängte. Am 25. Dezember 1977 trafen sich Menachem Begin und Anwar as-Sadat in Ismailia, im Gästehaus des Präsidenten im Uferwinkel zwischen Suezkanal und Timsahsee. Bei diesem Gespräch gab der ägyptische Staatschef zum ersten Mal deutlich zu erkennen, daß er seine Friedensverhandlungen abkoppeln wolle von möglichen syrisch-israelischen oder syrisch-jordanischen Gesprächen. Mit der Bemerkung, die palästinensischen Organisationen seien doch alle kommunistisch, machte Sadat auch seine Distanz zu Jassir Arafat und dessen Ansprüchen deutlich. Wäre ihm Begin an diesem Tag tatsächlich entgegengekommen, hätte der Ägypter alle Vorsätze, der Solidarität zwischen den Arabern treu zu bleiben, aufgegeben. Der israelische Ministerpräsident war jedoch nur bereit, auf Teile der Sinaihalbinsel zu verzichten – unter Beibehaltung aller jüdischen Siedlungen.

Die hartnäckige Weigerung der Regierung Begin, substantielle Zugeständnisse zu machen, führte Anwar as-Sadat in die Isolation. Er konnte keinen unmittelbaren Erfolg seiner Jerusalemreise vorweisen. Der »Verrat an der arabischen Solidarität« hatte sich offenbar nicht gelohnt. Auf dieser Erkenntnis baute der König nun seine Kalkulation auf: Amman sollte zum politischen Zentrum der arabischen Staaten werden, die nicht bereit waren, dem »Verräter« Sadat zu folgen. Er scharte die Regierungen der Staaten um sich, die zur *rejectionist front* gehören wollten. Ihre Zahl war beachtlich. Dazu zählten Algerien, Libyen, Irak, Syrien und die Demokratische Volksrepublik Jemen.

Obgleich Hussein zum Sprecher dieser Staatengruppe wurde, hütete er sich zunächst, die diplomatischen Beziehungen zu Ägypten abzubrechen. Er glaubte, es sei ihm möglich, Anwar as-Sadat in die Solidaritätsfront Arabiens zurückzuführen. Dieser Erfolg wäre dann seinem politischen Konto gutgeschrieben worden. Die Aussichten dafür standen zwischen Herbst 1977 und Sommer 1978 nicht übel. Während dieser Monate stockte der Prozeß der Annäherung zwischen Ägypten und Israel. Dann aber ergriff Präsident Jimmy Carter die Initiative: Er lud die Verantwortlichen in Israel und Ägypten in die abgelegene und abgeschlossene Landschaft von Camp David ein, in der Hoffnung, Begin und Sadat würden, weit weg von ihren heimatlichen Problemen, unter seiner eigenen freundlichen Anleitung zu einem Einverständnis kommen.

Carter hatte zunächst fünf Tage für die Verhandlungen in Camp David angesetzt; gebraucht wurde mehr als das Doppelte an Zeit. Dann aber gaben sowohl die israelischen Verhandler um Menachem Begin als auch Sadats Delegation nach, und die Verhandlungen endeten mit der Unterzeichnung von zwei Rahmenvereinbarungen. Der Weg zum separaten Friedensvertrag war für Anwar as-Sadat offen. Der Vertragstext wurde am 26. März 1979 unterzeichnet. Damit war festgelegt, daß Ägypten nie mehr an einem Krieg der Araber gegen Israel teilnehmen würde. Allen Arabern war klar, daß sie überhaupt nie mehr einen militärischen Konflikt gegen den jüdischen Staat beginnen könnten, denn unumstößlich galt der Erfahrungsgrundsatz: »Arabien kann es nicht wagen, ohne Ägypten Krieg zu führen«. Viele Araber hatten jetzt das Gefühl, durch Sadats Alleingang militärisch impotent geworden zu sein.

Jetzt erst brach Hussein die diplomatischen Beziehungen seines Königreichs zu Ägypten ab – dafür nahm er den Kontakt zu Jassir Arafat wieder auf. Er lud den PLO-Chef ein zum offiziellen Besuch in Amman. Arafat folgte der Einladung. Vor nahezu zehn Jahren war er, am Ende des innerjordanischen Kriegs, aus seinem Hauptquartier in Amman vertrieben worden – jetzt kehrte er als Gast des haschemitischen Königs wieder. Die Möglichkeit öffnete sich für eine Allianz der Interessen zwischen der PLO und dem jordanischen Königshaus.

Von Ariel Sharon und dessen Ideen war in den Diskussionen zwischen Hussein und Arafat nicht die Rede. Die Vision vom »Palästinensertransfer« war endgültig erloschen. Der PLO-Chef und der König waren sich einig: Die Palästinenser mußten auf dem Jordanwestufergebiet bleiben. Die Abwanderung in Richtung Transjordanien mußte verhindert werden.

Arafat und Hussein vermieden ein brisantes Thema völlig. Sie sprachen nicht darüber, daß gemäß des Beschlusses der Arabischen Gipfelkonferenz von Rabat 60 Prozent der Untertanen des Königs der Souveränität der PLO zugeordnet sein sollten. Die Bewohner des Lagers Baka'a – darin waren sich Hussein und Arafat stillschweigend einig – unterstanden nicht der Aufsicht der PLO. Zuständig für die Lagerbewohner waren königlich-jordanische Polizei und der Geheimdienst.

Für den Lebensunterhalt der Flüchtlingsmassen aber sorgte noch immer die United Nations Relief and Works Agency

(UNRWA). Bei ihr waren um das Jahr 1978 rund 700 000 hilfs-bedürftige Palästinenser registriert. Für ihr Leben gab es noch immer keine Perspektive: Die Rückkehr ins Westjordanland war weiterhin versperrt. Wenigstens war erreicht, daß eine weitere Zuwanderung ins Lager Baka'a ausblieb.

Die Stagnation im Friedensprozeß zwischen Israel und Jorda-nien führte dazu, daß die Palästinenser der Gruppe der laji'in, der nach 1967 über den Jordan nach Transjordanien geflohenen Palästinenser, nach einer Kraft suchten, die ihnen Halt bot. Die Kampforganisationen Al-Fatah und Volksfront zur Befreiung Palästinas besaßen keine Basen in den Lagern mehr und waren damit ohne Einfluß. Spürbar wurde eine Welle der Islamisie-rung. Die Flüchtlinge wandten sich dem Glauben zu. Da stand eine Organisation bereit, die Gläubigen aufzufangen: »Die Moslembruderschaft«.

»Moslembruderschaft« –
Hussein und der militante Islam

Die Zeit war reif für den Einbruch des Islam in die Nahostpoli-tik. Die militärische Kraft des jüdischen Glaubens hatte im Junikrieg des Jahres 1967 Triumphe gefeiert. Dann hatten die USA, als Führungsmacht des Westens, sich um eine Lösung des Flüchtlingsproblems bemüht. Zur Enttäuschung der Palä-stinenser hatten von diesen Bemühungen nur die Israelis profi-tiert. Doch auch der Sozialismus war gescheitert in der Part-nerschaft mit Arabien. Moskau war von geringer Hilfe ge-wesen. Die Suche nach einer Kraft, die Hoffnung versprach, mußte zwangsläufig auf den Islam stoßen und auf eine islami-sche Organisation: Auf die Moslembruderschaft.

Während der 40er Jahre war in Ägypten die Organisation gegründet worden, von einem Geistlichen, der Hassan al-Banna hieß. Er gehörte zum Jahrgang 1906. Hassan al-Banna hatte an der Al-Azhar-Universität in Cairo studiert, einem sehr renommierten Institut. Nach Abschluß des Studiums wurde der junge Mann Geistlicher in Ismailia, in der Stadt am Suez-kanal, die damals völlig unter dem Einfluß Englands stand. In Ismailia befand sich das Zentrum der britischen Suezkanalverwaltung; sie war darauf bedacht, daß in der von England beherrschten Suezkanalzone der Geist »Rule Britannia« die Menschen leitet. Dagegen kämpfte Hassan al-Banna an.

Seine Organisation, die »Moslembruderschaft«, mobilisierte zunächst nur die islamische Geistlichkeit. Sie kämpfte mit Worten gegen den britischen, westlichen Einfluß auf die Ägypter, die zwischen Port Said und Suez an der Wasserstraße lebten und arbeiteten. Die Moslembrüder predigten, nicht das Gesetzbuch der Engländer dürfe das Leben der Moslems bestimmen, sondern allein der Koran und dessen göttliche Vorschriften.

Bald schon wurde aus der Vereinigung der Geistlichen eine Bewegung der jungen Intellektuellen und Arbeiter. Diesen wurde eingeschärft, am Suezkanal beginne die westliche Welt die Zerstörung des islamischen Charakters der Ägypter mit der Absicht, den Moslems ihr Eigenleben völlig zu rauben.

Um das Jahr 1948 beschränkte sich die Moslembruderschaft nicht mehr nur auf die britisch beherrschte Zone am Suezkanal. Sie wurde zu einer Massenorganisation für die politisch interessierten Männer in Cairo und im ganzen Nildelta. Sie machten sich durch Demonstrationen bemerkbar, die sich nicht allein gegen die britische Herrschaft richteten, sondern gegen den westlichen Einfluß auf Arabien überhaupt.

Als im Mai 1948 der Staat Israel ausgerufen wurde, da war diese jüdische Gründung sofort das Ziel der Moslembruderschaft. Die Niederlage der arabischen Armeen nützte der islamischen Propaganda. Sie verkündete, die Katastrophe der Unterlegenheit gegenüber Israel sei nur auf die schleichende Korruption des islamischen Volkscharakters durch den westlichen Einfluß zurückzuführen. Die Moslembruderschaft war folgerichtig bereit, die Fortsetzung des Kampfes gegen den jüdischen Staat in die Hand zu nehmen. Die Moslembrüder Ägyptens boten den jungen Palästinensern, die sich mit der »Katastrophe von 1948« nicht abfinden wollten, Waffenhilfe an. Zu denen, die sich als erste von der Moslembruderschaft Ägyptens helfen ließen, gehörte Jassir Arafat.

Er und viele andere Palästinenser, die von der Gründung des jüdischen Staates überrascht und von der blamablen Niederlage der regulären arabischen Armeen entsetzt waren, paßten sich der Doktrin der Moslembrüder an, die alle Schuld an der

Entwicklung dem Westen gab: Der Staat Israel war von Großbritannien und von den USA in das arabische Land eingepflanzt worden, in der Absicht, einen vom Westen abhängigen Brückenkopf aufzubauen, von dem aus die Moslems kontrolliert, gedemütigt und niedergehalten werden konnten. Von der Moslembruderschaft übernahm Jassir Arafat das Konzept, der Kampf gelte nicht den jüdischen Menschen, sondern der Idee des Zionismus, der im Dienste des antiislamischen Westens stehe.

Doch nicht allein die militanten Palästinenser schlossen ein Bündnis mit der Moslembruderschaft, auch die haschemitische Dynastie nutzte die straffe Organisation und deren islamische Ideologie für ihre Zwecke. Emir Abdallah, Husseins Großvater, sah in der Moslembruderschaft eine Stütze seines Regimes in der schwierigen Phase des staatlichen Aufbaus seines Haschemitenkönigreichs. Als sich die Organisation vom Suezkanal auf das Nildelta ausbreitete, nahm Emir Abdallah schon Kontakt zu ihr auf. Er brauchte dringend ein straff organisiertes Netz von entschlossenen Männern, die einen Kader des Königreichs bilden konnten. Die Bewohner von Transjordanien waren Beduinenfamilien, die zu Großclans gehörten. Die einzelne Familie war dem Sheikh des Stammes zugeordnet; der Staat, den Emir Abdallah formen wollte, war der Einzelfamilie gleichgültig. Wollte das haschemitische Königreich überleben, brauchte es eine Organisation, die nicht von den Stämmen abhängig war.

Emir Abdallah, der sich später König nannte, gestattete der Moslembruderschaft Einfluß in seinem Herrschaftsbereich. Er war überzeugt, die Moslembrüder erkannten in ihm die wahre religiöse Autorität – war er doch Mitglied der Sippe Haschem, zu der einst der Prophet Mohammed gehört hatte. Abdallah war der Meinung, als Blutsverwandter des Propheten für die überaus gläubigen Moslems unangreifbar zu sein.

Daß die Moslembruderschaft eigenen Gesetzen gehorchte, betonte ihr Gründer Hassan al-Banna jedoch immer wieder: »Allah ist unsere höchste Autorität, niemand sonst; Mohammed, sein Gesandter, ist unser Führer; der Koran ist unser Gesetzbuch; der Tod im Namen Allahs ist unser Lebensziel.«

Daß Gewalt das Denken der Moslembrüder beherrschte, wurde dem Monarchen allerdings schon im Jahr 1948 deutlich:

Ein Mitglied der Bruderschaft erschoß in Cairo den ägyptischen Ministerpräsidenten; drei Wochen später traf ein töd-
liches Geschoß den Gründer der Organisation Hassan al-Banna.
Damit begann eine Kette von aggressiven Taten, von Gewaltakten, von Attentaten und Rachehandlungen in der Region
zwischen Nil und Euphrat. Die Regierungen, angefangen bei
Gamal Abdel Nasser, versuchten, die Kraft der Organisation
im Zaum zu halten und sie zugleich im Konflikt mit kommunistischen Elementen zu nützen. Die Organisation überstand
die Kraftproben. »Koran und Schwert« als Einheit wurden
zum Symbol der Moslembruderschaft.
König Abdallah, dessen Regime tatsächlich verschont blieb
von Anschlägen der Bruderschaft, versuchte ab 1948 Distanz
zu halten zur Organisation, die vor allem in Jerusalem und in
anderen Städten des Jordanwestufers Zellen aufgebaut hatte.
Ihm mißfiel, daß die Bruderschaft den Besitz von Geld und
Boden als unislamisch verurteilte und daß sie allein den Koran
als Richtschnur für Sitten und Gesetze betrachtete. Die
Haschemiten, die sich als Vorkämpfer des arabischen Nationalismus sahen, wollten sich nicht von der Moslembruderschaft
vorschreiben lassen, wann sie sich aus der Partnerschaft mit
der Kolonialmacht England zu lösen hatten. Die Bruderschaft
verurteilte jegliche Bindung an England – und an die USA. Die
Könige Abdallah, Talal und Hussein wiesen die Bruderschaft
mit Erfolg in die Grenzen.
Die stabile Brücke zwischen der Organisation und dem
Haschemitenclan wurde erst durch König Hussein während
der 70er Jahre geschlagen. Der jordanische Zweig der Bruderschaft, der sich jeglicher Gewalt enthalten hatte, propagierte
nach der Besetzung des Westjordanlandes durch Israel, die
Region um Jerusalem sei »islamisches Gebiet« und dürfe nicht
in der Hand der Israelis bleiben. Was dem König damals be-
sonders imponierte, war die Feststellung, die haschemitische
Dynastie sei im Auftrag Allahs verpflichtet, für den Bestand
des Islam im »Heiligen Land« zu kämpfen. Hussein erkannte,
daß die Propaganda der Bruderschaft die Chance bot, den
Anspruch der Haschemiten auf Führerschaft in der Region
Jerusalem und schließlich in der arabischen Welt mit den
Anforderungen der überzeugten Moslems zu verbinden.
Beide, die Haschemiten und die Moslembruderschaft, stimm-

ten darin überein, daß Jordanien Schutzmacht für die heiligen Stätten in Jerusalem sein sollte. Die Al-Aqsa-Moschee und der Felsendom stünden unter dem Protektorat der Haschemiten. Diese Überzeugung hielt an bis zum Ende des Jahrhunderts.

Grundüberzeugungen der Moslembruderschaft hatten Wurzeln geschlagen in der Bewertung seines Landes im Bewußtsein des Königs. Sein Land Jordanien – so die jordanische Führung der Moslembruderschaft – nimmt in der Heilsordnung für die Menschheit einen besonderen Platz ein. Habe doch der Prophet Mohammed selbst verkündet, am Tage des Jüngsten Gerichts stünden sich Juden und Moslems am Jordan gegenüber: Die Juden formierten sich im Westen und die Moslems im Osten des Flusses. Nach einem heftigen Kampf seien diejenigen, die an Allah glaubten, die Sieger. Das gesamte Heilige Land werde von Osten her befreit. Diese Entwicklung sei vom Propheten Mohammed vorausgesagt und damit auch versprochen worden. Die letztliche Auflösung des Staates Israel ist nach der Überzeugung der Moslembruderschaft Bestandteil der Ordnung Allahs. Das Ende des jüdischen Staates könne durch keine menschliche Handlung verhindert werden. Das Fazit der Bruderschaft: »Unser Sieg steht fest, doch wir brauchen einen langen Atem.«
Hussein übernahm Ansichten der Moslembruderschaft, wenn sie in sein Denkgebäude paßten – dazu gehörte der Sonderstatus des Königreichs in der islamischen Welt. Hussein ließ sich gern von der Moslembruderschaft als Beschützer der Heiligtümer von Jerusalem preisen – der heilige Bezirk um die Al-Aqsa-Moschee und den Felsendom durfte nicht den Juden gehören. Er lehnte jedoch die Beurteilung des jüdischen Volkes im Programm der radikalen Moslems ab. Sie definierten die Juden als »unehrlich, unaufrichtig, korrupt«. Sie predigten, die Juden seien »Beleidiger der Propheten und Allahs schlimmste Gegner«; sie seien ein »tödlicher Feind der wahren Gläubigen«. Diese Terminologie blieb dem jordanischen König fremd. Er war kein Feind der Juden. Antijüdische Propaganda war den Predigern in den Moscheen untersagt.
Die Führung der Moslembruderschaft kannte ihre Grenzen. Sie wußte auch um die Wichtigkeit der Haschemitendynastie

240

9 u. 20 Hochzeit aus
Liebe:
Die Engländerin
Toni Gardiner genügt
seinen Ansprüchen
bald nicht mehr –
doch sie bringt im
Mai 1962 den
Thronfolger Abdallah
zur Welt.

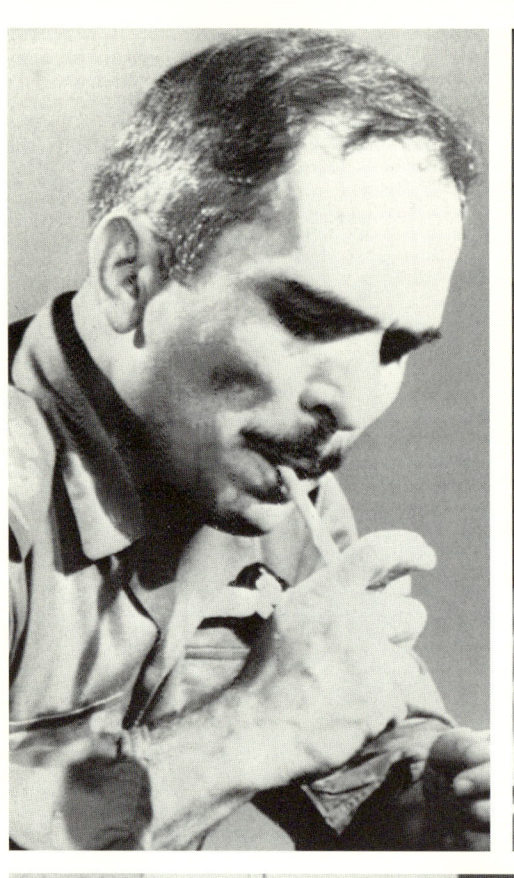

21 Ein Konflikt folgt dem anderen: Hussein bekämpft die Nervosität mit Hilfe von rund 60 Zigaretten am Tag.

22 Rede im königlichen Palast: Der öffentliche Verzicht auf das Westufergebiet des Jordan fällt dem König schwer.

23 Die Freundlichkeit täuscht: Die westlichen Staatsmänner, hier Edward Heath, versprechen Finanzhilfe – und halten wenig.

24 Mit Königin Nur: Husseins vierte und letzte Frau wird weder von den Beduinen noch von den Palästinensern geliebt.

25 Hochzeit von Prinz Abdallah: Husseins ältester Sohn heiratet am 10. Juni 1993 eine Frau palästinensischer Abstammung.

26 Zu Gast bei
Daimler-Benz in
Stuttgart:
Der begeisterte
Autofahrer in dem
Testwagen C-111 mit
Flügeltüren.

27 Staatsbesuch in
Bonn:
Der jordanische Köni̇
bei Bundeskanzler
Helmut Kohl.

für ihre eigene Existenz. Zur Zeit von Gamal Abdel Nasser, der sich zum strikten Feind der Bruderschaft entwickelte, waren Hussein und die Organisation in der Abwehr der Expansionsgelüste des Ägypters verbunden. Die Chefs der Bruderschaft kannten die Gefahr, die ihnen bei einer Übernahme des Königreichs durch Nasseristen drohte: Sie wären verhaftet, gefoltert und hingerichtet worden – die Herrschenden am Nil hatten bereits mehrfach derartige Exempel statuiert.

Hussein hatte sich während des Konflikts mit den Palästinensern in den Jahren 1969 bis 1971 auf die Haltung der islamischen Organisation verlassen können. Sie stand nicht auf der Seite der PLO. Die Bruderschaft, die im Jahre 1948 Jassir Arafat und dessen Mitkämpfer unterstützt hatte, war von der positiven Haltung gegenüber dem palästinensischen Widerstand abgekommen. Ausgangspunkt der Kursänderung war die Parole der Bruderschaft: »Wir Moslems westlich und östlich des Jordan sind ein Volk«. Die Moslems im Westen und Osten des Flusses kämpfen nicht gegeneinander. Wenn dereinst am Jordan ein Kampf ausbrechen wird, dann findet er zwischen dem Volk der Juden und dem arabisch-jordanischen Volk statt. Moslems untereinander aber dürfen sich nicht zerfleischen.

Die ideologische Grundlage der Moslembruderschaft, am Ende der Zeiten stünden sich Moslems und Juden am Jordan gegenüber – und diese Konfrontation ende mit dem Sieg der Moslems – brachte dem König auch die Hilfe der Organisation in einer kritischen Phase der jordanisch-syrischen Beziehung ein. Die Blüte der Kontakte, die im Jahr 1975 zu euphorischen Plänen der Verschmelzung zwischen militärischen und administrativen Organen beider Länder geführt hatte, war schnell verwelkt. In Wahrheit waren weder König Hussein noch Hafez al-Assad bereit gewesen zu irgendeiner Form der staatlichen Vereinigung. Allein die Wirtschaftsordnungen des Königreichs und der dem Sozialismus zuneigenden Republik Syrien waren nicht zu verschmelzen.

Die islamische Geistlichkeit in Jordanien, die der Moslembruderschaft nahestand, begann mit der Propaganda gegen das Baathregime in Damaskus. Ihr waren alle Absichten, Monarchie und Republik zu fusionieren, gefährlich erschienen. Sie zeigte nun die Differenzen in der Staatsphilosophie auf, und legte damit die psychologische Grundlage für den Abbau der Euphorie von 1975.

Hussein begann wieder ein gewagtes Balancespiel, in dem er erneut Kalkulation und Intuition einsetzte. Er selbst konnte dabei die Aktion anderen überlassen. Die Moslembruderschaft glaubte, Rechnungen begleichen zu müssen mit den Herrschenden in Syrien.

Zu Beginn der 60er Jahre hatte die islamische Organisation dort Fuß gefaßt. Bei Wahlen war es ihr gelungen, Sitze im Parlament zu erringen. Die Baathpartei, die ab 1963 Bedeutung erlangte in Syrien, wollte die islamische Konkurrenz neben sich nicht dulden. Die Baathpartei strebte die sozialistische Ausrichtung Syriens an – in ihrem Programm besaß der Islam keine Bedeutung.

Der Grund für die Mißachtung des Islam lag für die Denker der Moslembruderschaft eindeutig in der Herkunft der Verantwortlichen der Baathpartei: Sie gehörten durchweg zur religiösen Gruppierung der Alawiten. Von den Alawiten sagen die Sunniten, die in Syrien zwar die Mehrheit stellen, doch von der Regierungsgewalt ausgeschlossen sind, sie seien Anhänger einer Geheimreligion, die dem Islam fremd sei. Die Sunniten sprechen den Alawiten die Zugehörigkeit zum Islam ab. Die Denker der Moslembruderschaft zogen daraus die Konsequenz: Die Minderheit der Alawiten unterdrückt in Syrien die Mehrheit der wahrhaftig Gläubigen. Die Alawiten sind damit Feinde des Islam. Am Tag des Jüngsten Gerichts werden sie nicht auf der östlichen Seite des Jordan stehen; sie werden am Kampf gegen die Juden nicht teilnehmen.

Die Theoretiker der Moslembruderschaft in Syrien definieren die Geschichte ihrer Organisation so: Seit 1964 werden die Anhänger der Bruderschaft in Syrien eingesperrt. Doch erst seit 1973, seit der Machtübernahme durch Hafez al-Assad, hat Syrien einen linksgerichteten, antiislamischen Kurs eingeschlagen. Al-Assad ist weit entfernt vom islamischen Glauben. Er ist ein Feind des Islam.

Hussein ließ die Propaganda der Prediger gewähren. Sie war Teil seiner Kalkulation. Die Propaganda unterstützte die Wirkung einer Entscheidung, die er intuitiv getroffen hatte.

Gemeinsamkeiten –
Hussein und Saddam Hussein

Das Haupt der Haschemitendynastie konnte und wollte bisher nicht vergessen, daß im Sommer 1958 sein Vetter, der gleichaltrige König Feisal II. in Baghdad samt seiner Familie auf brutale Weise ermordet worden war. Dieses Ereignis lag nun 20 Jahre zurück, und Hussein hatte das Gefühl, daß es Zeit sei, dem Haschemitenstolz nicht länger die Politik unterzuordnen. Intuitiv beschloß er im November 1978, die irakische Hauptstadt zu besuchen.

In Baghdad erfuhr Hussein, was er zuvor nur geahnt hatte: Hafez al-Assad hatte bereits zwei Monate zuvor seine Fühler ausgestreckt mit dem Angebot, alte Feindseligkeiten zwischen Syrien und Irak zu begraben. Staatschef an Euphrat und Tigris war damals Ahmed Hassan al-Bakr – ein etwas schwerfälliger Politiker, der zufrieden war, daß sein Land Irak unter dem Schutz der Sowjetunion stand. Dieses Abhängigkeitsverhältnis, so glaubte er, erspare ihm einige Entscheidungen.

Im zweiten Glied hinter Präsident Ahmed Hassan al-Bakr war ein drahtiger, agiler jüngerer Mann mit Schnurrbart zu erkennen, der eine schlichte Militäruniform trug. Den Namen dieses Mannes kannte zunächst niemand: Er hieß Saddam Hussein al-Takriti, war 40 Jahre alt und besaß eine hohe Position im Baghdader Zweig der Baathpartei.

Es war Intuition, die König Hussein bei seinem Besuch im November 1978 veranlaßte, gerade diesen einen im Gefolge des damals mächtigen Ahmed Hassan al-Bakr anzusprechen.

Der jordanische Herrscher und der ehrgeizige irakische Politiker verstanden sich sofort. Vom ersten Zusammentreffen an verband sie herzliche Zuneigung. Sie versprachen sich, künftig eng zusammenzuarbeiten. Dabei war Saddam Hussein al-Takriti zu diesem Zeitpunkt nicht in der Position, Entscheidungen treffen zu können.

Sieben Monate nach dem ersten Gespräch zwischen dem König und Saddam Hussein al-Takriti, am 16. Juli 1979, wurde Präsident Ahmed Hassan al-Bakr verwundet von Baghdad nach London geflogen – ein Geschoß hatte ihn in die Schulter getroffen. Der Schütze war Saddam Hussein al-Takriti gewesen. Er war von nun an Staatsoberhaupt im Irak.

Einige Tage später entdeckte Saddam Hussein al-Takriti, daß einige Offiziere einen Putsch gegen ihn planten. Er ließ diese Offiziere sofort erschießen. Der neue Staatschef gab bekannt, das Komplott sei vom syrischen Präsidenten Hafez al-Assad gesteuert worden. Sofort wurden alle Vorbereitungen zur Zusammenarbeit zwischen Irak und Syrien unterbrochen. Nun gab es keine Schranke mehr für eine enge Freundschaft zwischen Hussein und Saddam Hussein.

Diese Entwicklung blieb nicht ohne politische Konsequenz. Innerhalb weniger Wochen verschlechterte sich die Situation zwischen Jordanien und Syrien. Hafez al-Assad beklagte sich, von Amman aus arbeite die Moslembruderschaft auf den Sturz des Baathregimes hin, und der Vorwurf war berechtigt. In der jordanischen Hauptstadt hatten viele der in Syrien verfolgten Moslembrüder Zuflucht gefunden. Ab Ende der 70er Jahre war Ali al-Bayanuni ihr führender Kopf. Seine eindrucksvolle Persönlichkeit erhielt einen geheimnisvollen Zug durch die dunklen Brillengläser, die er gegenüber Fremden nie ablegte. Diesen Geistlichen fand auch der König faszinierend.

Ali al-Bayanuni war Syrer – ein überzeugter Sunnit, der die Alawiten als Feinde der Menschheit überhaupt bezeichnete – der Oberste der Feinde aber sei Hafez al-Assad. Die Wahlen, die im Jahre 1978 dem Präsidenten mit großer Mehrheit die Regierungsmacht für weitere sieben Jahre gesichert hatten, bezeichnete der Vordenker der syrischen Moslembruderschaft in Amman als Schwindel. Die meisten Syrer seien Sunniten; sie haßten die Alawiten, und würden in freien Wahlen nie für Hafez al-Assad stimmen. Nach Ansicht führender Moslembrüder hatten sich die Alawiten in Syrien zuerst den Einfluß in der Baathpartei gesichert, und dann die Macht im ganzen Land an sich gerissen. Syrien werde von der gefährlichen Allianz zwischen Baathpartei und Alawitensekte regiert – zum Schaden der wahren Gläubigen. Seine Aufgabe sah Ali al-Bayanuni darin, der Vorherrschaft der »kleinen, aber gefährlichen Alawitensekte« in Damaskus ein Ende zu bereiten.

Hussein ließ nicht allein die Prediger gewähren; er gab der Organisation auch freie Hand zu Aktionen in Syrien. Von Amman aus wurden Anschläge auf führende Alawitenpersönlichkeiten organisiert. Spektakuläre Morde geschahen erst in der syrischen Hauptstadt, dann in der nördlichen Stadt Hama.

Dort wurde der Polizeichef, ein Alawite, ermordet. Der Höhepunkt der von Amman aus gesteuerten Aktionen ereignete sich im Juni 1979: Mitglieder der Moslembruderschaft griffen die Militärakademie in Aleppo an und töteten 60 Offiziersanwärter – die Opfer gehörten alle der Alawitensekte an. Kadetten anderer religiöser Ausrichtung hatte es an der Militärakademie damals nicht gegeben.

In Amman konnte Ali al-Bayanuni offen aussprechen, daß seine Organisation stolz war auf die Anschläge gegen die Alawiten: »Dies ist unsere Kriegserklärung gegen das Alawitenregime. Hafez al-Assad schlägt zurück. Tausende unserer Anhänger sitzen in syrischen Gefängnissen und werden dort mißhandelt. Doch wir setzen den Kampf fort!«

Ali al-Bayanuni und König Hussein waren sich im Frühjahr 1980 darin einig, daß das syrische Regime eine gefährliche Politik der Freundschaft mit der Sowjetunion betrieb. Die Zahl der sowjetischen Militärberater stieg auf mehr als 4000 an. Hussein und der Chef der Moslembruderschaft waren strikt gegen die Ausbreitung des »kommunistischen Einflusses« im arabischen Raum, dessen Ideologie der Glaube an Allah zu sein hatte.

Als Husseins Geheimdienst im Sommer 1980 Beweise dafür vorlegen konnte, daß Hafez al-Assad den Text eines Freundschaftsvertrags mit der Sowjetunion auf dem Schreibtisch liegen hatte, da war die Situation für den Haschemitenkönig eindeutig: Syrien war für ihn zum »atheistischen Feind« geworden, der offensichtlich bereit war, islamisches Land und Moslems an Moskau zu verkaufen. Die Hinwendung zum Mächtigen an Euphrat und Tigris war die Konsequenz dieser Erkenntnis.

Der geistigen Herkunft nach ist die religiöse Gruppierung der Alawiten schiitisch; als ihre Leitfigur gilt Ali, der Schwiegersohn des Propheten Mohammed, der sich nach dessen Tod beauftragt fühlte, Mohammeds Erbe fortzuführen – der jedoch durch den ersten der Kalifen, nach Alawitischer Ansicht, an der Ausführung seines Allah gefälligen Werks gehindert worden war. Während die Alawiten glauben, durch den ersten Nachfolger des Propheten Mohammed – sein Name war Abu Bakr – sei Ali widerrechtlich entmachtet worden, sind die Sunniten der Meinung, Ali habe durch hartnäckiges Beharren auf vermeintliche Rechte eine Spaltung des Islam eingeleitet, die dem Glauben bis heute schade. Die Sunniten fühlen sich verpflichtet, die Alawiten zu schwächen.

Der Kampf der sunnitischen Moslembruderschaft war also im Grunde gegen eine Ausprägung des schiitischen Glaubens gerichtet. Die Schiiten betrachtete auch Saddam Hussein, der irakische Staatschef, als seine Feinde. Saddam Hussein ist Sunnit – genauso wie König Hussein.

Da existierte allerdings ein bemerkenswerter Unterschied: In Jordanien ist der sunnitische Glaube die Überzeugung nahezu aller Untertanen. Im Zweistromland an Euphrat und Tigris aber sind die Schiiten in der Mehrheit. Sie sind der Überzeugung, es dürfe sie nur jemand regieren, der in direkter Linie vom Propheten Mohammed abstammt. Der Idealfall für sie war Ayatollah Ruhollah Khomeini, der nachweisen konnte, daß er mit dem Gesandten Allahs blutsverwandt verbunden war. Während die Schiiten in Iran seit Februar 1979 von Khomeini, dem direkten Nachkommen des Propheten, regiert wurden, mußten sich die Schiiten des Irak von der Minderheit der Sunniten beherrschen lassen. Die sunnitischen Herren waren von der Kolonialmacht England am Ende des Ersten Weltkriegs als Regenten eingesetzt worden. Die Engländer waren damit der bewährten Kolonialregel gefolgt, die Minderheit über die Mehrheit zu setzen, mit der Vollmacht, die Interessen der Kolonialmacht auch mit Gewalt durchzusetzen. Die Kolonialmacht England war längst nicht mehr zuständig, doch die von ihr bevollmächtigten Sunniten dominierten noch immer die Schiiten im Zweistromland. Alle Versuche der schiitischen Mehrheit, sich aus der Klammer der Sunniten zu lösen, waren fehlgeschlagen. Die Sunniten des Irak mußten, wenn sie ihre Macht behalten wollten, immer auf der Hut sein. Der Sunnit Saddam Hussein unterdrückte die Schiiten – König Hussein aber beobachtete mit Argwohn die schiitisch orientierten Alawiten. Die Position als Gegner der Schiiten mußte Hussein und Saddam Hussein zusammenführen.

Da war noch ein Faktor der Gemeinsamkeit: Der König Jordaniens und der Präsident des Landes an Euphrat und Tigris waren strikte Gegner des Kommunismus. Während Hafez al-Assad in Damaskus die Unterschrift unter einen Freundschaftsvertrag setzte, der Syrien für 20 Jahre an die Sowjetunion binden sollte, verfolgte Saddam Hussein die Freunde Moskaus als »verkommenes, verfaultes atheistisches Gesindel«. Wer sich verdächtig machte, ein Kommunist zu sein, wurde hingerichtet. Seine Position im damaligen Spannungsfeld zwischen Ost und West zeigte Saddam Hussein durch seine Verurteilung des sowjetischen Einmarsches in Afghanistan deutlich. Auch darin war der Iraker Partner von König Hussein.

Die Partnerschaft mit dem Haschemitenkönig erleichterte Saddam Hussein dadurch, daß er den Mord an Feisal II. im Sommer 1958 bedauerte. Zu Husseins Überraschung deutete Saddam Hussein an, er glaube, daß auch er selbst zur Sippe der Haschemiten gehöre. Irgendwann werde er Beweise für die Familienzugehörigkeit vorlegen können.

Die Initiative für die Freundschaft war von beiden Männern ausgegangen, die für einander tiefe Sympathie empfanden. Nutzen zogen sie beide daraus – für sich und für ihre Länder. Es zeigte sich jedoch bald, daß auch Saddam Hussein sich von Kalkulation und Intuition hatte leiten lassen. Der Rückhalt, den er in der Freundschaft zu König Hussein fand, gab ihm die Möglichkeit zu einer tollkühnen militärischen Aktion: Am 22. September 1980 begann die irakische Armee auf einer Frontlänge von 300 Kilometern den Angriff gegen Iran. Die Absicht war, die Herrschaft der Ayatollahs, die seit Februar 1979 Iran in eine Theokratie verwandelte, zum Einsturz zu bringen. Nach Saddam Husseins Ansicht war dieses Ziel leicht zu erreichen, da nach dem Sturz des Schahs die Schlagkraft der iranischen Armee gebrochen war. Eine Nebenabsicht des Konflikts war, dem irakischen Territorium bisher iranische Ölgebiete im Osten des Shatt al-Arab einzugliedern.

Golfkrieg 1980 –
Jordanien als Saddam Husseins Nachschubbasis

Mit Kriegsbeginn am 22. September 1980 wird deutlich, daß Irak fälschlicherweise als »Golfstaat« bezeichnet wird. Der Küstenstreifen des Irak ist keine 30 Kilometer breit. Er besteht aus Schwemmland des Shatt al-Arab, des Zusammenflusses von Euphrat und Tigris. Am Meer selbst besitzt das Land keinen Hafen. Die einzigen Hafenanlagen befinden sich in Basra, 130 Kilometer von der Mündung des Shatt al-Arab in den Persischen Golf entfernt.

Der Shatt al-Arab aber bildet die Grenze zwischen Irak und Iran. Schiffe, die vom Meer aus den Hafen Basra erreichen wollen oder die in umgekehrter Richtung fahren, haben über die Strecke von 130 Kilometern an ihrer östlichen Seite iranisches Ufer. Vom ersten Kriegstag an war der Shatt al-Arab für irakische Schiffe eine unpassierbare Wasserstraße. Die Verbindung des Irak zum Meer war abgeschnitten. Die irakische Kriegswirtschaft war darauf angewiesen, daß König Hussein seine Grenzen und seine Straßen für Saddam Husseins Nachschub öffnete.

Das Königreich Jordanien stellte vor allem seinen Hafen Aqaba an der Nordspitze des Golfs von Aqaba zur Verfügung – der Golf ist ein Fortsatz des Roten Meers. Die Anlagen des Hafens Aqaba waren allerdings nur für die bescheidenen Ansprüche Jordaniens eingerichtet. Innerhalb weniger Wochen mußte die Kapazität des Hafens gewaltig erweitert werden.

Vor Ausbruch des irakisch-iranischen Krieges wurde Aqaba im Jahr von ungefähr 1100 Schiffen angelaufen. Im Jahr 1981 vervierfachte sich diese Zahl. Der Güterumschlag belief sich 1980 auf drei Millionen Tonnen; 1981 mußten zehn Millionen Tonnen bewältigt werden.

Bis zum Ausbruch des Krieges zwischen Irak und Iran verfügte das Königreich über ein wenig ausgebautes Straßennetz. Nur 40 Kilometer davon waren als Autobahn zu bezeichnen. Der Hafen Aqaba war nur durch eine zweispurige Straße erreichbar. Innerhalb ganz kurzer Zeit mußte auf einer Strecke von rund 1000 Kilometern eine exzellente und leistungsfähige Straßenverbindung gebaut werden.

Die Kosten für das gewaltige Programm des Straßenbaus trug die irakische Regierung. Das Geld beschaffte sie sich durch Ölexporte – die ebenfalls zum großen Teil über das jordanische Straßennetz und über den Hafen Aqaba abgewickelt wurden. Eine riesige Flotte von Tanklastwagen war Tag und Nacht unterwegs, um Öl zu den Tankschiffen in Aqaba zu bringen. Die Zahl der Unfälle war allerdings beträchtlich; davon zeugten die ausgebrannten Tanklastwagen, die entlang der 1000 Kilometer Autobahnstrecke lagen.

Nach Schätzung der jordanischen Regierung waren ab Frühjahr 1981 20 Prozent aller möglichen Arbeitskräfte des Königreichs Jordanien für den Transport von Waren von und nach Irak tätig. Die meisten arbeiteten im militärischen Bereich, im Transportwesen. Der Verbrauch des Irak an Waffen war gewaltig in den Panzerschlachten ostwärts des Shatt al-Arab. Die Lieferungen an Panzern, Geschützen, an Munition und Ersatzteilen, an Flugzeugen und Raketen wurden über die Autobahnen Jordaniens in den Irak gebracht. Das Königreich war die Lebensader für die irakischen Streitkräfte. Saddam Hussein entschädigte Jordanien dafür großzügig: Er finanzierte die Straßenbauten und er zahlte Transitgebühren. Vor allem aber lieferte seine Ölgesellschaft Öl zum Nulltarif an die jordanische Raffinerie in Zerka.

Die Dollars, die von den Arbeitskräften verdient wurden, die im Auftrag der Transportunternehmen tätig waren, bescherte dem Land einen Bauboom. Familien, die über Geld verfügten, kauften sich billiges Land außerhalb der Städte und begannen, einfache Gebäude hochzuziehen. Eine unkontrollierte Besiedelung der Landschaft begann, die bis dahin nahezu biblischen Charakter bewahrt hatte.

Auch die Hauptstadt Amman veränderte sich, Hotels und Niederlassungen amerikanischer und europäischer Banken entstanden. Weltweit arbeitende Industriebetriebe errichteten Filialen in Amman. Die Mitglieder der königlichen Familie gaben den Bau repräsentativer Villen in Auftrag. Die kleine Stadt im Tal des Nahr al-Amman wuchs an den Hängen der Ammanhügel empor. Die ärmlichen Flüchtlingslager, die seit 1967 das Stadtbild bestimmt hatten, wurden eingerahmt und erdrückt von modernen Geschäftshäusern und Ensembles von Mietwohnungen. Prachtvolle Gebäudekomplexe aus Glas und Marmor prägten das Stadtbild um Ammans Hügelstraßen. Wenig erinnerte an die Kleinstadt, die den Krieg von 1967 und die internen Konflikte der Jahre 1969/1970 und 1971 erlebt hatte. Amman wurde während der neun Jahre des Konflikts zwischen Iran und Irak zu einer modernen Stadt. Wobei die königliche Bauverwaltung darauf achtete, daß die Gebäudefassaden mit Kalkstein aus der Umgebung von Amman verkleidet wurden. Die Stadt bewahrte sich so ein freundliches, helles Gesicht. Der triste Beton war verpönt.

Doch die Hauptstadt des Königreichs verdankte nicht nur der Nachschubroute für den Krieg am Persischen Golf ihr modernes Gepräge, sondern auch dem Niedergang des Handelsplatzes Beirut. In der zweiten Hälfte der 70er Jahre lähmte der »Bürgerkrieg« den Libanon. Der Konflikt war zunächst zwischen Christen und Moslems entbrannt: Die Christen – vor allem die Maroniten – verteidigten ihre Vorrechte gegen die Ansprüche der Moslems, die nicht länger eine faschistoid-christliche Herrschaft über das kleine Land dulden wollten. In diesen innerlibanesischen Streit wurden die Palästinenser hineingezogen – und schließlich auch die Syrer. Je mehr Parteien an den Kämpfen teilnahmen, desto unentwirrbarer wurde der Konflikt. Das Zentrum von Beirut zerfiel in Trümmer. Die internationalen Bankgesellschaften, die den Libanon nach dem Zweiten Weltkrieg zum wirtschaftlichen Zentrum des Nahen Ostens gemacht hatten, verließen die Stadt und suchten sich andere Wirkungsstätten. Manche übersiedelten nach Athen – und stellten fest, daß von dort kaum Beziehungen zur Geschäftswelt des Nahen Ostens angeknüpft werden konnten. Andere Geldinstitute prüften, ob Damaskus ein Handelsplatz sein könnte. Sie entdeckten bald, daß die vom Sozialismus beeinflußten Restriktionen der Wirtschaft die Bewegungsfreiheit des Geldmarktes gewaltig einschränkten. Alle Firmen von Bedeutung und alle Geschäftsleute von Erfahrung trafen sich bald in Amman. Dort fanden sie ein marktwirtschaftliches Geschäftsklima vor, das den Businessmanagern die Freiheit der Entscheidung und der Entfaltung ließ.

Der Haschemitenkönig –
Spieler im nahöstlichen Machtpoker

Kaum war Jordanien zur Nachschubregion für Saddam Hussein geworden, da zeigte sich wachsende Unruhe in der syrischen Hauptstadt. Die Geschäftsleute im Bazar von Damaskus, die traditionell die Führungsrolle im nahöstlichen Handel für sich reserviert hatten, entdeckten mit Neid, daß die jordanischen Kollegen beachtliche Umsatzsteigerungen zu verzeichnen hatten, während ihre Einkünfte stagnierten.

250

Die Unternehmer von Damaskus zogen keinen Gewinn aus dem Iran-Irak-Konflikt. Sie standen abseits vom guten Geschäft. Dies hing mit der Position ihres Staatspräsidenten in der Auseinandersetzung am Shatt al-Arab zusammen. Die beiden Baathregime in Damaskus und Baghdad standen sich in bitterer Feindschaft gegenüber. Nur für ganz kurze Zeit unmittelbar vor dem Sturz des irakischen Präsidenten Ahmed Hassan al-Bakr hatte es im Jahr 1978 eine Periode der Annäherung gegeben; sie war mit dem Emporkommen von Saddam Hussein zu Ende gegangen. Ab 1980 bemühte sich Hafez al-Assad um Annäherung an das Regime des Ayatollah Ruhollah Khomeini in Teheran.

Die Basis für syrisch-iranische Kooperation war schon durch die gemeinsame Ideologie gegeben: In Damaskus waren die Alawiten mächtig, die den Schiiten nahestanden, und in Teheran waren die Schiiten die allein Mächtigen. Die ideologische Brücke wurde über den Irak hinweg geschlagen zwischen Teheran und Damaskus. Die Verbündeten bedrohten Irak von Osten und von Westen. Für Saddam Hussein war jetzt die jordanische Gebietszunge, die nach Osten ragte, die rettende Verbindung zur Außenwelt.

Als die Berater des Ayatollahs festgestellt hatten, daß der Kriegsverlauf ganz wesentlich vom Verhalten des jordanischen Königs abhing, berieten sie mit den Militärs in der syrischen Hauptstadt, wie die Nachschublinie durch Jordanien unterbrochen werden könnte. Mustapha Tlass, der Verteidigungsminister Syriens, war nicht abgeneigt, das Problem durch einen Feldzug zu lösen. Schon im Dezember 1980 zog er Panzerverbände an der Grenze zu Jordanien zusammen. Hussein war gezwungen zu reagieren. Er beorderte die 40. und die 60. Königlich-jordanischen Panzerbrigaden nach Norden in die Gegend von Irbid. Der König fühlte sich wieder einmal von Syrien bedroht. Erinnerungen an die Jahre der Feindschaft zwischen dem Baathregime und den Haschemiten wurden wach. Erneut drohte ein Angriff der Syrer gegen die königliche Hauptstadt. Über Kontakte der amerikanischen Botschaft in Amman sondierte das jordanische Außenministerium bei der israelischen Regierung, ob irgenwelche Informationen über die syrischen Absichten vorlagen. Die Antwort war negativ – von kriegerischen Ambitionen der syrischen Panzerarmee war dem israelischen Geheimdienst nichts bekannt; die Truppe verfüge nicht über den für großräumige Operationen nötigen Treibstoff. In Tel Aviv wurde der Panzeraufmarsch nicht ernstgenommen.

Tage später war aus Tel Aviv zu erfahren, daß Hafez al-Assad seinem Verteidigungsminister Mäßigung empfohlen habe. Der Panzerverband blieb zwar einige Tage lang im Bereich der syrisch-jordanischen Grenze, doch er wahrte Abstand zu Jordanien. Die gesamte Aktion wurde letztlich damit erklärt, daß es ein Wintermanöver der Panzertruppe gewesen sei.

Als die vermeintliche Gefahr aus Syrien längst gebannt war, erfuhr der König, daß Prinz Abdallah aus dem Hause As-Saud im Namen der regierenden Familie von Saudi-Arabien nach Damaskus geflogen war, um die syrische Offensive gegen Jordanien zu verhindern. Prinz Abdallah hatte dem syrischen Präsidenten als Entschädigung für sein Stillhalten einen Kredit in Millionenhöhe angeboten, der nicht zurückgezahlt werden brauchte. Hafez al-Assad zeigte sich erkenntlich. Es war nicht das erste Mal, daß er durch Nichtstun seiner Staatskasse helfen konnte.

Die regierende Familie in Saudi-Arabien hatte durch ihr Eingreifen eigene Ziele verfolgt. Sie fürchtete ein Übergreifen der schiitisch-iranischen Revolution auf die schiitische Bevölkerung in den östlichen saudiarabischen Provinzen. Gerade dort, wo das Öl gefördert und verladen wird, in der Hasaprovinz und im weiten Umkreis um das Ölverladezentrum Ras Tanura, waren Städte und Steppengebiete von schiitischen Sippen bewohnt, die voll Sympathie waren für die antiroyalistische Revolution der iranischen Ayatollahs. Die Sippen besaßen familiäre Bindungen hinüber nach Iran. Die Wasserfläche des Persischen Golfs trennte die Sippen nicht – im Gegenteil: Das Meer verband die schiitischen Großfamilien miteinander. Die sunnitische regierende Familie von Saudi-Arabien war in Sorge, Ayatollah Ruhollah Khomeini mache seine Drohung wahr, die schiitische Revolution über den Persischen Golf auf die Arabische Halbinsel zu »exportieren«. Diesem ideologischen Angriff wäre die Familie As-Saud nicht gewachsen gewesen. Er hätte das Ende ihrer Regierungszeit bedeutet. Der Angriff mußte militärisch abgewehrt werden. Dazu aber war nur die Streitmacht des Irak geeignet. Die Familie As-Saud brauchte Saddam Hussein – und dieser wiederum benötigte den jordanischen König. Um die Jahreswende 1980/81 geschah einer der seltenen Fälle, daß die Familie As-Saud der verhaßten Familie Haschem half – wenn auch aus dem egoistischen Grund, sich selbst ein Problem vom Leibe zu halten und die eigene Macht zu retten.

Manches in diesem Spiel bleibt im dunkeln, weil die Vorgänge nicht im Licht der Öffentlichkeit stattfanden. Dokumente darüber wurden nicht ausgestellt. Der Prinz aus Saudi-Arabien und Hafez al-Assad sprachen miteinander, gaben Versprechungen ohne Zeugen ab; beschworen Stillschweigen. Anzunehmen ist, daß in diesem Machtpoker Hafez al-Assad als ein dem König von Jordanien gleichwerter Spieler mitgemischt hat: Er mag kalkuliert haben, daß sich ein Truppenaufmarsch an der jordanischen Grenze auf irgendeine Weise bezahlt machen würde.

Todfeinde reden wieder miteinander – Hussein und Arafat

Der Chef der Palästinensischen Befreiungsbewegung bekam während der Monate und Jahre nach der für ihn so erfolgreichen Gipfelkonferenz von Rabat zu spüren, daß es leicht war, den jordanischen König durch Beschluß der arabischen Staatschefs aus seiner Aufgabe als Sprecher der Palästinenser zu entlassen, daß es jedoch nahezu unmöglich war, ohne Husseins Zustimmung die Palästinenser unter dem Schirm der PLO zu vereinigen. Arafat, der sich nach 1971 geschworen hatte, er werde dem »Schlächter von Amman« nie mehr die Hand geben, war zum Einlenken gezwungen. Er benötigte in seiner Funktion als Leitgestalt der Palästinenser die Unterstützung des Haschemitenkönigs. Die Erfahrung war für Arafat bitter, daß Hussein ganz einfach die faszinierendere Persönlichkeit war; der König besaß eine Ausstrahlung, der auch seine Gegner verfielen. In seltsamer Gespaltenheit der Erinnerung und des Denkens lebten die Menschen der arabischen Gebiete westlich und östlich des Jordan. Die Rückkehr zur Normalität mußte vollzogen werden, und Hussein mußte dazu veranlaßt werden, dem palästinensischen Volk deutlich zu machen, daß Arafat mit seiner Zustimmung der Sprecher der Palästinenser sei.

Beide, Hussein und Arafat, mußten jetzt endgültig die Vergangenheit vergessen. Acht Jahre waren vergangen seit den erbittert geführten Schlachten von Amman und Ajlun. Im Gedächtnis der Palästinenserfamilien war eingebrannt, daß Husseins Panzer gnadenlos die Flüchtlingslager beschossen und Tausende von schutzlosen Frauen und Kindern getötet hatten. Noch war die Lage der Massengräber unter den Plätzen der Hügel von Amman bekannt – sie waren nicht geöffnet worden.

Hussein aber hatte in Erinnerung behalten, daß die palästinensischen Kampforganisationen ihn nicht nur hatten vom Thron jagen, sondern ihn auch hatten töten wollen. Unvergessen war ihm der Mordanschlag während einer Fahrt zum Flughafen. Im Gespräch mit Vertrauten erzählte er, daß er oft im Traum die Einschläge von Geschossen aus Maschinenpistolen vor sich am Boden aufspritzen sehe. Auch er hatte sich damals vorgenommen, den Mördern nie zu verzeihen. Doch er hatte längst begriffen, daß dieser Vorsatz nicht zu verwirklichen war. Hussein und Arafat hatten sich gleichzeitig zum Standpunkt durchgerungen, daß sie sich gegenseitig benötigten.

Hussein hatte die Initiative ergriffen: Am Vormittag des 23. September 1978 traf, auf Einladung des Königs, Jassir Arafat auf dem Zivilflughafen von Amman ein – in einem Flugzeug der Libyen Arab Airlines. Moammar al-Kathafi hatte nicht nur das Transportmittel zum Versöhnungsgespräch gestellt; er hatte auch darauf bestanden, den PLO-Chef zu begleiten. Arafats Mission wurde dadurch keineswegs vereinfacht. Ihm war bewußt, daß Hussein sich genau an die Beleidigungen erinnerte, die der Libyer im September 1970 im Verlauf der »Rettungskonferenz für die palästinensischen Kampforganisationen« im Cairoer Nile Hilton Hotel mit Hartnäckigkeit dem König ins Gesicht geschleudert hatte. Daß Moammar al-Kathafi öffentlich von einer »Geisteskrankheit« der Haschemitenfamilie gesprochen hatte, konnte und kann Hussein nicht verzeihen. Bei der ersten Begegnung nach Jahren des Hasses gab Hussein dem Palästinenserführer mit freundlichem Lächeln die Hand; den Libyer aber blickte er nicht an.

Hussein hatte sich vorgenommen, den beiden Gästen nicht die Ehre zu erweisen, sie in einen seiner Paläste in der Hauptstadt einzuladen. Er geleitete sie zu einem Hubschrauber und begleitete sie auf dem Flug nach Nordjordanien. In der nüchternen Atmosphäre einer Militärbaracke des Feldflughafens bei Irbid wurden die Gespräche geführt. Über allen Streit hinweg hatten die drei Politiker ein Thema, das ihre Gedanken beherrschte: eine Woche zuvor war das Abkommen von Camp David unterzeichnet worden. Präsident Carter hatte durch Beharrlichkeit erreicht, daß sich Sadat und Begin auf zwei Rahmenverträge für einen Friedensprozeß im Nahen Osten hatten einigen können. Noch um den 15. September 1978 hatte Hussein am Zustandekommen des Vertragswerks gezweifelt – doch dann war über Nacht der Durchbruch erfolgt.

Hussein hatte gehofft, Anwar as-Sadat und Menachem Begin würden im Streit den idyllischen Ort Camp David verlassen. Das Ende der Verhandlungen hätte die Rückkehr des Ägypters in die Solidaritätsfront der arabischen Staatschefs ermöglicht. Jetzt aber war Sadat für die arabische Seite endgültig verloren: Er würde nie mehr an arabischen Konflikten mit Israel teilnehmen. Sadat hatte im Alleingang erreicht, daß seine Forderungen an Israel erfüllt wurden.

Der zweite Teil des Rahmenwerks für den Frieden betraf allein die Interessen Ägyptens und Israels: Vorgesehen war, daß innerhalb von drei Monaten ein endgültiger Friedensvertrag zwischen den beiden Staaten abzuschließen war. Mit diesem Friedensvertrag sollten alle Streitigkeiten zwischen Ägypten und Israel für alle Zeiten beendet sein.

Das erste Abkommen aber war für Hussein und für Arafat wichtig: Es betraf die Bewohner des Jordanwestufergebiets und des Gazastreifens. Anwar as-Sadat hatte ausgehandelt, daß nach und nach den Menschen des besetzten Gebiets Autonomie zu gewähren sei. Absatz A des Abkommens bestand aus dieser Formulierung:

»Ägypten und Israel kommen überein, daß die Absicht besteht, die Autorität im Gebiet des Jordanwestufers und des Gazastreifens zu übertragen. Dieser Vorgang soll auf friedliche und ordentliche Weise erfolgen. Unter Berücksichtigung der Sicherheitsinteressen aller Beteiligten sollen Vorkehrungen getroffen werden für eine Übergangszeit, die nicht länger als fünf Jahre dauern darf. Danach sollen die Gebiete autonom sein und die Bewohner sollen sich selbst verwalten dürfen. Zu diesem Zweck werden sich die israelische Militärregierung und die israelische Zivilverwaltung zurückziehen. Dieser Abzug wird geschehen, wenn die Bewohner sich selbst eine Behörde der Selbstverwaltung gewählt haben, die in der Lage ist, die derzeit bestehende Militärregierung abzulösen.«

In den Verhandlungen über die Modalitäten der Übergangszeit von fünf Jahren wird laut Absatz A des ersten Abkommens von Camp David ausdrücklich die jordanische Regierung als Teilnehmer eingeladen. Absatz B besagt: Ägypten, Israel und Jordanien haben zu bestimmen, wie die palästinensische Selbstverwaltung für das Westufergebiet des Jordan und für den Gazastreifen beschaffen sein soll. Die Hinzuziehung von Palästinensern war möglich. Sie konnten aus dem Jordanwestufergebiet oder aus dem Gazastreifen stammen – oder, nach gegenseitiger Absprache, auch aus anderen Palästinensergebieten.

Im gesamten Abkommenstext aber ist mit keinem Wort die Palästinensische Befreiungsorganisation erwähnt. Anwar as-Sadat hatte ohne Bedenken dem israelischen Ministerpräsidenten in diesem Punkt nachgegeben: Die PLO durfte nicht an den künftigen Verhandlungen teilnehmen. Arafat war als Verhandlungspartner unerwünscht: Ihn wollte auch Anwar as-Sadat vom Verhandlungstisch fernhalten. Noch immer war er mit Begin einer Meinung gewesen: Die Chefs der Palästinenserorganisationen sind alle Kommunisten. Für Arafat war die Nichtbeachtung durch Sadat demütigend. Er mußte sich mit Hussein verbünden.

Hussein verbarg während des Gesprächs mit Jassir Arafat und Moammar al-Kathafi am 23. September 1978 nicht seine Zufriedenheit über Sadats Verhandlungsergebnis in bezug auf die Palästinenser: Seiner Regierung war eindeutig die Zuständigkeit über das palästinensische Volk zugesprochen; die jordanische Regierung war Partner in den Verhandlungen. Hussein stellte befriedigt fest, daß Sadat seinen »Verrat« an Husseins Interessen, den der Ägypter während der Gipfelkonferenz von Rabat begangen hatte, wiedergutgemacht hatte. Hussein war erneut der Sprecher der Palästinenser. Es wäre für ihn leicht gewesen, die Einladung zu den bevorstehenden Autonomieverhandlungen anzunehmen.

Für den Monarchen war wieder die Zeit der Kalkulation angebrochen. Die Frage war für ihn, ob sich die Beteiligung an einem Friedensprozeß im Rahmen der Abmachungen von Camp David lohnen würde. Er konnte damit rechnen, daß sich die amerikanische Regierung dankbar erweisen würde: Jimmy Carter wollte innenpolitischen Nutzen aus seiner Camp-David-Initiative ziehen. Je mehr Vertragspartner dem Abkommen beitraten, desto bedeutender war sein persönlicher Erfolg. Hussein konnte auch damit rechnen, in das amerikanische Waffenlieferungsprogramm großzügig einbezogen zu werden; ihm waren wohl auch finanzielle Zuwendungen sicher. Auf der negativen Seite seiner Kalkulation stand die Intensivierung der Feindschaft Syriens, wenn er sich auf Sadats Seite stellte. Da bestanden bereits genügend Probleme mit Hafez al-Assad. Dessen Zorn zu reizen, war unklug. Diese Kalkulation bestimmte sein Handeln.

Während des Treffens vom 23. September 1978 lehnte Hussein jegliche Beteiligung an den Abmachungen von Camp David ab. Er betonte ausdrücklich, daß er sich nicht in die »Machenschaften« Sadats hineinziehen lasse. Er selbst wolle den »Untergang des palästinensischen Volkes« in der »israelisch-ägyptischen Verschwörung« verhindern. Auf der Stelle sagte Hussein dem PLO-Chef zu, daß die PLO wieder ein Büro in Amman eröffnen dürfe. Hussein und Arafat kamen überein, daß innerhalb der nächsten Wochen eine hochrangige Palästinenserdelegation in die jordanische Hauptstadt komme, um mit Husseins Vertrauten darüber zu beraten, wie der Autonomieplan des Abkommens von Camp David zu vereiteln sei. Arafat war mit dem Ergebnis der Beratungen in Nordjordanien zufrieden.

Hussein und Arafat aber mußten von nun an mit der Reaktion eines enttäuschten Moammar al-Kathafi rechnen. Er hatte geglaubt, das Ergebnis des Gesprächs müsse eine Verstärkung des Kampfs mit der Waffe gegen Israel sein. Al-Kathafi war der Ansicht, die Anwendung des Abkommens von Camp David könne nur durch Kommandoaktionen verhindert werden. Er stellte die Forderung, die Kampfgruppen seien zu aktivieren. Sadats Verrat müsse durch massive Anschläge beantwortet werden. Hussein mußte den Eifer des Libyers bremsen: Von Jordanien aus werden keine Anschläge mehr verübt. Arafat war bei dieser Diskussion stumm geblieben.

Vertreter von Hussein und Arafat bekamen den Auftrag, den Kontakt zwischen jordanischer Regierung und der PLO nicht abreißen zu lassen. Die Diskussionen der Persönlichkeiten im zweiten Glied blieben jedoch fruchtlos: Die Palästinenser versuchten, ohne Ergebnis, dem König das Zugeständnis einer teilweisen Öffnung der Waffenstillstandslinie für Aktionen gegen Israel abzuringen. Hussein wehrte ab. Er lebte noch immer in der Sorge, die in Israel Herrschenden warteten nur auf die Chance, einen Vorwand nutzen zu können, um in Transjordanien einzumarschieren – um dort zu bleiben. Die »Abwehr von Kommandoanschlägen« wäre ein solcher Vorwand, den die Weltöffentlichkeit sogar verstanden hätte. Die Palästinenserdelegation verwarf das Argument des Königs. Sie revanchierte sich: Sie verweigerten dem König die offizielle Anerkennung als Souverän der Palästinenser.

Für alle Beteiligten wurden diese Streitereien schon im Verlauf der nächsten Monate unwichtig. Husseins Bindung an Saddam Hussein zwang ihn, seine Aufmerksamkeit dem Golfkrieg zuzuwenden – und der aus dieser Bindung resultierenden Feindschaft mit Hafez al-Assad. Im Februar 1981 wurde Husseins diplomatischer Vertreter im Libanon von syrischen Bewaffneten entführt und festgehalten. Der Monarch mußte reagieren: Er kündigte das Wirtschafts- und Zollabkommen mit Syrien auf. Die Beziehungen zwischen Amman und Damaskus waren wieder auf dem Nullpunkt angekommen.

Arafat aber, dessen Organisation im internen libanesischen Krieg ihre Position hatte behaupten können, wußte, daß eine Invasion israelischer Streitkräfte in den Libanon bevorstand, mit dem Ziel, die PLO zu vertreiben. Seine Kraft war darauf konzentriert, den Angriff abzuwehren. Diese Invasion begann am 6. Juni 1982. Trotz effektiver und mutiger Gegenwehr konnten sich die PLO-Kämpfer in der libanesischen Hauptstadt Beirut nicht halten. Ende August 1982 verpflichtete sich Arafat, den Libanon zu verlassen.

Die bisherigen Strukturen der Machtverteilung waren zerbrochen in der arabischen Welt. Ägypten hatte sich selbst ins Abseits gestellt. Die PLO hatte mit dem Libanon ihre letzte Basis in der Nähe der ersehnten Heimat Palästina verloren. König Hussein machte sich Sorgen, ob Saddam Hussein dem iranisch-schiitischen Ansturm standhalten konnte. Die Zeit war gekommen für eine entschlossene Initiative der amerikanischen Großmacht zur Beilegung des Nahostkonflikts. Jimmy Carter war inzwischen abgelöst worden durch Ronald Reagan. Er verkündete am 1. September 1982:

»Die Stunde ist angebrochen, da ein neuer Sinn für die Wirklichkeit das Handeln bestimmen muß. Daß der Staat Israel existiert, ist eine unumstößliche Tatsache – ebenso aber auch, daß die Palästinenser ein legitimes Recht auf Selbstbestimmung besitzen. Sie müssen, zusammen mit Jordanien, in den Friedensprozeß einbezogen werden. Erst ihre Teilnahme an Verhandlungen und ihre Zustimmung zum Verhandlungsergebnis kann Israel die Sicherheit geben, die es für seine Existenz benötigt.«

Arafats Position – Husseins Fehlkalkulation

Dem König kam die Initiative des amerikanischen Präsidenten gelegen. Er glaubte angewiesen zu sein auf die Protektion durch die Großmacht. Seine Angst, Israel werde demnächst Jordanien angreifen, steigerte sich fast von Tag zu Tag. Menachem Begin hatte im Verlauf des Krieges mit der PLO seinem Land den Südlibanon gesichert, und damit den Zugriff zum Wasser des libanesischen Litaniflusses, und niemand hatte die israelische Regierung daran gehindert. Wer sollte den Israelis die Besetzung des gesamten Jordantals verwehren? Stellte sich der König jedoch in den Dienst der Absichten des amerikanischen Präsidenten, dann war mit dessen Protektion zu rechnen.

Hussein hatte noch einen Faktor in seine Kalkulation der nächsten dringend notwendigen politischen Schritte einzubeziehen: Die Unzufriedenheit der Palästinenser insgesamt mit der Haltung Jordaniens während des israelischen Angriffs auf die PLO im Libanon. Hussein hatte ein schlechtes Gewissen. Weder mit Taten noch mit Worten hatte er der PLO geholfen. Er, der Sprecher sein wollte für alle Palästinenser, hatte geschwiegen. Dieses Versagen mußte er wiedergutmachen.

Mit gleichem Recht konnte diese Unzufriedenheit der Palästinenser den syrischen Präsidenten Hafez al-Assad treffen, dessen Streitmacht im Libanon die palästinensischen Kämpfer wirklich im Stich gelassen hatte. Doch, wie immer, blieb Hafez al-Assad nahezu unkritisiert – gegen Hussein aber richtete sich der Zorn. Der König wußte jedoch diesen Zorn zu mildern: Er gestattete den radikalen Aktivisten der Volksfront zur Befreiung Palästinas und der Demokratischen Volksfront, die seit 1970/71 aus Jordanien verbannt waren, die Heimkehr. Diese Amnestie betraf 700 Männer. Sie mußten sich jedoch verpflichten, in Jordanien keine Waffen zu tragen.

Diese Geste war klug kalkuliert. Sie veranlaßte Jassir Arafat, die Herzlichkeit seiner Beziehung zum jordanischen Monarchen zu betonen. Er, der Beirut notgedrungen verlassen hatte, saß nun in Tunis – weitab von der palästinensischen Heimat. Er mußte sich eine Basis schaffen, die nahe an Jerusalem lag, wollte er nicht völlig den Kontakt zu dem Land verlieren, um dessen Unabhängigkeit er kämpfen wollte. Die Rückkehr nach Amman war Arafats Wunsch. Doch Hussein ließ ihn wissen, daß eine Wiederherstellung der Situation von 1970 nicht möglich war. Um zu demonstrieren, daß sein Regime im Königreich nicht in Frage gestellt werden durfte, verstärkte Hussein die Sicherheitsdienste; Polizisten und Geheimagenten waren mehr denn je in den Flüchtlingslagern präsent. Sie duldeten keine Arafatporträts an Hauswänden.

Arafat war sich bewußt, daß die Zeit der Konfrontation mit dem Haschemitenherrscher vorüber war. Er suchte Gemeinsamkeit, und Arafat war darauf aus, eine gemeinsame jordanisch-palästinensische Delegation für die Verhandlungen mit Israel zustandezubringen. Ein Anknüpfungspunkt für Absprachen bot sich bald an.

Nur wenige Tage nach der Rede des amerikanischen Präsidenten Ronald Reagan, in der er seine Initiative zur Lösung des Konflikts präsentierte, wurde auf der Arabischen Gipfelkonferenz von Fez ein anderer Plan zur Problemlösung vorgelegt. König Fahd von Saudi-Arabien war der Promotor dieses »Fez-Plans«.

Die beiden Initiativen unterschieden sich wesentlich in ihren Zielen. Präsident Ronald Reagan schlug die Gründung eines autonomen Gebiets der Palästinenser vor, das sich über das Westufergebiet des Jordan und über den Gazastreifen erstrecken sollte. Dieses Autonomiegebiet war eng an Jordanien anzubinden; als Souverän war König Hussein vorgesehen. Der Reagan-Plan bot dem Monarchen die Möglichkeit, die arabische Seite der Verhandlungen anzuführen. Reagan gab Hussein mit Absicht diese Chance; er nahm zurecht an, daß die israelische Seite den König als Gesprächspartner akzeptieren würde.

Die Initiative des Königs Fahd – der erst am 13. Juni 1982, also ein Vierteljahr vor der Verkündung seines Friedensplans, Herrscher über Saudi-Arabien geworden war – sah die Schaffung eines unabhängigen Staates der Palästinenser vor. Staatsgebiet sollten das Jordanwestufer und der Gazastreifen sein – unter Einbeziehung des Ostteils von Jerusalem. Als höchste Autorität in diesem unabhängigen Staat Palästina sollte die PLO unter Jassir Arafat wirken; König Hussein war keine wesentliche Funktion vorbehalten.

Der Fez-Plan des Königs Fahd brachte deutlich die Abneigung des Hauses As-Saud gegen die Haschemiten zum Ausdruck. Die königliche Familie Saudi-Arabiens wollte und will unter keinen Umständen, daß den Haschemiten die Aufsicht über die Heiligen Stätten von Jerusalem zugesprochen wird. Eine derartige Aufwertung der Haschemitendynastie mußte aus der Sicht des Hauses As-Saud vermieden werden. Die Erbfeindschaft bestimmte noch immer saudiarabische Politik.

Hussein war zu diesem Zeitpunkt insgeheim der Ansicht, der Teil A des Abkommens von Camp David, dem die israelische Regierung längst zugestimmt hatte, sei die beste aller Lösungen, weil sie sofort in Kraft treten könnte. Doch vom Camp-David-Vertrag redete seit dem 6. Oktober 1981, seit dem Tag der Ermordung Sadats, niemand mehr. Die Situation war für Hussein eindeutig: Er mußte sich für den Reagan-Plan einsetzen und zugleich versuchen, Elemente des saudiarabischen Vorschlags in die Verhandlungen einzubringen. Kronprinz Hassan erläutert die jordanische Position so:

»Der amerikanische Präsident will ein autonomes Gebiet der Palästinenser gründen – König Fahd aber hat die Vision eines souveränen palästinensischen Staates. Autonomie bedeutet Anerkennung der israelischen Oberaufsicht; Souveränität bedeutet Unabhängigkeit. Die jordanische Politik bemüht sich um eine Kombination der beiden Pläne: Die Autorität des Königs soll von Bedeutung sein, aber auch die Einbeziehung der PLO. Die Souveränität wird in der Hand des Königs liegen; die Autonomie der Palästinenser untersteht der Souveränität des Königs – und nicht der Souveränität Israels. Der König und Arafat müssen ihre Kraft zusammenlegen: Dies ist das Ziel der Verhandlungen zwischen der jordanischen Regierung und der PLO. Die Absicht ist, den kombinierten Friedensplan zunächst von den arabischen Präsidenten und Monarchen absegnen zu lassen. Nach außen aber, in den Gesprächen mit dem amerikanischen State Department, ist der Reagan-Plan in den Vordergrund zu schieben. Die Strategie ist, die Wesensmerkmale des Fez-Plans an den Reaganvorschlag anzuhängen. Der Reagan-Plan ist das Vehikel, das die Verhandlungen in Gang hält. Der Fez-Plan markiert die Endstation: Ein autonomes Gebilde der Palästinenser muß entstehen im Kontext einer Jordanisch-Palästinensischen Föderation – unter jordanischer Souveränität.«

Während des Winters 1982/83 hielt sich Arafat viermal für jeweils mehrere Tage in der jordanischen Hauptstadt auf. Die Schaffung einer gemeinsamen Basis der Verhandlungen erwies sich deshalb als schwierig, weil in allen Gremien der PLO die strikte Zurückweisung des Reaganplans gefordert war, da er nicht die Anerkennung der Organisation als legitimen Vertreter des Volkes der Palästinenser beinhalte. Dieselben Gremien aber kritisierten am saudiarabischen Fez-Vorschlag, er setze die Anerkennung des Staates Israel voraus, und dazu sei das Volk der Palästinenser noch keineswegs bereit. Die Anerkennung des Staates Israel sei ein Faustpfand, das bei Verhandlungen eingesetzt werden könne – es dürfe nicht vorher schon verschleudert werden.

Arafat, der während des Vorjahres in den Kämpfen um Beirut Statur bewiesen hatte, litt jetzt darunter, daß er keine politische Zentrale mehr besaß. Nach dem Verlust der libanesischen Hauptstadt mußte er sich samt Stab in Tunis niederlassen. Seine Streitkräfte, die bis zum Abzug aus Beirut im Herbst 1982 einen Teil seiner Macht gebildet hatten, sind nun in der arabischen Welt zerstreut. Sie waren damit sinnlos geworden, da sie nicht mehr im Konflikt gegen Israel eingesetzt werden konnten. Hussein kalkulierte bei seinen Überlegungen ein, daß die PLO keine militärische Kraft mehr besaß – und in der arabischen Welt der 80er Jahre ist die militärische Kraft die Grundlage des politischen Ansehens. Durch die Zersplitterung der Streitkräfte war Arafats politisches Durchsetzungsvermögen beeinträchtigt. Er mußte Widerspruch erdulden.

Dieser Widerspruch konzentrierte sich schließlich auf den Verhandlungspunkt, welche Funktion der haschemitische Monarch im Rahmen einer jordanisch-palästinensischen Föderation haben dürfe. Hussein und Arafat legten einen Entwurf vor, der dem Monarchen Repräsentationspflichten zuwies auch für die Gebiete südlich und nördlich von Jerusalem, der jedoch die Administration des Westjordanlandes weitgehend der PLO überließ. Dieser durchaus vernünftige Vorschlag wurde jedoch Anfang April 1983 vom Exekutivkomitee der PLO abgelehnt.

Die jordanische Regierung ließ daraufhin am 10. April 1983 verlautbaren, mit der Ablehnung des Föderationsentwurfs sei eine neue Situation geschaffen. Zeit müsse gewonnen werden für neue Überlegungen. Der König bemühe sich nicht länger um eine Aktivierung der Lösungspläne von Ronald Reagan und dem saudiarabischen König. Die Verhandlungen mit Arafat seien als abgebrochen zu betrachten.

Während der vergangenen Wochen hatte sich Syrien wieder in die jordanische Politik eingemischt. Das Außenministerium in Damaskus hatte verlautbart, die syrische Regierung werde keiner Abmachung zustimmen, in der Vereinbarungen über eine palästinensisch-jordanische Zusammenarbeit getroffen werden würden. Für die Belange der Palästinenser sei allein die syrische Regierung verantwortlich.

Hussein vermutete im April 1983 zu Recht, daß die syrische Erklärung Arafat zur Zurückhaltung veranlaßt habe. Husseins Kritik an Arafats Verhalten richtete sich deshalb in erster Linie gegen Hafez al-Assad. Hussein hatte bereits die Schwäche Arafats erkannt, der kaum mehr über ein Fundament in der politischen Organisation der Palästinenser verfügte.

Dieses Fundament wurde gegen Ende des Jahres 1983 noch brüchiger: Arafat mußte auf Drängen von Hafez al-Assad einen Aufenthalt in Damaskus abbrechen. Er wurde aus Syrien ausgewiesen. Der Versuch, sich in der nordlibanesischen Hafenstadt Tripoli im Widerstand gegen syrische Panzer und Artillerie doch noch festzuklammern, scheiterte. Arafat war gezwungen, weiterhin in Tunis zu residieren; weitab vom Ort, auf den er politisch einwirken wollte – weit ab von »Palästina«. Nur wenn er sich einen politischen Brückenkopf in

Amman halten kann, würde er überhaupt noch in der Lage sein, sich im Nahostkonflikt Bedeutung zu erhalten.

Hussein festigte am 9. Januar 1984 seine eigene Position. Er berief das jordanische Parlament ein, das er selbst zehn Jahre zuvor nach der Entscheidung der Gipfelkonferenz von Rabat aufgelöst hatte. Der Grund für die Auflösung war gewesen, daß in jenem Parlament Vertreter des Jordanwestufergebiets Sitz und Stimme besaßen. Als dem jordanischen Monarchen das Recht genommen worden war, für die Palästinenser zu sprechen, hatte es für ein Parlament, in dem Palästinenser Sitz und Stimme besaßen, keine Existenzberechtigung mehr gegeben. Die Rückberufung jenes Parlaments zeigte an, daß Hussein wieder bereit war, Verantwortung für die Palästinenser des Westufergebiets zu übernehmen. Die legale politische Verbindung zum von Israel besetzten Gebiet war wieder hergestellt.

Arafat begriff, daß Hussein beabsichtigte, seine Position auf Kosten der PLO zu festigen. Er besaß diesmal kein Mittel, sich dagegen zu wehren. Er äußerte sich vorsichtig dazu und verkündete, daß nach seiner Meinung die Rückberufung des Parlaments ein administrativer Akt ohne politische Auswirkung auf das Verhältnis zu den Palästinensern sei. Arafats Organisation Al-Fatah ließ wissen, sie habe nichts gegen die Wiedereinsetzung des Parlaments einzuwenden. Die jetzt von Hafez al-Assad beherrschte Volksfront zur Befreiung Palästinas aber protestierte: Hussein zeige jetzt deutlich, daß er in Wahrheit nicht bereit sei, den Beschluß der Gipfelkonferenz von Rabat zu akzeptieren, der das Volk der Palästinenser allein der PLO-Souveränität unterstelle. Der Haschemitenkönig stelle sich eindeutig gegen einen einstimmigen Beschluß der arabischen Staatschefs.

Hussein kalkulierte die Notlage des PLO-Chefs ein und behielt recht. Im Februar 1984 meldete sich der PLO-Chef erneut zu Gesprächen mit Hussein an. Er drängte auf ein rasches Ergebnis der Gespräche. Am 1. März unterzeichneten der König und Arafat eine gemeinsame Erklärung, daß die jordanische Regierung und die PLO den Dialog wiederaufgenommen hätten mit dem Ziel, »einen gemeinsamen Standpunkt zu erarbeiten, der ein weiteres Vorgehen im Interesse der beiden Beteiligten ermöglicht«.

Hussein drängte die PLO-Führung nicht; er glaubte, Zeit zu

haben. Seine Absicht war eindeutig: Er wollte das Gebiet südlich und nördlich von Jerusalem nicht verlieren; er wollte weiterhin Herr sein über die heiligen Stätten des Islam, über die
Al-Aqsa-Moschee und den Felsendom. Der König war überzeugt, daß ihm Jassir Arafat diese Souveränität notgedrungen
antragen würde. Hussein sah die Zeit dafür angebrochen, als
er von Arafat im Herbst 1984 gebeten wurde, den Palestinian
National Council für den 12. November nach Amman einladen
zu dürfen. Die Absicht, die dahintersteckte, behagte Hussein:
Arafat wollte in der jordanischen Hauptstadt die Delegierten
des Palästinensischen Nationalrats zu einem eindeutigen Vo-
tum zugunsten des gemeinsamen jordanisch-palästinensischen
Vorgehens veranlassen.

In seiner Rede vor den Delegierten des Palästinensischen
Nationalrats stellte Hussein zwei Alternativen vor: Eine Entscheidung sei möglich für eine feste Bindung der palästinen-
sisch-jordanischen Politik in einem gemeinsamen Paket – oder
für einen Alleingang der PLO mit jordanischer Unterstützung.
Noch während der Rede war festzustellen, daß die Delegierten
den Unterschied der Alternativen nicht begriffen. Entsprechend war ihre Reaktion.

Selbstverständlich hatte Hussein der Einberufung des Palästinensischen Nationalrats unter der Voraussetzung zugestimmt,
daß der gemeinsame Pakt am Ende der Sitzung von allen
Beteiligten gewünscht werde. Zur Enttäuschung des Monarchen entzogen sich die Delegierten der Entscheidung. Sie bil-
ligten eine Resolution, die dem Exekutivkomitee der PLO den
Auftrag gab, zwischen den Alternativen zu wählen. Der Nationalrat beschloß seine Sitzung, ohne den König zu beauftragen,
Sprecher der Palästinenser im Friedensprozeß zu sein. In Husseins Augen hatte Arafat versagt. Für den Monarchen war der
Dialog mit der PLO zu Ende.

Das »Jordanian-Palestinian-Agreement« abgelehnt –
Arafats Unterschrift ist wertlos

Mit dem Ende des Dialogs war jedoch auch Husseins Handlungsfreiheit derart eingeengt, daß ihm selbst keine Möglichkeit blieb, einen Vorstoß in Richtung Frieden zu unternehmen. Sein Königreich besaß nun einmal eine Bevölkerung, die zu 60 Prozent aus Palästinensern bestand. Wollte er Frieden schließen, konnte dies nur in Abstimmung mit den Wünschen und Gefühlen dieses Bevölkerungsteils geschehen. Dem König waren die Hände gebunden. Er saß auf einem Pulverfaß, dessen Sprengkraft aus der Spannung zwischen Palästinensern und Beduinen bestand.

In der Mitte der 80er Jahre lebte Hussein wieder einmal mit der Zwangsvorstellung, Israel werde sein Königreich durch eine militärische Aktion schlucken, wenn nicht bald eine Friedenslösung stabile Verhältnisse schaffe. Der König fürchtete, das militärische Establishment des jüdischen Staates werde die Unsicherheit, wer eigentlich den entscheidenden Machtfaktor in Jordanien darstelle, nicht länger hinnehmen. Nach außen konnte tatsächlich der Eindruck entstehen, ein Tauziehen zwischen Hussein und Arafat sei im Gange. Für den König erschien die Korrektur des Eindrucks wichtig, er habe die Politik Jordaniens nicht fest im Griff. Hussein entschloß sich, die PLO noch einmal zu Verhandlungen über eine gemeinsame Plattform der Friedenspolitik aufzufordern.

Die Bemühungen schienen erfolgreich zu sein: Am 11. Februar 1985 legten Hussein und Arafat das »Jordanian-Palestinian Agreement« vor. In eindeutigen Formulierungen bestimmt das Abkommen, daß in gemeinsamen Bemühungen der Aufbau einer Föderation zwischen den dereinst autonomen Gebieten am Westufer des Jordan einschließlich Gaza und Transjordanien angepackt werden soll. Die jordanische Regierung wird mit der Führung der Gespräche beauftragt.

Der Haschemitenkönig war mit dem Vertragstext zufrieden: Ihm war die führende Funktion zugedacht. Über die Struktur der Föderation machte er sich keine Gedanken. Adnan Abu Audeh, der damals Husseins engster Berater war, meinte: »Die Föderationsstaaten haben untereinander eine Beziehung, so etwa wie die Staaten der USA.« Dieser Aussage ist zu entneh-

men, daß der zentrale Punkt des Verhältnisses zwischen Ostufer und Westufer des Jordan im Jordanian-Palestinian Agreement gar nicht angesprochen wurde. Offengeblieben in der
Diskussion war, auf welchen Sektoren der Politik und der
Wirtschaft der palästinensische Landesteil autonom sein sollte.
Eindeutig fixiert aber ist – und darauf legte Hussein Wert –, daß
die Verhandlungen mit Israel auf der Basis des Sicherheitsratsbeschlusses Nummer 242 geführt werden: Die Israelis geben Land
zurück und erhalten dafür die Zusicherung, der Kriegszustand
im Jordangebiet sei für alle Zeiten zu Ende. Von nun an findet
die griffige Formulierung Verwendung: »Land gegen Frieden«.
Sie bleibt von Bedeutung bis zum Ende des Jahrtausends –
erfüllt aber wird ihre Aussage nicht.
Unerwartet traf am 15. Februar 1985 ein Warnsignal aus Arafats
Hauptquartier, das sich jetzt in Tunis befand, im Basmanpalast
ein: Abu Iyad, der politische Denker der PLO, entdeckte im Jordanian-Palestinian-Agreement einen Punkt, der für ihn nicht
annehmbar ist: »Im Abkommen werden direkte Verhandlungen
mit Israel verlangt; derartige Verhandlungen setzen die Zustimmung zur Existenz des Staates Israel voraus. Der Entschluß,
Israel zu akzeptieren, ist von der PLO nicht gefaßt worden.«
Dem König war von jenem 15. Februar 1985 an bewußt, daß
Jassir Arafat erneut seine Zusage, mit dem König weitgehend
zu kooperieren, nicht halten konnte. Seine Befürchtungen be-
wahrheiteten sich. Am 19. Februar erreichte ihn die definitive
Absage des Exekutivkomitees der PLO: Arafats Unterschrift
war wertlos; das Jordanian-Palestinian-Agreement wurde vom
Exekutivkomitee abgelehnt mit der Begründung, das Abkommen beruhe auf dem Reagan-Plan, dessen Befolgung zur Kapitulation vor Israel führe.
Das Exekutivkomitee der PLO handelte offenbar im Wahn, es
besitze die Freiheit der Entscheidung, ob es Israel anerkenne
oder nicht. Diese Anerkennungsfrage war längst kein Druck-
mittel mehr in Verhandlungen. Die israelische Regierung setzte voraus, daß die Palästinenser nach fast 40 Jahren der Existenz des Staates Israel die Wirklichkeit akzeptieren – wie sie
Hussein längst akzeptiert hatte. Die Frage war nicht, ob die
PLO Israels Existenzrecht anerkennt, sondern ob die israelische Regierung zur Kenntnis nehmen will, daß es die Palästinensische Befreiungsorganisation gibt.

Der König gab im Februar 1986 zu, daß er im Verlauf seiner Verhandlungen mit Arafat einen Fehler begangen habe. Er sei der Meinung gewesen, daß der Vorschlag einer Föderation zwischen einem palästinensischen und einem transjordanischen Staatsteil des Königreichs die israelische Regierung positiv stimmen könnte für eine Bereitschaft, nach und nach auch die PLO in Gespräche einzubeziehen. Eine derartige Positionsänderung aber war von der israelischen Regierung damals nicht in Betracht gezogen worden.

Das Resultat der Aufgabe des Agreements durch die PLO war ein tiefes Mißtrauen des Königs gegenüber Arafat. Das Versagen des PLO-Chefs beeinflußte künftig die Beziehung zwischen dem Monarchen und Arafat. Hussein hatte Arafat geglaubt, als dieser nach der letzten Verhandlungsrunde Amman mit der Zusicherung verlassen hatte, er werde sofort mit der Zustimmung des PLO-Exekutivkomitees zurückkehren. Danach hörte Hussein lange nichts mehr vom Vorsitzenden der Palästinensischen Befreiungsorganisation. Der König hat auch nie ein Wort der Entschuldigung oder auch nur der Erklärung vernommen.

Assad in Amman –
Abbruch der Beziehungen zwischen Jordanien und der PLO

Nahezu fünf Jahre sind vergangen seit dem Beginn des Versuchs, die Kooperation mit der PLO zu festigen. Für Hussein waren dies im Rückblick verlorene Jahre und er warf Arafat vor: »Er hätte früher sagen müssen, daß er im Exekutivkomitee keinen Rückhalt hatte. Durch seine Verzögerungstaktik hat er Israel genützt.« Für die israelische Regierung war der Zeitgewinn wertvoll. Sie konnte Siedlungen bauen lassen in den besetzten Gebieten; sie konnte das Westjordanland enger an Israel anschließen. Hussein, der Realist, mußte sich die Frage stellen, ob die Diskussion um eine Föderation nicht durch die Veränderungen der Wirklichkeit eine lächerliche Posse geworden war. Konnte das palästinensische Volk und wollten die führenden Mächte in der Welt überhaupt noch verstehen, welche kleinlichen Streitigkeiten Hussein auszufechten hatte?

Hussein, der Realist, konnte auch nicht übersehen, daß für die Vereinigten Staaten von Amerika der Konflikt der arabischen Länder rings um Israel zweitrangig geworden war – nur die Beteiligten waren noch der Meinung, die Welt blicke gebannt auf ihre Probleme. Der wahrhaft interessierende Konflikt fand am Persischen Golf statt, in den für die Weltwirtschaft wichtigen Ölgebieten. Im August 1982 hatte Saddam Hussein die Meereszone von der Mündung des Shatt al-Arab bis zum iranischen Hafen Bushir zum Seekriegsgebiet erklärt. Diese Zone schloß die Insel Kharg ein; auf ihr befand sich das wichtigste Ölverladeterminal Irans. Die Einbeziehung der Insel Kharg in das Seekriegsgebiet bedeutete, daß jeder Tanker, der von dort Öl abholen wollte, gefährdet war. Die Zeit des »Tankerkriegs« auf den Gewässern des Persischen Golfs begann. Im Januar 1985 erreichte er einen Höhepunkt. Die Ölausfuhr des Iran fiel rapide. Die Gefahr bestand, daß sich der Krieg am Persischen Golf auf die Weltwirtschaft auswirkte.

Gekämpft wurde am Persischen Golf seit dem 21. September 1980. Beide Seiten, Iran und Irak, hatten Siege und Niederlagen zu verzeichnen. Einen durchschlagenen Erfolg erreichte keiner.

Jordanien war noch immer die Lebensader für Irak. Auf jordanischen Straßen rollte der Nachschub für den privaten und den militärischen Sektor des Landes an Euphrat und Tigris. Saddam Hussein hat keinen Grund zu klagen, ihm fehlten die Mittel zur Kriegführung keineswegs. Aus Ägypten erhielt er Waffen und Ersatzteile im Wert von zwei Milliarden Dollar; aus der Volksrepublik China trafen im jordanischen Hafen Aqaba Panzer und Geschütze ein, die mit mehr als drei Milliarden Dollar zu veranschlagen waren; auch Waffen aus Brasilien und aus Chile wurden in Aqaba ausgeladen und über die jordanische Autobahn nach Osten befördert.

Trotz des gewaltigen Nachschubverkehrs, der die jordanische Hauptstadt berührte, erreichte die Streitmacht des Saddam Hussein nie die Stärke, um Khomeinis Truppenverbände, die meist aus sehr jungen Männern bestanden, niederzuzwingen. Es gelang dem Ayatollah, die jungen Schiiten seines Landes für den Kampf zu begeistern. Die »Revolutionswächter« waren bereit, für den Ayatollah den Märtyrertod zu sterben. Die Soldaten des Saddam Hussein besaßen diese hohe Motivation nicht. Als im Februar 1984 den iranischen Streitkräften am Zusammenfluß von Euphrat und Tigris der Einbruch in die irakische Front gelang, brachten die Iraker zunächst nicht die Kraft auf, den Gegner wieder zurückzudrängen.

In dieser für Irak kritischen Situation setzte sich die US-Regierung für Saddam Hussein ein. Er erhielt Kredite in Milliardenhöhe aus Washington, deren Rückzahlung nicht vorgesehen war. Am 26. November 1984 nahmen die USA die diplomatischen Beziehungen zu Irak wieder auf, die seit 1967 unterbrochen waren. Washington bemühte sich, Saddam Hussein den Rücken zu stärken.

Hussein hielt den Zeitpunkt für gekommen, Washington daran zu erinnern, daß auch das jordanische Königreich eine wichtige Aufgabe im Konflikt am Persischen Golf erfülle: Es sorge dafür, daß das irakische Volk und die irakischen Streitkräfte stark genug blieben, um das Übergreifen der schiitischen-iranischen Revolution über den Persischen Golf auf die Ölgebiete Kuwaits und Saudi-Arabiens zu verhindern. Hussein glaubte, die amerikanische Regierung werde seine Bemühungen zur Aufrechterhaltung der Nachschublinie honorieren.

Der König wiederum hatte über das State Department den Antrag gestellt auf Lieferung von Waffen im Wert von 220 Millionen Dollar zur Aufstellung einer »Strike Force«. Diese Spezialtruppe sollte die Aufgabe übernehmen, Anschläge gegen die Sicherheit der Nachschublinie in Richtung Irak zu vereiteln. Daß die Strike Force auch für den Schutz des haschemitischen Regimes eingesetzt werden würde, brachte Hussein nicht so direkt zum Ausdruck.

Hussein durfte die Strike Force, für die eine Stärke von 8000 Mann vorgesehen war, nicht aufstellen. Der Kongreß in Washington verweigerte die Zustimmung – auf Druck der israelischen Regierung. Sie wollte nicht, daß Hussein seine militärische Schlagkraft erhöhen konnte. Die Unterlegenheit Jordaniens sollte gewahrt bleiben. Da kam ein Angebot aus Moskau dem Monarchen gelegen: Er kaufte ein komplettes Luftabwehrsystem sowjetischer Produktion. Die Konditionen waren günstig. Sie hatten auch die weitere Ausdehnung des Waffengeschäfts zum Inhalt.

Die Öffnung der Politik in Richtung Sowjetunion hatte die

Notwendigkeit einer Annäherung an Syrien zur Folge. Hussein schickte im September 1985 seinen Ministerpräsidenten Zaid al-Rifai nach Damaskus, um zu sondieren, unter welchen Umständen Hafez al-Assad bereit sein könnte, seine Beziehungen zum haschemitischen Königshaus zu normalisieren.

Die Bedingungen des Mächtigen in Damaskus waren eindeutig, aber hart: Hussein habe sich offiziell und öffentlich für die »Umtriebe der Moslembruderschaft zu Beginn der 80er Jahre« zu entschuldigen. Dies bedeutete das Zugeständnis, Mordkommandos gegen Persönlichkeiten des Baathregimes und gegen Hafez al-Assad mobilisiert, bezahlt und losgeschickt zu haben. Daß auch Mitglieder des Baathregimes Anschläge gegen Jordanier verübt hatten, war nicht Thema der Versöhnungsgespräche.

Im November 1985 erfüllte der König die syrische Forderung. Der Entschluß dazu war ihm schwergefallen. Am 30. Dezember 1985 traf Hafez al-Assad zum Staatsbesuch in Amman ein. Der König und der Präsident begrüßten sich herzlich. Es stellte sich jedoch heraus, daß Hafez al-Assad durch die demütigende Entschuldigung nicht völlig zufriedengestellt war. Der syrische Präsident verlangte den Abbruch der Beziehungen zwischen der jordanischen Regierung und der PLO. Hussein gehorchte: Er forderte Abu Jihad, Arafats Vertreter in Amman, auf, das Königreich ohne Zögern zu verlassen. Abu Jihad sagte später, er sei von Hussein »deportiert« worden – und die »Deportation« habe weitere acht höhere Persönlichkeiten von Arafats Al-Fatah betroffen. Hussein vollzog den Bruch radikal. Arafat und die PLO waren erneut zu Feinden des haschemitischen Regimes erklärt geworden.

Im Mai 1986 rebellierten die Studenten der Jarmuk Universität von Irbid gegen eine Erhöhung der Studiengebühren. Als die Ausschreitungen gewaltsam wurden, machte Hussein dafür die PLO verantwortlich. Er rief zur Wachsamkeit auf gegen die »Machenschaften der augenblicklichen Palästinenserführung.« Er meinte: »Wir wollen mit der PLO zusammenarbeiten – doch wir verlangen, daß ihre Führung ausgewechselt wird!« Mit Arafat wollte der König nicht mehr zusammentreffen.

»Jordanian Option« –
Geheimtreffs mit israelischen Politikern

Die erste Begegnung eines Haschemitenfürsten und einer bestimmenden Persönlichkeit des jüdischen Volkes ist Wahrheit und Legende zugleich. Was erzählt wird, gehört zur Frühgeschichte des Konflikts zwischen Transjordanien und Israel. Die Erinnerung an dieses Geschehen lebt fort: Golda Meir, so wird berichtet, habe sich zum Emir Abdallah begeben, um mit ihm darüber zu reden, ob ein Krieg zwischen Juden und den Untertanen des Emirs vermieden werden könne.

Golda Meir gehörte damals, im Winter 1947/48, zu den wenigen Frauen von politischem Gewicht im Kreis der Mutigen, die den Staat Israel schaffen wollten. Ihr, als Frau, war die Gefahr bewußt, die der Keimzelle eines Staates von den Nachbarn drohte, die nicht bereit waren, Israel zu akzeptieren, die voll Haß auf den Augenblick warteten, da es ihnen möglich sein werde, die Juden zu demütigen, zu vertreiben. Mehr als der als Leitfigur übermächtige Ben Gurion lebte Golda Meir in der Sorge, der Staat könne von ägyptischen, syrischen und jordanischen Armeen erdrückt werden, noch ehe er wirklich gegründet war.

Am 29. November 1947 hatte die Generalversammlung der Vereinten Nationen den Teilungsplan für Palästina beschlossen, den die Juden noch am selben Tag angenommen und den die Araber insgesamt abgelehnt haben. Ben Gurion und Golda Meir konnten während der Stunden nach der Verkündung des Teilungsplans die Stärke der feindlichen Koalition nicht endgültig einschätzen, doch sie waren beide überzeugt, daß versucht werden müsse, die Zahl der Gegner zu reduzieren. Mit den Ägyptern oder den Syrern ins Gespräch zu kommen, wurde als unmöglich angesehen – in Cairo und Damaskus herrschte der pure Hochmut. Die ägyptischen und syrischen Generäle glaubten tatsächlich, die Juden seien nicht in der Lage, Widerstand zu leisten. Wenn es eine Chance zur Kontaktaufnahme gab, dann allein mit dem Haschemitenemir von Transjordanien. Von ihm war bekannt, daß er durchaus Sympathien für das jüdische Volk empfand, und daß er sogar über einstige britische Pläne informiert war, Palästina in seiner Gesamtheit dem jüdischen Volk zu übertragen. Die Hintergedanken, die den britischen Außenminister Balfour im November 1917 veranlaßt hatten, seine »Balfour Declaration« zu erlassen, waren dem Emir bekannt. Die Ansatzpunkte für ein fruchtbares Gespräch mit Abdallah waren für Golda Meir gegeben und erste Kontakte waren vielversprechend verlaufen. Der Emir hatte ein Zeichen gegeben, daß ihm die Frau willkommen sei – zur Nachtzeit und in Männerkleidern.

Als Treffpunkt war ein Gebäude am Stadtrand von Salt vorgesehen. Salt liegt am östlichen Abhang des Jordangrabens, an der alten Straße von Jerusalem nach Amman. Am Anfang seiner Regierungszeit hatte Abdallah in Salt residiert. Er hielt sich immer noch gern dort auf.

Obgleich Abdallah in einer Welt lebte, in der es als ungehörig und völlig unmöglich galt, daß sich eine Frau allein in das Haus eines Mannes begab, empfing er Golda Meir mit Herzlichkeit. Er konnte sich allerdings die Frage nicht verkneifen, ob die Juden in Tel Aviv über keinen Mann von Mut und Entschlußkraft verfügten, um die kurze Reise nach Salt zu unternehmen.

Dann interessierte sich der Emir für die Herkunft des Gastes. Mit Erstaunen vernahm er, daß Gold Meir in Rußland geboren worden war, und daß ihr Vater samt Familie aus Sorge vor antisemitischen Pogromen nach Palästina ausgewandert war. Der Emir begriff an jenem Abend, daß Palästina für das jüdische Volk in der Welt ein Ort der Zuflucht war.

Golda Meir sprach vom Teilungsplan der Vereinten Nationen, der eine gerechte Lösung des Palästinaproblems sein könnte: Der Teilungsplan versprach beiden, den Arabern und den Juden, jeweils eine eigene Heimat. Die Palästinenser und die Juden, so meinte sie, könnten sich einen Staat schaffen – und beide Staaten würden in Frieden miteinander existieren.

Dieser Gedanke gefiel dem Emir gar nicht. Er gab zu, daß die Balfour-Declaration im Jahre 1917 dem jüdischen Volk ein »homeland« versprochen hatte – doch mußte dieses homeland ein eigener Staat sein? Abdallah erläuterte seinem Gast die haschemitische Vorstellung von einer Teilung Palästinas. Sie sah vor, daß die Juden die ihnen im Teilungsplan zugesprochenen Gebiete selbst verwalten. Er aber, Abdallah, sei der Souverän über ganz Palästina – auch über die jüdischen Städte und Dörfer. Selbstverständlich werde er seinen jüdischen Un-

tertanen jegliche Form von Selbstverwaltungsrechten zugestehen: Niemand würde ihnen Vorschriften in Glaubensfragen
machen; selbst ihre Gerichtsbarkeit könne nach jüdischem
Rechtsverfahren erfolgen; eine Begrenzung der Zuwanderung
werde es nicht geben. Zum ersten Mal in der Geschichte des
jüdischen Volkes könne sich der Volkscharakter der Juden in
Palästina frei entfalten. Auf diese Weise, so schloß Abdallah,
werde ein blühendes jüdisches Gemeinwesen entstehen – unter dem Schutz der haschemitischen Dynastie; bewahrt vor
allen Angriffen der arabischen Nachbarn. Er, Emir Abdallah,
und alle seine haschemitischen Nachkommen, würden den
Bestand des jüdischen Autonomiegebiets garantieren.
Für Golda Meir war dieser Vorschlag nicht akzeptabel. Sie
sagte direkt, was sich die Juden erhofften: Sie wollten den
Staat der Juden aufbauen, in dem sie ihr eigener Herr sein
konnten. Auf Autonomieabkommen würden sie sich nicht verlassen. Abdallah lockte mit Versprechungen. Er bot an, daß
jüdische Siedler sogar in Transjordanien Land erwerben könnten, gerade in dem Teil von Palästina, der ihnen von der britischen Kolonialmacht vorenthalten worden war. Abdallah
entwickelte den Gedanken, daß Fortschritt für Transjordanien
in der Kooperation mit jüdischen Investoren zu ermöglichen
sei. Seine Sheikhs besäßen zwar Land, aber sie seien arme
Leute, die über kein Kapital verfügten. Sie würden gerne
Boden an jüdische Kapitalbesitzer verkaufen. Dies alles werde
möglich sein, wenn die haschemitische Dynastie Souverän sei
über das gesamte Land zwischen Mittelmeer und Wüste.
Golda Meir antwortete, für das jüdische Volk komme nie mehr
Unterordnung in Frage. Das Volk verlange, gerade wegen der
schrecklichen Erlebnisse, die es während des vergangenen
Jahrzehnts erfahren habe, die völlige Freiheit, selbst über sein
eigenes Schicksal entscheiden zu können. Sie erinnerte daran,
daß die Juden mit Autonomie schlechte Erfahrungen gemacht
hätten. Sie verwies auf das Beispiel der jüdischen Selbstverwaltung im Osmanischen Reich. Im Grunde hätten – trotz der
formellen Autonomiezusage – nur die türkischen Gouverneure
das Sagen gehabt.
Die jüdische Politikerin und der Emir gingen nicht als Feinde
auseinander. Sie ahnten, was geschehen wird, doch sie versprachen sich, auch weiterhin die Verbindung aufrechtzuer-

274

halten. Die Gelegenheit dazu ergab sich schon wenige Tage später, als die Gefahr bestand, daß das Kraftwerk, das dem Königreich und den jüdischen Siedlungsgebieten den Strom lieferte, im Verlauf der Kämpfe außer Betrieb gesetzt werden könnte. Dieses Kraftwerk, das auf jordanischem Boden stand, war das einzige der Region, und es gehörte einer jüdischen Gesellschaft. In der Wohnung des Direktors der Elektrizitätsgesellschaft einigten sich Golda Meir und Emir Abdallah, daß die Stromversorgung auch durch kriegerische Ereignisse nicht gestört werden dürfe.

Damals , noch vor Ausbruch des Krieges von 1948, hatten Husseins Großvater und Golda Meir eine Verbindungslinie geschaffen, die auch nach dem Ende der Kampfhandlungen fortbestand. George Weidenfeld, bekannt als Verleger von Format und Repräsentant der britisch-jüdischen Oberklasse, schildert in seiner Autobiographie Von Menschen und Zeiten den Verlauf des Geheimtreffens im Frühjahr 1950. Weidenfeld war damals Sekretär mit besonderen Aufgaben im Stab des israelischen Staatspräsidenten Chaim Weizmann. Weidenfeld erinnert sich:

»Bei Sonnenuntergang überquerte eine Gruppe israelischer Politiker in Beduinenkleidung das Niemandsland und gelangte über einen schmalen Pfad nach Sunneh, dem königlichen Winterpalast. Während der ganzen Nacht diskutierten sie mit Abdallah und seinen Beratern Pläne zu einem Separatfrieden zwischen Jordanien und Israel. Auf der Tagesordnung standen eine gemeinsame Währung, eine Zollvereinigung, ein Nichtangriffspakt. Die beiden Länder standen im Frühjahr 1950 nahe vor der Vollendung eines Friedensvertrags.«

Eine Beobachtung des jungen Diplomaten George Weidenfeld ist bemerkenswert und verblüffend: König Abdallahs Muttersprache war türkisch. Zu jener Zeit wurde am haschemitischen Hof in Amman nicht arabisch, sondern türkisch gesprochen. Die türkische Sprache war eine Generation nach dem Ende der Türkenherrschaft über Arabien noch immer die Hofsprache der Mächtigen. Hussein, der Enkel, hat mit seinem Großvater türkisch gesprochen. Die Ursache für die Probleme der Haschemitenfamilie im Gebrauch der arabischen Sprache hat hier ihren Ursprung. Im Umgang mit Israelis sprachen Abdallah und später Hussein englisch. Die Verbindung brach nie ab.

Treffpunkt war über Jahre hin ein abgelegenes Haus des Königs am Grenzpunkt der beiden Städte Eilat und Aqaba, die sich – wie Shimon Peres sagt – »eng aneinander schmiegen ans malerische Nordufer des Roten Meeres, ohne daß jemals ein Schuß von der einen Stadt auf die andere abgefeuert worden ist«. Hier trafen sich, so berichtet Peres »Hussein und seine wichtigsten Berater mit führenden israelischen Politikern und hochrangigen Offizieren, um über gemeinsame Probleme, wie die Verteilung des Wassers im Jordantal, zu verhandeln. Sie redeten auch über potentielle Gefahren für das friedliche Nebeneinander der beiden Staaten.«

So war es für die israelische Ministerpräsidentin Golda Meir keineswegs eine Überraschung, als Hussein sich Anfang Oktober 1973 kurzfristig zum Besuch anmeldete, um dann im abgelegenen Haus bei Tel Aviv vor dem syrischen und ägyptischen Angriff zu warnen.

Shimon Peres schildert das zwiegespaltene Verhältnis des Königs zum israelischen Nachbarn so: »Die Beziehungen des Herrschers zu Israel waren vielschichtig und delikat. Nach außen hin war Jordanien stets ein loyales und linientreues Mitglied der Arabischen Liga und hatte den Kriegszustand mit dem ›zionistischen Gebilde‹ aufrechterhalten – in der Praxis aber herrschte meist Frieden.«

Das erste persönliche Zusammentreffen mit Hussein hatte Peres im Sommer 1974. Wieder, wie im Oktober des Vorjahres, flog der König im Hubschrauber über die Grenzlinie – diesmal im Süden seines Landes. Treffpunkt war ein Wüstenstrich in der Arava-Tiefebene. Dort hatte der israelische Geheimdienst einen geräumigen Wohnwagen mit Klimaanlage aufgestellt. Trostlos und heiß war die Gegend, ohne eine Siedlung im weiteren Umkreis und ohne die Zelte einer wandernden Beduinenfamilie. In den Sanddünen waren einige Scharfschützen postiert, die überraschende Attacken abwehren sollten. Die israelischen Sicherheitskräfte mißtrauten den jordanischen Kollegen und fürchteten, unter ihnen könnten Verräter sitzen, die dem Haschemitenmonarchen nach dem Leben trachteten. Die israelischen Sicherheitsoffiziere hielten auch wenig davon, daß Hussein selbst den Hubschrauber steuerte. Diesen Ehrgeiz hielten die Verantwortlichen im Stab von Shimon Peres für ein Zeichen einer gewissen Unreife.

276

Als die Rotoren stillstanden, sprang Hussein aus der Kanzel. Peres bemerkte, der König bewege sich mit federndem Schwung; er strahle jugendliche Dynamik aus. Dem Israeli gefiel Husseins »warmherziges, gewinnendes Lächeln«; es erweckte Sympathie. Peres bewunderte den sportlichen Körper: Hussein scheine jeden Muskel seines Körpers vollkommen zu beherrschen. Die Gestalt, so registrierte Peres, sei auffällig klein.

Der König hatte sich darauf vorbereitet, über das Palästinenserproblem zu reden. Daß die arabischen Monarchen und Präsidenten dem Standpunkt zuneigten, das Volk der Palästinenser müsse künftig von der Palästinensischen Befreiungsorganisation repräsentiert werden, war ihm schon bekannt. Eine Stärkung seiner Position konnte er nur noch von der israelischen Regierung erwarten. Er war deshalb interessiert zu hören, ob Peres auch im Einvernehmen mit dem noch wichtigeren Jitzhak Rabin ins Niemandsland der Arava-Tiefebene gekommen sei. Peres bestätigte, er sei von Rabin auch in dessen Namen autorisiert, über das Palästinenserproblem zu reden.

Was Hussein von Peres erfuhr, war für ihn wenig ermutigend. Auch die israelische Regierung war zu diesem Zeitpunkt nicht bereit, die Souveränität über das Volk der Palästinenser dem jordanischen König zu überlassen. Peres schlug dem König vor, das Land zwischen dem Mittelmeer und der Wüste östlich des Jordan in drei Regionen aufzuteilen: In Israel, in das Königreich Jordanien und in eine palästinensische Zone, die das Westjordanland und den Gazastreifen umfassen sollte. Selbstverständlich seien Israel und Jordanien unabhängige, souveräne Staaten – die palästinensische Zone aber werde von Israel und Jordanien gemeinsam verwaltet – als völlig entmilitarisiertes Gebiet. Hussein und der israelische Ministerpräsident waren in diesem Plan gemeinsam als Souverän über die Palästinenser vorgesehen.

Dieser Ansatz und die daraus resultierende Konsequenz dieses Plans waren für Hussein unakzeptabel, doch er äußerte seine Ablehnung nicht. Peres war der Meinung, wenn schon Israel und Jordanien gemeinsam die Palästinenserzone verwalteten, sei doch der Gedanke naheliegend, daß die drei Einheiten wirtschaftlich zusammenarbeiteten. Die Gründung einer Wirtschaftsgemeinschaft diene doch den Interessen aller Beteilig-

277

ten. Vernünftig wäre dann auch die Schaffung einer gemeinsamen Währung.

Hussein wunderte sich, daß Peres, und offenbar auch Rabin, einen derartigen Vorschlag für realisierbar hielten. Würde er in die Tat umgesetzt werden, wäre das Königreich Jordanien aus der Gemeinschaft der arabischen Staaten ausgeschlossen. Eine Politik zu verfolgen, die Jordanien hinausführte aus der arabischen Solidarität aber war für einen Haschemitenfürsten undenkbar. Der Urgroßvater und der Großvater hatten den Gedanken aufrechterhalten, die Haschemitendynastie lebe in der Verpflichtung, eines Tages Arabien in die Einheit zu führen. So abwegig dieser Gedanke zu Beginn des letzten Viertels des 20. Jahrhunderts auch war, Hussein durfte das Erbe von Urgroßvater und Großvater nicht verleugnen. Die Geheimverhandlungen waren nur geeignet, Stimmungen der Gegenseite zu sondieren, Spannungsfelder zu überprüfen, Meinungstrends zu erforschen. Greifbare politische Resultate in größerer Dimension blieben aus.

Shimon Peres war während der darauffolgenden Jahre der israelische Politiker, mit dem sich Hussein am häufigsten traf – auch während der »verlorenen Jahre« des Ringens mit Jassir Arafat um die Formel für die Föderation zwischen dem Palästinensergebiet am Jordanwestufer und Transjordanien. Die Gespräche mit israelischen Politikern dienten damals meist dem Versuch, Israel doch noch zu veranlassen, mit der PLO-Führung zu reden. Auch in dieser Frage war das Ergebnis negativ. Die Antworten, die Hussein erhielt, waren über Jahre hin dieselben: »Mit der PLO kann kein verantwortlich handelnder israelischer Politiker verhandeln, weil die PLO-Chefs und die PLO-Gremien kompromißlos den Standpunkt vertreten, das »jüdische Gebiet« müsse zerstört werden.« Der jordanische König wurde immer wieder auf die »Palästinensische Nationalcharta« hingewiesen, die als Verfassung der PLO galt: In siebenundzwanzig der dreiunddreißig Artikel der Charta wurde dem jüdischen Staat ausdrücklich das Lebensrecht aberkannt. Shimon Peres bremste jedes Gespräch über die PLO mit dieser Formulierung ab: »Das politische Dogma der Palästinenserführung ist in der Nationalcharta festgelegt. Die PLO will uns vernichten – wie und über was wird sie mit uns verhandeln wollen?«

Hussein hatte Verständnis für die Angst der Israelis vor einem souveränen Gebiet der Palästinenser, das sich letztlich bewaffnete Kräfte schaffen würde, die dann tatsächlich den jüdischen Staat bedrohen könnten. Aber auch der haschemitische Monarch fand während der geheimen Gespräche keine Besänftigung seiner Angst, mancher israelische Politiker lebe nach wie vor in der Hoffnung, auch Transjordanien werde doch noch dem Staat Israel einverleibt – gemäß dem Versprechen der Balfour Declaration vom Jahre 1917. Shimon Peres spürte die unausgesprochenen Ängste. Er war zurecht der Meinung, Hussein leide überhaupt unter Angstgefühlen, die damals entstanden seien, als der fünfzehnjährige Prinz Zeuge der Ermordung seines Großvaters war.

Nahezu alle Geheimtreffs des Königs endeten mit dem Vorschlag der israelischen Gesprächspartner, Hussein würde sich nützen, wenn er, wie Anwar as-Sadat im September 1978 und im März 1979, in direkte Friedensverhandlungen mit Israel eintreten würde. Im Jahr 1985 setzten israelische Unterhändler ein attraktives Lockmittel ein: Sie hatten die Zusage, der Kongreß der Vereinigten Staaten werde einer amerikanischen Waffenlieferung im Wert von nahezu zwei Milliarden Dollar an das Königreich zustimmen, wenn der König seine Bereitschaft zu erkennen gebe, mit der israelischen Regierung direkte und offene Verhandlungen zu beginnen. Als Hussein auf das Angebot nicht einging, veranlaßte Israel den Präsidenten Ronald Reagan, die Zusage einer Lieferung von Hawk-Raketen im Wert von eineinhalb Milliarden Dollar an Jordanien zurückzuziehen. Hussein blieb standhaft.

Seine Ablehnung separater Verhandlungen, ohne Beteiligung Syriens, konnte auch nicht aufgeweicht werden, als Shimon Peres von Oktober 1984 bis Oktober 1986 israelischer Ministerpräsident war und Jordanien seine besondere Aufmerksamkeit schenkte. Das Schlagwort für den aktuellen politischen Kurs hieß »Jordanian Option«. Unter Anleitung des Königreichs sollte eine »Internationale Friedenskonferenz« einberufen werden zur definitiven Aufarbeitung aller Probleme. Im April 1987 – inzwischen war Peres ins Außenministerium gewechselt – trafen sich der König und der israelische Politiker mehrmals an unterschiedlichen Orten. Die Geheimhaltung war inzwischen schwierig geworden. Daß Hussein auf geheimnisvolle Weise aus seinen Palästen verschwand, war nur schwer noch mit kurzfristig angesetzten Vergnügungsreisen zu erklären. Hussein war inzwischen über fünfzig Jahre alt; die Zeit des jugendlichen Draufgängers war vorüber.

Im Sommer 1985 fand erneut ein Treffen statt – und wieder wurde in Amman verbreitet, Hussein vergnüge sich incognito in Südfrankreich. Gastgeber war Shimon Peres. Zur Eröffnung der Gespräche sagte Peres, er sei voller Hoffnung, daß eine positive Wende bevorstehe. Daß Peres diesmal nicht ganz ehrlich war, wurde dem König rasch deutlich. Der Außenminister berichtete, er habe bei den Ministerkollegen Fortschritte erreicht in der Frage einer Beteiligung palästinensischer Delegierter an möglichen Verhandlungen. Daß Peres nicht die Wahrheit sprach, war dem Monarch bewußt. Ihm war aus anderer Quelle mitgeteilt worden, daß die Mehrheit der israelischen Minister nach wie vor keine Palästinenser am Verhandlungstisch sehen wollten.

Hussein kannte auch die negative Einstellung des israelischen Ministerpräsidenten Jitzhak Shamir zu internationalen Friedenskonferenzen für den Nahen Osten. Shamir lehnte jeden Plan ab, der Israel in eine Verhandlungsrunde einbinden wollte, die aus mehreren Partnern bestand. Shamirs Argument war: »Die Partner am Verhandlungstisch setzen uns derart unter Druck – und ich meine dabei besonders die Amerikaner und die Ägypter – daß wir schließlich in Punkten nachgeben, in denen wir unter gar keinen Umständen nachgeben dürfen. Gerade die amerikanischen Delegierten veranlassen uns zu Konzessionen in existentiellen Fragen der Sicherheit unseres Staates!« Am Ende der Besprechung fragte sich Hussein, warum er das Wagnis eingegangen war, sich mit Peres zu treffen.

Obgleich Hussein überzeugt war, er lasse sich wieder auf eine fruchtlose Aktivität ein, begab er sich am Samstag, den 11. April 1987 in das Haus des Londoner Anwalts Victor Mishcon, das nahe beim Zentrum der britischen Hauptstadt lag. Victor Mishcon war ein bekannter Rechtsanwalt. Hussein und Peres waren oft bei ihm zu Gast gewesen. An jenem 11. April 1987 waren beide zum Lunch eingeladen. Es war Sabbat, und deshalb hatte die Gastgeberin Joan Mishcon kein Problem gehabt, das Personal zu beurlauben. Das Mahl, von Joan Mishcon selbst zubereitet, soll exzellent gewesen sein. Der König erklärte sich bereit, den Abwasch zu übernehmen, doch Peres zog ihn am Ärmel ins Arbeitszimmer des Anwalts. Hussein und Peres unterhielten sich zunächst über ihre Erlebnisse seit dem letzten Zusammentreffen. Beide stellten fest, daß jeweils ein Sohn derzeit dieselbe Ausbildung machte: Die Ältesten von Hussein und Peres ließen sich zu Piloten, der eine bei der Royal Jordanian Air Force, der andere bei der Israel Air Force, ausbilden. Hussein erzählte von seiner Frau Nur, die sich derzeit in den USA aufhalte, um den hundertsten Geburtstag ihrer Großmutter zu feiern. Peres löste Gelächter aus, als er über den amerikanischen Präsidenten Reagan sprach, der allen Ernstes gefragt habe, ob er im Toten Meer fischen dürfe. Ministerpräsident Zaid al-Rifai berichtete von einem nächtlichen Vorfall am Tor des Gästehauses der ägyptischen Regierung in Cairo: Der Wächter dort habe ihn, den jordanischen Regierungschef, nicht einlassen wollen; erst als er gesagt habe, er sei Shimon Peres, sei das Tor geöffnet worden.

Über Kritik an konturloser amerikanischer Nahostpolitik kam das Gespräch auf die Führung der Palästinensischen Befreiungsbewegung. Der König sprach über seine Enttäuschungen mit Ronald Reagan und mit Jassir Arafat. Beide hätten nicht die Stärke, sich über ihre Parlamente hinwegzusetzen. Hussein wagte die Prognose, Jassir Arafat werde bald schon keine Unterstützung bei den arabischen Staatschefs finden.

Beim Thema »Nahost« angekommen, waren Peres und Hussein der Meinung, ihr gemeinsamer Standpunkt müsse in einem Positionspapier festgehalten werden. Dr. Yossi Beilin, damals in leitender Position im israelischen Außenministerium tätig, griff jetzt in das Gespräch ein. Er schlug vor, handfeste Arbeit zu leisten. Es sei jetzt Zeit und Gelegenheit, ein geheimes Abkommen auszuarbeiten. Dieses »Hussein-Peres-Agreement« wurde aufgeschrieben, unterzeichnet und kurz und bündig »The London Document« genannt.

Es besteht aus drei Teilen. Im Teil »A« kommt die Bereitschaft zum Ausdruck, auf Einladung des UN-Generalsekretärs die »fünf ständig vom Konflikt Betroffenen« (the five permanent members of the conflict) zu Verhandlungen zusammenzubringen. Auf der Basis der Sicherheitsratsbeschlüsse Nummer 242 und 338 soll versucht werden, das Fundament für einen umfassenden Frieden zu schaffen, der den Staaten der Region

Sicherheit bringt – »und der den Palästinensern ihre legitimen Rechte gibt«.

Der Teil »B« legt fest, daß mit friedlichen Mitteln eine Übereinkunft erreicht werden soll über »alle Aspekte des Palästinenserproblems«.

Der Teil »C« fixiert sieben prinzipielle Gesichtspunkte.

1. Die Internationale Konferenz wird niemand eine Lösung aufzwingen, und sie wird nicht durch Veto Übereinkünfte zu verhindern versuchen.
2. Die Verhandlungen werden in zweiseitigen Komitees auf direkte Weise geführt.
3. Das Thema der Palästinenser wird zwischen den jordanischen, palästinensischen und israelischen Delegationen besprochen.
4. Die Vertreter der Palästinenser werden eingereiht in die Jordanisch-Palästinensische Delegation.
5. Vorbedingung für eine Teilnahme an der Konferenz ist die Anerkennung der Sicherheitsratsbeschlüsse 242 und 338 und die Erklärung des Verzichts auf Gewalt und Terror.
6. Jedes Komitee wird unabhängig von anderen Komitees Verhandlungen führen.
7. Andere Verhandlungsgegenstände werden zwischen Jordanien und Israel vorbesprochen.

Das »London Document« schließt mit dieser Feststellung:
»Diese Übereinkunft wird erst gültig nach Zustimmung der Regierungen von Israel und Jordanien. Es wird dann den Vereinigten Staaten vorgelegt.« Der israelische Ministerpräsident behielt das Dokument bei sich – bis er im Februar 1988 einem Likudpolitiker Platz machen mußte.

Das Dokument blieb unbeachtet.

Hussein hatte den Verdacht, Shamir wolle weder direkte noch indirekte Verhandlungen – er wolle die Beibehaltung des Schwebezustands. Der israelische Ministerpräsident war auf Zeitgewinn bedacht: Die Monate verstrichen ohne Verhandlungen – dies bedeutete, daß Israel zu keiner Nachgiebigkeit überredet werden konnte. Nach Shamirs Meinung war die Beibehaltung der Situation in den besetzten Gebieten eine Entwicklung zu Israels Vorteil.

Des Königs eigene Geheimdiplomatie galt um die Jahresmitte 1987 als gescheitert. Hussein, der nicht tatenlos bleiben wollte, versuchte in der zweiten Jahreshälfte, seine Politik wieder stärker auf Gesamtarabien auszurichten, in der Hoffnung, die Präsidenten und Monarchen für einen Standpunkt zu gewinnen, der von der Mehrheit der Staatschefs getragen wurde. Er wagte es, für den November 1987 zu einer Gipfelkonferenz nach Amman einzuladen. Seit acht Jahren hatte keine derartige Veranstaltung mehr stattgefunden. Um möglichst viele der Staatsoberhäupter nach Amman zu bringen, regelte der König sogar Streitfragen, die seit Jahren Beziehungen gestört hatten: Hussein nahm den diplomatischen Verkehr zu Libyen wieder auf, der unterbrochen worden war, weil Moammar al-Kathafi im Irak-Iran-Konflikt auf der Seite des Ayatollah Ruhollah Khomeini Position bezogen hatte.

Nur ein Staat durfte noch nicht zur Gipfelkonferenz eingeladen werden: Ägypten. Dem Präsidenten Husni Mubarak, der seit sechs Jahren im Amt war, wurde die Versöhnung mit Israel, die Anwar as-Sadat zu verantworten hatte, noch immer nicht verziehen. Allein Hussein setzte sich im Verlauf der Gipfelkonferenz von Amman für die Wiederaufnahme des volkreichsten arabischen Staates in den Kreis der Mächtigen Arabiens ein – allerdings ohne Erfolg. Syrien und Libyen stimmten dagegen.

Arafat hatte gehofft, der Gipfel werde sich mit der Unterstützung seines Anspruchs befassen, Sprecher aller Palästinenser zu sein; doch genau dies verhinderte Hussein mit Geschick. Er wollte nicht, daß Arafat geholfen werde. Hussein steuerte den Konferenzkurs in Richtung Solidarität mit dem Irak, der noch immer in den kräftezehrenden Krieg mit Iran verwickelt war.

Doch bald schon wurde der Konflikt am Persischen Golf überlagert von dramatischen Ereignissen im Gazastreifen und wenig später im Gebiet des Jordanwestufers. Von einem Tag auf den anderen nahmen die Palästinenser selbst ihr Schicksal in die Hand – auch zur Überraschung von König Hussein.

»Intifada« –
Husseins Verzicht auf das Westufergebiet

Kaum einen Monat nach der Gipfelkonferenz von Amman, am 8. Dezember 1987, verloren vier palästinensische Jugendliche, die aus dem Gazastreifen stammten, ihr Leben bei einem Verkehrsunfall. Der Ort des Unfalls liegt außerhalb des Gazastreifens, in Israel, an einer Kreuzung der Hauptstraße nach Ashqalon. Ein israelisches Fahrzeug hatte die Vorfahrt mißachtet und mit voller Wucht einen Kleinlaster gerammt, auf dem die jungen Palästinenser saßen. Sie befanden sich auf der Rückfahrt von der Arbeit in einem israelischen Landwirtschaftsbetrieb; ihr Ziel war das Palästinenserlager Jabaliya bei Gaza.

Als die vier Leichen, die sich in schrecklichem Zustand befanden, offen zum Friedhof von Jabaliya getragen wurden, da versammelten sich Zehntausende von jungen Frauen und Männern – getrieben vom Zorn auf die Israelis. Die Menge war erregt. Keiner der Tausenden glaubte an einen gewöhnlichen Verkehrsunfall. Die tobende Masse war der Meinung, die vier Palästinenser seien mit Vorbedacht umgebracht worden, sie forderte Rache.

Ein 18jähriger Palästinenser, Hatem al-Sissi, hob einen Stein auf, den er gegen eine israelische Patrouille schleudern wollte. Ein israelischer Soldat schoß und tötete Hatem al-Sissi auf der Stelle. Innerhalb weniger Minuten flammte in allen Lagern und Palästinensersiedlungen im Gazastreifen die Empörung auf. Brennende Autoreifen, aus denen schwarzer, stinkender Rauch aufstieg, blockierten die Kreuzungen. Barrikaden versperrten die Einfahrten in die Flüchtlingslager; Menschenmauern verhinderten das Eindringen der Patrouillen in die Lagerstraßen. Die jungen Palästinenser, das zeigte sich bald, waren bereit, für ihre Sache zu sterben. Rasch war das Schlagwort für das Ereignis gefunden: »Intifada« – der Aufstand.

Die Kraft der Empörung verblüffte. Weder Hussein noch Arafat hatten das Potential des Widerstands in den besetzten Gebieten richtig eingeschätzt. In den Lagern hatte Apathie geherrscht. Auch die Jugend hatte sich dem offenbar unveränderbaren Schicksal ergeben, von den Israelis beherrscht zu werden. Hin und wieder hatten einzelne Gruppen ihre Wut auf die israelische Besatzungsmacht durch respektlose Parolen und zaghafte Steinwürfe gegen Patrouillen zum Ausdruck gebracht. Hartes Durchgreifen der israelischen Sicherheitskräfte hatte immer schnell die Rebellion beendet. 20 Jahre Besatzungszeit – so war die Einschätzung der Verantwortlichen in Israel – hatten den Widerstandswillen gebrochen.

Niemand hatte einkalkuliert, daß eine neue Generation herangewachsen war, daß über 50 Prozent der Lagerbewohner keine 15 Jahre alt waren. Die Jungen sahen auf einmal ihre Chance. Sie besaßen keine Gewehre, doch sie fanden Steine im Überfluß. Steine wurden zu den Waffen der jungen Menschen.

Jitzhak Rabin, zu jener Zeit Verteidigungsminister in Israel, war zur Stunde des Ausbruchs von Intifada Gastgeber seines norwegischen Kollegen. Als Rabin die Nachricht vom Aufstand erhielt, meinte er: »Derartige Rebellionen sind wirklich nichts Neues!« Er flog in der Nacht nach Washington, um einen Vertrag über die Lieferung von Apache-Kampfhubschraubern zu unterzeichnen. Er hatte die Hoffnung, der Spuk werde über Nacht verschwinden.

Doch am Morgen dauerte der Widerstand an. Er beschränkte sich nicht auf junge Menschen: Frauen und Männer aller Altersstufen beteiligten sich. Den israelischen Patrouillen gelang es nicht mehr, den Aufstand einzudämmen. Die ersten Toten wurden beerdigt: Der Aufstand hatte seine Märtyrer.

Der Funke des Widerstands sprang über auf das Gebiet am Jordanwestufer, und er löste Demonstrationen in Amman aus. Die Palästinenser in Transjordanien, die zur Schicht der Flüchtlinge von 1967 gehörten, fühlten sich aufgerufen, Solidarität mit Intifada in Gaza zu demonstrieren. Schnell bildeten sich radikale Gruppen, die gegen die Haschemitendynastie ihren Kampf richten wollten. Daß Hussein jahrelang in Geheimverhandlungen mit den Israelis »konspiriert« hatte, war kein Geheimnis mehr im Königreich. Der König war für viele zum Komplizen der Israelis geworden.

In der jordanischen Hauptstadt detonierten Sprengkörper in Polizeiwachen und an Kasernentoren. Flugblätter tauchten auf mit dem Schlagwort: »Kampf dem Zionistenregime der Haschemiten!«

Die Ansätze eines Aufstands im transjordanischen Kernland konnten von Husseins Sicherheitstruppen leicht unterdrückt werden. Den Israelis aber gelang es nicht, dem »Aufstand der steinewerfenden Jugendlichen« ein Ende zu bereiten. Die Weltöffentlichkeit sah mit Enttäuschung, wie sich israelische Soldaten in prügelnde Horden verwandelten, die jungen Palästinensern die Armknochen mit Felsbrocken brachen. Intifada wurde von Tag zu Tag mehr zur Belastung für die israelische Regierung. Sie verlor durch die Brutalität ihrer Sicherheitsorgane an Ansehen in der Welt. Jitzhak Rabin und Shimon Peres mußten sich Gedanken machen, wie sie das Image der Israelis wieder blank erscheinen lassen konnten. Rabin ließ sich zum Ausruf verleiten: »Wenn ich könnte, würde ich den Gazastreifen packen und weit hinaus ins Meer werfen!« Die israelische Regierung war Mitte des Jahres 1988 bereit, auf den Gazastreifen zu verzichten. Die Frage war nur, ob sich jemand fand, der ihn übernehmen wollte. Husni Mubarak, dessen Staat bis 1967 für den schmalen Landstrich am Mittelmeer zuständig war, hatte bereits zu erkennen gegeben, daß Ägypten nicht an einer erneuten Übernahme interessiert war. Rabin und Peres überlegten sich, ob nicht vielleicht doch König Hussein der richtige Souverän über die Palästinenser wäre. Diese Gedanken waren völlig unrealistisch. Hussein konnte die Sympathie der Menschen des Gazastreifens nicht mehr für sich gewinnen. Für die »steinewerfenden Jugendlichen« war er keine Leitfigur – im Gegenteil. Er war im Gazastreifen als Partner der Israelis verschrien.

Die Fortdauer des Aufstands der steinewerfenden Jugendlichen in den besetzten Gebieten und die Hartnäckigkeit der israelischen Sicherheitskräfte, die Rebellion durch brutale Gewalt einzudämmen, veranlaßten den amerikanischen Außenminister George Shultz im Februar 1988, eine Initiative zur Konfliktslösung zu beginnen. Diese Initiative wurde in der Absicht gestartet, der israelischen Regierung aus der Verlegenheit zu helfen, ratlos gegenüber der Intifada zu sein. Der Shultz-Plan brachte keine neuen Faktoren ins politische Spiel. Er sah die Einberufung einer Internationalen Friedenskonferenz vor – unter Ausschluß der Palästinensischen Befreiungsbewegung. Die Palästinenser sollten im Rahmen der jordanischen Delegation ihren Standpunkt vertreten dürfen.

Zu einem Zeitpunkt, da Intifada der Weltöffentlichkeit den Willen der Palästinenser zur Selbständigkeit und zur Gestaltung der eigenen Zukunft demonstrierte, war eine Initiative, die das palästinensische Volk nicht ernst nahm, für die Politiker im Nahen Osten eine Farce. Hussein empfand den Shultz-Plan als Unverschämtheit des amerikanischen Außenministers, der es wagte, völlig unzeitgemäße Vorschläge als neue Initiative vorzulegen – nur, um Aktivität vorzutäuschen.

Der jordanische König hatte die Ankündigung, die US-Regierung werde erneut ihr Prestige einsetzen, um die Konfliktparteien aus der psychologischen Sackgasse herauszuführen, zunächst freudig begrüßt. Als er den Vorschlag studiert hatte, war seine Enttäuschung groß. Er erinnerte sich jetzt, daß er häufig den amerikanischen Regierungen vertraut hatte, sie würden endlich ihre politische Kraft in der ernsthaften Absicht einsetzen, dem Königreich Jordanien und dem damit verbundenen palästinensischen Volk eine wirkliche und akzeptable Lösung des Konflikts anzubieten. Hussein teilte dem amerikanischen Außenminister mit, er glaube persönlich nicht mehr an den guten Willen der USA, gegenüber den Arabern insgesamt einen gerechten Standpunkt beziehen zu wollen.

Hussein rief ins Gedächtnis des amerikanischen Außenministers zurück, daß Jordanien seit Jahren von den Verantwortlichen in Washington die Zusage auf substantielle Waffenlieferungen erhalten habe, die wenigstens die Verteidigungsbereitschaft des haschemitischen Königreichs gestärkt hätten. Auf Einspruch der israelischen Regierung seien die Lieferungen dann unterblieben. Die amerikanische Regierung sei offenbar nicht bereit, die Chancen Jordaniens im militärischen Konfliktfall zu erhöhen – sie sei aber auch nicht bereit, dem Königreich zu einem vernünftigen Frieden zu verhelfen. Husseins Zorn auf die Mächtigen in Washington war echt. Im Frühjahr 1988 entschloß sich Hussein, nicht mehr auf die Regierenden in Washington Rücksicht zu nehmen. Der König benützte Anfang Juni 1988 die Gelegenheit einer arabischen Gipfelkonferenz in Algier, um seinen eigenen politischen Weg anzukündigen.

Das Treffen der arabischen Monarchen und Präsidenten wurde einberufen, um dem palästinensischen Volk die Solidarität aller Staatschefs zu demonstrieren: Alle kamen nach Algier, um den Kämpfern der Intifada Unterstützung zuzusichern. Der jordanische König begann seine Rede zunächst mit der allgemeinen Floskel, er bewundere die palästinensischen Jugendlichen, die in Gaza und im Westufergebiet des Jordan nun seit bereits sieben Monaten der israelischen Besatzungsmacht heldenmütig Widerstand leisteten. Dann aber erweckte Hussein Aufmerksamkeit mit den Worten, er sei bereit, den Widerstandswillen des palästinensischen Volkes nicht nur mit Worten, sondern auch durch Taten zu belohnen: Er bringe den Palästinensern die Freiheit. Er stellte ein für allemal klar, daß Jordanien nicht daran denke, jemals wieder Anspruch auf die Gebiete westlich des Jordan zu erheben. Die Menschen dieser Gebiete seien keine Jordanier mehr, sondern Palästinenser, deren Interessen nicht die jordanische Regierung, sondern die Palästinensische Befreiungsbewegung zu vertreten habe. Mehrmals betonte Hussein in seiner Rede, allein die PLO habe das Recht, für das palästinensische Volk zu sprechen.

Die Delegationen, die der Rede des Königs zuhörten, waren überzeugt, Husseins Verzicht auf das Gebiet westlich des Jordan sei nichts als eine rhetorische Floskel, die ihm die Sympathie der Könige und Präsidenten einbringen sollte. Daß er wirklich Ansprüche aufgab, für die sein Großvater Abdallah im Jahr 1948 Krieg geführt hatte, glaubte keiner.

Selbst Jassir Arafat winkte ab, als er befragt wurde, ob er nun wirklich die Verantwortung tragen wolle für die von Israel besetzten Gebiete. Er meinte, Hussein habe mit ihm nicht darüber gesprochen, folglich könne der Redetext nicht ernsthaft gemeint sein. Hussein habe improvisiert.

Arafat hatte jedoch nur zum Teil recht: Der König war zwar tatsächlich während der Rede seiner Intuition gefolgt – vorausgegangen aber waren noch vor Beginn der Konferenz von Algier politische Kalkulationen, die an der Wirklichkeit orientiert waren. Hussein erwies sich erneut als Realist.

Ihm war deutlicher als jedem anderen arabischen Staatschef geworden, daß Intifada die Wirklichkeit verändert hatte: Die Palästinenser waren während der zurückliegenden Monate erwachsen geworden. Sie hatten die kindliche Hoffnung aufgegeben, irgend jemand werde ihre Interessen vertreten und werde sie schließlich zur Freiheit führen. Sie brauchten keinen König Hussein mehr, um sich hinter seiner Person zu ducken. Sie waren selbständig geworden. Die Palästinenser hatten damit auch die Folgen der Selbständigkeit zu tragen.

Hussein blieb tatsächlich konsequent: Am 28. Juli 1988 strich die jordanische Regierung die Mittel eines großzügigen Entwicklungsprogramms für das Westjordanland in Höhe von 1,3 Milliarden Dollar aus ihrem Finanzhaushalt. Dieses Entwicklungsprogramm war von der PLO-Führung immer bemäkelt worden. Mit der Begründung, er unterwerfe das Palästinenserland den Strukturvorstellungen der Haschemiten. Jetzt aber, da die Mittel gestrichen waren, klagten die PLO-Chefs, Hussein lasse das Westjordanland im Stich. Er bürde der PLO eine Entwicklungsaufgabe auf, der sie nicht gewachsen sein könne – sie habe nicht die Infrastruktur, um die besetzten Gebiete administrativ zu leiten. Arafat formulierte seine Situation so: »Hussein hat uns mehr Rechte zugesprochen, als wir ertragen können!«

Am 31. Juli 1988 löste der König die zweite Kammer des jordanischen Parlaments auf. In ihr besaßen Palästinenser des Westufergebiets das Recht auf 30 von 60 Sitzen. Da die Palästinenser des einstigen cisjordanischen Gebiets Jordanien nicht mehr zugeordent waren, konnten sie auch keine Sitze in der jordanischen Volksvertretung beanspruchen. Damit waren die rechtlichen und verwaltungsmäßigen Bindungen zwischen Transjordanien und dem Jordanwestufer unterbrochen. Der Jordan war zur Grenze geworden.

Die Lostrennung der Palästinensergebiete bedeutete, daß der königlich-jordanische Staatshaushalt nicht mehr für die Gehälter von 20 000 Beamten zuständig war, die – trotz der israelischen Besatzung – seit 1967 weiterhin von Jordanien bezahlt worden waren. Die Gehälterfinanzierung war nun wirklich zum Problem der PLO geworden.

Eine weitere Konsequenz der Lostrennung bestand darin, daß die 850 000 Bewohner des Jordanwestufergebiets nicht mehr jordanische Staatsbürger waren. Sie durften zwar ihre jordanischen Ausweispapiere behalten, jedoch nur vorläufig – bis die PLO die Möglichkeit besaß, eigene Dokumente auszustellen.

Die Aufhebung der jordanischen Staatsbürgerschaft für 850 000 Menschen war ebenfalls auf eine der Kalkulationen des Königs zurückzuführen: Er fürchtete, daß die israelische Regierung auf die anhaltende Intifada-Rebellion durch Ausweisung der Rebellen nach Transjordanien reagierte. Dadurch, daß die aufrührerischen Palästinenser keine Jordanier mehr waren, bestand für die israelischen Sicherheitskräfte – nach Ansicht des Königs – kein Anlaß, sie nach Transjordanien zu »transferieren«. Mit dieser Einschätzung behielt Hussein tatsächlich recht.

Hussein vollzog mit der Loslösung vom Westjordanland auch eine innenpolitische Umschichtung in Transjordanien. Er berief Persönlichkeiten in seinen Stab, die der transjordanischen Elite angehörten und die der PLO keine Sympathie entgegenbrachten. Dazu zählten der Ministerpräsident Zaid al-Rifai, der Chef des Königlichen Diwan; Marwan al-Qussim, der Hofminister Adnan Abu Audeh und Sherif Seid Shaker, der Oberbefehlshaber der Streitkräfte. Hussein hatte die Palästinenser verloren – die Palästinenser aber besaßen nun kein Mitspracherecht mehr in Transjordanien. Die Trennung führte letztlich zu positiven Resultaten.

Hussein war von den Palästinensern seit langem verdächtigt worden, er halte geheime Kontakte zu Israel aufrecht und sei deshalb als Agent der israelischen Regierung zu betrachten. Die Folge des Argwohns war gewesen, daß die PLO-Führung bei jedem Vorschlag, den der König unterbreitet hatte, den Verdacht hegte, die Palästinenser würden hintergangen. Jetzt, da der Haschemitenkönig nicht mehr ihr Sprecher war, fühlten sie sich endlich veranlaßt, für sich selbst zu entscheiden. So geschah es, daß der Palästinensische Nationalkongreß (PNC) noch im Herbst 1988 den bisher für unmöglich gehaltenen Entschluß faßte, den Sicherheitsratsbeschluß Nummer 242 anzuerkennen; damit hatte der PNC die Ablehnung des Staates Israel aufgegeben. Solange Hussein vorgeschlagen hatte, die Anerkennung des Staates Israel erleichtere den Weg zu einer politischen Lösung, war er dafür wütend beschimpft worden. Der Vorwurf hatte gelautet, er verschleudere ein Faustpfand der Palästinenser.

Anerkennung des Palästinenserstaates –
Verzicht auf das Westjordanland

Es war Mitternacht am 14. November 1988. In der großen Halle, die zum Club des Pins gehörte, in einem Vorort von Algier, war der Palästinensische Nationalkongreß versammelt. Jassir Arafat trat ans Rednerpult und sagte: »Im Namen Allahs, im Namen des Palästinensischen Volkes verkündet der Palästinensische Nationalrat die Gründung des Staates Palästina, mit der Heiligen Stadt Jerusalem als Hauptstadt!« Die 380 Delegierten applaudierten begeistert.

Hussein reagierte wieder konsequent, und durchaus im Sinne Arafats: Er ordnete an, daß das PLO-Büro in Amman künftig als die »Botschaft des Staates Palästina« zu betrachten sei. Der König war der erste arabische Staatschef, der die Souveränität des Palästinenserstaates anerkannte – eines Staates, der Anspruch erhob auf Land, das bisher dem haschemitischen Königreich Jordanien gehört hatte.

Am 7. Januar 1989 erfolgte die legal gültige Anerkennung: Transjordanien verzichtete völkerrechtlich auf die reizvollen Landschaften um Ramallah, Jericho, Bethlehem und Hebron. Nie mehr würde Hussein mit Recht von sich sagen können, er sei nach Völkerrecht der Souverän über die heiligen Stätten in Jerusalem, die Al-Aqsa-Moschee und den Felsendom. Der Haschemitenmonarch war zum Verzicht auf das Heilige Land gezwungen worden. Verloren war tatsächlich genau die Landschaft, auf die der Großvater Abdallah besonders stolz gewesen war. Die transjordanische Elite war zufrieden mit dieser Entwicklung. Sie hatte nie eine Bindung an Jerusalem in sich gespürt.

Die Lostrennung des Westjordanlandes entlastete den königlichen Staatshaushalt zum genau richtigen Zeitpunkt. Der Staat und die Wirtschaft lebten nicht von dem Kapital, das Industrie und Handel in Transjordanien erwirtschafteten: Sie existierten durch Zahlungen, die von außen geleistet wurden. Saudi-Arabien, Kuwait und Irak hatten seit Beginn der 80er Jahre, seit dem Entstehen des Konflikts zwischen Irak und Iran, durch beachtliche Zahlungen die jordanische Wirtschaft blühen lassen. Allmählich aber erlahmte der Krieg am Shatt al-Arab. Irans Widerstandskraft erlosch. Die Feinde des Ayatollah Ruhollah Khomeini sahen keine Notwendigkeit mehr, dem haschemitischen Königreich unter die Arme zu greifen.

Geldmangel hatte Einschränkung der staatlichen Subventionen zur Folge. Sie führte zu Preiserhöhungen für Grundlebensmittel. Es gab Unruhen in den ärmeren Schichten. In der im Süden Jordaniens gelegenen Stadt Ma'an brach Aufruhr aus, als Preiserhöhungen zwischen 15 Prozent und 50 Prozent für Mehl, Öl und Zucker bekanntgemacht wurden. Der Bevölkerung war es gleichgültig, daß die Regierung auf Druck von außen zur

Aufhebung von Subventionen veranlaßt worden war. Kredite des International Monetary Fund waren abhängig gemacht worden von einer internen Entlastung des Staatshaushalts – zu Lasten der Verbraucher. Jordanien machte nun dieselbe Erfahrung, die zehn Jahre zuvor den Ägypter Anwar as-Sadat fast ins Unglück gestürzt hatte. Auch er war durch das IMF zu Maßnahmen veranlaßt worden, die den Armen das Leben erschwert hatten. Sadat hatte damals die Situation noch beherrschen können. Die Bewohner von Ma'an wußten, was in Cairo geschehen war; sie kannten ihre Erfolgsaussichten. Die Familien von Ma'an meuterten gegen die Staatsautorität; sie vertrieben die königliche Polizei und verschanzten sich in ihrer Stadt.

Der Aufruhr gegen die Preiserhöhung für Lebensmittel breitete sich nach Norden aus und erreichte die Hauptstadt Amman. Die rasche Ausweitung war deshalb möglich, weil die Polizei diesmal nicht energisch handelte – sie wollte nicht gegen Verwandte schießen.

Der Aufstand, der in Ma'an begonnen hatte, unterschied sich von allen bisherigen Unruhen in Jordanien: Diesmal empörten sich nicht die Ärmeren der palästinensischen Bevölkerung – diesmal wehrten sich die Ärmeren aus den Beduinenfamilien. Sie wollten sich die Preiserhöhungen nicht gefallen lassen.

Diese Überraschung erfuhr der König während eines Aufenthalts in den USA. Hussein konnte kaum glauben, was ihm mitgeteilt wurde: Die Beduinen, auf die sich die Haschemiten immer hatten verlassen können, befanden sich im Aufruhr gegen die Familie, der einst der Prophet Mohammed angehört hatte und der deshalb für immer Respekt zu erweisen war. Hussein, der nach dem offiziellen USA-Besuch einen privateren Aufenthalt in London hatte anfügen wollen, schickte seinen jüngeren Bruder, den Kronprinzen Hassan, nach Ma'an. Ihm wurde allerdings ein schlimmer Empfang bereitet: Die Beduinenfamilien bewarfen den Haschemitenprinzen mit Steinen. Daraufhin flog Hussein nach Amman zurück.

Nun zahlte es sich für den König aus, daß er Arafats Staatsproklamation nicht verurteilt hatte, daß er mit demonstrativen Gesten dem neuen Staat seine Reverenz erwiesen hatte: Arafat gab jetzt die Parole aus, der Staat Palästina sei freundschaftlich verbunden mit der haschemitischen Regierung des Königreichs Jordanien. So trug der Staatschef Arafat wesentlich zur

Stabilisierung der Lage in Husseins Staat bei: Die palästinensi-sche Mehrheit unterstützte den Aufruhr der Beduinen nicht. Husseins Fazit seiner politischen Kalkulation: »Seit dem Ver-zicht auf das Jordanwestufer sind meine Beziehungen zur PLO und zu den Palästinensern besser denn jemals zuvor.«

Eine Belohnung wurde ihm zuteil, die den Verlust des schönen Landes südlich und nördlich von Jerusalem erträglicher mach-te: Die PLO beliebt ihr Geldinstitut Palestine National Fund in Amman. Der PNF war die damals wohlgefüllte Kasse, in der sich die Beträge ansammelten, die von den reichen Ölstaaten am Persischen Golf zur Unterstützung des Kampfes der Palä-stinenser bezahlt wurden. Die beachtlichen Dollarsummen wurden über die jordanischen Banken weltweit angelegt. Die Wirtschaft des Königreiches profitierte davon. Das palästinen-sische Kapital belebte die Ökonomie: Es half mit, daß Amman zum wichtigen Finanzplatz werden konnte. Diese Haltung machte den Verlust des Westjordanlandes für Hussein erträg-licher. Selbst das Problem der Streichung von Subventionen für den Preis der Grundnahrungsmittel konnte mit Hilfe der PLO-Gelder leichter gelöst werden: Der Palestine National Fund erwies sich als Segen für das haschemitische Königreich. Nach Beendigung der Unruhen von Ma'an verkündete der König, sein Reich werde sich demokratisch öffnen. Wahlen seien vorgesehen für das Jahr 1989. Seit dem Krieg von 1967 hatte die Demokratie keine Chance gehabt im Staat des Königs Hussein – und auch jetzt war das Motiv für den Monarchen nicht die Einsicht, die Untertanen sollten endlich demokrati-sche Rechte genießen dürfen. Den Demokratisierungsprozeß leitete Hussein aus durchaus eigennützigen Motiven ein.

Der Fundamentalismus –
Chance für den kommenden Glanz der Familie

Das Ergebnis der Wahlen zum »House of Representatives« am 8. November 1989 entsprach seinen Wunschvorstellungen. Von 80 Parlamentssitzen erhielten die Moslembruderschaft 22 und die Islamischen Unabhängigen zwölf. Mehr als ein Drittel –

wenn auch weniger als die Hälfte – der gewählten Volksvertreter waren dem Fundamentalismus zuzurechnen.

Die Zufriedenheit des Königs beruhte nicht darauf, daß er den Haschemitenstaat islamisch-religiös ausrichten wollte – nichts lag ihm ferner. Das Wahlergebnis gefiel ihm deshalb, weil er es politisch nutzen konnte. Es schreckte die verantwortlichen Politiker in Israel auf, vor allem aber auch in den USA. Die Regierenden beider Länder waren in Sorge vor der Ausbreitung des »islamischen Fundamentalismus« in der arabischen Welt. Man fürchtete den Einfluß des Ayatollah Ruhollah Khomeini auf die Region westlich des Persischen Golfs. Das Ergebnis der »Unterhauswahlen« in Jordanien konnte als Indikator gewertet werden für die Stärke der Fundamentalisten im Raum der Arabischen Halbinsel insgesamt.

Das vermeintlich kalkulierte Risiko, auf das sich Hussein eingelassen hatte, war in Wirklichkeit ein wagnisreiches Abenteuer. Der König hatte der Moslembruderschaft und anderen islamischen Gruppierungen die Teilnahme an den Parlamentswahlen gestattet – obgleich politischen Parteien und politischen Organisationen die Aufstellung von Kandidaten verboten war; ihnen war die Teilnahme an der Wahl verwehrt. Da der König den Moslembrüdern und den Islamischen Unabhängigen mit Absicht erlauben wollte, den Beweis ihrer Stärke anzutreten, war er auf den Ausweg gekommen, sie zu »karitativen Organisationen« zu erklären; und damit gehörten sie nicht zum Kreis der politischen Parteien und waren wählbar.

Das Risiko der Zulassung der islamischen Organisationen an der Wahl vom 8. November 1989 bestand darin, daß Hussein nicht einschätzen konnte, wie groß die Zahl ihrer Anhänger war. Zaid al-Rifai, sein einflußreichster Berater, hatte immer darauf hingewiesen, das jordanische Volk sei jung und deshalb sei auch die Wählerschaft in ihrem Denken auf der Seite der Jugend. Wer aber kenne die Einstellung der jungen Menschen zum Islam und zur Moslembruderschaft?

Auch Kronprinz Hassan hatte zur Vorsicht geraten: »Die Hälfte unserer Bevölkerung ist unter 15 Jahre alt. Wer kennt ihre Vorstellung von der Welt? Wer beeinflußt sie? Welchem islamischen Geistlichen folgt sie?«

Der König aber hatte während der Wochen eines sehr gemäßigten Wahlkampfs nicht an einen »Dammbruch der Meinung« in Richtung Islam geglaubt – er kannte Mittel, um den Wahlverlauf zu lenken. Durch administrative Maßnahmen konnte der wahlberechtigte Personenkreis eingeschränkt werden. Eine gewisse Lenkung des Wahlergebnisses war durch gezielte Einteilung der Wahlbezirke möglich – und durch Steuerung der Kandidatenaufstellung. Der Trick wurde angewandt, den Stimmkreisen der Beduinen mehr Abgeordnetensitze als anderen Stimmbezirken zuzuweisen. Zu berücksichtigen war auch, daß die Gesellschaftsordnung des haschemitischen Königreichs weitgehend von der Stammesordnung und der damit verbunden Macht der Sheikhs abhängig ist. Der einzelne Wahlberechtigte ist häufig abhängig vom Stammesoberhaupt – er richtet sich auch bei seiner Wahlentscheidung nach der Meinung des Sheikhs. Der demokratische Prozeß verläuft im haschemitischen Königreich nach anderen Regeln als in England und in der Bundesrepublik. Der König hatte mit gutem Grund vor den Parlamentswahlen diesen Grundsatz verkündet: »Demokratie besteht nicht aus festgefügten Grundsätzen und Einrichtungen. Demokratie muß den Traditionen, den Bräuchen und der Lebensweise eines Volkes entsprechen.«

Damit ist gesagt, daß die Grundregeln der Demokratie, die in Europa und in den USA gelten, für die arabische Welt, für Jordanien, nicht denselben Gültigkeitswert besitzen. Die Demokratie in Jordanien – dies wollte Hussein zum Ausdruck bringen – weist Eigenheiten auf, die berücksichtigt werden müssen und nicht einfach abgeschafft werden können.

Die Basis seines Kalküls hatte Hussein schon ab Sommer 1985 gelegt. Das spanische Parlament hatte ihn damals eingeladen, er möge seinen Standpunkt zur politischen Situation des Nahen Ostens und zu den Friedensaussichten darlegen. Der Kern seiner Aussage lautete: »Die Gefahr des religiösen Extremismus bedroht unser Land. Wir können ihn nur dann in Schranken weisen, wenn ein ehrlicher Friede in greifbare Nähe gerückt ist. Der Schwebezustand zwischen Krieg und Nichtkrieg ist der Nährboden für den Extremismus in Arabien.«

Sooft er Gelegenheit bekam, vor Prominenten und vor Personen zu reden, die Einfluß besaßen auf die öffentliche Meinung, entwickelte Hussein diesen Gedankengang. Zuletzt unmittelbar vor den jordanischen Parlamentswahlen von 1989 auf Einladung der Universität Ottawa. Dort sagte er: »Nur wenn ein gerechter Friede ins Auge gefaßt wird, kann der religiöse Extremismus besiegt werden. Ehe nicht ein glaubwürdiges Konzept für den Frieden von der amerikanischen Regierung vorgelegt wird, gibt es keine Hoffnung für ein Abebben der extremistischen Flut. Wir setzen unsere Hoffnung auf den Frieden.«

Die Absicht des Königs war, allen politisch Verantwortlichen der westlichen Welt deutlich zu machen, daß sie von der Sorge vor dem religiösen Extremismus erst befreit werden können, wenn Aussicht besteht auf den globalen und gerechten Frieden, der den Wünschen der arabischen Moslems entgegenkommt.

Hussein kalkulierte so: Akzeptierten die westlichen Politiker diese Logik, war damit zu rechnen, daß ihr Interesse an einer Beschleunigung des Friedensprozesses wuchs. Es mußte jedoch erst noch eine Situation geschaffen werden, die erkennbar machte, daß eine unmittelbare Bedrohung durch das Anschwellen des Extremismus bestand. Dazu waren nach Meinung des Königs die jordanischen Parlamentswahlen des Jahres 1989 geeignet.

Das Kalkül ging im Sinne des Königs auf: Das Wahlergebnis konnte von ängstlichen Gemütern als »Sieg der Islamisten« interpretiert werden. Die Sorge wurde genährt, von Jordanien aus werde »eine Woge des Islamismus Arabien überfluten«.

Hussein rechnete damit, daß die Erfinder derartiger Analysen keine Ahnung hatten von der engen Beziehung des haschemitischen Königshauses mit der Moslembruderschaft. Eines der ältesten Mitglieder der Bruderschaft, der 80jährige Jussuf al-Azm, sieht diese Beziehung so: »In Jordanien gibt uns das Regime sehr viel Freiheit und Raum zum Atmen. Wir agitieren nicht gegen den König, denn er wird nichts unternehmen, was uns schaden kann – und wir unternehmen nichts, was ihm schadet. Die Moslembruderschaft ist ein Teil seines Volkes. Die Bruderschaft hilft ihm in kritischer Situation.« Jussuf al-Azm verweist auf ein Beispiel des engen Zusammenspiels, das ganz besonders Hussein mit der Moslembruderschaft pflegte: »Als im April 1989 die Unruhen in Ma'an aufbrachen, wegen der Preiserhöhungen für Lebensmittel, da kam Kronprinz Hassan nach Ma'an – und er machte den schlimmen Fehler zu behaupten, die Moslembruderschaft habe zur Rebellion aufgehetzt. Seither ist dieser Kronprinz bei uns wenig angesehen. Der König kam dann zum Glück bald aus Amerika zurück und hat öffentlich verkündet, daß gerade die Moslembruderschaft sehr viel zur Beruhigung der Gemüter in Ma'an beigetragen habe.« Daraus ist abzulesen, daß die Gefahr in Wahrheit gering war, die Moslembruderschaft könne dem König nach einem Wahlerfolg schaden.

Der König hatte mit dem Wahlergebnis vom 8. November 1989 einen außenpolitischen Effekt erzielen wollen, doch der blieb aus. Die Sorge vor der »islamischen Flut«, die Jordanien erfaßte, erregte zwar die Gemüter in Israel, in Europa und in den USA, doch sie erzeugte keinen Druck zur Beschleunigung des Friedensprozesses. Die innenpolitische Wirkung der Wahl aber war beachtlich. Daß die Moslembruderschaft und die Islamischen Unabhängigen Gelegenheit bekommen hatten, in das Parlament einzuziehen und politische Arbeit zu leisten, obgleich die Bruderschaft nur eine »karitative Organisation« war, wurde von demokratisch orientierten Kräften des Königreichs als ungerecht empfunden. Die Enttäuschung dieser Kräfte nahm Hussein ernst. Schon bald nach den Parlamentswahlen setzte der Monarch eine »Königliche Kommission« ein, die darüber beraten sollte, ob die Sicherheit des Landes die Schaffung von politischen Parteien erlauben könnte. Das Resultat der Arbeit der »Königlichen Kommission« war die Verkündung der »National Charter« am 9. Juni 1991. Sie hob das Verbot politischer Parteien, das seit 1963 bestanden hatte, auf.

Nur eine einzige Einschränkung ihrer Freiheit wurde den Parteien auferlegt: Von ihnen wurde Treue zur haschemitischen Monarchie verlangt; die Person des Königs und die Mitglieder seiner Familie standen über jeglicher Parteikritik. Hussein stellte sich damit auf ein Podest der Unantastbarkeit. Wer künftig ein Wort gegen den König sagte, machte sich der Majestätsbeleidigung schuldig. Eine Gefängnisstrafe war ihm sicher.

So konnte die Verwicklung der königlichen Familie in die Betrugsaffäre der Petra Bank nie geklärt werden. Die zweitgrößte Handelsbank des Königreichs war bereits im August 1989 durch Unregelmäßigkeiten ihrer Geschäftsführung in Verruf geraten. 22 leitende Mitarbeiter waren verhaftet worden. Der Skandal weitete sich im Verlauf des Winters 1989/90 auf die königlich-jordanische Luftverkehrsgesellschaft Alia aus. Auch in diesem Fall unterblieben gründliche juristische Untersuchungen.

Die Krise der Petra Bank entwickelte sich in einer Zeit, in der das königliche Finanzministerium damit beschäftigt war, jordanische Auslandsschulden in Höhe von 575 Millionen Dollar »umzuschulden«. Das Prestige des Palestine National Fund half in diesem Fall noch einmal aus: Während Jordanien keine Goldreserven mehr besaß, verfügte PNF noch über Edelmetalle.

Die wirtschaftliche Situation des Königreichs, deren Zukunft eher düster aussah, zwang den Monarchen, Partner zu suchen, deren Kräfte – oder Schwächen – mit denen Jordaniens gebündelt werden konnten. Die reichen Ölstaaten waren dabei, eine Art Wirtschaftsgemeinschaft zu gründen, die auch politische Zusammenarbeit ermöglichte. Zu diesem »Gulf Cooperation Council« (GCC) schlossen sich Saudi-Arabien, die Vereinigten Arabischen Emirate, Bahrain, Kuwait, Oman und Qatar zusammen. Der GCC wurde bald mit der Bezeichnung »Der Club der Reichen« bedacht. Er blieb Jordanien verschlossen. Auch der Irak hatte die Erfahrung machen müssen, daß sein Aufnahmeantrag in den Gulf Cooperation Council mit recht unhöflichen Worten abgelehnt worden war, und Saddam Hussein war nicht bereit, diese Zurückweisung zu vergessen.

König Hussein kam auf den Gedanken, als Kontrast zum GCC das »Bündnis der Notleidenden« zu propagieren. Aufgefordert, Mitglied zu werden, sollten alle arabischen Staaten, die nicht mit Wohlstand gesegnet waren, die unter widrigen Umständen zu leiden hatten. Hussein sah sein Königreich als leidtragend im Konflikt mit Israel und als Opfer der palästinensischen Entwurzelung. Für eine Partnerschaft im »Bündnis der Notleidenden« kam Ägypten in Frage, das der Bevölkerungsexplosion nicht Herr werden konnte. Irak hatte Opfer gebracht in der blutigen Auseinandersetzung mit Iran. Der jordanische König schlug vor, diese drei Staaten sollten versuchen, ihre Erfahrungen zu verbinden und ihr politisches Gewicht zu vereinigen. Das »Bündnis der Notleidenden« sollte offiziell Arab Coordination Council (ACC) genannt werden.

Saddam Hussein brachte von Anfang an Unruhe und Unsicherheit in das Dreierbündnis: Er schlug vor, auch den Jemen in den ACC einzubeziehen. Die Demokratische Volksrepublik Jemen und die Arabische Republik Jemen befanden sich damals in einer Phase des Zusammenschlusses und benötigten dringend Stützen zur Absicherung der gemeinsamen Existenz. In Sana'a und in Aden wurde der Vorschlag des Irakers gerne angenommen, Mitglied der Dachorganisation ACC zu werden. Zu erkennen war allerdings, daß die Zielsetzung der Einbeziehung des Jemen in den ACC strategisch orientiert war: Saudi-Arabien, das sich geographisch zwischen Irak und Jemen befindet, sollte umklammert werden, umfaßt von zwei Staaten, die das royale saudische Regime aus den heiligen Stätten von Mekka und Medina vertreiben wollten. Saddam Hussein plante bereits den Krieg um die arabische Halbinsel.

Husni Mubarak ärgerte sich über die Eigenmächtigkeit des Saddam Hussein, der in Cairo nicht nachgefragt hatte, ob er den Jemen zur Teilnahme am ACC auffordern dürfe. Ägypten und Jemen hatten seit Sadats Zeiten ein gespanntes Verhältnis. Das »Bündnis der Notleidenden« litt von Anfang an unter einem gewaltigen Riß. Saddam Hussein weckte Husseins Hoffnung auf Mekka. Der Haschemitenkönig erinnerte sich daran, daß die heilige Stätte seiner Sippe zugeordnet war und träumte von einer Rückkehr dorthin.

Der König hatte zur Feier des ersten Jahrestags der Gespräche über den Zusammenschluß zum ACC eingeladen. Eigentlich bestand kein Anlaß zu Feierlichkeiten, denn das Bündnis war bisher wenig effektiv gewesen – der haschemitische Monarch aber war der Meinung, es sei Zeit zu einer Bestandsaufnahme. Am 23. Februar 1990 traf Saddam Hussein auf dem Flughafen von Amman ein. Der Sieger im Golfkrieg über Iran trug Militäruniform – auch der König erschien in militärischer Dienstkleidung. Hussein hatte lange warten müssen auf die Ankunft seines irakischen Gastes. Dem Flugzeug, das Saddam Hussein eigentlich nach Amman hätte bringen sollen, waren nur Sicherheitsagenten entstiegen. Die Maschine, die drei Stunden später eintraf, trug keine Kennzeichen und war bei der Luftraumsicherung nicht angemeldet worden. Saddam Hussein war darauf bedacht, möglichen Attentätern keinen Angriffspunkt zu bieten. Im Haschemiyehpalast, den Hussein 1977 für die Königin Alia hatte bauen lassen, wartete indessen der ägyptische Präsident Husni Mubarak auf den König und den irakischen Präsidenten. Die Warterei hatte Mubarak reizbar gemacht – dazu konnte der Ägypter den Iraker nicht ausstehen. Wütend seit der Affäre um die Aufnahme des Jemen in den ACC, hatte sich Mubarak vorgenommen, diesmal den Ton anzugeben, doch dazu fand er keine Gelegenheit. Kaum angekommen, riß Saddam Hussein die Gesprächsführung an sich. Er sprach vom Niedergang der Sowjetunion und von deren völligem Verschwinden von der politischen Landkarte. Die Konsequenz sei, daß die Vereinigten Staaten von Amerika innerhalb weniger Jahre die absolute Vorherrschaft in der Welt ausüben würden. Die USA aber seien der Feind der arabisch-islamischen Welt. Saddam Hussein stellte die Frage, wer denn Israel ermutige und sogar anstachle, die Juden aus der Sowjetunion in den Nahen Osten zu holen. Die USA würden die jüdische Zuwanderung finanzieren. Daran sei die Feindschaft der Mächtigen in Amerika zu erkennen. Der Kampf werde von den USA selbstverständlich in erster Linie um die arabischen Ölfelder geführt. Der Iraker zog das Fazit: »Wenn wir nicht aufpassen, wird die amerikanische Großmacht den Persischen Golf und bald ganz Arabien beherrschen!«

Die Alternative brauchte Saddam Hussein gar nicht auszusprechen; sie war eindeutig: Der irakische Präsident schlug vor, die arabische Welt habe sich ihm unterzuordnen, damit er, als Führer Arabiens, den Griff der USA nach dem Persischen Golf und schließlich nach der Gesamtheit Arabiens abwehre.

Das Treffen im Haschemiyehpalast von Amman, das der Zukunft des Arab Coordination Council hätte gewidmet sein sollen, entwickelte sich zur Selbstdarstellung des irakischen Staatschefs als Retter Arabiens. Husni Mubarak hörte dem Monolog mit wachsendem Ärger zu. König Hussein versuchte, Saddam Hussein zu unterbrechen, um den Monolog zum Dialog umzuwandeln. Da griff ihn der Gast direkt an: »Wer im Sold der USA steht, sollte nicht so anmaßend sein, für die Araber zu reden!« Der Iraker meinte damit die bekannte Tatsache, daß der König bis zur Amtszeit von Präsident Jimmy Carter regelmäßig Dollarbeträge vom CIA erhalten hatte — durch die Attacke aber fühlte sich auch Husni Mubarak getroffen, dessen Land pro Jahr mehr als zwei Milliarden Dollar an Hilfsgeldern aus Washington bekam.

Saddam Hussein wandte sich besonders an Hussein, als er sagte: »Arabien hat keinen Platz mehr für die Feigen und für die Vorsichtigen, die sich den USA anvertrauen wollen. Dieses Anvertrauen bedeutet Unterwerfung! Arabien darf sich nicht unterwerfen lassen!« Nach diesen Worten unterbrach Husni

Mubarak stimmgewaltig die Anklage des Irakers. Er schrie, daß er sich ein derart unreifes Gerede nicht gefallen zu lassen brauche. Er reise auf der Stelle nach Cairo zurück. Dann stand er auf und verließ den Raum. Im Gang wurde Mubarak von König Hussein eingeholt, der beruhigend auf ihn einzuwirken versuchte. Hussein meinte, es müsse sich wohl um ein Mißverständnis handeln. Vielleicht habe Saddam Hussein nur überreizte Nerven – eine Folge des langen Krieges, den er habe führen müssen. Der Ägypter erklärte sich bereit, wieder in die Gesprächsrunde zurückzukehren.

Saddam Hussein sah keinen Anlaß, sich zu entschuldigen. Er redete weiter, als ob er nicht unterbrochen worden wäre. Er redete jetzt über die royalen Regime in Kuwait und Saudi-Arabien und über deren fehlende Legitimation durch Abstammung. Zur Verblüffung von König Hussein erklärte der irakische Revolutionär, auch er sei hoher Abstammung: Er sei ein Nachfahre des Imam Ali, des vierten Kalifen, und er sei deshalb ebenfalls ein Mitglied der Familie des Propheten. Er habe das Recht, Respekt zu verlangen.

Husni Mubarak meinte, es sei jetzt wohl nicht von Belang, ob er zur Familie des Propheten gehöre. Diese Bemerkung mußte wiederum dem Haschemitenkönig mißfallen haben, denn er schwieg jetzt für einige Zeit.

Saddam Hussein wechselte das Thema: »Von Kuwait und Saudi-Arabien hat Irak während des langen Krieges 30 Milliarden Dollar erhalten. Damit wurden uns die Kosten der Kriegführung ersetzt. Jetzt, da die Gefahr vorüber ist, wollen Kuweit und Saudi-Arabien das Geld zurück. Ich aber verlange weitere 30 Milliarden Dollar! Wenn ich sie nicht bekomme, werde ich wissen, was ich zu unternehmen habe!« Nach diesem Monolog war die Geduld von Husni Mubarak zu Ende. Ohne Gruß verließ er den König und Saddam Hussein. Er flog noch in der Nacht nach Cairo zurück. Der König aber mußte sich weiter mit Saddam Hussein auseinandersetzen – der ihn zwar in üble Verlegenheit gebracht hatte, der ihm jedoch auch eine interessante Perspektive bieten konnte – auch wenn sie zwischen den beiden nicht so deutlich ausgesprochen wurde. Der drohende Krieg am Persischen Golf versprach auch eine positive Entwicklung für die Haschemiten: Wenn Saddam Hussein die Dynastie des Hauses As-Saud von der Arabischen Halbinsel vertrieb – und dazu schien er entschlossen zu sein – dann könnte die Rückkehr der Haschemiten in den Hedschaz nach Mekka und Medina möglich werden.

Vom Großvater Abdallah hatte Hussein die Überzeugungen übernommen, daß der Herrschaftsanspruch der Haschemiten auf die heiligen Stätten von Mekka und Medina nie erlösche. Wenn einer in der Lage war, den Haschemiten das Tor zur Rückkehr zu öffnen, dann war es Saddam Hussein. Kein Haschemite konnte es sich leisten, die Partnerschaft mit einem militärischen Mächtigen, der eine derartige Perspektive bot, auszuschlagen.

In jener Nacht vom 23. auf den 24. Februar 1990 wurde die Allianz zwischen dem König und dem irakischen Präsidenten gefestigt, die den kommenden Krieg – wenn auch mit Krisen – überdauern sollte. Der Haschemitenmonarch sah eine Chance für kommenden Glanz seiner Familie.

Bedingungslos und blind begab sich der politisch kalkulierende König allerdings nicht in die Hand des Irakers, der von sich behauptete, mit den Haschemiten verwandt zu sein. Am 26. Februar 1990 flog Hussein in die Golfstaaten; er besuchte die königliche Familie Saudi-Arabiens und den Emir von Kuwait. Hussein fand dort keine Bereitschaft zu Verhandlungen mit Saddam Hussein. Die Schuldenregelung war weder für den Saudikönig noch für den Emir von Kuwait ein Thema: Sie beharrten auf ihrer Forderung, Irak müsse die Kriegsschulden zurückzahlen.

Als der König in der Nacht zum 1. März 1990 von seiner Reise nach Amman zurückkehrte, hatte er auch die Erfahrung gemacht, daß ihm die saudische Königsfamilie immer noch mit Mißtrauen begegnete. Zwischen dem Herrschergeschlecht der As-Saud und der Haschemitendynastie lag unüberbrückbar die tiefe Kluft, die sich nach dem Ersten Weltkrieg aufgetan hatte: Im Bewußtsein der Haschemiten hatten die Ereignisse von damals das bittere Gefühl hinterlassen, ihnen sei mit der Vertreibung aus dem Hedschaz, aus Mekka und Medina, Unrecht geschehen – das »Haus As-Saud« aber wurde die Sorge nicht los, die Haschemiten seien von der einen Absicht getrieben, wieder nach Mekka und Medina zurückzukehren.

Husseins Eifer bei der Gründung des Arab Coordination Council hatte Argwohn erregt. König Fahd von Saudi-Arabien sah im Bündnis zwischen dem haschemitischen Königreich Jordanien und der Republik des Saddam Hussein eine Verschwörung zur Zerschlagung der saudischen Monarchie und des saudischen Staates.

Tatsächlich hatten Hussein und Saddam Hussein über eine neue Ordnung auf der Arabischen Halbinsel gesprochen. Daß der Iraker mit dem Gedanken beschäftigt war, die Ölgebiete der Golfwestküste der Arabischen Halbinsel in die Hand zu bekommen, war kein Geheimnis. Saddam Hussein hatte seine Pläne, Irak zum mächtigen Staat am Persischen Golf zu entwickeln, nie geheimgehalten. Nun, da Iran seine Großmachtpläne nach der Niederlage gegen Irak aufgegeben hatte, war die Chance für Saddam Hussein groß, seinen Ehrgeiz zu befriedigen.

Die gesamte Arabische Halbinsel zu beherrschen, daran war der Iraker nicht interessiert. Die westliche Hälfte, das Hedschazgebiet, wollte er den Haschemiten überlassen, die er ohnehin seit neuestem als seine Verwandten betrachtete. In König Hussein sah Saddam Hussein einen Trabanten, den er durch seine eigene militärische Übermacht fest an sich binden konnte.

Hussein, der Realist, war in die Fänge des Mächtigen von Baghdad geraten. Er glaubte jedoch, auch weiterhin durch Kalkulation und Intuition seinen Vorteil zu finden. Verfallen war der Haschemit dem Verführer nicht – doch Hussein wollte bereit sein, wenn sich für die Haschemitenfamilie das Tor zur heiligen Stadt Mekka auch nur einen Spalt öffnete.

»Sherif« –
Hussein läßt sich den Bart des Propheten wachsen

Der Großvater Abdallah hatte ihm die Bedeutung der Zugehörigkeit zur Familie des Propheten als Grundlage der Herrschaft der Haschemitenfamilie eingeprägt. Allahs Weisheit habe schließlich das »Haus Haschem« dazu auserwählt, den Propheten Mohammed als den letzten Verkünder der göttlichen Wahrheit hervorzubringen. Diese Bevorzugung in der islamischen Heilsgeschichte ist die Grundlage der haschemitischen Familienideologie. Auf sie immer wieder hinzuweisen, gehört zur Familienstrategie. Arabien und die Welt sollen nicht vergessen, wer die Haschemiten sind.

Ohne dieses Wissen ist das Verständnis der haschemitischen Hauspolitik nicht möglich. Deshalb sei noch einmal an die Bevorzugung der Familie durch Allah erinnert. Überliefert wird die Geschichte des Auswahlprozesses in diesen Worten: »Allah wählte Ismaïl aus unter den Söhnen des Abraham. Aus den Söhnen des Ismaïl suchte Allah den Stamm Kinana aus, und aus dem Stamm Kinana den Stamm Koraisch. Aus dem Stamm Koraisch aber wählte er die Sippe Haschem aus. Folglich ist die Sippe Haschem die Edelste und die Erhabenste.«

Bekannt aus den Jahrhunderten, die auf den Tod des Propheten Mohammed folgten, sind Lobpreisungen der Familie Haschem, die ihre besondere Position festigten: »Sie ist die Spitze des Adels der gesamten Welt. Ihr ist die Herrschaft über alle Menschen anvertraut.«

Der Oberste der Familie Haschem ist berechtigt, den Titel »Sherif« zu tragen – der Erhabene. Er gilt als edelster Adelstitel der islamischen Welt. Wer sich berufen fühlen darf, ihn zu tragen, der mußte seine Würde auch durch einen Bart zum Ausdruck bringen – wie ihn Sherif Hussein getragen hatte, als ihm der Titel von Ibn Saud noch nicht abgesprochen worden war. Einen ebensolchen Bart ließ sich Hussein im Herbst 1990 wachsen – zum Erstaunen seiner Offiziere und Berater, die nur langsam begriffen, welche Absichten der Herrscher insgeheim hegte.

Hussein mußte sich im klaren darüber sein, daß seit der »Außerordentlichen Sitzung der Arabischen Liga«, die Ende Mai 1990 in Baghdad stattfand, seine Position Erstaunen erregte bei denen, die in Jordanien einen gemäßigten nahöstlichen Staat gesehen hatten, der für Beruhigung in der Region eintrat. In seiner Rede vor den Sitzungsteilnehmern hatte Hussein unverhüllt Position für die aggressive Politik des Irak bezogen. Er hatte Saudi-Arabien und die anderen konservativen Golfstaaten frontal angegriffen, die sich weigerten, dem Irak die finanziellen Mittel zu geben, um Arabien gegen »finstere Machenschaften« abzusichern.

Hussein war auf dieser Außerordentlichen Sitzung der Arabischen Liga in Baghdad dafür eingetreten, daß dem Irak die

Möglichkeit gegeben werde, eine »strategische Parität« mit Israel aufbauen zu können. Israel, das derzeit stark sei, brauche keine Rücksicht zu nehmen auf das militärisch unzureichend gerüstete Arabien. Da sich die Militärmacht Ägypten durch seinen Friedensvertrag mit Israel nicht mehr als Mitglied des Solidarblocks der arabischen Staaten betrachte, sei allein noch Irak in der Lage, ein Kräftegleichgewicht herzustellen, das die israelische Regierung veranlassen könne, in aufrichtige Verhandlungen mit Jordanien und mit den Palästinensern einzutreten.

Daß der jordanische König für die Aufrüstung der irakischen Streitkräfte eintrat, um damit den Staat Israel einschüchtern zu können, glaubten die Delegierten des saudiarabischen Königreichs nicht. Sie waren der Meinung, die irakische Streitmacht sei gegen die Emirate am Persischen Golf und gegen die Saudi-Monarchie gerichtet.

Saddam Hussein selbst gab zu erkennen, daß er sich im Konflikt befand mit den royalistischen Nachbarstaaten. Er warf dem Emirat Kuwait vor, seinem Land Öl im Wert von 2,4 Milliarden Dollar durch eine »Schrägbohrung« unter der irakisch-kuwaitischen Grenze gestohlen zu haben. Kuwaits »Schrägbohrung« habe das irakische Ölfeld Rumailah angezapft, das in seiner Gesamtheit dem Irak gehöre. Saddam Hussein akzeptierte die kuwaitische Version nicht, das Ölfeld Rumailah rage an seiner Südspitze fünf Kilometer weit in das Gebiet des Emirats hinein. Die Antwort der irakischen Regierung war: »Kuwait hat seine Grenze willkürlich nach Norden verschoben.«

König Fahd von Saudi-Arabien war überzeugt, Saddam Hussein und der jordanische König bereiteten eine Zangenoperation gegen Saudi-Arabien vor: Jordanische Truppen, so fürchtete er, würden sich das Hedschazgebiet zum Ziel wählen. Den beruhigenden Nachrichten aus dem Pentagon traute Fahd nicht. Die Analytiker des amerikanischen Verteidigungsministeriums hatten in den Aufnahmen ihrer Beobachtungssatelliten keinerlei Anzeichen für einen jordanischen Aufmarsch bemerkt. Nach ihrer Ansicht waren vier Grundbedingungen für eine Offensive notwendig: Artilleriebatterien müssen in großer Zahl in Grenznähe Position bezogen haben – Munitionsdepots müssen angelegt worden sein – ein Kommunikationssystem hat zu funktionieren – Nachschublinien müssen Hinterland und Front verbinden. Die vier Grundbedingungen waren im Fall Jordanien nicht erfüllt – ebenso wenig wie im Fall Irak.

General Norman Schwarzkopf, den der amerikanische Präsident George Bush vorsorglich zum Oberkommandierenden einer noch zu schaffenden Streitmacht für den Konflikt am Persischen Golf ernannt hatte, glaubte am 1. August 1990 noch nicht an den Ausbruch eines Krieges. König Fahd war in seiner Analyse der Situation skeptischer: In den Medien waren Bilder des Haschemitenkönigs zu sehen – Backen und Kinn waren mit kurzen Barthaaren bedeckt. Hussein war offenbar dabei, sich zum Sherifen von Mekka und Medina zu stilisieren. Der Bart signalisierte Gefahr für Saudi-Arabien.

Am 2. August um 6 Uhr in der Frühe wurde der König durch einen Telefonanruf geweckt. Er hatte Anweisung gegeben, seinen Schlaf nur im besonderen Fall des Ausbruchs einer Katastrophe zu unterbrechen. Der wachhabende Offizier war überzeugt, die Pflicht zu haben, Hussein zu wecken – der Anrufer war der saudiarabische König Fahd. Er verlangte von Hussein, sofort Saddam Hussein anzurufen mit der Forderung, seine Panzer zurückzuziehen, die bereits den Stadtrand von Kuwait-City erreicht hätten.

Um 6.30 Uhr bemühte sich Hussein, den irakischen Präsidenten telefonisch zu erreichen. Sechs verschiedene Nummern standen ihm zur Verfügung. Alle Versuche, Kontakt zu Saddam Hussein zu bekommen, scheiterten. Zu diesem Zeitpunkt sah sich der Iraker bereits als Sieger: Kuwait war eingenommen. Endlich, drei Stunden später, war die Telefonverbindung zwischen Hussein und Saddam Hussein hergestellt. Der König hatte den Eindruck, sein Gesprächspartner sei glücklich über den Verlauf der militärischen Operation, der kaum Widerstand begegnet sei. Hussein erfuhr, daß der Iraker glaubte, zum Angriff gezwungen worden zu sein. Die Verschwörung des Emirs von Kuwait habe durch Überangebot auf den Ölmärkten der Welt zu einem Zusammenbruch der Ölpreise geführt, der insbesondere den wirtschaftlichen Interessen des Irak geschadet habe. Allein für diese Verschwörung habe das Herrscherhaus von Kuwait bestraft werden müssen.

306

Golfkrieg 1991 –
Husseins isolierte Lage

Nach dem Telefonat mit Saddam Hussein wußte der König, daß der Traum von der Rückkehr der Haschemiten nach Mekka und Medina auf diese Weise nicht zu realisieren war. Ein Mitgliedsstaat der Vereinten Nationen war überfallen worden und diese Aggression mußte die Weltöffentlichkeit verurteilen. Hussein wollte versuchen, den Schaden zu begrenzen. Er sah sich veranlaßt zu verhindern, daß Saddam Hussein von den arabischen Staatschefs auf die Anklagebank gesetzt wurde. Er meldete sich noch für den Abend zum Besuch in Baghdad an. Zuerst aber wollte er Husni Mubarak aufsuchen, der sich in Alexandria aufhielt.

Am Nachmittag des 2. August landete Hussein auf dem Flughafen der ägyptischen Küstenstadt. Präsident Mubarak erwartete ihn. Seine Stimmung war ungnädig: Er hielt das Verhalten des Irakers für unverantwortlich. Hussein versuchte den Zorn zu dämpfen. Er versprach, es werde ihm gelingen, Saddam Hussein zum Rückzug aus Kuwait zu bewegen – Voraussetzung aber sei, daß kein arabischer Staat die irakische Invasion verurteile. Mubarak sicherte zu, er werde versuchen, die Kollegen zur Mäßigung zu bewegen. Der König war voll Optimismus, es werde ihm gelingen, den Konflikt rasch zu bereinigen: »Das Ganze wird bald nur noch wie ein Versehen wirken.«

Husseins eigenes Bemühen, den saudiarabischen König Fahd zu beruhigen, mißlang. Fahd weigerte sich, mit Hussein am Telefon über die Lage zu reden. Dem jordanischen Außenminister wurde aus Riyadh mitgeteilt, es bestehe kein Interesse, den jordanischen Standpunkt kennenzulernen. Das Mißtrauen des Hauses As-Saud gegen den »haschemitischen Verschwörer« war weiterhin wach. Husni Mubarak war erfolgreicher. Ihm versprach der saudiarabische Monarch, er werde vorläufig keine Erklärungen zur Situation am Golf abgeben.

Am Abend traf Hussein in Baghdad ein. Er fand den irakischen Präsidenten in völlig entspannter Stimmung vor. Saddam Hussein stimmte der Meinung seines Gastes zu, daß der Konflikt eine »arabische Angelegenheit« bleiben müsse. Unter keinen Umständen dürfe den Amerikanern Gelegenheit gegeben werden, sich einzumischen. Um Mitternacht fühlte sich

Hussein derart müde, daß er den Gastgeber bat, das Gespräch bis zum Morgen zu unterbrechen. Der irakische Präsident war einverstanden.

Um 9 Uhr morgens war Hussein in der Lage, Verhandlungen mit Saddam Hussein zu beginnen. Es gelang ihm, dem Iraker das prinzipielle Einverständnis zu einem Rückzug aus Kuwait abzuringen. Daß Saddam Hussein dabei die Bedingung stellte, ihm müßten jedoch ebenfalls gewisse Zugeständnisse gemacht werden, war für den König selbstverständlich. Welche Zugeständnisse gemeint waren, blieb offen. Eine Bedingung aber stellte Saddam Hussein mit Härte: Er wollte mit keinem Mitglied der Emirfamilie von Kuwait verhandeln; mit König Fahd als Verhandlungspartner erklärt er sich einverstanden. Um die Mittagszeit des 3. August verließ Hussein Baghdad im Gefühl, er habe den Konflikt unter Kontrolle. Seine derzeitige Aufgabe sah er als würdige Funktion eines Haschemiten an: Er schaffte Einigkeit unter den Arabern.

Um diese Stunde versuchte der amerikanische Präsident George Bush, per Telefon den saudiarabischen König zu überzeugen, Saddam Hussein bereite sich darauf vor, die Ölfelder des Königreichs zu besetzen. Diese Aktion könne nur verhindert werden, wenn Saudi-Arabien sofort einer amerikanischen Militärhilfe zustimme. Nur die amerikanischen Streitkräfte seien stark genug, die bald zu erwartende irakische Invasion zurückzuschlagen. König Fahd hörte den Vorschlag und schwieg dazu. Er hielt den Telefonhörer ans Ohr, ohne ein Wort zu sagen. Das war Fahds Methode, dem amerikanischen Präsidenten mitzuteilen, daß er ihm nicht glaube.

Sofort nach seiner Ankunft in Amman telefonierte Hussein mit dem ägyptischen Staatschef. Die Telefonleitung zwischen der jordanischen Hauptstadt und Cairo war offenbar wieder einmal von geringer Übertragungsqualität, denn am Ende des Gesprächs entstand ein Mißverständnis. Der König war der Meinung, er habe Mubarak das positive Ergebnis seiner Begegnung mit Saddam Hussein mitgeteilt – Mubarak aber hatte verstanden, das Ergebnis sei negativ gewesen. Hussein glaubte gesagt zu haben, Saddam Hussein stimme der Verhandlung über Rückzugsmodalitäten zu; Husni Mubarak glaubte verstanden zu haben, der Iraker habe sich geweigert. So geschah, was Hussein unbedingt hatte verhindern wollen: Das ägypti-

sche Außenministerium verurteilte in einer öffentlichen Erklärung die irakische Invasion mit heftigen Worten – auch Saddam Hussein wurde nicht verschont.

Die Lektüre des ägyptischen Kommuniqués erschütterte das
Selbstvertrauen des Königs. Bis zu jener Mittagsstunde des
zweiten Tages nach dem irakischen Einmarsch hatte Hussein
geglaubt, es werde ihm gelingen, eine Lösung ohne Krieg für
diesen Konflikt zu erreichen. Als Voraussetzung war mit Saddam Hussein abgesprochen worden, daß er nicht öffentlich angegriffen werde. Nun aber bekam Hussein zu spüren, daß eine
andere Kraft den friedlichen Lösungsweg durchkreuzte. Präsident Bush hatte sich eingeschaltet, um seine Vorstellungen
durchzusetzen. Für den Rest des Tages blieb der Monarch in
seinem Arbeitszimmer im Basmanpalast – nur Kronprinz Hassan durfte sich dem König nähern.

Ungewöhnliches erlebte Hussein an diesem Tag: Kein Telefonanruf störte die Ruhe des Basmanpalasts. Kein Besucher meldete sich an. Husseins Meinung war nicht gefragt. Selten hatte
er seine Lage als derart isoliert empfunden.

Später erzählte der König, er habe während dieser Stunden
daran gedacht, sein Amt niederzulegen. Offenbar konnte er
weder seinem Land noch Arabien nützen. Seit dem Tag, an
dem sein Großvater Abdallah vor der Al-Aqsa-Moschee in Jerusalem vor seinen Augen erschossen wurde, hatte er nie mehr
derart stark die Empfindung gehabt, abseits zu stehen. Doch
diesmal war kein britischer Fliegeroffizier in der Nähe, der zu
ihm sagte, er wolle ihn nach Hause fliegen. Hussein war jetzt
55 Jahre alt – und glaubte, gescheitert zu sein. Er hatte den
Krieg vermeiden wollen und war sich nun sicher, daß der
militärische Konflikt nicht mehr verhindert werden konnte.

Hussein machte an diesem Abend dem ägyptischen Präsidenten keinen Vorwurf, vorschnell Saddam Hussein verurteilt und
zum bedingungslosen Rückzug aufgefordert zu haben. Er wußte, daß Mubarak unter dem gewaltigen Druck des amerikanischen Präsidenten stand, der den Krieg wollte. George Bush
glaubte, seine »Neue Weltordnung« durchsetzen zu können,
die das Böse eliminierte, bis nur noch gute Staaten existierten,
die friedlich nebeneinander leben. Was der König während der
Stunden der Isolation nicht erfahren hatte war, daß Husni
Mubarak tatsächlich aus dem State Department in Washington

eine harsche Mahnung erhalten hatte, er möge gegenüber Irak eine harte Haltung einnehmen, wenn er vermeiden wolle, daß die USA künftig jede Hilfeleistung für Ägypten unterlassen. Husni Mubarak, dessen Staat nur durch die massive Finanzhilfe aus den USA überleben konnte, setzte durch, daß die Außenminister der Staaten der Arabischen Liga in Cairo eine Resolution verabschiedeten, die einer Verhandlungslösung keine Chance mehr ließ: Saddam Hussein sei der Übeltäter, der sich allein durch demütigenden Rückzug von der Schuld des Überfalls auf Kuwait reinwaschen könne. Hussein hatte seinen Außenminister angewiesen, gegen diese Resolution zu stimmen. Zu seiner Überraschung war Jordanien mit seiner »Neinstimme« nicht völlig allein: Libyen, der Jemen, Sudan, Djibuti und die Palästinensische Befreiungsorganisation votierten gegen die Verurteilung des Irak.

Der Zorn des amerikanischen Präsidenten richtete sich jedoch allein gegen Hussein – offenbar sah er in Jordanien den Anführer der Neinsager. George Bush war wütend, weil er sein Ziel durch den König gefährdet sah, eine arabische Solidaritätsfront gegen Saddam Hussein aufzubauen. Er wollte den Krieg, um das Böse in der Person des Irakers zu züchtigen und um dem Land an Euphrat und Tigris die Möglichkeit zu nehmen, ein nukleares Waffenpotential aufzubauen. Vermeiden wollte George Bush, daß der von ihm erwünschte Krieg eine rein amerikanische Angelegenheit blieb. Deshalb war es sein Wunsch, alle Staaten der Arabischen Liga würden durch die Verurteilung des Irak und seines Staatschefs die Voraussetzung schaffen für ein gerechtfertigtes Eingreifen der USA mit militärischen Mitteln.

George Bush wollte den Krieg vor allem deshalb, weil der Besitz des kleinen Emirats Kuwait Saddam Hussein in die Lage versetzt hätte, 20 Prozent der bekannten Ölvorräte der Welt »zu kontrollieren«. Diese Formulierung des State Department war übertrieben; von »Kontrolle« konnte keine Rede sein. Nicht zu leugnen war allerdings, daß Irak durch den Besitz von Kuwait zum Kreis der ölreichsten Staaten der Welt gehören würde – mit Zugang zum Persischen Golf, der bisher auf einen schmalen Küstenstreifen beschränkt war. Die Eingliederung von Kuwait hätte Irak und seinem Staatschef einen beachtlichen Zuwachs an Prestige gebracht.

310

George Bush steigerte sich innerhalb weniger Stunden derart in die Bereitschaft zum Krieg hinein, daß er selbst an keinen Ausweg mehr denken konnte. Er wurde gedrängt von den Militärs der USA, die endlich ihre Chance erkannten, die Schande der Niederlage von Vietnam durch einen Sieg am Persischen Golf auszumerzen.

In der Nacht vom 6. zum 7. August 1990 schloß der US-Verteidigungsminister Dick Cheney mit König Fahd ein Abkommen, das der Streitmacht der Vereinigten Staaten die Möglichkeit gab, den Krieg gegen Irak auf saudiarabischem Boden vorzubereiten. König Fahd hatte sich von Dick Cheney doch noch überzeugen lassen, sein Königreich und seine Ölfelder seien durch irakische Panzervorstöße bedroht. Erst später stellte Fahd fest, daß er getäuscht worden war. Saddam Husseins Streitmacht war Anfang August 1990 keineswegs darauf vorbereitet, nach Saudi-Arabien einzudringen. König Hussein war durch Dick Cheneys Bluff aus dem politischen Entwicklungsprozeß ausgeschaltet: Die in Washington Verantwortlichen hatten jetzt freie Hand.

Vom dritten Tag nach der Invasion Kuwaits an verstärkte sich das Gefühl des Königs, isoliert zu sein, verlassen von den maßgeblichen arabischen Regierungen – für Jordanien kündigte sich Unheil an. An der Grenze zwischen Irak und seinem Land trafen Kraftfahrzeuge ein, vollgeladen mit Menschen und Hausrat. Pakistani, Inder und Ägypter baten darum, über Jordanien in ihre Heimat ausreisen zu dürfen. Die Gastarbeiter, die in Kuwait den Müll beseitigten, Fracht im Hafen entluden, die Kaufhausregale mit Waren füllten, flohen mit ihren Familien aus dem Kriegsgebiet. Zunächst gestatteten die jordanischen Grenzbehörden die Weiterfahrt der Konvois nach Amman nicht. Ein primitives Auffanglager entstand bei Ruweishid in Grenznähe. Innerhalb weniger Tage war es überfüllt. Die königliche Regierung schätzte, daß fast eine Million Menschen den Fluchtweg über Jordanien gewählt hätten; eine Viertelmillion sei über Syrien und die Türkei geflohen. Die Hauptlast habe das Königreich zu tragen gehabt.

Als die Regierung Jordaniens begriff, welche Folgen der Kuwait-Konflikt für ihr Land haben würde, richtete sie Hilferufe an Syrien und Saudi-Arabien, doch sie wurden nicht beantwortet. Der König hatte sich auf die Seite von Saddam Hussein gestellt; es lag nun am Irak, ob Hussein Hilfe erhielt oder nicht.

Die Folge des Flüchtlingsstroms war eine rapide Verschlechterung der jordanischen Wirtschaftslage: Da nicht genügend Lebensmittel zur Verfügung standen, stiegen die Preise für Mehl, Öl und Zucker. Die tägliche Ernährung wurde für die Armen des Landes unerschwinglich. In dieser kritischen Situation erhielt der König eine Unterstützung, mit der er nicht gerechnet hatte und die ihn in Schwierigkeiten zu bringen vermochte.

Erst zeigten sich kleine Gruppen auf den Straßen im Zentrum von Amman, die mit lauten Rufen Saddam Hussein priesen. Als die jordanische Polizei nicht eingriff, vergrößerte sich die Zahl der Demonstranten. Sie wurden kühner in ihren Parolen, griffen die USA als »Feind der Araber und Feind des Islam« an, beschimpften die kuwaitische Herrscherfamilie As-Sabah, die mit dem amerikanischen Imperialismus gegen arabische Interessen konspiriere. Laut bejubelten sie König Hussein, der sich auf die Seite des arabischen Volkshelden Saddam Hussein gestellt habe.

Zum ersten Mal in der nahezu 40jährigen Geschichte seiner Regentschaft machte Hussein die Erfahrung, daß ihm zu Ehren eine Massendemonstration in der Hauptstadt stattfand. Die jungen Palästinenser aus den Lagern ringsum Amman führten die Menschenzüge an; ihnen schlossen sich auch Jordanier an. Auf einmal bestand Einigkeit zwischen den arabischen Bewohnern der Gebiete westlich und östlich des Jordan. Ihr Idol war Hussein, der »Freund des Saddam Hussein«.

Es zeigte sich während der ersten Tage des Monats August 1990, daß die politisch aufgeweckte Jugend der Palästinenser und der Transjordanier in Saddam Hussein einen Vorkämpfer der arabischen Einheit sah. Er hatte die bei jungen Arabern wirksame Parole verbreitet, das Öl, das Allah den Arabern geschenkt hatte, sei nicht Eigentum der regierenden Familien in den Emiraten und im Königreich Saudi-Arabien – es gehöre allen Arabern. Die Jugend in Jordanien erkannte in Saddam Hussein eine Persönlichkeit, die in der Lage war, Arabien zu einigen, und als Mitstreiter wurde König Hussein gefeiert.

Rufe der Begeisterung über den Herrscher waren im Basmanpalast deutlich zu hören. Sie machten Hussein zwar Freude, doch er wußte auch, daß sie seine Politik festlegten. Wenn er den gemeinsamen Kurs mit dem Iraker aufgeben wollte – das war ihm bewußt – dann geriet die haschemitische Herrschaft in Gefahr. Hussein ließ sich auf die proirakische Politik ein, und er demonstrierte diese Festlegung mit Hartnäckigkeit. Das Flugzeug, das er zum Flug nach Cairo auswählte – dort wollte Hussein an der Gipfelkonferenz der arabischen Staatschefs teilnehmen – trug den Namen »Baghdad«. Seine Berater schlugen vor, er möge den Namen auf dem Bug des Airbusses übermalen lassen, doch Hussein weigerte sich. Auch die irakische Delegation, die in Cairo eintraf, hatte ein Flugzeug mit einem symbolträchtigen Namen gewählt: Es hieß »Saladin«. Dieser Name ist den geschichtsbewußten Arabern heilig; Saladin hatte einst dem Kreuzritterstaat im Nahen Osten ein Ende bereitet.

Die Gipfelkonferenz, die am 10. August 1990 in Cairo stattfand, gilt als bitterste Stunde Arabiens. Beschlossen wurde eine Resolution, die den Irak verurteilte, die ein Embargo gegen Irak vorschlug und die der Entsendung eines militärischen arabischen Expeditionskorps nach Saudi-Arabien zustimmte. Irak, Libyen und die Palästinensische Befreiungsorganisation waren mit der Resolution nicht einverstanden. Sie verlangten die Rückkehr zu Verhandlungen. Arafat protestierte gegen die Resolution und wurde von Mubarak niedergeschrien. Als Moammar al-Kathafi die Resolution verurteilte, brüllte ihn Mubarak an: »Ich besetze demnächst dein Land, und niemand wird sich darum kümmern!«

Hussein saß apathisch in seinem Sessel und enthielt sich der Stimme. Zum Zeitpunkt dieser Abstimmung verkündete Saddam Hussein über Radio Baghdad ein politisches Ziel, das den haschemitischen König aus seiner Lethargie riß.

Saddam Hussein:
»Wer jetzt in Mekka herrscht, hat kein Recht dazu!«

Die Stunde für diesen Aufruf war gut gewählt. Überall in Arabien wurde bekannt, daß amerikanische Truppen in Saudi-Arabien den Kampf aufnahmen gegen Saddam Hussein, und in keinem islamischen Land wurde der Aufmarsch der ameri-

313

kanischen Streitkräfte mit Verständnis oder Zustimmung aufgenommen. In den Augen der Mehrheit der Araber handelte es sich bei den amerikanischen Soldaten um Ungläubige, die sich im Rahmen einer israelisch-amerikanischen Verschwörung bei Mekka und Medina, im Herzen des Islam, einquartierten. Für diese Gläubigen, die Angst hatten vor der Präsenz der Amerikaner, war der Text bestimmt, den Saddam Hussein über die irakischen Rundfunksender ausstrahlen ließ. Die Schuld an den »Besetzungsplänen« der US-Streitkräfte gab Saddam Hussein der Familie As-Saud.

»O Volk des Hedschaz! Du leidest darunter, daß du beherrscht wirst von Fremden, denen du nicht gehörst! Du leidest darunter, daß die heiligen Stätten von Mekka und Medina durch eine Sippe verunreinigt werden, die das Heiligtum gestohlen hat. Wer jetzt in Mekka herrscht, der hat kein Recht dazu!«

Die Stimme des irakischen Präsidenten rief das Volk des Hedschaz auf, sich von der Herrschaft der Familie As-Saud zu befreien. Die unrechtmäßigen Herren sollten durch die rechtmäßigen ersetzt werden. Die Hörer von Radio Baghdad verstanden, was gemeint war: Die Haschemiten sollten in den Hedschaz zurückkehren; Hussein sollte das hohe Amt des Sherifen von Mekka und Medina übernehmen, das einst sein Urgroßvater verwaltet hatte. Saddam Hussein proklamierte in dieser Radiosendung den Heiligen Krieg gegen die Familie As-Saud, die Mekka und Medina den Amerikanern ausliefere. Noch ehe dieser Plan der As-Sauds verwirklicht werden könne, sei die Familie zu vertreiben.

Die CIA-Zentrale in Washington befaßte sich mit dem Redetext. CIA-Direktor William Webster interpretierte ihn als Aufruf zum Umsturz in Saudi-Arabien. Im Gespräch mit Präsident George Bush brachte er den Text mit Ereignissen in Amman in Verbindung: Dort habe die Moslembruderschaft ebenfalls zum Kampf gegen die in Saudi-Arabien regierende Familie aufgerufen. Mehr als 50 000 Menschen hätten in der jordanischen Hauptstadt für Saddam Hussein und für den mit ihm verbündeten König demonstriert. Der CIA-Direktor hielt eine koordinierte Aktion zwischen Baghdad und Amman nicht für ausgeschlossen.

Die Befürchtungen erhielten am 13. August weitere Nahrung. König Hussein flog in die irakische Hauptstadt, um mit Saddam Hussein eine Idee zu besprechen, die in Baghdad entwickelt worden war, und die bereits das Interesse der arabischen Massen in Cairo, in Sana'a und in Amman gefunden hatte. Saddam Hussein brachte das Problem der Besetzung Kuwaits in Verbindung mit dem Problem der von Israel besetzten Gebiete am Westufer des Jordan und im Libanon. Beide Probleme sollten gemeinsam, in einer Anstrengung, gelöst werden. Über die Entscheidungen der Regierenden hinweg zeigten politisch aufgeschlossene Menschen, daß sie die Idee einer Verkoppelung der Probleme gut fanden: Saddam Hussein bot an, er werde sich aus Kuwait zurückziehen, wenn Israel ebenfalls seine Verpflichtungen erfüllte, die ihm aus Sicherheitsratsbeschlüssen auferlegt sind. König Hussein hielt den Vorschlag des irakischen Präsidenten für diskussionswürdig. Doch James Baker, der amerikanische Außenminister, sah eine Gefahr für die Position der USA: Die Verkoppelung verwässerte die harte Position gegenüber Saddam Hussein; der Iraker saß nicht mehr allein auf der Anklagebank – auch Israel hätte darauf Platz nehmen müssen.

Noch während sich Hussein in Baghdad aufhielt, lehnte James Baker jegliche Diskussion über ein Koppelgeschäft für den Frieden ab: »Der Gedanke an eine Verkoppelung darf sich gar nicht erst in den Köpfen festsetzen. Der Beschluß des Weltsicherheitsrats ist eindeutig: Saddam Hussein muß aus Kuwait abziehen, und darüber gibt es überhaupt keine Verhandlungen!«

Dieser Feststellung entgegnete der syrische Außenminister Faruk ash-Shar'a: »Wenn die amerikanische Regierung glaubt, sich auf Sicherheitsratsbeschlüsse berufen zu können, dann muß doch darauf hingewiesen werden, daß es auch Sicherheitsratsbeschlüsse gibt, die Israel binden. Die amerikanische Regierung sollte sich hüten, die Israelis und die Araber mit zweierlei Maß zu messen!«

Die Verantwortlichen in Damaskus waren keineswegs weit entfernt vom Standpunkt des Saddam Hussein in der Sicht des Problemfelds Naher Osten. Die Bildung einer politischen – nicht militärischen – Koalition zwischen Irak, Jordanien und Syrien war Mitte August 1990 durchaus möglich. Verhindert wurde sie durch falsche Versprechungen des amerikanischen Präsidenten George Bush. Der syrische Präsident hatte den

Eindruck, er gewinne, wenn er sich mit Amerika zusammen schließe. Allerdings zögerte er lange.

Hafez al-Assad war zwar kein Freund von Saddam Hussein, doch er war im Grunde einverstanden mit dessen Idee, die Problemfelder »Kuwait« und »Jordanien-Palästina« miteinander zu verbinden. Präsident Bush aber wollte Syrien locken, seiner Koalition gegen Saddam Hussein beizutreten und damit auf den Gedanken der Verkoppelung zu verzichten. Mit den Mitteln der Diplomatie umgarnte Bush den zögernden Syrer. Als Hafez al-Assad darauf bestand, nicht allein die Besetzung von Kuwait müsse beendet werden, sondern auch die besetzten Gebiete westlich des Jordan seien zu räumen, war George Bush schließlich am 23. November 1990 während eines Gesprächs zwischen ihm und al-Assad in Genf bereit, einem indirekten Koppelgeschäft zuzustimmen: »Wenn das Problem Saddam Hussein bereinigt ist, werden sich die Vereinigten Staaten sofort dem Friedensprozeß zuwenden – das verspreche ich! Wir werden den arabisch-israelischen Konflikt auf faire Weise beenden!«

Das Versprechen, sich dem Friedensprozeß zuzuwenden, hat George Bush gehalten – die Zusage, es werde eine faire Friedenslösung gefunden werden, blieb unerfüllt. Hafez al-Assad, der Politiker mit dem feinsten Gespür für Wandel von Kräfteverhältnissen und Stimmungen im Nahen Osten, vollzog einen Kurswechsel. Der bisherige Gegner der USA ließ sich aufnehmen in die amerikanische Front gegen Irak. Er handelte sich dafür die sofortige Streichung seines Landes aus der Liste der »terroristischen Staaten« ein. Syrien erlangte dadurch die Berechtigung, aus internationalen Fonds, die der amerikanischen Kontrolle unterstehen, Kredite zu erhalten. Hafez al-Assad führte Syrien auf die Siegerseite im Konflikt mit Irak.

Die Versuche König Husseins, Verständnis zu finden für seine Politik, stießen auf Ablehnung. Der König war für George Bush zum Monarchen mit verdächtigen Ambitionen geworden, die amerikanischen Interessen zuwiderliefen. Der saudiarabische Oberbefehlshaber General Khaled Bin Sultan, ein Mitglied der regierenden königlichen Familie, bestärkte den amerikanischen Präsidenten in dieser Ansicht: »Ist es etwa weit hergeholt, wenn wir sagen, daß König Hussein davon träumt, sich den Hedschaz wieder zu holen, den einst sein Urgroßvater regiert hat?«

Neuer Anspruch:
»Ihr könnt mich Sherif nennen!«

Einige Tage nach der irakischen Invasion des Emirats Kuwait berief der König eine Versammlung der Sheikhs aller ihm ergebenen Stämme Jordaniens ein: Treffpunkt war die Gegend von Ma'an im Süden Jordaniens. Das Treffen hatte den Sinn, die Sheikhs mit der haschemitischen Haltung im Konflikt am Persischen Golf vertraut zu machen. Die Mächtigen der Großfamilien, der Sippen, fühlten sich zwar dem Mitglied der Familie des Propheten verpflichtet, doch sie empfanden auch Stolz auf die eigene Stellung. Schon zur Zeit des Propheten hatten die Stammessheikhs das Recht, ihren Standpunkt aufrecht und offen zu vertreten. Hussein mußte die stolzen Sheikhs jedesmal erneut für sich gewinnen.

Hundert Männer saßen auf Kissen im Halbkreis um Hussein. Ein Zeltdach hielt die Sonnenstrahlen ab. Kaffee wurde in kleinen Tassen gereicht. Als der König mit tiefer Stimme zu sprechen begann, schwiegen die Sheikhs. Er sprach von der Familie As-Saud, die sich königlich nannte, und die doch kein Recht besaß, die Arabische Halbinsel zu regieren. Er redete von der Sippe As-Sabah, die Kuwait unterworfen hatte. Nirgends in Kuwait und in Saudi-Arabien hätten die traditionellen Stämme ihre Würde und ihre Souveränität bewahren können – allein unter dem »Zelt der Haschemitenfamilie« seien die Rechte der Stammessheikhs gewahrt.

Dann wandte sich Hussein einem für ihn schwierigen Punkt zu, dem Königstitel, den er führte, und der keinen Platz hatte im hierarchischen Denken der Beduinen. Ihnen war der Königstitel fremd. Hussein fand die richtigen Worte, als er sagte: »Ich lege keinen Wert auf den Königstitel! Ich habe ihn mir nicht selbst gegeben. Wenn ich den Titel »König« ablege, führe ich noch immer den höheren Titel: Ihr könnt mich Sherif nennen!«

Für die Stammessheikhs war damit das Ziel abgesteckt, das Hussein verfolgte: Er erhob Anspruch auf Titel, Amt und Funktion des Sherifen von Mekka und Medina. Die Sheikhs bejubelten ihn. Der saudi-arabische General Khaled Bin Sultan war alarmiert, als ihm die Aussage des Haschemitenfürsten mitgeteilt wurde. Dem General wurde auch übermittelt, daß König Fahd wütend gewesen sei, als er von der »Anmaßung der

Haschemiten« erfahren hatte. König Fahd hatte verlangt, daß die saudisch-jordanische Grenze streng zu überwachen sei – um einen Vorstoß jordanisch-irakischer Truppenverbände in Richtung Hedschaz unter allen Umständen zu verhindern. Khaled Bin Sultan, der kommandierende Saudiprinz, hielt die Gefahr einer kombinierten Militäraktion aus der Region von Ma'an in Richtung Tabuk und Medina für möglich. Der Prinz war schließlich überzeugt, der gesamte Konflikt sei der gemeinsamen strategischen Kalkulation von König Hussein und Saddam Hussein entsprungen. Die Überzeugung vermittelte er dem amerikanischen Oberbefehlshaber General Norman H. Schwarzkopf – und dieser informierte seinen Präsidenten George Bush. Der Präsident beschloß daraufhin, daß Saddam Husseins Verbündeter auch zu den Verlierern dieses Golfkrieges zählen müsse.

Der König litt darunter, daß das Telefon in seinem Arbeitszimmer im Basmanpalast stumm blieb. Der Aufbau der Streitmacht der Alliierten, der Amerikaner, Franzosen, Engländer und Ägypter angehörten, vollzog sich rasch – die Meinung Husseins dazu war nicht gefragt. Da schaltete er sich selbst wieder in den Entscheidungsprozeß ein. Hussein rief George Bush an und wies darauf hin, er sei immer ein treuer Verbündeter der USA gewesen. Bush reagierte darauf gar nicht. Hussein machte den Vorschlag, er werde selbst noch einmal nach Baghdad fliegen in der Hoffnung, dem irakischen Präsidenten substantielle Konzessionen abringen zu können. Von George Bush erhielt er keine Ermutigung.

Hussein, der Realist, kalkulierte in diesem Fall falsch. Er glaubte, die amerikanische Regierung sei in erster Linie daran interessiert, den Aggressor Saddam Hussein zum Abzug aus Kuwait zu bewegen. Das Gegenteil war der Fall: Nur wenn der Iraker in Kuwait blieb, war die Möglichkeit gegeben, Krieg zu führen – mit dem Ziel, das irakische Nuklearpotential zu zerstören, und den USA die Kontrolle über die nahöstlichen Ölfelder zu sichern. Hussein erkannte die »Strategie der Neuen Weltordnung« nicht, die den amerikanischen Präsidenten motivierte.

Am 13. August 1990 faßte Hussein seine Energie und seine Überredungskunst zusammen, um Saddam Hussein zu veranlassen, eine Spur des guten Willens zur Verständigung zu zeigen. Als Hussein den Präsidentenbunker im Baghdad wieder verließ, wußte er, daß er nicht das geringste erreicht hatte.

»Was in Amman geschieht, ist eine Schande« – erneute Sorge vor Israels Zugriff

Am Tag nach der ergebnislosen Visite in Baghdad traf Hussein den amerikanischen Präsidenten im Empfangssalon des Landsitzes Kennebunkport. Der Ankunft des Königs war die Nachricht vorausgeeilt, er bringe wichtige Neuigkeiten aus der irakischen Hauptstadt. George Bush schien erleichtert zu sein, daß dies nicht den Tatsachen entsprach. Er war froh, sich nicht mit einem Kompromißvorschlag befassen zu müssen, der seine Absichten gestört hätte.

Es blieb dem jordanischen Monarchen nichts anderes übrig, als sich zu verpflichten, am Embargo gegen Irak teilzunehmen. Im Hafen von Aqaba durften künftig keine Waren aus Irak mehr entladen werden, auch die Autostraße zur irakischen Grenze wurde für Transporte gesperrt, die das Land an Euphrat und Tigris erreichen sollten.

Hussein hatte bereits errechnen lassen, daß das Sozialprodukt seines Königreiches im Jahr 1990 um 30 Prozent und im Jahr 1991 um 50 Prozent sinken werde. Er bat deshalb den amerikanischen Präsidenten, er möge veranlassen, daß internationale Hilfe die kriegsbedingte Wirtschaftskatastrophe für Jordanien verhindere. George Bush meinte zum Abschied, er werde sich um dieses Problem kümmern. Doch er dachte nicht daran, Hussein zu helfen.

So war Jordanien gezwungen, allein für die Flüchtlinge zu sorgen, die Tag für Tag zu Zehntausenden über die Grenze fluteten. Da kamen nicht allein Familien, die darauf hofften, über den Flughafen Amman oder über den Hafen Aqaba in ihre ägyptische oder fernöstliche Heimat weitertransportiert zu werden; da trafen Jordanier ein, die aus Saudi-Arabien ausgewiesen worden waren. Arbeiter, Ärzte, Ingenieure, Lehrer – sie waren im Ölkönigreich unerwünscht. Sie wurden dafür bestraft, daß König Hussein Position auf Seiten des Aggressors Saddam Hussein bezogen hatte.

Saudi-Arabien rächte sich auch durch Unterbrechung der Ölversorgung für Jordanien. Von einem Tag zum anderen trafen keine Öltransporter mehr in der Raffinerie Zerka ein. Ganz offenbar begann die königliche Familie in Riyadh einen Wirtschaftskrieg gegen die Haschemiten. Saddam Husseins Hilfe verhinderte den Zusammenbruch der jordanischen Energiewirtschaft: Die nationale irakische Ölgesellschaft schickte Tankwagen auf der Strecke Baghdad zum Grenzort Ruweishid. Irak lieferte Öl zum Minimalpreis. Auf diese Weise war die Grundlage für den Bruch des Embargos gelegt: Irak lieferte Öl; Jordanien transportierte wichtige Güter nach Baghdad. Das bisherige Bündnis blieb erhalten – auch nach Beginn des offenen Krieges am 16. Januar 1991.

Die amerikanische Luftwaffe nahm sofort nach Eröffnung der Luftoffensive die Tankfahrzeuge, die auf der irakischen Autobahn zur Grenze bei Ruweishid unterwegs waren, in die Liste ihrer Ziele auf. Innerhalb weniger Tage verloren sechs jordanische Fahrer ihr Leben. Nach einer Woche brach der Öltransport auf der Straße völlig zusammen – die amerikanische Luftwaffe hatte erreicht, daß die Strecke durch ausgebrannte Tanklastzüge völlig blockiert war.

Wieder einmal war Hussein gezwungen, bei ungeliebten Nachbarstaaten um Hilfe zu bitten. Israel kam diesmal nicht in Frage; das amerikanische Außenministerium hatte eine vorsorgliche Warnung vor einer derartigen Unterstützung des aufmüpfigen Herrschers von Jordanien ausgesprochen. Hussein mußte Syrien bitten, die Ölversorgung des Königreichs zu übernehmen. Syrien aber stand auf der amerikanischen Seite des Konflikts. Trotzdem war Hafez al-Assad bereit, dem bedrängten Jordanien zu helfen. Seine finanziellen Forderungen waren beachtlich: Der Preis, der für dieses Öl zu bezahlen war, steigerte die Inflation in Jordanien.

Der König nahm nun keine Rücksicht mehr auf die Möglichkeit der Verbesserung seiner Beziehungen zu den USA. In einer Fernsehrede griff er die amerikanische Regierung an, sie führe einen barbarischen Krieg, der gegen die islamische Welt insgesamt gerichtet sei. Er pries das irakische Volk als heldenhafte Nation und glorifizierte die irakische Armee, die dem massiven Ansturm standhalte. Inhalt und Wortwahl der Rede entsprachen der Stimmung der Bevölkerung im haschemitischen Königreich. Nicht nur die Palästinenser, sondern auch die Bewohner der Städte Amman, Irbid, Ma'an und die Beduinenstämme waren der Meinung, der Krieg gegen Irak sei mutwillig vom Zaun gebrochen worden, und er werde ohne Rücksicht auf die Zivilbevölkerung geführt.

Hussein durfte nicht erwarten, daß George Bush, dessen Außenminister James Baker und der Kongreß in Washington eine derartige Rede ungestraft hinnehmen würden. Hussein brauchte nicht lange auf die Reaktion zu warten. Drei Wochen nach Husseins Fernsehansprache strichen Regierung und Kongreß Hilfsgelder in Höhe von 57 Millionen Dollar, die unmittelbar zur Zahlung anstanden. Die Folge war finanzieller Notstand. Der jordanische Staatshaushalt verfügte über keine Devisen mehr. Das Finanzministerium in Amman addierte am 24. Februar 1991, am Tag als der Luftkrieg durch den Bodenkrieg abgelöst wurde, die Verluste des haschemitischen Königreichs in der Auswirkung des Konflikts auf acht Milliarden Dollar. Trotz der katastrophalen Wirtschaftslage war Hussein gezwungen, den antiamerikanischen Kurs beizubehalten – wollte er Aufstände im eigenen Land vermeiden. Den Jubel, der in Amman ausgebrochen war, als während der Nachtstunden des 18. Januar am Himmel die Leuchtspuren irakischer Scud-Raketen zu erkennen waren, hatte man auch im Basmanpalast gehört. Wie die meisten Einwohner Jordaniens hatte auch Hussein das Ereignis beobachtet. Er war auf der Terrasse gestanden, um den Raketen nachzublicken, die in Richtung Tel Aviv und Haifa flogen.

Kaum ein Araber konnte dem Gefühl der Befriedigung widerstehen, daß endlich ein arabischer Staat in der Lage war, mit Waffen von höherem technischen Niveau gegen Israel loszuschlagen. Selbst saudiarabische Offiziere, die sich im Einsatz gegen Irak befanden, konnten ihre Begeisterung nicht zurückhalten, als sie erfuhren, drei irakische Raketen hätten Tel Aviv und zwei Raketen hätten Haifa getroffen. Die Saudioffiziere waren daraufhin ihres Kommandopostens enthoben worden.

Daß die Stimmung in seinem Land die israelische und die amerikanische Regierung reizen würde, war sich Hussein bewußt. Er und sein Königreich schwebten in Gefahr.

Nach dem Einschlag der irakischen Raketen in Tel Aviv und Haifa trat der israelische Verteidigungsminister Moshe Arens für einen sofortigen Vergeltungsschlag durch die israelischen Streitkräfte ein. Er wurde von Ariel Sharon unterstützt, der argumentierte, Israel dürfe nie eine Provokation ohne harte Gegenreaktion hinnehmen.

Sharon schlug vor, zuerst müsse die israelische Luftwaffe in Aktion treten, dann aber seien Panzerverbände über den Jordan in Richtung Amman zu schicken. Das Endziel des Panzervorstoßes müsse selbstverständlich Baghdad sein – doch sei zuvor das haschemitische Regime in die Schranken zu weisen, das die Frechheit besitze, den Verbrecher Saddam Hussein zu unterstützen.

Ohne Zweifel handelte der haschemitische König in jenen Wochen tollkühn: Er gab die Genehmigung, daß in seiner Hauptstadt ein Solidaritätskongreß für Saddam Hussein stattfand. Er stellte dafür das »Royal Cultural Center« zur Verfügung, ein modernes Haus in einem Komplex von Bürogebäuden, Einkaufszentren, Luxushotels und Moscheen. Der Komplex, während der 70er Jahre entstanden, war ein Symbol des Wohlstands jener Jahre in Jordanien gewesen; nun aber waren die meisten der Geschäfte geschlossen. Der Krieg hatte Rezession und Armut in das Königreich gebracht.

Organisator des Solidaritätskongresses für Saddam Hussein waren nicht der König und nicht die jordanische Regierung, sondern eine Gruppe von Persönlichkeiten, die sich »Jordanian Arab National Democratic Alliance« (JANDA) nannte. Obgleich JANDA starke Linkstendenzen aufwies, hatte Hussein der Allianz seine Schirmherrschaft für den Kongreß zugesagt. Kongreßteilnehmer waren Sympathisanten des irakischen Staatschefs aus dem Libanon, aus dem Jemen, aus Sudan, aus Algerien. Auch die Palästinensische Befreiungsorganisation war vertreten. Teilnehmer aus Cairo und Damaskus waren von den jeweiligen Grenzbehörden an der Reise nach Jordanien gehindert worden.

2500 Personen, meist Männer, versammelten sich im »Royal Cultural Center« unter großen Porträtbildern des Königs und des Kronprinzen. Die Redner priesen nicht die irakische Invasion in Kuwait, doch sie verurteilten alle die Vereinigten Staaten von Amerika, die – unter dem Vorwand, einem arabischen Land helfen zu wollen, sich in eine rein arabische Angelegenheit gemischt hatten, mit dem Ziel, sich die Kontrolle über die Ölfelder des Nahen Ostens anzueignen – um sie nie wieder aus der Hand zu lassen. Einer der Redner war Dr. George Habbash, der Chef der Volksfront zur Befreiung Palästinas; er sagte: »Ich war zuerst gegen die Besetzung Kuwaits durch Irak

– jetzt aber bin ich für Saddam Hussein. Er hat die USA, den Feind der Araber, herausgefordert!«

König Hussein besuchte den Solidaritätskongreß für Saddam Hussein nicht – auch der Kronprinz blieb fern; doch diese Zurückhaltung milderte die Empörung der Gegner Saddam Husseins über diese Veranstaltung nicht. Das State Department protestierte in einer veröffentlichten Erklärung: »Was in Amman geschieht, ist eine Schande. Abstoßend ist der Inhalt der Reden. In Amman findet die offene Kriegserklärung gegen die USA statt!« Der Standpunkt der amerikanischen Regierung spiegelte sich wider in der »Washington Post« und in der »International Herald Tribune«. Verurteilt wurde der Kongreß als »Husseins Party«. Er habe den Radikalen eine Plattform geboten – gerade den Kräften, die seit Jahren nur das eine Ziel kannten, den König von seinem Thron zu fegen. Der König wurde persönlich angegriffen als ein Monarch, der gegen die USA auftritt, obgleich er durch die USA finanziert und an der Macht gehalten werde. Er wurde verunglimpft als eine verabscheuungswürdige Person, die nur das eine Ziel im Sinne habe, den haschemitischen Thron zu retten.

Hussein vermutete, Präsident Bush selbst habe die Presseattacke angeregt, um ihn zu demütigen – und um ihn als Opfer freizugeben. Er meinte besorgt, die israelische Regierung werde die öffentliche Beschimpfung als Signal verstehen, als »grünes Licht« für einen Handstreich gegen Jordanien.

Der König kalkulierte richtig.

Ariel Sharon argumentierte, die gesamte zivilisierte Welt würde Israel verstehen, wenn es dem haschemitischen König nach dessen Fernsehrede den Mund stopfe. Zudem biete sich jetzt die Gelegenheit – da Hussein keine Sympathie in den USA mehr besitze –, das Palästinenserproblem zu lösen: Der Platz der Palästinenser sei nun einmal »über dem Jordan drüben«, in Transjordanien.

Sharons Vorschlag, die Chance zu nutzen, um endlich das Gebiet ostwärts des Jordan in den Griff zu bekommen, das ohnehin seit der Balfour Declaration des Jahres 1917 dem jüdischen Volk gehöre, war verlockend. Hätte nicht Brent Scowcroft, der Sicherheitsberater des amerikanischen Präsidenten, eingegriffen, wäre das haschemitische Regime verloren gewesen. Brent Scowcroft hatte allerdings nicht die Absicht, Hussein zu retten;

er mußte die antiirakische Koalition vor dem Zusammenbruch bewahren. Sein Präsident hatte den Krieg begonnen unter der Parole, selbst die arabischen Völker und Regierungen seien empört über Saddam Hussein und forderten seine Bestrafung. Einen wichtigen Teil der Rechtfertigung dieses Golfkriegs zog George Bush aus der Haltung des ägyptischen und des syrischen Präsidenten: Solange sie in der Koalition mit den USA, mit England und Frankreich blieben, konnte Bush verkünden, er führe den Konflikt auch im Interesse Arabiens. Nun aber war die Koalition gefährdet. Die Möglichkeit bestand, daß die USA, allein mit England und Frankreich, den Wüstenkrieg gegen den Irak zu führen hatten. Der Golfkonflikt hätte sich zum »Krieg der Fremden« gegen einen arabischen Staat verwandelt, zum »imperialistischen Schlag gegen ein islamisches Land«.

Hafez al-Assad hatte gegenüber George Bush eindeutig gesagt, mit seiner Koalitionstreue könne solange gerechnet werden, als sich Israel aus dem Krieg heraushalte. Werde aber Irak von Israel angegriffen, stehe sein Land auf der Seite des Irak. Dem syrischen Beispiel wäre dann wohl auch Ägypten gefolgt.

Da George Bush den Übertritt Syriens und Ägyptens unter allen Umständen vermeiden wollte, mußte Brent Scowcroft Israel daran hindern, durch das haschemitische Königreich in Richtung Baghdad vorzustoßen. Die israelischen Politiker machten ihm diese Aufgabe schwer.

Hussein rechnete Ende Januar 1991 mit dem Angriff der israelischen Panzerverbände. Er mobilisierte seine gesamte Armee von 80 000 Mann. Sie bezogen Positionen in der Region von Salt und bei Ajlun, um auf den engen Straßen in der gebirgigen Landschaft zu versuchen, die israelischen Panzerkolonnen aufzuhalten. Da Israel die absolute Luftüberlegenheit besaß, war jedoch ein Abwehrerfolg auf Dauer nicht möglich. Dieser Konflikt mußte mit der jordanisch-irakischen Niederlage gegen die amerikanisch-israelische Übermacht enden.

Zum Glück für Hussein war Brent Scowcroft erfolgreich. Er versprach dem israelischen Ministerpräsidenten Jitzhak Shamir, Israel werde für seine Enthaltsamkeit reich entschädigt. Zur Abwehr der unmittelbaren Raketengefahr erhielt die Israel Defence Force das Abwehrsystem »Patriot«; es wurde in großer Eile installiert.

Der Krieg gegen Irak ging rasch zu Ende – ohne wirkliche

Bedrohung des haschemitischen Königreichs. Am 1. März 1991 hielt Hussein wieder eine Fernsehansprache. Diesmal forderte er »Versöhnung« für den gesamten Nahen Osten. Seine Hoffnung war, daß die USA, Saudi-Arabien und Kuwait sein eigenes Verhalten zu entschuldigen vermochten.

Friedensinitiativen –
Husseins Problem, den Anschluß nicht zu verpassen

Mühsam mußte sich Hussein nach der Beendigung des Golfkrieges einen Platz unter den respektierten Staatsmännern erkämpfen. George Bush hielt Distanz zu ihm. Der amerikanische Präsident glaubte, er sei der Sieger im Krieg, der allerdings nicht durch eine irakische Niederlage, sondern durch einen von der amerikanischen Regierung einseitig beschlossenen Waffenstillstand beendet worden war. Dies beeinträchtigte den Erfolg des Begründers einer »neuen Weltordnung« – doch die Auswirkung spürte George Bush erst später. Jetzt kostete er seinen Sieg aus. Dies bedeutete, daß Hussein keine Priorität unter den arabischen Staatsmännern besaß, die Anrecht auf Beteiligung am Friedensprozeß hatten. In erster Linie wurde nun der Syrer Hafez al-Assad hofiert.
Aber Hussein wußte sich zu helfen: Er besuchte Damaskus, um dem Mächtigen in Syrien mitzuteilen, daß er nie die Solidaritätsfront gegen Israel verlassen habe. Dann flog er weiter nach Paris. Dort versprach ihm Staatspräsident François Mitterand, er werde dem amerikanischen Präsidenten die besondere Situation des haschemitischen Herrschers darlegen.
Das Resultat der diplomatischen Vorarbeiten zeigte sich im Sommer 1991: Außenminister James Baker, der bis dahin Amman über Monate hin gemieden hatte, bat um eine Audienz im Basmanpalast. Baker erläuterte dem König, daß er eine internationale Friedenskonferenz vorbereite, die unter einem ganz besonderen Aspekt stattfinden solle: George Bush und Michael Gorbatschow würden gemeinsam den Vorsitz übernehmen. Wenn beide Staatschefs gemeinsam die Garanten der Friedenskonferenz waren, konnte der Erfolg nicht ausbleiben. Diese Argumentation schien schlüssig zu sein. Hussein meldete gegenüber Baker sein Interesse an der Teilnahme an.

Doch kaum wurde das Resultat des Baker-Besuchs in Amman bekannt, protestierten Mitglieder der Moslembruderschaft gegen Jordaniens Interesse an einer Konferenz, die von den USA gefördert wurde. Im jordanischen Parlament fanden hitzige Debatten statt. Sie waren für Hussein Anlaß, an Neuwahlen zu denken. Hatte er sich zunächst einen starken Anteil der islamischen Stimmen im Parlament gewünscht, so wollte er jetzt eine Reduzierung der Zahl der Abgeordneten erreichen, die der Moslembruderschaft zuzurechnen waren. Hussein sah keinen Anlaß mehr, durch die Drohung, dem Königreich stehe eine islamische Überflutung bevor, eine Beschleunigung des Friedensprozesses zu erreichen.

Die Friedensinitiative war im Gange – jetzt war das Problem, den Anschluß zu bekommen. Voraussetzung dafür war die Trennung von den bisher innenpolitisch so nützlichen Moslembrüdern. Sie bestanden darauf, daß Jordanien die Palästinenser auf den Weg zum Frieden bringe und sie gegenüber den Israelis unter königlichen Schutz stelle. Davon wollte Hussein jetzt nichts mehr wissen. Sein Grundsatz lautete: »Jordanien war nie die Heimat der Palästinenser! Jordanien wird nie deren Heimat sein!«

James Baker hat dem König wenige Tage zuvor signalisieren lassen, er glaube daran, daß den Palästinensern am Westufer des Jordan ein autonomes Gebiet geschaffen werden könne. Hussein hatte sich gewundert über diese Mitteilung, denn er war es nicht mehr gewöhnt, von der amerikanischen Regierung überhaupt informiert zu werden. Er hatte bis dahin auch nicht erfahren, ob James Baker und George Bush überhaupt an seiner Teilnahme an der möglichen Friedenskonferenz interessiert waren.

Im Herbst 1991 brach das schwache Fünkchen des Kontakts zwischen Washington und Amman wieder zusammen: Der amerikanische Präsident hatte einen harten Wahlkampf zu führen – die Zeichen standen schlecht für ihn, trotz der Propaganda, die er um den Ausgang des Golfkriegs hatte organisieren lassen. Das amerikanische Volk hatte den Triumph mitgefeiert – es war dann jedoch rasch in eine skeptische Stimmung verfallen, und man hatte sich die Frage gestellt, wie es sein konnte, daß Saddam Hussein zwar Kuwait geräumt, aber noch immer die Macht im Irak in seiner Hand hielt.

Außenminister James Baker kam mitten im Wahlkampf zur

Erkenntnis, daß die Bush-Administration den Verantwortlichen in Israel während der vergangenen Monate nicht gefällig genug gewesen war. Da hatte George Bush sich geweigert, eine Garantie abzugeben, für einen Weltbankkredit an Israel – solange die israelische Regierung nicht bereit war, sich an Friedensverhandlungen zu beteiligen. Bekanntgeworden war die Äußerung Bakers: »Wir können unternehmen, was wir wollen, die jüdischen Wähler werden George Bush fallenlassen!« George Bush, angeschlagen von den Voraussagen für das Wahlergebnis, brachte die Friedenskonferenz für den Mittleren Osten am 30. Oktober 1991 auf den Weg. Die Eröffnung weckte Hoffnungen, die nicht erfüllt werden konnten, da die USA keinen Druck mehr auf die Verhandlungsparteien ausübten.

Nach langen Streitereien war eine Übereinkunft erzielt worden, daß Jordanier und Palästinenser eine gemeinsame Delegation bildeten, unter dem Vorsitz von Kamal Abu Jaber, einem in den USA ausgebildeten Professor der politischen Wissenschaften. Kamal Abu Jaber war vom König zum Delegationschef bestimmt worden, nachdem andere Kandidaten sich geweigert hatten, das schwierige Amt zu übernehmen. Jeder fürchtete die Anfeindungen der Moslembrüder. Viele, die bereit gewesen wären, dem König den Gefallen zu tun, wollten das Amt nicht, aus Angst um ihr Leben.
In seiner Rede formulierte Kamal Abu Jaber die Überzeugung des haschemitischen Herrschers, als er sagte: »Es wäre besser gewesen im Sinne Jordaniens und im Sinne der Palästinenser, wenn sie jeweils getrennte Delegationen gebildet hätten. Doch eine derartige Trennung war gegenüber Israel und den USA nicht durchzusetzen. Wir sind jedoch bereit, die Palästinenser in der gemeinsamen Delegation willkommen zu heißen! Doch sei es hier noch einmal klar festgestellt: Jordanien war nie Palästina – Jordanien wird nie Palästina sein!«
Mit der Wiederholung dieser Aussage des Königs vor den Delegierten der internationalen Friedenskonferenz von Madrid sollte ein für allemal die Position des Königs fixiert sein: Jordanien kann nicht zur Heimat für die Palästinenser werden – auch nicht, wenn sich Israel eine derartige Entwicklung wünscht.

»Mein Herz murmelt« –
Gesundheitsprobleme und persönliche Krise

Inzwischen war Hussein 57 Jahre alt geworden. Er hatte sich verändert. Seine bisher drahtige Erscheinung war schwerfälliger, behäbiger geworden. Der graue Bart an Oberlippe, Kinn und Backen gab ihm ein gemütliches Aussehen. Die Augen aber lagen tief unter den immer noch dunklen Augenbrauen. Der Oberlippenbart wird eingegrenzt von scharfen Falten.

In der Stadt Amman wurde noch darüber geschwiegen, doch im Basmanpalast waren die wichtigen Höflinge bereits informiert worden: König Hussein war krank. Während einer Untersuchung in der Mayo-Klinik im US-Staat Minnesota war eine Krebserkrankung der Nieren festgestellt worden. Eine Operation hatte die bösartigen Geschwülste beseitigt. Was den König aber selbst beunruhigte, war die dringende Bitte der Ärzte, Hussein möge sich zu regelmäßigen Untersuchungen in der Mayo-Klinik einfinden.

Als Gerüchte über die Erkrankung des Herrschers schließlich doch die Bewohner der Hauptstadt erreichten, sah sich Hussein gezwungen, das Schweigen um seinen Gesundheitszustand zu brechen. Er benützte die Gelegenheit einer eigentlich politisch orientierten Fernsehrede zu einer Andeutung, die von der Bevölkerung richtig verstanden wurde: »Die Dauer des Lebens eines Individuums ist nicht der Zeitmaßstab für die Existenz eines vitalen Volkes.« Damit war ausgedrückt: »Das Volk wird weiterleben, auch wenn mein Leben erloschen ist.«

Husseins bisherige Gesundheitsprobleme hatten nie seine Energie beeinträchtigt. Die chronische Stirnhöhlenerkrankung war von ihm nicht als Belastung empfunden worden – eher schon die Herzrhythmusstörungen, die ihn während politisch kritischen Zeiten beunruhigten. Sein Kommentar hatte dann gelautet: »Mein Herz murmelt«. Mit dieser Erscheinung war Hussein fertig geworden. Die Krebserkrankung empfand er als heimtückischer.

Das Gesundheitsproblem fiel zusammen mit einer persönlichen Krise. Der König hatte nie ein Geheimnis daraus gemacht, daß ihm Frauen gefielen und daß sie für sein Leben wichtig waren. Die Ehefrauen mußten sich damit abfinden, daß Husseins Lebensfreude durch erotische Abenteuer angestachelt wurde. Unmittelbar vor der Entdeckung der Krebserkrankung war im Haschemiyeh-Palast eine junge, energische Dame eingezogen, der Hussein viel Zeit widmete. Es war die Korrespondentin des amerikanischen Fernsehnnetzes CNN. Die Erkrankung brachte die Leidenschaft des Königs zum Erlöschen, noch ehe Hussein oder die Königin Nur Konsequenzen gezogen hatten.

Die Königin gab zu, daß es kein Märchenleben war, das sie führte. Gegenüber Freunden erwähnte sie die kritischen Aspekte ihres Daseins. Sie beklagte sich nicht, doch sie sprach aus, daß sie von Anfang an Probleme hatte als Amerikanerin im Palast des Königs: »Die wahrhaft überzeugten Moslems versuchten immer, einen Keil zwischen den König und seine Frau zu treiben. Sie bezweifelten ganz einfach, daß ich vom islamischen Glauben überzeugt sei. Mein Charakter erschien vielen am Hofe als zu sehr vom Westen beeinflußt. Der Vorwurf lautete immer, ich würde zuviel Geld für mich selbst ausgeben. Die Anhänger der Moslembruderschaft griffen mich besonders bösartig an. Sie wollten sicher damit beweisen, wie islamisch sie selbst sind.«

Königin Nur, die als Elizabeth Halaby geboren und aufgewachsen war, fühlte sich im Lauf ihrer Ehe immer vehementer beschimpft, keine Araberin zu sein, sondern Amerikanerin. Sie verteidigte sich vielleicht zu heftig: »Mein Vater, Najib Halaby, ist ein Araber, der in Amerika Karriere machte. Wie der Name Halaby sagt, kam er aus Aleppo, und er bleibt zeit seines Lebens ein Araber aus Aleppo. Ich bin eng mit ihm verbunden.«

In Wahrheit ist Najib Halaby der Sohn eines arabischen Emigranten. Najib hat einen außergewöhnlichen Lebensweg hinter sich: Er war Testpilot, Vorsitzender der Federal Aviation Administration der USA und schließlich Chairman der Pan American Airways. Mit dieser überaus amerikanischen Persönlichkeit als Vater geriet Königin Nur ganz ohne eigenes Zutun in Gefahr, »Husseins Frau aus Amerika« genannt zu werden. Wer besonders böswillig war, der bezeichnete sie als »Husseins CIA-Frau«.

Husseins persönliche Krise veranlaßte ihn, mehr als bisher dem Friedensprozeß Bedeutung zuzumessen. Die Zeit war ungünstig: George Bush wurde tatsächlich abgewählt; mit ihm schied James Baker aus der US-Administration aus. Der neue

Präsident Bill Clinton übernahm von seinem Vorgänger die Politik der Vorsicht und Distanz gegenüber König Hussein. Er befürwortete nicht die Wiederaufnahme der US-Hilfe für Jordanien. Daß Jordanien Öl bezog vom Irak, wurde von Clinton als Beweis für die Fortdauer der engen Verbindung zwischen Hussein und Saddam Hussein angesehen. Der Haschemitenkönig fühlte sich in einer Falle, die ihn nicht mehr freiließ.

Es war die Zeit, in der er an Abdankung dachte. Beeinträchtigt durch die Krankheit spürte er nicht mehr die Kraft, Ideen zu entwickeln, die ihn wieder zum bestimmenden Faktor nahöstlicher Politik machen konnten. Die Frage war nur, wer sollte bei einer Abdankung Nachfolger werden? Dem Kronprinzen Hassan traute er immer weniger zu, die jordanische Politik durch nationale und internationale Wirrnisse zu leiten.

Hussein war enttäuscht vom schleppenden Fortgang der Verhandlungen mit Israel. Aber er glaubte auch zu spüren, daß sich irgendwo im verborgenen eine Entwicklung vollzog, die völlig neue Verhältnisse schuf, mit denen auch er schließlich konfrontiert werden würde. Am 19. August 1993 erlebte Hussein die schwerwiegendste Überraschung seines bisherigen Lebens. Er, der nie daran geglaubt hatte, daß Palästinenser und Israelis ohne seine Vermittlung zu einer Einigung gelangen könnten, mußte feststellen, daß sie tatsächlich die Kluft zwischen sich überbrückt hatten – und daß die Palästinensische Befreiungsorganisation ihn nicht einmal vor dem erfolgreichen Abschluß unterrichtet hatte. Hussein fühlte sich von Arafat ausgetrickst.

»Ich war wie im Schock« – Madrid und »Oslo Channel«

Eindrucksvoll war die Eröffnung der Internationalen Friedenskonferenz am 30. Oktober 1991 gewesen. Sie hatte im Ordenssaal des königlichen Palastes in Madrid stattgefunden. Die israelische Delegation war von Jitzhak Shamir geleitet worden, der mit Argwohn auf die Palästinenser in der königlichen Delegation geblickt hatte – mit Recht, denn Saeb Erekat, der stellvertretende Delegationsleiter, hatte sich absichtlich und provozierend das traditionelle Kopftuch der Palästinenser aufgesetzt.

Der israelische Ministerpräsident hatte aufmerksam der Rede des amerikanischen Präsidenten zugehört, der am Tag zuvor versprochen hatte, er werde die Formel »Land gegen Frieden« nicht gebrauchen. Bush hielt sein Wort, und trotzdem ärgerte sich Shamir, denn Bush verkleidete die Formel geschickt in dem Satz: »Ohne territoriale Kompromisse wird es keinen Frieden geben!« Der israelische Ministerpräsident bedauerte an jenem 30. Oktober 1991, sich zur Teilnahme an der Konferenz gegen besseres Wissen entschieden zu haben. Shamir fühlte sich in seiner Ansicht bestätigt, daß er bei Verhandlungen, an denen mehrere Partner teilnahmen, zu unliebsamen Zugeständnissen gezwungen sein würde.

Der Ministerpräsident glaubte ohnehin übertölpelt worden zu sein. Shamir hatte gegenüber dem amerikanischen Präsidenten durchgesetzt, daß weder Arafat noch einer seiner wichtigen Mitarbeiter an der Friedenskonferenz teilnehmen sollte, doch bald schon war diese Übereinkunft sinnlos, denn der PLO-Chef beorderte regelmäßig die palästinensischen Mitglieder der Delegation in einem eigens gecharterten Flugzeug zu sich nach Tunis. Am Morgen waren die Delegierten jeweils pünktlich zum Sitzungsbeginn wieder in Madrid. Arafat bestimmte auf diese Weise die Themen und das Tempo der Verhandlungen, an denen die jordanisch-palästinensische Fraktion beteiligt war. Die königlich-jordanische Regierung blieb ohne Einfluß auf das Konferenzgeschehen. Der König, den sein gesundheitlicher Zustand quälte, gab seinen Delegierten keine Anweisungen. Sie benahmen sich folglich so, als ob Jordanien dem Ausgang der Verhandlungen gleichgültig gegenüberstehe.

So wurde Arafat zum Drahtzieher zunächst in Madrid und bei späteren Konferenzphasen in Washington. Er war nicht daran interessiert, daß die Friedenskonferenz zu einem Resultat gelangte, solange er nicht selbst an Ort und Stelle, am Konferenztisch gegenwärtig war. Ihm paßte es ins Konzept, daß die Sitzungen im Madrider Königspalast in Streitereien zwischen der syrischen und der israelischen Delegation ausarteten. Arafat wußte, daß seine Stunde bald schlagen würde. Er hatte Geduld.

König Hussein aber war beunruhigt, daß keine Verhandlungsfortschritte zu erreichen waren. Er wußte nicht, daß die palästinensische Hälfte seiner Verhandlungsdelegation jeweils über

Nacht nach Tunis reiste zur Entgegennahme von Richtlinien. Der König spürte nur, daß sein Einfluß auf den Verhandlungsverlauf schwand. Darüber entwickelte sich Unzufriedenheit im Königreich.

Je länger sich die Konferenz durch Unterbrechungen hinzog, desto stärker wuchs der Widerstand im jordanischen Parlament gegen die »schleichende Anerkennung Israels«. Vor allem die Parlamentarier, die der Moslembruderschaft angehörten, verlangten den Abbruch der direkten Verhandlungen mit dem »Feind«. Die Unruhe innerhalb des politisch orientierten Teils der Bevölkerung zwang den Monarchen zum Versuch, sein Königreich in Richtung Demokratie zu öffnen. Hatte Hussein immer wieder gezögert, politische Parteien in Jordanien zuzulassen, so sah er sich jetzt zu Nachgiebigkeit veranlaßt. Im März 1993 wurde die Existenz von neun Parteien durch königliches Dekret erlaubt. Als bedeutendste der Neugründungen galten: Die Islamische Aktionsfront; die Jordanisch-Arabisch-Sozialistische Baathpartei; die Jordanische Volksdemokratische Partei; die Jordanische Nationale Allianz und die Jordanische Sozialdemokratische Partei.

Die Parteinamen wiesen auf religiöse oder sozialistische Orientierung hin. Als Parteiprogramm waren sie nicht ernst zu nehmen. Die Parteien hatten sich vor Erteilung der Lizenz verpflichten müssen, das haschemitische Herrscherhaus zu respektieren. So änderte diese »Öffnung zur Demokratie« wenig an den politischen Bräuchen des Königreichs: Kritik am König und an Mitgliedern seiner Dynastie war weiterhin nicht erlaubt. Königliche Entscheidungen durften nicht Themen von Parlamentsdebatten sein.

Obgleich die Parteien durchweg gegen die Teilnahme einer jordanisch-palästinensischen Delegation an der Friedenskonferenz waren, hatte ihre Meinung keinen Einfluß auf die Entscheidung des Königs, den Platz am Verhandlungstisch auch weiterhin einzunehmen.

Nach dem 23. Juni 1992 hatte sich die israelische Delegation bei der Friedenskonferenz verändert: Die Arbeitspartei hatte bei Knessetwahlen die Mehrheit gewonnen. Der Parteivorsitzende Rabin hatte seine Wahlchancen durch die Parole verbessern können, er werde innerhalb weniger Monate zu einer Übereinkunft mit den Palästinensern gelangen.

Dieses Versprechen konnte Jitzhak Rabin nicht halten. Ein Terrorakt zwang ihn zu hartem Kurs gegenüber den Palästinensern. Am 13. Dezember 1992 töteten Aktivisten der palästinensisch-islamischen Kampforganisation Hamas den israelischen Grenzpolizisten Nissim Toledano. Ministerpräsident Rabin sah sich gezwungen, auf den Mord zu reagieren: Er ließ 415 bekannte führende Mitglieder der Hamas mitten im Winter ins unbesiedelte, schneereiche Gebirge des Südlibanon deportieren – vor den Objektiven der Fernsehkameras der Welt. Die Deportation erwies sich als schädlich für das Ansehen der Israelis. Die Aussetzung der Männer in Kälte und Eis galt als unmenschlich. Die Öffentlichkeit hatte Verständnis dafür, daß der palästinensische Teil der jordanisch-palästinensischen Delegation nach diesem Verhalten der Israelis den Sitzungssaal der Friedenskonferenz verließ. König Hussein, der eigentlich der Souverän war über die gemeinsame Delegation, war nicht gefragt worden, ob er mit dem Abbruch der Verhandlungen einverstanden sei.

Durch einen glücklichen Umstand konnte die Kontinuität der Verhandlungen gewahrt bleiben. Wenige Tage vor der Ermordung des israelischen Grenzpolizisten Nissim Toledano hatten israelische und palästinensische Delegierte im privaten Gespräch den Entschluß gefaßt, außerhalb des Konferenzrahmens und unter Ausschluß fremder Augen und Ohren darüber zu reden, wie die Schwierigkeiten der Verhandlungen zu überwinden seien. Ausgeklammert sollten auch die »großen Herren« in Tunis und Amman bleiben. Die »Verschwörer« versprachen sich, Arafat und den König nicht von ihrer Absicht und von eventuellen hoffnungsvollen Ansätzen zu informieren.

Auf der Suche nach einem Ort für geheime Treffen signalisierte das norwegische Außenministerium Interesse, vermittelnd in den Konflikt zwischen Israelis und Palästinenser einzugreifen. Kontakte bestanden zu beiden Gruppierungen. Sie konnten rasch ausgebaut werden. Vereinbart wurde ein Treffen für den 20. Januar 1993 in einem Landgut unweit von Oslo. Die Gesprächspartner waren Yair Hirschfeld, ein Professor von der Universität Haifa, und Abu Ala'a, der Finanzverwalter der Palästinensischen Befreiungsbewegung. Sie einigten sich auf einen Grundsatz, mit dessen Hilfe sie das Problem zwischen Israel und den Palästinensern anpacken wollten: »Wir reden nicht über die Geschichte und über Schuld – wer hat wem was angetan? – wir reden nur über den Konflikt.« Sie waren sich auch darin einig, daß totale Geheimhaltung gewahrt werden müsse. Der Vorteil der Gesprächspartner war, daß sie keinen offiziellen Auftrag für Verhandlungen besaßen; sie standen deshalb auch unter keinem Erfolgsdruck. Sie wurden von niemandem kontrolliert – und sie wurden von niemandem beachtet. Ihr größter Vorteil war, daß sie niemand kannte.

Der Professor gab sich als Privatmann, als Wissenschaftler, der an der Erarbeitung eines prinzipiellen Lösungsvorschlags für den Konflikt interessiert war. Abu Ala'a aber wußte, daß Yair Hirschfeld eng mit Yossi Beilin zusammenarbeitete, dem Stellvertreter des Außenministers Shimon Peres. Abu Ala'a, der PLO-Finanzchef, stand in engem Kontakt zu Abu Mazen, der im Auftrag Arafats verantwortlich war für eventuelle palästinensisch-israelische Beziehungen. Yair Hirschfeld und Abu Ala'a waren in Wahrheit mehr, als sie zu sein schienen. Jeder wußte, was die ihm übergeordneten Verantwortlichen in seinem Revier dachten und wollten. Dies erleichterte die Erfüllung ihrer selbstgestellten Aufgabe.

Yair Hirschfeld und Abu Ala'a konzentrierten sich vom Anfang ihrer Gespräche an auf die Problematik des Gazastreifens. Yair Hirschfeld wußte, warum er darauf bestand: Seit Beginn der »Intifada« vor fünf Jahren hatte Rabin den Wunsch, der israelischen Regierung möge die Verantwortung für Gaza abgenommen werden, für dieses Flüchtlingslager, in dem jener »Aufstand der steinewerfenden Jugendlichen« ausgebrochen war. Abu Ala'a aber dachte sich, daß durch Entgegenkommen im Fall Gaza ein Verhandlungsdurchbruch für die Palästinenser zu erzielen war. Also diskutierten beide fortan über Möglichkeiten der palästinensischen Selbstverwaltung für Gaza, über Rechte und Pflichten einer Autonomiebehörde – und sie einigten sich rasch. Unter sich behandelten sie ihre Arbeit, als seien sie dabei, eine wissenschaftliche Abhandlung über die grundsätzliche Problematik autonomer Gebiete zu erstellen. Behandelt wurden die Aspekte Wasserversorgung, Abwasserentsorgung, Müllbeseitigung, Ausbau eines Elektrizitätsnetzes. Vermieden wurden die großen Themen der Politik, wie Sicherheitsfragen und auswärtige Beziehungen. Ausgeklammert wurden alle Punkte, von denen zu befürchten war, daß sie Schwierigkeiten erzeugten, die zum Abbruch der Arbeit an der »wissenschaftlichen Abhandlung« führen konnten.

Im Verlauf mehrerer Treffen im Landgut bei Oslo waren zu Yair Hirschfeld und Abu Ala'a weitere Israelis und Palästinenser als Verhandlungsteilnehmer dazu gekommen. Die Gefahr nahm zu, daß die Gespräche nicht länger geheim bleiben konnten. Die höchsten Autoritäten beider Seiten waren inzwischen von Gesprächsfortschritten informiert worden: Jassir Arafat, Jitzhak Rabin und Shimon Peres wußten acht Wochen nach Gesprächsbeginn Bescheid. Sie waren jedoch unsicher, ob es klug war, den »Oslo Channel« zu unterstützen. Alle drei blickten mit Skepsis in die mageren Gesprächsprotokolle, die ihnen vorgelegt wurden. Ohne Abstimmung untereinander entschlossen sich Arafat und Rabin, dem »Oslo Channel« eine Chance zu geben und zugleich, die Internationale Friedenskonferenz nicht aufzulösen. Für den 27. April 1993 war die neunte Runde des Verhandlungsmarathons angesetzt. Arafat und Rabin wollten, daß der Termin eingehalten werde, wenn auch nur zum Schein. Doch da blockierten Schwierigkeiten den Palästinensern den Weg zum Konferenzsaal. Ungelöst war noch immer das Problem der Hamasaktivisten, die in den Südlibanon deportiert worden waren. Rabin und Peres versprachen aber, einem Teil jetzt die Rückkehr zu erlauben – einem weiteren Teil in wenigen Wochen. Damit wären eigentlich die Voraussetzungen geschaffen gewesen für die weitere Teilnahme der palästinensischen Delegation an der großen Konferenz. Ohne diese Delegation konnte es überhaupt keine Fortsetzung der internationalen Verhandlungen geben; wenn sie gefährdet waren, war auch die Möglichkeit fraglich, den »Oslo Channel« weiter zu benutzen. Die Internationale Friedenskonferenz war für Arafat und für das Gespann Rabin/Peres zur Tarnkappe geworden. Darunter ließen sich die Gespräche des »Oslo Channels« verbergen.

Die offiziellen Verhandlungsdelegierten der Konferenz waren Hanan Ashrawi und Faisal Husseini. Die Wissenschaftlerin aus Ramallah und die führende Persönlichkeit unter den Jerusalemer Honoratioren waren höchst unzufrieden mit ihrer Mission. Die Direktiven, die ihnen Arafat in Tunis zukommen ließ, waren nie produktiv; sie waren offensichtlich darauf ausgerichtet, die Verhandlungen zu verzögern. Beide hatten den Eindruck, sie seien Arafats Marionetten bei einem Spiel ohne Sinn.

Vor der neunten Runde der Internationalen Konferenz wollten sie auf ihre Ämter als Delegationsmitglieder verzichten. Im Intercontinental Hotel in Amman konfrontierten sie Arafat mit ihren Vorwürfen. Sie beklagten sich über die Dürftigkeit der Verhandlungsvorgaben und über die Lächerlichkeit ihrer Funktion. Der PLO-Chef beruhigte sie mit Versprechungen – von den Gesprächen in Oslo sagte er nichts.

Arafat begab sich vor der neunten Verhandlungsrunde auch zu König Hussein. Er führte Klage über die Dickköpfigkeit der Israelis, die jede Übereinkunft sabotierten. Daß durch den »Oslo Channel« eine Verständigung mit Israel in Vorbereitung war, verschwieg Arafat. Hussein blieb ahnungslos.

Die Geheimhaltung wurde durch das Gastgeberland des »Oslo Channels« gefährdet. Die norwegische Regierung, die an guten Beziehungen zu Washington interessiert war, glaubte verpflichtet zu sein, Außenminister Warren Christopher von den Geheimgesprächen zu informieren. Außenminister Stoltenberg sprach während der Nato-Tagung in Brüssel im Frühjahr 1993 mit seinem amerikanischen Kollegen über »Kontakte unter Wissenschaftlern aus Israel und den palästinensischen Gebieten«, die in Oslo zu Gesprächen geführt hätten. Warren Christopher begriff den Sinn der Mitteilung nicht. Er stellte keine weiteren Fragen.

Die amerikanische Regierung war noch immer überzeugt, die Internationale Friedenskonferenz, die in Madrid eineinhalb Jahre zuvor so prächtig begonnen hatte, werde zu einem Erfolg führen. Warren Christopher begriff nicht, daß Jassir Arafat keiner Konferenz einen positiven Abschluß gönnte, in der er nicht persönlich alle Fäden in der Hand hielt. Hussein hatte schon längst diesen Verdacht. Sein Delegationschef in Washington beklagte sich bitter über Arafats Obstruktionspolitik: »Der PLO-Chef hält die Konferenz am Leben, doch sie darf sich nicht bewegen.« Ein israelischer Delegierter meinte: »Es ist schon ein Erfolg, wenn wir uns überhaupt am Verhandlungstisch treffen. Ein Resultat erreichen wir dabei nicht!« Im Juni 1993 sagte Saeb Erekat während eines Symposiums der Bir Zeit Universität in Ramallah die Wahrheit: »Die Strategie der palästinensischen Konferenzteilnehmer besteht darin, die Verhandlungen so lange zu blockieren, bis Rabin mit Arafat persönlich spricht.«

28 Zum Ärger der USA:
Hussein stellt sich an die Seite von Saddam
Hussein.

29 Trotz Lächeln:
Hussein und der Syrer Hafez al-Assad bleiben
Feinde – bis zu Husseins Tod.

30 Neue Annäherung:
Husseins Abneigung gegen Arafat schwindet
während der 90er Jahre.

31 Als Moderator im Weißen Hau
Hussein vermittelt zwischen Arafat und de
Mächtigen in Israe

32 Von der Krankheit
gezeichnet:
Um dem Frieden zu
dienen, hält Hussein
trotz aller Spannungen
Kontakt zu Netanyahu.

33 Rückflug in die
Heimat:
Das Flugzeug der
Royal Jordanian
Airlines bringt den
todkranken König nach
Amman zurück.

34 Fahrt durch die Straßen der Hauptstadt:
Hussein verkündet seinem Volk, er sei geheilt

35 Das Bild täuscht:
Hussein ist entschlossen, seinen Bruder
Hassan zu entmachten.

36 Vom Tod gezeichnet:
Hussein mit Abdallah, den er zu seinem
Nachfolger bestimmt.

Es gab Anzeichen, daß derartige direkte Gespräche von Rabin tatsächlich beabsichtigt waren. Amerikanische Diplomaten mit Gespür – und dazu zählte Dennis Ross, der offizielle amerikanische Beobachter der Internationalen Friedenskonferenz – bemerkten im Frühsommer 1993, daß Ministerpräsident Rabin auffällig oft davon sprach, allein Arafat sei in der Lage, für die Palästinenser einen Vertragsabschluß zu unterzeichnen. Bei einer derartigen Gelegenheit fragte Dennis Ross den Israeli, ob er dann nicht daran denken müsse, mit dem PLO-Chef direkt zu reden. Er bekam keine konkrete Antwort. Rabin wich der Frage aus. Dennis Ross schloß daraus, daß Rabin bereits in Kontakt mit Arafat stehe. Der hochrangige US-Diplomat wußte allerdings nichts vom »Oslo Channel«.

Das Geheimnis vom positiven Verlauf der Verhandlungen in Oslo blieb gewahrt bis Ende August 1993, bis zur Vorlage eines unterzeichnungsreifen Dokuments. Als es darum ging, Warren Christopher zu erklären, warum die amerikanische Regierung im dunkeln gelassen worden war, berief sich Shimon Peres auf eine bittere Erfahrung: »König Hussein und ich haben vor sechs Jahren in London eine Übereinkunft ausgehandelt, die eine zukunftsträchtige Lösung garantiert hätte. Außenminister George Shultz hat dann im letzten Moment kalte Füße bekommen – und hat Hussein und mich fallengelassen. Ich habe damals meine Lektion gelernt! Es wäre damals besser gewesen, ich hätte länger geschwiegen!«

In seiner vorsorglichen Verteidigung gegen mögliche amerikanische Vorwürfe sagte Peres nicht die Wahrheit: Es war sein damaliger Ministerpräsident Shamir gewesen, der nicht den Mut gehabt hatte, der Vereinbarung zwischen Hussein und Peres zuzustimmen.

Zeitgleich mit der amerikanischen Regierung erfuhr auch König Hussein von der Übereinkunft zwischen der israelischen Regierung und der Führung der Palästinensischen Befreiungsorganisation. Er gab zu, überrumpelt worden zu sein. In einem besonders ehrlichen Augenblick sagte er: »Ich war wie im Schock!« Seine Delegation hatte offenbar mit sinnlosen Sitzungen Zeit verschwendet in Madrid und in Washington. Daß sie nie etwas erfahren haben sollte über die geheimen Verhandlungen, erschien ihm seltsam.

Der König fühlte sich verraten von Jassir Arafat, der während seiner Besuche in Amman keine Andeutung gemacht hatte, daß er mit Rabin und Peres in Verhandlungen stehe. Hussein, der sich schon vor sechs Jahren mit Peres auf eine Friedenslösung geeinigt hatte, war von Arafat überrundet worden, der immer gesagt hatte, er werde nie mit der israelischen Regierung verhandeln. Der König stellte fest, daß er bald der einzige arabische Staatschef sein würde, der noch keine Abmachung mit Israel verabredet hatte.

Der König war getroffen in seinem Selbstverständnis. Verschwunden war über Nacht die Sicherheit, er sei – trotz aller politischen Winkelzüge und Machenschaften – der wahre Vertreter des palästinensischen Volkes. Sinnlos war die Überzeugung geworden, die Palästinenser würden ihn letztlich doch um Hilfe bei Friedensverhandlungen bitten. Die Palästinenser waren offensichtlich dabei, sich selbst zu helfen.

»Common Agenda« – Kriegszustand zwischen Jordanien und Israel beendet

Zweimal erlebte der haschemitische Monarch Überraschungen am 27. August 1993: Er erfuhr, daß die Palästinenserführung eine Abmachung mit Rabin getroffen hatte – und es wurde ihm mitgeteilt, im Palästinenserlager Baka'a im Norden von Amman hätten wütende Protestdemonstrationen gegen Arafats Einigung mit Israel begonnen. Zehntausende hätten sich in den Lagerstraßen versammelt, um in Parolen ihren Zorn auf Arafat auszudrücken. In lauten Sprechchören aber werde Hussein gepriesen als der »Vater des Palästinensischen Volkes«. Von den Häuserwänden im Lager seien innerhalb von Minuten sämtliche Arafatbilder verschwunden.

Der Zorn der Bewohner des Lagers war verständlich. Arafat hatte ein Abkommen getroffen, das manchen Gebieten westlich des Jordan Autonomie versprach. Im Abkommen war nicht die Rede von den Palästinensern, die östlich des Jordan, die in Transjordanien lebten. Die Flüchtlinge von 1948 und die von 1967 hatten guten Grund, empört zu sein: Für sie hatte Arafat nichts erreicht. Sie glaubten, er habe sie vergessen, abgeschrieben. Aus ihrer Sicht hatte sich der PLO-Chef nur um die Heimatrechte der Honoratioren von Jericho, Ramallah und Hebron gekümmert – die Masse der palästinensischen Menschen war ihm offenbar gleichgültig gewesen.

Enttäuscht waren auch die Palästinenser, die in Lagern in Syrien und im Libanon hausten. Sie fühlten sich abgeschoben und verlassen. Auch in den Camps an den Stadträndern von Beirut und Damaskus verlor Arafat von einer Stunde zur anderen jegliches Ansehen. Palästinenserführer, die längst keine Bedeutung mehr besaßen – wie Dr. George Habbash und Nayyef Hawathmeh –, versuchten von der syrischen Hauptstadt aus und mit Billigung der Syrer, das Vakuum an der Spitze der palästinensischen Widerstandsbewegung zu füllen. Beide verurteilten Jassir Arafat als Verräter. Ihr Rundfunksender bei Damaskus, den die syrische Regierung zur Verfügung stellte, strahlte die Aufforderung zum Mord an Arafat aus: »Die Messer sind bereit, die sein schurkisches Leben beenden! Die befreiende Tat muß nur noch vollzogen werden!«

Habbash und Hawathmeh proklamierten die Fortsetzung des Kampfes gegen Israel; er solle von Transjordanien, Syrien und Libanon aus geführt werden. Beide verlangten, das palästinensische Volk müsse wieder zur Taktik des Guerillakrieges zurückkehren. Sie erklärten, alle Versuche, durch Verhandlungen das Schicksal ihres Volkes zu mildern, seien gescheitert: »Allein die Kalaschnikow wird unserem Volk zu seinem Recht verhelfen! Wir hätten den Weg des Kampfes nie verlassen dürfen!«

Habbash und Hawathmeh waren in der schwierigen Lage, daß sie eigentlich den syrischen Präsidenten hätten auffordern müssen, Schirmherr der sich neu formierenden Palästinenserbewegung zu werden. Doch sie kannten die Unbeliebtheit von Hafez al-Assad bei den palästinensischen Lagerbewohnern. Gegen Hafez al-Assad galt der haschemitische König als ausgesprochen populär. Habbash und Hawathmeh nahmen Kontakt zu Hussein auf. Sie wollten vorsichtig vorfühlen, ob der »Vater der Palästinenser« vielleicht bereit war, »Präsident« der palästinensischen Bewegung zu werden. Die Zeichen, die sie aus dem Basmanpalast erhielten, waren entmutigend.

Der König hütete sich, eine derartige Bindung einzugehen – er hatte schon mit Arafats Anträgen zur Zusammenarbeit schlechte Erfahrungen gemacht. In Habbash und Hawathmeh sah Hussein unsichere Partner, die ihn bei nächster Gelegenheit als »Lakaien der imperialistischen Amerikaner« beschimpfen und bekämpfen würden. Dazu sah er eine Rückkehr zum Kampf gegen Israel, zum Guerillakrieg, als sinnlos an. Er selbst hatte die Absicht, so rasch als nur möglich ebenfalls eine Übereinkunft mit Israel zu treffen. Seine Sorge, er könnte der letzte sein, mit dem sich die Israelis noch nicht geeinigt hätten, war am 13. September 1993 gewachsen. Er handelte deshalb rasch.

Am 14. September ließ er der israelischen Regierung insgeheim mitteilen, er sei bereit zum Abschluß eines Vertrags zur Schaffung eines »gerechten, dauerhaften und umfassenden Friedens«. Während im Lager Baka'a die Demonstranten ihre Wut gegen Arafat zum Ausdruck brachten, bereitete Hussein den Schritt zum Übertritt in das Lager der Friedensbereiten vor. Er vernahm, daß im Lager Baka'a die Überzeugung herrschte, er sei die »Bastion des Widerstands gegen Israel«, er rette die Ehre des arabischen Volkes und der Palästinenser. Hussein erfuhr von Verbrüderungsszenen zwischen Lagerbewohnern und seinen Polizisten. Der König war verwundert, daß die Palästinenser, die dumpf in ihren Hütten gelebt hatten, durch »Arafats Verrat« neue Energien gewonnen hatten.

Der haschemitische König war sich bewußt, daß er auf die Stimmung im Lager Baka'a keine Rücksicht nehmen durfte. Er formulierte eine »Common Agenda«, einen Plan zur Erreichung der Aussöhnung zwischen Jordanien und Israel. Diese »Common Agenda« wurde innerhalb weniger Stunden im Prinzip von der israelischen Regierung akzeptiert und als gültig erklärt. Die wichtigste Aussage des Dokuments war die Feststellung, daß der jordanische und der israelische Staat den Kriegszustand für beendet erklärten, und daß jede Seite die territoriale Integrität und die Sicherheit der anderen Seite garantierte. Vereinbart wurde eine enge Zusammenarbeit auf wirtschaftlichem Gebiet.

Aus innenpolitischen Gründen hatte Hussein bei der Übergabe des Dokuments um Geheimhaltung gebeten. Er wollte Diskussionen über seine Kontakte mit Israel vermeiden. Es war nie auszuschließen, daß derartige Diskussionen jemanden auf den Gedanken bringen könnte, er müsse ein Attentat auf den König verüben.

Schon nach wenigen Tagen war die Existenz der »Common Agenda« durch undichte Stellen im israelischen Außenministerium nicht länger zu verheimlichen. Um nicht den Zorn der ohnehin aufgewühlten Palästinenser auf sich zu ziehen, schwächte Hussein die Bedeutung des Dokuments ab: Es sei keineswegs die Vorstufe eines Friedensvertrags. Die »Common Agenda« sei lediglich das Exposé eines Abrisses der Gesamtproblematik, die noch eine tiefe Kluft darstelle zwischen Jordanien und Israel. In der Tat verlor Hussein bei den Palästinensern zunächst nicht an Prestige.

Wollte der König seine Absicht verwirklichen, die »Common Agenda« in einen Friedensvertrag umzumünzen, mußte er den Kritikern einer Aussöhnung mit Israel die Plattform nehmen, von der aus sie ihren Standpunkt verkünden konnten. Kurz entschlossen löste er das Parlament auf, in dem die Moslembruderschaft zusammen mit Islamischen Unabhängigen eine starke Fraktion bildeten. Die Entscheidung, die Hussein allein getroffen hatte, veranlaßte die jordanischen Politiker zu bitteren Kommentaren. Sie hatten gehofft, der Monarch werde künftig demokratischer handeln.

Die Parlamentsauflösung machte die Ansetzung von Neuwahlen möglich. Als Resultat wünschte sich Hussein die Reduzierung der islamischen Fraktion. Um mit dem Ergebnis keine unliebsame Überraschung zu erleben, griff er zum Mittel der Manipulation. Er ordnete eine Revision der Wahlkreisgrößen an. Erreicht werden sollte eine Bevorzugung der Wahlkreise mit beduinischem Wählerstamm. Praktisch sah diese Revision so aus: Der Wahlkreis II der Hauptstadt Amman, mit einer ausgeprägten islamisch-orientierten Wählerschaft von 220 000 Stimmen, durfte drei Abgeordnete wählen; der Wahlkreis Taufila in der Region der Beduinen im Süden des Königreichs mit nur 24 000 Stimmen konnte ebenfalls drei Abgeordnete ins Parlament schicken. Protest gegen das königliche Dekret, das diese offensichtliche Ungerechtigkeit schuf, war nicht erlaubt.

Am 8. November 1993 fanden die auf diese Weise manipulierten Parlamentswahlen statt. Sie erbrachten das von Hussein gewünschte Ergebnis: Die islamische Fraktion verlor sechs Sitze und büßte damit an Bedeutung ein. Die Zahl der möglichen Kritiker einer Friedenspolitik war damit verringert. Parlamentsdebatten mit aufrührerischen Parolen waren künftig nicht zu erwarten, denn die Fraktion der Königstreuen war stark und militant. Die Verlierer der Wahl spotteten auch bald: »Das Parlament des Königreichs ist zu einem Rat der Stammesältesten verkommen!«

Untersuchungen des Wählerverhaltens, die halbwegs unabhängig durchgeführt wurden, ergaben allerdings, daß 70 Prozent der Wähler palästinensischer Abstammung den Wahlurnen ferngeblieben waren. Dieses Phänomen wurde als Anzeichen einer Meinungsänderung der Palästinenser Transjordaniens gewertet: Offenbar hatten viele der palästinensischen Wahlberechtigten inzwischen begriffen, daß sich der König nicht dazu eignete, eine Widerstandsfront gegen Israel zu führen. Die Spuren seiner Annäherung an Israel waren nicht mehr zu verwischen gewesen. Daß die »Common Agenda« eben doch die Grundstufe eines Abkommens mit Israel war, darauf hatte Radio Damaskus oft und in längeren Sendungen hingewiesen. Husseins Glaubwürdigkeit als standhafter Verteidiger arabischer Rechte war gewaltig geschrumpft.

Hussein kam dieser Verlust seines Ansehens bei den Palästinensern gelegen: Er brauchte nun auf diesen Teil der transjordanischen Bevölkerung kaum mehr Rücksicht zu nehmen. Er suchte ein rasches Ende des Konflikts mit Israel.

In einem Brief an Präsident Clinton schilderte Hussein seine Absicht: Er sei eben auf dem Weg der Genesung nach einer Krebsoperation. Er habe Zeit gehabt für gründliche Überlegungen. Nachgedacht habe er auch über den Tod seines Großvaters Abdallah, bei dessen Ermordung er Zeuge gewesen sei. Der Großvater sei deshalb ermordet worden, weil er die Aussöhnung mit Israel habe erreichen wollen. Seine Pflicht als Enkel, so schrieb Hussein an den amerikanischen Präsidenten, sei es jetzt, das Tor zum Frieden mit Israel zu öffnen. Er werde den eigenen Ehrgeiz hinter der Erfüllung des großväterlichen Willens zurückstellen.

Frieden –
das Vermächtnis des Großvaters

Shimon Peres begriff als erster israelischer Politiker, daß der haschemitische König der Meinung war, es bleibe ihm nur noch wenig Zeit, das Vermächtnis des Großvaters zu erfüllen. Als die »Common Agenda« vorlag, drängte der israelische Außenminister seinen Ministerpräsidenten Rabin zu einer »stürmischen Strategie«, zu einem raschen Durchbruch in den Verhandlungen. Erreichbar sei die Schaffung eines »natürlichen Dreiecks« zwischen Israel, Jordanien und dem Palästinensergebiet. Dieses »natürliche Dreieck« werde Stabilität auf politischem und auf wirtschaftlichem Gebiet bringen und sei geeignet, zwischen den drei Partnern Vertrauen zu wecken.

Rabin fand die Gedanken seines Außenministers richtig, und dennoch zögerte er. Der Ministerpräsident war der Ansicht, dieses »natürliche Dreieck« werde dem syrischen Präsidenten Hafez al-Assad mißfallen, der sicher befürchtete, bei einer derartigen Lösung isoliert zu werden. Rabin glaubte dazu, daß die Koppelung Jordaniens mit dem palästinensischen Autonomiegebiet für den König nicht leicht zu akzeptieren wäre.

Da Peres hartnäckig blieb, gab Rabin schließlich die Genehmigung zur direkten Annäherung an den König. Mit diesem Schritt wurde Ephraim Halevy beauftragt, der stellvertretende Leiter des israelischen Geheimdienstes Mossad. Ihm war schon seit Monaten die Aufgabe übertragen, Kontakt mit dem jordanischen Geheimdienst zu halten. Ephraim Halevy fand offene Ohren in Amman. Er vereinbarte ein geheimes Treffen zwischen Hussein und Peres in Husseins Haus nahe der Demarkationslinie bei Aqaba. Der Termin für die Begegnung war der 3. November 1993 – für den 8. November waren die jordanischen Parlamentswahlen angesetzt.

Nach Abschluß des Gesprächs, das neun Stunden gedauert hatte, war Hussein optimistisch. Peres hatte einer für Jordanien günstigen Regelung der Verteilung des Jordanwassers zugestimmt, er hatte versprochen, prüfen zu lassen, ob die Elektrizitätsnetze beider Länder zum Zweck der höheren Effektivität verbunden werden könnten; er war bereit gewesen, sich in Washington dafür einzusetzen, daß die Finanzhilfe für Jordanien wieder fließen würde.

Doch der Optimismus verflog rasch. Shimon Peres – der immer darunter litt, daß er im Schatten von Rabin stand – konnte nicht über seinen Erfolg in der Verhandlung mit Hussein schweigen. Die israelische Presse erfuhr vom Geheimtreff und von den Absprachen. Sie druckte Schlagzeilen, die den Eindruck erweckten, Hussein habe bereits Frieden geschlossen mit Israel.

Hussein war wütend über diese Entwicklung. In seinem Königreich standen Wahlen bevor; er mußte fürchten, daß der Geheimtreff palästinensische Wähler davon abhielt, für die Königstreuen zu stimmen. In der Tat war dann die Stimmenthaltung mit 70 Prozent der Stimmberechtigten Palästinenser beachtlich.

Hussein glaubte nicht daran, daß Außenminister Peres mit seiner Indiskretion nur einen Fehler begangen hatte. Er war der festen Ansicht, Israel habe den neuerlichen Ansatz von Verhandlungen absichtlich platzen lassen. Er war nicht mehr der Politiker des scharfen Kalküls – er war empfindlicher geworden und depressiver. Hussein nahm es nicht mehr gelassen hin, Feinde zu haben. Sein Gemüt besaß nicht mehr die frühere Stabilität.

Außerdem quälte ihn die Vorstellung, auch Präsident Clinton stecke hinter dem Scheitern der Initiative vom 3. November 1993. Clinton habe beschlossen, einem Frieden zwischen Israel und Syrien den Vorzug zu geben – die Verständigung mit Jordanien sei in den Hintergrund gerutscht. Der König glaubte, hinter dieser amerikanischen Politik stecke das in Saudi-Arabien regierende Königshaus, das ihm noch immer sein Verhalten im Golfkrieg nachtrage. Der Monarch fühlte sich verstrickt in einem Netz der Intrigen.

Hussein entschloß sich zu testen, ob das Haus As-Saud wirklich derart unversöhnlich war, daß es darauf aus war, den Chef der Haschemitenfamilie zu demütigen, vielleicht sogar zu vernichten. Er gab der saudischen Regierung bekannt, er werde – aus Anlaß seiner Genesung nach der Nierenkrebsoperation – zur Pilgerfahrt nach Mekka fliegen. Er rechnete mit einer positiven Reaktion des Königs Fahd; er hoffte, vom Herrscher Saudi-Arabiens empfangen zu werden. Hussein bat schließlich eindringlich um ein Zusammentreffen mit König Fahd – doch er bekam keine Antwort.

Die beunruhigenden Aspekte nahmen zu. Husseins Geheimdienst gelangte in den Besitz eines Dokuments, das ihn aufs höchste mit Sorge erfüllte: Israel und die PLO hatten sich darauf geeinigt, ihre wirtschaftlichen Beziehungen zu regulieren. Das Resultat war, daß die PLO als Autorität der Palästinensischen Autonomieverwaltung mit einer Reduzierung jordanischer Lebensmittelexporte ins Autonomiegebiet einverstanden war. Die Palästinenserregion westlich des Jordan sollte weitgehend von Israel versorgt werden. Durch diese Regelung gerieten die landwirtschaftlichen Betriebe des Jordanostufers in Bedrängnis. Sie durfte nicht in Kraft treten. Zu verhindern war das Embargo jordanischer Waren nur durch direkte Einflußnahme auf die israelische Regierung. Doch dazu bestand keine Handhabe.

Am 19. Mai 1994 ergriff Peres wieder einmal die Initiative. Die Beziehungen zur syrischen Regierung hatten sich nicht nach der Vorstellung des israelischen Außenministers entwickelt. Hafez al-Assad hatte die Vorschläge, die israelischen Truppen nur nach und nach von den Golanhöhen zurückzuziehen, rundweg abgelehnt. Deshalb lud er Hussein zu einem geheimen Treffen nach London – wieder einmal ins Haus des jüdischen Anwalts Victor Mishcon, der kurz zuvor zum Lord erhoben worden war. Ungern betrat der König das Haus der Familie Mishcon. Die Erinnerung an den 11. April 1987 war bitter. Damals hatte Hussein mit Peres das »London Document« ausgearbeitet, das dann schmählich in den Intrigen der Politik unterging.

Diesmal kam der König mit dem Kronprinzen Hassan – und der Gesprächspartner war nicht Peres, sondern dessen Ministerpräsident Rabin. Hussein und Hassan redeten ohne lange Umschweife davon, daß ihr Land den Frieden mit Israel dringend brauche zu Überwindung der Notsituation, die seit dem Golfkrieg das Königreich niederdrückte. Rabin versprach, er werde einem Abkommen mit Jordanien keine Schwierigkeiten bereiten.

Der Ministerpräsident fragte den König, ob der syrische Staatschef den Friedensschluß zwischen Israel und Jordanien zu verhindern suche. Hussein wußte darauf keine Antwort. Er hatte zwar kurz zuvor Hafez al-Assad in Damaskus aufgesucht, doch von möglichen Verhandlungen mit Israel hatte er kein Wort gesagt.

Rabin schlug vor, das syrische Verhalten zu testen. Für den 7. Juni 1994 war in Washington eine Dreierkonferenz vorgesehen, bei der amerikanische, israelische und jordanische Vertreter Wirtschaftsfragen von gemeinsamer Bedeutung besprechen wollten. Dabei war Gelegenheit, durchblicken zu lassen, daß Israel und das Königreich mit handfesten Vorarbeiten für einen Friedensvertrag begonnen hätten.

Der Plan wurde ausgeführt. Das Ergebnis war, daß der syrische Ministerpräsident und sein Außenminister einen vorgesehenen Besuch in Amman absagten. Hafez al-Assad gab damit ein Signal: Er wollte nicht, daß Hussein vor ihm zum Einverständnis mit Israel gelange.

Nun schaltete sich Präsident Clinton ein. Er telefonierte zweimal mit dem syrischen Staatschef, um ihm klarzumachen, daß Friedensgespräche gleichzeitig mit Damaskus und mit Amman stattfinden könnten. Es gelang dem amerikanischen Präsidenten, seinen Gesprächspartner zu beschwichtigen. Er versicherte dem Syrer, die USA würden auf gar keinen Fall vergessen, daß sein Land während des Golfkriegs der Allianz mit den USA treu geblieben war. Unter keinen Umständen würde Hussein, der Verbündete des Irakers Saddam Hussein, in den Genuß irgendeiner Bevorzugung kommen.

Die unsichere Situation in der ersten Hälfte des Jahres 1994 in der Schwebe zwischen Frieden und Nichtfrieden löste Unruhen in jordanischen Städten aus. In Amman und Zerka detonierten Sprengsätze vor Kinos. Als Täter kamen nur Angehörige islamischer Gruppierungen in Frage. Das Innenministerium konnte schon wenige Tage später Täter präsentieren: Es waren junge Jordanier, die als »mujahedin« in Afghanistan gekämpft hatten. Sie hatten sich als eigenständige islamische Kampfgruppe organisiert mit den Ziel, aus dem Königreich einen nach dem Koran orientierten Staat zu machen, für den eine friedliche Lösung des Konflikts mit Israel nicht in Frage komme. Der Name ihrer Organisation war »Die Armee des Propheten Mohammed«. Geld und Waffen hatte die Kampfgruppe von den Moslembrüdern erhalten. Die Untersuchung des Innenministeriums ergab, daß insgesamt 72 junge Männer in die Sprengstoffanschläge auf Kinos in Amman und Zerka verwickelt waren.

Die Aktion der Religiösen beunruhigte nicht nur den König,

sondern auch die in Israel Verantwortlichen. Rabin und Peres sahen ein, daß in erster Linie Husseins Verhältnis zur amerikanischen Regierung verbessert werden mußte; ohne finanzielle Hilfe aus den USA war das Königreich nicht lebensfähig. Wenn Jordanien als unabhängiger Staat unter Husseins Führung weiterhin erhalten bleiben sollte, müsse ihm eine Lebensgrundlage geschaffen werden. Rabin und Peres wollten vor allem dafür sorgen, daß die Abhängigkeit der jordanischen Wirtschaft von Gefälligkeiten aus Baghdad beendet werde. Seit dem Golfkrieg war für landwirtschaftliche Produkte aus dem Jordantal der Zugang zu den Märkten in Saudi-Arabien, Kuwait und in den Vereinigten Arabischen Emiraten versperrt. Für mehr als 700 000 Tonnen Obst und Gemüse fanden sich nur noch Abnehmer in Baghdad und Basra. Hussein hatte sich alle Mühe gegeben, durch nahezu demütige Entschuldigung für sein Verhalten im Golfkrieg die Regierungen der konservativen Golfstaaten zur Lockerung der Importsperre für jordanische Waren zu bewegen – bisher ohne Erfolg. Rabin und Peres, die eine Auflösung wirtschaftlicher und damit auch politischer Bindung des Königs an Saddam Hussein erreichen wollten, waren sich bewußt, daß allein Präsident Clinton den Einfluß besaß, eine Aussöhnung zwischen den Regimen in Jordanien und in den monarchischen Golfstaaten zu erreichen. Clinton aber zeigte sich in dieser Angelegenheit wenig hilfsbereit.

Auch ihn störte die Kooperation zwischen Jordanien und Irak. Zwar hatte sich die jordanische Regierung verpflichtet, den Sicherheitsratsbeschluß Nummer 661 zu befolgen, der seit Ende 1990 ein Embargo über den Irak verhängte, doch war der Hafen Aqaba noch immer insgeheim offen für Waren, die ins Gebiet von Euphrat und Tigris transportiert werden sollten. Die USA kontrollierten durch Kriegsschiffe den Frachtverkehr im Golf von Aqaba, doch eine völlige Blockade war nicht möglich – zum Ärger der amerikanischen Regierung.

Der israelische Ministerpräsident – entschlossen, Hussein aus dem Sumpf der unsäglichen Verstrickung mit dem Irak und aus dem Griff der rachelüsternen Saudis zu befreien – schickte Ephraim Halevy nach Washington mit dem Auftrag, im State Department das Bündel der Probleme aufzuschnüren und sie einzeln zur Lösung zu präsentieren. Am 22. Juni 1994 beendete

Rabins Sondergesandter seine Mission erfolgreich: Clinton war bereit, Hussein zu empfangen.

Im Verlauf dieses Gesprächs setzte der Präsident den König unter Druck mit dem Argument, er könne erst dann wirklich im Sinne Husseins tätig werden, wenn der König seine Friedensbereitschaft durch eine deutliche Geste unterstreiche. Clinton schlug vor, Hussein möge sich in aller Öffentlichkeit mit Rabin treffen. Ein Handschlag vor Fernsehkameras würde die Kongreßmitglieder überzeugen, daß sich der König auf dem richtigen Weg befinde. Hussein verließ das Weiße Haus ohne Zusage für eine derartige Geste.

Zu Hause bahnte sich neuer Ärger an: Die Berufsgenossenschaften, denen eigentlich nur gestattet war, sich für die berufsspezifischen Belange ihrer Mitglieder einzusetzen, begannen sich in die Politik einzumischen. Sie beklagten öffentlich, der König schlage einen Kurs ein, der den Interessen Jordaniens schade. Er stehe kurz davor, sich mit Israel auszusöhnen. Damit werde die Front der Entschlossenen geschwächt, die gegen Israels Übermacht im Nahen Osten ankämpfe. Wenn Jordanien erst Frieden schließe mit dem jüdischen Staat, sei Arabien insgesamt der Verlierer des Konflikts – und Israel sei die vorherrschende politische und militärische Kraft.

Der führende Kopf der Berufsgenossenschaften war Laith Shbeilat, der Vorsitzende der Vereinigung jordanischer Ingenieure. Shbeilat galt als überaus gläubiger Moslem. Hussein machte zum ersten Mal die Erfahrung, daß ein Ingenieur, ein Mann der Technik, seinen Glauben zum Maßstab der Politik machte. Laith Shbeilat wehrte sich gegen die Verständigung mit Israel, weil der Prophet Mohammed Krieg geführt habe gegen die jüdischen Stämme von Chaibar. Mohammed sei das Vorbild in allen Bereichen, und auch König Hussein, als Haschemit, habe nicht das Recht, vom Weg des Propheten abzuweichen. Hussein war schließlich gezwungen, den Ingenieur durch Verhaftung mundtot zu machen.

Die israelische Regierung, die genau informiert war über die öffentliche Meinung im haschemitischen Königreich, erkannte, daß die Unzufriedenen vor allem über die miserable wirtschaftliche Lage des Landes klagten. Sie war die eigentliche Wurzel jeder Mißstimmung. Die Wirtschaft des Landes stagnierte. Überraschenderweise hatte die Stagnation mit der

Unterzeichnung des Oslo-Abkommens erst richtig eingesetzt. Die wohlhabenden Palästinenser, die zuvor in Transjordanien investiert hatten, warteten ab, ob sich nicht gute Chancen für die Geldanlage im Autonomen Gebiet am Jordanwestufer ergeben würden. Die vielen »Bauruinen« am Stadtrand von Amman waren sichtbare Zeichen der negativen Entwicklung. Opfer der Stagnation waren unter anderen eben auch die jordanischen Ingenieure, die betroffen waren von der Rezession des Bauwesens.

Hussein stieß bei Rabin und Peres auf Verständnis, als er darum bat, die Absprache mit der PLO nicht in Kraft treten zu lassen, die der israelischen Wirtschaft besondere Handelsrechte im Autonomiegebiet der Palästinenser eingeräumt hätte. Dem König gelang es, dem jordanischen Handel das Gebiet im Westen des Jordan zu sichern.

Mehr als ein Jahr war vergangen seit dem Entschluß des haschemitischen Königs, das Vermächtnis des Großvaters zu erfüllen. Er hatte nicht die Kraft gefunden, den Widerstand gegen die Aussöhnung zu brechen – oder einfach nicht zu beachten. Nie zuvor hatte sich Hussein bemüht, gegen derart viele Widrigkeiten anzukämpfen. Ein Problem löste das andere ab. Kaum hatte er die aufbegehrende Vereinigung jordanischer Ingenieure beruhigt, da machte sich die Gruppe »Islamische Erneuerung« bemerkbar; sie bestand aus Lehrern, Verwaltungsfachleuten und Technikern, die im Verlauf des Golfkriegs aus Kuwait deportiert worden waren. Sie machten den König verantwortlich für ihr Mißgeschick. Ihr Ziel war die Abschaffung der Monarchie überhaupt, da ihr Prinzip nicht mit islamischen Grundsätzen vereinbar sei. Mitglieder der »Islamischen Erneuerung« wurden verhaftet. Doch niemand wußte, wie groß die Zahl der Anhänger war.

Als ihm sein Ministerpräsident berichtete, innerhalb von sechs Monaten seien im Königreich 36 terroristische Anschläge verübt worden, hielt es der König für besser, nicht länger zu warten. Er hatte die fällige Entscheidung vor sich hergeschoben in der Hoffnung, er könne die innenpolitische Voraussetzung für den Friedensschluß verbessern – doch die Situation war schlechter geworden. Er mußte handeln, ehe ihm die Möglichkeit dazu aus den Händen glitt.

Zeichen der Kraft –
Husseins »Sprung über die psychologische Schwelle«

Peres hatte den Begriff geprägt, als er seinen Beratern die Frage stellte, wann Hussein wohl den »Sprung über die psychologische Schwelle« wagen würde. Der Zeitpunkt war am 9. Juli 1994 gekommen.

An diesem Tag hielt der König selbst eine Rede vor dem Parlament. Er überließ das, was zu sagen war, diesmal nicht seinem Ministerpräsidenten. Er sagte klar und unmißverständlich, daß er sich entschlossen habe, den israelischen Ministerpräsidenten zu treffen und mit ihm in Verhandlungen einzutreten. Dieser Entschluß sei notwendig geworden, weil allein das Treffen mit Rabin Jordanien aus der mißlichen Lage herausführen könne. Dieser Schritt sei nicht als Kapitulation vor Israel zu betrachten, sondern als Zeichen der Kraft, die Schaffung einer neuen Ordnung im Nahen Osten anzupacken. Husseins mutiges Auftreten verschaffte ihm wieder einmal Respekt: Die islamisch orientierten Abgeordneten schwiegen.

Als Ort des »historischen Treffens« war zunächst ein Platz an der israelisch-jordanischen Grenze bei Aqaba vorgesehen. Sich über die Demarkationslinie hinweg die Hand zu geben, erschien dem König und dem Ministerpräsidenten als die richtige symbolische Geste. Doch im Stab von Clinton gab es Bedenken: Die Wüste bei Aqaba war abgelegen, für die Vertreter der Medien nur schwer erreichbar; die Möglichkeit bestand, daß das Ereignis gar nicht zur Kenntnis genommen wurde. Da gab es noch ein Argument: Gerade dort, bei Aqaba, hatte Hussein schon öfter israelische Politiker getroffen. Hussein wollte nicht an den Platz des Geheimtreffs zurückkehren. Präsident Clinton entschied schließlich, daß das Händeschütteln im Weißen Haus in Washington stattzufinden habe. Damit werde für alle sichtbar, daß die Vereinigten Staaten Schirmherr der Übereinkunft seien, und Garant für die Einhaltung.

Der König war noch immer vorsichtig; er legte Wert auf die Feststellung, es werde kein Friedensvertrag unterzeichnet, sondern nur ein Dokument, das den Kriegszustand zwischen seinem Land und Israel beende. Rabin war mit dieser Spitzfindigkeit einverstanden, auch wenn er deren Sinn nicht einsehen wollte. Er schickte Ephraim Halevy nach Amman. Dort sollte

Hussein den Text der Abmachung nach seinem Gutdünken redigieren – die Endfassung behielt sich allerdings Rabin vor. Der Ministerpräsident und der König waren übereingekommen, weder dem amerikanischen Präsidenten noch dem Außenminister den Text zur Mitarbeit an den Formulierungen vorzulegen. Sie wollten dokumentieren, daß der Wortlaut allein ihren Absichten entsprach. Am 25. Juli 1994 unterzeichneten der König und Ministerpräsident Rabin die »Washington Declaration«, mit der der Kriegszustand zwischen Jordanien und Israel in feierlicher Zeremonie im Weißen Haus beendet wurde.

Alle Beteiligten waren sich bewußt, daß eine Farce inszeniert wurde, die der Popularität des amerikanischen Präsidenten zu dienen hatte und die vom Kongreß wahrgenommen und dauerhaft registriert werden sollte. Die Kongreßbeschlüsse waren schon vorbereitet, die den Geldfluß in Richtung Amman möglich machten.

Die »Washington Declaration« enthielt Zündstoff, der sofort nach der Unterzeichnung das Einvernehmen mit den USA und mit der PLO zu sprengen drohte. Hussein hatte den Sondergesandten Halevy dazu überreden können, einen Absatz in die Erklärung aufzunehmen, der festlegte, dem jordanischen König werde in Jerusalem eine »besondere Rolle« übertragen – das haschemitische Königreich sei verantwortlich für die heiligen Stätten, für die Al-Aqsa-Moschee und für den Felsendom. Das State Department sah in diesem Absatz der »Washington Declaration« eine nicht erlaubte Vorwegnahme künftiger Vereinbarungen über den Status von Jerusalem, und Jassir Arafat war derselben Ansicht. Sein Plan war, bei Verhandlungen über den Status von Jerusalem die Souveränität über die Heiligtümer für die Palästinensische Autonomieverwaltung einzufordern. Durch Diplomatie konnte Rabin den Sprengstoff doch noch entschärfen. Er fand diese Formulierung: »Jerusalem zeichnet sich durch zwei höchst unterschiedliche Charakteristika aus. Wir müssen unterscheiden zwischen dem himmlischen und dem irdischen Jerusalem. Das irdische Jerusalem kommt in der »Washington Declaration« gar nicht vor. Sein Status bleibt in der Tat späteren Verhandlungen vorbehalten. Im Text der Declaration angesprochen sind allein die Belange des himmlischen Jerusalem. Sie sollen der Verantwortung der

Dynastie der Haschemiten zugesprochen sein. Die Haschemiten haben durch ihre Verwandtschaft zum Propheten Mohammed die »besondere Rolle« in bezug auf die islamischen Heiligtümer verdient.«

Die Alpträume des Königs begannen zu schwinden. Zum Abbau der Ängste, die Hussein in der Vergangenheit empfunden hatte, sein Königreich werde durch Israel den Palästinensern überlassen, trug auch ein Gespräch bei, das sein Bruder, Kronprinz Hassan, um diese Zeit mit dem damaligen Oppositionsführer Benjamin Netanyahu führte. Hassans Gesprächspartner legte sich eindeutig fest: Er und seine politischen Freunde würden nie auf eine »palästinensische Lösung« für Transjordanien hinarbeiten. In Hassans Bericht über das Treffen mit Netanyahu fand der König diese Feststellung des nationalistisch gesinnten Politikers bemerkenswert: »Jordanien und Israel haben einen gemeinsamen Feind, und dies ist ein Staat der Palästinenser. Wir haben die gemeinsame Aufgabe, den Palästinenserstaat zu verhindern.«

Bemerkenswert war diese Aussage für Hussein deshalb, weil er zu diesem Zeitpunkt mehr und mehr die Überzeugung gewonnen hatte, das »Experiment« der Schaffung eines Autonomiegebietes der Palästinenser werde scheitern, weil Arafat nicht die Fähigkeit besitze, eine Verwaltung zu leiten. Husseins Informationen über die Vorgänge innerhalb der Autonomiebehörde in Gaza machten ihm deutlich, daß der Weg der Palästinenser in eine Freiheit durch Unfähigkeit und Korruption in Arafats Umgebung blockiert werde. Hussein war im Sommer 1994 der Ansicht, die Verantwortung für die Palästinenser werde bald wieder ihm zufallen.

Rabin und Hussein trafen sich nun öfter – immer im königlichen Haus bei Aqaba. Beide empfanden eine herzliche Sympathie füreinander. Hussein freute sich, wenn Rabin lobende Worte für das haschemitische Königreich fand: Besonders gefiel ihm die Bemerkung, Jordanien sei ein sehr sauberes und gut organisiertes Land. Abfällig äußerte sich Rabin über Arafat: »Das ist ein Chaot!« und über die miserable Organisation der Palästinensischen Autonomiebehörde. Auch Rabin war der Meinung, ein Palästinenserstaat werde sich eines Tages zur Gefahr für Israel und für Jordanien entwickeln. Hussein teilte diese Sorge mit dem Ministerpräsidenten.

Sie waren sich auch darin einig, daß die Entwicklung des islamischen Radikalismus beunruhigend sei. Beide besaßen kein Konzept für die Eindämmung dieser Gefahr. Sie waren der Meinung gewesen, daß die Aussicht auf Frieden den Ruf nach einer »islamischen Lösung« des Konflikts zum Verstummen bringen würde. Sie begannen zu erkennen, daß sie sich getäuscht hatten.

In Husseins Haus bei Aqaba wurde auch gestritten. Ein brisantes Thema war die Aufteilung des Wassers aus dem See Genezareth und aus dem Jarmukfluß. Israel beanspruchte das meiste des zur Verfügung stehenden Wassers für seinen Israel National Water Carrier zur Versorgung der Küstenstädte und der Siedlungen in der Negevwüste. Eine für Jordanien zufriedenstellende Lösung wurde nicht gefunden. Die Ansprüche der Palästinenser blieben unberücksichtigt.

Eine völkerrechtlich interessante Abmachung trafen Hussein und Rabin für umstrittenes Land in der Arava-Grenzzone. Die Einzeichnungen der Demarkationslinie in jordanischen und israelischen Landkarten wiesen wesentliche Unterschiede auf: Die israelische Seite hatte sich ganz offensichtlich im Jahr 1969 eine Fläche von 360 km² angeeignet, die zuvor jordanisches Eigentum war. Rabin gab diese Annexion zu. Die Schwierigkeit war, daß auf einem Teil dieser Fläche landwirtschaftliche Betriebe entstanden waren; Israel hatte erhebliche Geldmittel in diese Betriebe investiert. Hussein fand eine Lösung, die für beide Seiten akzeptabel war: Israel gab die Souveränität für das Gebiet an Jordanien zurück – Jordanien aber verpachtete den landwirtschaftlich genutzten Boden an Israel. Der Pachtvertrag umfaßt den Zeitraum von 25 Jahren, mit der Möglichkeit einer Verlängerung.

Ein jordanisches Angebot war für Rabin und Peres besonders bedeutungsvoll: Hussein versprach, er werde nie zulassen, daß von haschemitischem Territorium aus ein militärischer Aufmarsch gegen Israel vorbereitet werde.

Am 26. Oktober 1994 fand die Unterzeichnung des Friedensvertrages statt. Als Ort war der Grenzübergang nördlich der Städte Aqaba und Eilat gewählt worden. Präsident Clintons Anwesenheit gab der Zeremonie die höchste politische Weihe. Es herrschte Volksfeststimmung bei klarem, heißem Wetter –

nur das Volk fehlte. Mit Bill Clinton zusammen schritt Hussein über den roten Teppich, vorbei an der Ehrengarde der jordanischen Streitkräfte. Auffällig die Veränderung des Königs: Der 59jährige Monarch war völlig grau geworden, spärlich sein Haarwuchs, völlig weiß der Backenbart. Noch nie zuvor hatte die Stirn derart das Gesicht beherrscht. Er ging aufrecht, doch wirkte er schmächtig neben der stattlichen Gestalt von Bill Clinton.

Fahnen flatterten an langen Masten. Der Wüstenwind ließ die Flaggen von Jordanien, Israel und den Vereinigten Staaten laut knattern. Die Ehrengäste, darunter die Repräsentanten von 14 Staaten, waren gezwungen, auf steil ansteigender Tribüne in der prallen Sonne zu sitzen. An diesem Oktobertag war es heiß im kahlen, sandigen Wadi Araba.

Die Zeremonie der Vertragsunterzeichnung wurde vom jordanischen Fernsehen übertragen. Die Untertanen konnten das Ereignis nur über den Bildschirm erleben. Das Volk blieb ausgesperrt – aus Vorsicht. Der König mußte befürchten, ausgepfiffen zu werden. Zur gleichen Stunde demonstrierten 700 Studenten auf dem Gelände ihrer Universität in Amman gegen die Zeremonie im weit abgelegenen Wadi Araba.

Deutlich sichtbar war die Präsenz der amerikanischen Fernsehsender. Sie strahlten über Satellit direkt in die Vereinigten Staaten. Das State Department diktierte ihnen die Sendezeit. Sie wurde so gewählt, daß möglichst viele amerikanische Fernsehzuschauer den Triumph ihres Präsidenten erleben konnten: Bill Clinton, der Friedensschöpfer, die beherrschende Erscheinung dieses Versöhnungsfestes.

Clinton hatte für seine Ansprache gefühlvolle Worte gewählt: »Öffnet die Grenzen und öffnet die Herzen! Laßt nie mehr die Feinde des Friedens das Schicksal dieser Region bestimmen. Wir erleben heute, daß durch Vertrauen Barrieren verschwinden. Ich beglückwünsche alle, die den Friedensprozeß am Leben gehalten haben, trotz aller Widerstände!«

König Hussein zog die Bilanz der Stunde: »Die Unterzeichnung des Friedensvertrags beendet den Kriegszustand und öffnet das Tor für eine Ära des Friedens im Nahen Osten. Diese Region kann jetzt optimistisch in die Zukunft blicken. Diese Zukunft wird frei sein von Elend und Angst.«

Jitzhak Rabin, der israelische Ministerpräsident, sprach in poetischen Bildern: »Jordanien und der jüdische Staat werden künftig durch ihre Zusammenarbeit in der Wüste Pflanzen zum Erblühen bringen, die in vielerlei Farben vom Leben künden.«

Unterzeichnet wurde der Friedensvertrag von Jitzhak Rabin und dem jordanischen Ministerpräsident Abdessalam al-Majali. Hussein stand freundlich lächelnd mit geneigtem Kopf hinter seinem Regierungschef, den er schon drei Monate später entlassen wird. Al-Majali hatte seinem Monarchen in der Zeit vor dem 26. Oktober 1994 treu gedient. Im Januar 1995 wird er der Stimmung im Königreich geopfert.

Der Friede –
das Volk ist nicht darauf vorbereitet

Der Friedensschluß war des Königs ganz persönliche Entscheidung. Er hatte sich mit niemandem beraten. Sein Ministerpräsident und die Mitglieder des Parlaments waren nicht um Rat und Meinung gefragt worden. Während der Monate vor der Vertragsunterzeichnung hatte Hussein mit Absicht das Kabinett mehrfach umgebildet. Ministerpräsident al-Majali war abgelöst worden durch Sherif Seid Shaker; er war ein Vetter des Königs und sein enger Vertrauter. Den wichtigen Posten des Parlamentssprechers übernahm ein Vertreter der königstreuen nördlichen Stämme. So wurden durch Personalentscheidungen Turbulenzen geschaffen, die die Aufmerksamkeit der politisch Interessierten auf sich zogen.

Hussein hatte im Jahr 1994 seinen Willen wiedergewonnen, kalkulierte Risiken einzugehen. Einkalkuliert hatte er auch den Schock, den die Unterzeichnung des Friedensvertrags auslöste. Hussein hoffte, daß es ein heilsamer Schock sein würde. Diese Kalkulation ging allerdings nicht auf. Der 26. Oktober 1994 veränderte die Situation der Jordanier schlagartig: Sie hatten ihren Feind verloren – und sie wurden mit diesem Verlust nicht fertig.

Zwei Generationen lang war den Jordaniern gesagt worden, Israel sei ein gnadenloser, bösartiger und rücksichtsloser Feind. Zeitungen, Rundfunk und Fernsehen hatten ein Feindbild gepflegt, das Angst eingeflößt hatte. Die Menschen in Transjordanien hatten in der Vorstellung gelebt, die Israelis warteten nur auf eine Gelegenheit, um Araber zu töten. Drei Kriege waren seit 1948 geführt worden; zwei dieser Kriege hatten hohe Verluste verursacht. Das Königreich war in den 70er und 80er Jahren militärisch aufgerüstet worden, um weitere Kriege führen zu können. Den Untertanen war gepredigt worden, sie müßten bereit sein zum Tod für das Vaterland. Viele Familien hatten Väter und Söhne verloren; weitere Opferbereitschaft war gefordert worden. Daß der Krieg gegen diesen brutalen Feind nicht zu vermeiden war, hatte sich ins Bewußtsein der Jordanier eingeprägt. Daß der Krieg nicht gewonnen werden konnte, das sagte der Verstand. Offizielle Meinung aber war gewesen, daß sich die Standhaftigkeit der Jordanier letztlich doch behaupten würde.

Unvorbereitet traf jetzt das Volk die Nachricht, der König habe Frieden mit Israel geschlossen. Die Frage wurde gestellt, was hatte sich durch die königliche Signatur verändert? War der Feind zum Freund geworden? Die Jordanier konnten nicht so schnell vergessen, was zwei Generationen geglaubt hatten. Sie konnten nicht vom 26. Oktober 1994 an glauben, die Israelis seien normale Menschen; es sei möglich, ihnen genauso unbefangen gegenüberzutreten wie dem guten Nachbarn.

Bald war zu bemerken, daß der König seinen Untertanen zu viel zugemutet hatte. Sie konnten dem Monarchen beim Schritt über die »psychologische Schwelle« nicht folgen. Am Tag nach der Unterzeichnung des Friedensvertrags demonstrierten rund 10 000 Jordanier gegen die Aussöhnung mit Israel. Viele Demonstranten kamen aus Familien, die nach dem Krieg von 1967 aus dem Jordanwestufergebiet nach Transjordanien geflohen waren. Doch unter den vom Frieden überraschten Männern befanden sich auch Hunderte von Angehörigen der Beduinenfamilien, die nicht glauben konnten, daß sie fortan mit jüdischen Menschen friedlich zusammen leben sollten.

Auf den unorganisierten Protest der spontan entstandenen Demonstrationen folgten Aktionen der Moslembrüder und der mit ihnen verbündeten islamischen Gruppierungen. Ihre Propaganda war eindeutig gegen die haschemitische Dynastie gerichtet, die schon seit der Zeit des Königs Abdallah den Verkauf des Landes um den Jordan an die Juden betrieben hätte.

356

Auf die Aktionen der Moslembrüder, die der Dynastie gefährlich werden konnten, reagierte Hussein entschlossen: Er befahl seiner Armee, die Demonstrationen auseinanderzutreiben. Jede Menschenansammlung wurde in Jordanien verboten.
Doch der Protest ließ sich nicht unterdrücken. Er verlagerte sich ins Parlament. Dort standen brisante Themen auf der Tagesordnung. Aufgehoben werden sollte ein Gesetz aus dem Jahr 1953, das jeglichen Handel mit Israel verbot und den wirtschaftlichen Boykott vorsah. Hussein verlangte von seinem Parlament die Annullierung eines im Jahr 1973 erlassenen Gesetzes, das Verkauf von Boden an Israelis strikt untersagte. Die Mehrheit der Parlamentsabgeordneten wollte nicht einsehen, daß nun erlaubt sein sollte, was eben noch verboten und hart bestraft worden war. Die Aufhebung der Gesetze war zunächst blockiert.

Als die ersten israelischen Besucher in Jordanien eintrafen, wurden sie mit Argwohn betrachtet. Sie hüteten sich zunächst, nach Amman zu fahren – sie besuchten die abgelegenen Altertümer von Petra. Die Touristenführer verbreiteten bald ihre Abneigung gegen diese Fremden im ganzen Land: Sie spotteten darüber, daß die Israelis in Petra kein Geld ausgaben.
Der Verständigung zwischen Jordanien und dem israelischen Volk diente die Öffnung der Grenze nicht. Jordanier weigerten sich prinzipiell, nach Israel zu reisen. Sie waren der Meinung, dort als Menschen geringer Klasse verachtet zu werden – und die Behandlung an der Grenze durch die israelischen Sicherheitsorgane bestätigte diese Meinung.
Israelische Familien, die schließlich auch in Amman eintrafen, wurden mit Mißtrauen betrachtet. Verwunderung löste aus, daß sie ihr eigenes Essen mitbrachten. Die Jordanier waren weder durch ihre Zeitungen noch durch Verlautbarungen der Behörden darauf hingewiesen worden, daß die meisten der Israelis »koschere Speisen« zu essen pflegten. Die Hoteliers bemerkten, daß sich die Besucher ihre Speisen auf den Zimmern zubereiteten – und sie hatten dafür überhaupt kein Verständnis.
Die Schuld an der Unruhe im Land hatte sich der König selbst zuzuschreiben. Er hatte es unterlassen, seine Regierung anzuweisen, sie möge die Bevölkerung über die Auswirkung des Friedensschlusses mit Israel informieren. Es war ein Trug-

schluß zu glauben, die Jordanier würden die Nachricht, der Friede sei ausgebrochen, bejubeln.

Den Fehler, die rechtzeitige Unterrichtung der Bevölkerung versäumt zu haben, konnte Hussein nur korrigieren durch eine wirklich glaubwürdige Versicherung, der wirtschaftliche Zustand des Landes werde sich – als Folge des Friedens – rasch verbessern. Die Bemühung, die Stimmung der Untertanen aus der Depression und der Unzufriedenheit herauszuführen, hatte einen Anfang, der Hoffnungen weckte: Noch am Tag der Vertragsunterzeichnung, am 26. Oktober 1994, hielt Präsident Clinton eine Rede vor dem jordanischen Parlament. Er entwarf das Bild einer frohen Zukunft, in der alle Völker des Nahen Ostens friedlich miteinander lebten – im Wohlstand und innerhalb sicherer Grenzen. Bei der Schaffung der Voraussetzung wollten die Vereinigten Staaten helfen. Als Basis der Hilfe versprach Clinton die Streichung der gesamten jordanischen Schulden in den USA in Höhe von 702 Millionen Dollar.

Der Finanzminister des Königs sah sich in der Lage, die Gelder, die durch Wegfall des Schuldendienstes frei wurden, für Investitionen zu verwenden. Doch dann mußte er feststellen, daß die Versprechungen des Präsidenten wenig wert waren: Der US-Kongreß tilgte im Jahr 1994 nur 22 Millionen Dollar – und im Jahr 1995 nur weitere 50 Millionen Dollar. Husseins bittere Enttäuschung wurde nur dadurch gemildert, daß Clinton aus einem ihm frei verfügbaren Fonds für eine beachtliche Zuwendung zugunsten des Königs sorgte.

Ein halbes Jahr war vergangen seit der Vertragsunterzeichnung, da besuchte Vizepräsident Al Gore die jordanische Hauptstadt. Von Hussein auf die nichteingelösten Versprechungen hingewiesen, antwortete Al Gore, der Präsident werde selbstverständlich zu seinem Wort stehen. Danach war allerdings nichts mehr aus Washington in dieser Angelegenheit zu hören.

Der Grund für die Zurückhaltung in der Einlösung fester Versprechen wurde dem König erst ganz langsam deutlich. Der amerikanische Botschafter in Amman machte ihn behutsam darauf aufmerksam: Daß Hussein Frieden mit Israel geschlossen hatte, genügte den Verantwortlichen in Washington nicht – sie verlangten als Vorleistung noch den völligen Abbruch der Beziehungen zu Irak. Als er begriffen hatte, was von ihm verlangt wurde, entschloß sich der König, nach Washington zu reisen. Zuvor allerdings begab er sich wieder auf Pilgerfahrt nach Mekka.

Wieder reagierte das saudische Königshaus nicht auf seine Besuchsanmeldung. Hussein erhielt den Hinweis, König Fahd weigere sich, ihn zu empfangen. Vermutet wurde, diese Zurückweisung habe nichts mit der jordanischen Irakpolitik zu tun – sie sei nur die Folge der prinzipiellen Abneigung des Königs Fahd gegen die haschemitische Dynastie. Um zu testen, ob diese Vermutung stimmte, schickte Hussein seinen Außenminister in die saudiarabische Hauptstadt mit dem Auftrag, anstehende Probleme, wie die Sperrung der Einreisevisa für Jordanier, zu besprechen. Die saudiarabische Regierung erfüllte anstandslos die Wünsche des Außenministers. Dieser kam aus Riyadh zurück mit dem Eindruck, König Fahd werde sich erst dann versöhnlicher zeigen, wenn die USA keine Vorbehalte mehr gegen den haschemitischen König hegten. Die Haltung der USA aber hing von Husseins Verhältnis zum Irak ab. Der König begriff, daß seine Treue zu Saddam Hussein zur Last geworden war.

Im Jahr 1995 wurde deutlicher als je zuvor, daß der Monarch sich um jeden politischen und wirtschaftlichen Sektor seines Landes kümmerte. Da war das Problem der amerikanischen Überwachung des jordanischen Hafens Aqaba zu lösen. Seit August 1991 kontrollierten amerikanische Kriegsschiffe im Golf von Aqaba, ob Schiffe unterwegs waren zur Entladung im Hafen, die Güter für den Irak transportierten. Insgesamt waren über Monate hin 1700 Schiffe inspiziert worden – gefunden wurde nichts Wesentliches. Die Überwachung des Schiffsverkehrs aber wurde von Hussein als Schikane empfunden. Sein persönliches Gespräch mit dem amerikanischen Außenminister in London brachte schließlich eine spürbare Reduzierung der Kontrollmaßnahmen. Im Sommer 1995 fühlte sich der Monarch veranlaßt, das Problem seiner Isolation an der Wurzel anzupacken – in Washington.

Kurswechsel –
der Bruch mit Saddam Hussein

Präsident Clinton machte dem König deutlich, daß zwar die »Neue Ordnung«, die sein Vorgänger George Bush für die Welt hatte schaffen wollen, nicht seinen eigenen politischen Absichten entspreche, daß er dennoch eine Abrundung des mit den USA befreundeten Staatenkreises plane. Clinton meinte, es würde ihm sehr gut gefallen, wenn sich Jordanien fest in diesen Staatenkreis einfüge. Ein Anfang sei gemacht worden mit der Unterzeichnung des Friedensvertrags; mit der Abkehr von Saddam Hussein aber könne der König das definitive Zeichen setzen, das dann viele Tore in Washington öffnen werde.

Hussein sagte eine Revision seiner Irakpolitik zu, unter der Voraussetzung, daß ihm keine sofortige öffentliche Erklärung gegen Irak abverlangt werde. Der König erwähnte die Stimmung in seinem Lande, die noch immer für Saddam Hussein positiv sei. Wenn er Unruhen vermeiden wolle, dürfe die Kurskorrektur nicht plötzlich erfolgen. Er werde zu gegebener Zeit die Änderung seiner Politik zu erkennen geben. Die Chance dazu ergab sich im August 1995. Zu dieser Zeit erschienen überraschend die zwei Brüder Hussein Kamal al-Majid und Saddam Kamal al-Majid mit ihren Frauen in Amman. Sie ließen dem König mitteilen, sie seien aus der Diktatur des Saddam Hussein entflohen und hätten nun den Wunsch, als Asylanten in Jordanien leben zu dürfen. Hussein genehmigte den Asylantrag.

Der bemerkenswerteste Aspekt dieser Flucht war, daß die beiden Frauen der Brüder Schwestern waren – Töchter des irakischen Staatschefs. Saddam Husseins Schwiegersöhne aber waren hochrangige Persönlichkeiten des irakischen Regimes: Generalleutnant Hussein Kamal al-Majid war Minister für Industrie und militärische Produktion und damit verantwortlich für die gesamte Waffenherstellung des Irak; ihm unterstand auch die Entwicklung der Raketenwaffen und des nuklearen Potentials. Oberst Saddam Kamal al-Majid war der Kommandeur der Präsidentengarde, mit der Aufgabe, die Sicherheit des irakischen Präsidenten zu schützen.

Als Grund für ihre Flucht gaben beide an, sie hätten unter der Brutalität der Präsidentensöhne Udai und Qusai gelitten, die begonnen hätten, ihr eigenes diktatorisches Regime ,aufzubauen. Der Kommandeur der irakischen Präsidentengarde begründete seinen Asylantrag mit der Erklärung, er und sein Bruder hätten ständig unter der Angst gelitten, von Udai und Qusai, den Brüdern ihrer Frauen, ermordet zu werden.

Unmittelbar nach seiner Ankunft gab Hussein Kamal al-Majid, der bisherige Minister für die Entwicklung der Raketenwaffen, mit Genehmigung des Königs eine Pressekonferenz in der jordanischen Hauptstadt. Er klagte seinen Schwiegervater an, er sei ein menschenverachtender Diktator. Noch schlimmer aber seien Udai und Qusai, die das Ziel verfolgten, den Vater zu töten. Hussein Kamal al-Majid forderte das Volk von Irak auf, Saddam Hussein und seine blutrünstigen Söhne zu stürzen und zu töten. Nur wenn der Präsident samt seinen Söhnen beseitigt werde, könne die Bevölkerung an Euphrat und Tigris aufatmen. Der Generalleutnant verlangte von der irakischen Armee, sie möge sich gegen den Diktator erheben. Insbesondere an die Präsidentengarde richtete ihr bisheriger Chef den Aufruf, den Staatschef zu erschießen.

Die Präsidentengarde bestand zu diesem Zeitpunkt nicht mehr in der Formation, die Oberst Saddam Kamal al-Majid befehligt hatte: Die meisten der Offiziere waren bereits hingerichtet worden, nachdem sie beschuldigt worden waren, sie seien Komplizen ihres vormaligen Kommandeurs.

Hussein hätte sich in dieser eigenartigen Asylangelegenheit, deren Basis ein blutiger Streit unter Familienangehörigen war, zurückhalten können, doch er hielt eine Fernsehansprache, die nur den einen Inhalt hatte, Saddam Husseins Politik zu verurteilen. Er nannte den Iraker einen Friedensstörer. Er sei das Hindernis auf dem Weg zur Beruhigung der Region.

In zwei Punkten war der König vorsichtig: Er klagte Saddam Hussein nicht an, er verachte die Menschenrechte. Eine derartige Anklage hätte zur Frage angeregt, wie es mit den Menschenrechten im Königreich Jordanien bestellt sei. Hussein rief auch nicht zum Sturz des irakischen Staatschefs auf. Sein Standpunkt war, ein Staatsoberhaupt dürfe nicht den Tod eines anderen Staatsoberhaupts veranlassen.

Am Schluß der Fernsehansprache pries der König den Generalleutnant Hussein Kamal al-Majid als großen Patrioten, der dem Land an Euphrat und Tigris den rechten Weg weise. Den Grund für dieses Lob nannte der König allerdings nicht. Der

Generalleutnant hatte den Haschemiten Hussein daran erinnert, daß seine Dynastie bis 1958 den Irak regiert habe, und
daß die Rückkehr der Haschemiten nach Baghdad durchaus
wünschenswert und realisierbar sei.

Die ägyptischen und syrischen staatlichen Medien griffen das
Thema auf Anordnung der jeweiligen Informationsministerien
rasch auf. Spekuliert wurde, die beiden Schwiegersöhne des
Saddam Hussein seien nach Amman gekommen, um Hussein
dafür zu gewinnen, den Irak wieder in eine haschemitische
Monarchie zu verwandeln. Es sei durchaus möglich, daß die
jordanische Partnerschaft mit Irak seit dem Golfkrieg nur dem
Zweck gedient habe, eine solche Lösung vorzubereiten. Hussein wies diese Spekulationen zurück.

Eigenartig war das Verhalten der irakischen Medien gegenüber dem haschemitischen König. Sie vermieden jede direkte
Attacke. Auf Husseins Fernsehrede gingen sie überhaupt nicht
ein. Attackiert wurden allein die zwei Schwiegersöhne, die
sich in Amman aufhielten. Offenbar wollte Saddam Hussein
die Brücke nach Jordanien nicht abbrechen.

Auch in Washington wurde diese Zurückhaltung bemerkt. Das
Mißtrauen wuchs wieder, der König habe insgeheim das
Bündnis mit dem irakischen Staatschef nie aufgekündigt. Die
amerikanische Regierung prüfte den Sachverhalt durch ihren
Geheimdienst. Sie mußte feststellen, daß die jordanisch-irakischen Handelsbeziehungen nicht unterbrochen waren. Weiterhin waren die irakischen Öltankfahrzeuge unterwegs vom
Ölfeld Rumeila zur jordanischen Raffinerie Zerka. Die Unterbrechung dieser Versorgungslinie hätte allerdings das Königreich in größte Schwierigkeiten gestürzt. Und diese Abhängigkeit vom irakischen Öl war Husseins gewichtigstes Argument
gegen das Drängen der Amerikaner, jetzt endlich die Grenzen
zwischen Irak und Jordanien effektiv zu sperren. Das State
Department konnte keine Alternativlösung für das Problem
der Energiebeschaffung vorweisen – König Fahd von Saudi-
Arabien war nicht bereit, die Ölversorgung Jordaniens auf
lange Zeit zu sichern. Der andauernde Zwist zwischen dem
Haus As-Saud und der Haschemitendynastie machte eine vernünftige Lösung unmöglich.

Präsident Clinton mußte hinnehmen, daß Hussein die Forderung nach völligem Abbruch der Wirtschaftsbeziehungen jetzt

zurückwies: Wenn er sein Land wirtschaftlich halbwegs am Leben erhalten wollte, brauchte er Saddam Hussein.

Clinton, der eine Radikalisierung des Landes am Jordan fürchtete, befand sich in einem Dilemma. Lähmte er die Ölversorgung Transjordaniens, drohte ein Aufstand gegen das haschemitische Regime durch die Palästinenser. Dieses Risiko wollte der amerikanische Präsident nicht eingehen.

Der König aber ließ sich wieder auf eine gewagte Kalkulation ein – er wollte den Generalleutnant Hussein Kamal al-Majid zum Nachfolger von Saddam Hussein aufbauen – ohne den Machthaber an Euphrat und Tigris allzusehr zu reizen. Hussein verschaffte dem Asylanten die Möglichkeit, mit irakischen Oppositionsgruppen Kontakt aufzunehmen. Er bot den führenden Köpfen des Widerstands, die alle in London ihren Sitz hatten, die Übersiedelung nach Amman an. Sie sollten ihre Hauptquartiere in seiner Hauptstadt einrichten. Husseins Gedanke war, daß der Generalleutnant unter haschemitischer Protektion die Führung der Oppositionsgruppen ohne Reibungen und Probleme übernehmen könnte.

Der Zeitpunkt für eine Neuorganisation des irakischen Widerstands schien günstig zu sein, denn Saddam Hussein hatte sich gerade selbst der Lächerlichkeit preisgegeben: Nach Präsidentschaftswahlen, deren einziger Kandidat er war, hatte er sich zum Sieger ausrufen lassen. Triumphierend war verkündet worden, am 15. Oktober 1995 hätten ihm 99,96 Prozent der Wahlberechtigten das Vertrauen ausgesprochen. Wahlberechtigt seien 8,6 Millionen Iraker gewesen, bei einer geschätzten Gesamtbevölkerung von 12 Millionen. Von den Wahlberechtigten seien 99,47 Prozent zur Wahlurne gegangen. Saddam Husseins Wahlsieg war derartig überwältigend, daß ihn, auch in Arabien, niemand ernst nehmen konnte. Diese Wahlposse war einfach und propandistisch wirkungsvoll gegen Saddam Hussein auszuwerten.

Der König schlug zu diesem Zeitpunkt vor, in Amman einen Kongreß der Vertreter aller Widerstandskräfte, die auf den Sturz des irakischen Staatschefs hinarbeiteten, zu organisieren. Kaum war jedoch diese Absicht bekannt, machte Radio Damaskus Propaganda dagegen. Der Vorwurf lautete, der Irakkongreß werde einberufen, um dem König eine Plattform zu geben, sein Vorhaben der Schaffung einer Föderation zwischen

Irak und Jordanien zu verkünden. Damit werde wieder einmal die politische Zielrichtung der »machtbesessenen Haschemiten« deutlich.

Während der Vorbereitungssphase zum Kongreß machte der irakische Generalleutnant einen Fehler. Der einstige Minister für Industrie und militärische Produktion, der für die Entwicklung der Raketenwaffen und des nuklearen Potentials zuständig gewesen war, traf sich mehrmals mit Rolf Ekeus, dem Chef der »UN Special Commission« (UNSCOM). Diese Kommission war von den Vereinten Nationen eingesetzt worden, um die Erfüllung der Auflagen zu überwachen, die eine irakische Wiederaufrüstung unmöglich machen sollten. Auf Anordnung von Saddam Hussein war UNSCOM bisher an der Erfüllung ihrer Aufgabe an Ort und Stelle gehindert worden. In Amman aber war nun Hussein Kamal al-Majid bereit, an Rolf Ekeus jedes Geheimnis preiszugeben. Der Chef der UNSCOM erfuhr, in welche Bergtäler die irakische Nuklearproduktion ausgelagert worden war, und welchen Fortschritt die Raketentechnik erreicht hatte. Hussein Kamal al-Majid glaubte, er könne durch Mitarbeit für sich und seinen Bruder die Ausreise in die USA erkaufen. Rolf Ekeus aber besaß für eine derartige Zusage keine Vollmacht.

Der Chef der UNSCOM erhielt so die Grunddaten für den späteren Bombardierungsplan der US-Luftstreitmacht am Persischen Golf. Selbst Saddam Husseins entschlossenste Gegner empfanden die Preisgabe der Geheimnisse durch den Schwiegersohn als Vaterlandsverrat.

Die Folge war, daß er und sein Bruder, Oberst Saddam Kamal al-Majid, von den Führern der irakischen Oppositionsgruppen kritischer betrachtet wurden. Die Emigranten erinnerten sich auf einmal an die Zeit, als der Oberst noch Kommandeur der Präsidentengarde gewesen war und die Aufgabe hatte, die Feinde des Saddam Hussein aufzuspüren. Oberst Saddam Kamal al-Majid war verantwortlich für brutale Folterungen gewesen. Er hatte zum System der unmenschlichen Diktatur gehört. Diese Vergangenheit ließ ihn ungeeignet erscheinen für eine Führungsrolle bei der Entwicklung eines demokratischeren irakischen Staatswesens.

Die Abneigung gegen den Oberst übertrug sich auch auf den Generalleutnant. Man begann, den beiden Asylanten zu mißtrauen. Um die Jahreswende 1995/96 erfuhr Hussein durch seinen Geheimdienst, daß nicht nur die Spitzen der Oppositionsgruppen im Exil mit den Schwiegersöhnen des Diktators nichts zu schaffen haben wollten, sondern daß die beiden auch im Irak selbst keine Freunde besaßen. Der König zog die Konsequenz: Er brach die Vorbereitungen zum Irakkongreß ab – und er ließ den beiden Asylanten mitteilen, ihn hätten Signale aus Baghdad erreicht, daß sie gefahrlos heimkehren könnten.

Hussein, der in den Brüdern im Januar 1996 eine Belastung für seine künftige Politik sah, fand für seine Kalkulation zwei Partner: Saddam Hussein und den stellvertretenden Ministerpräsidenten Tarik Aziz. Beide machten Andeutungen, die Brüder Udai und Qusai seien entmachtet worden und besäßen keinerlei offizielle Funktion. Die Zeiten hätten sich geändert im Irak.

In Amman wurde diese Information weitergesponnen: Dem Oberst und dem Generalleutnant ließ der König mitteilen, Udai und Qusai seien ihre wahren und einzigen Feinde in Baghdad gewesen. Ihre Entmachtung sei darauf zurückzuführen, daß Saddam Hussein seine Meinung über die Söhne radikal geändert habe. Über deren Untaten sei er informiert. Er wisse auch, daß sie geplant hatten, den Oberst und den Generalleutnant zu ermorden. Dazu habe Saddam Hussein auch Attentatspläne der Söhne gegen sich selbst entdeckt.

Hussein Kamal al-Majid und Saddam Kamal al-Majid waren skeptisch gegenüber den guten Nachrichten aus der Heimat. Die Vorsicht verflog erst, als ihre Frauen, die Töchter des Saddam Hussein, zu erkennen gaben, sie garantierten bei freiwilliger Rückkehr die Sicherheit ihrer Männer – sie beriefen sich auf eine entsprechende Zusage ihres Vaters.

Den Asylanten wurde schließlich in der jordanischen Hauptstadt mitgeteilt, sie seien unerwünschte Gäste. Eine Weiterreise etwa in die USA aber sei unmöglich, denn ihre Dienstpässe seien vom Baghdader Außenministerium für ungültig erklärt worden. Neue Pässe würden von der diplomatischen Vertretung des Irak in Amman nur für die Heimreise ausgestellt. Die beiden Iraker saßen in der Falle. Im Vertrauen auf die Frauen entschlossen sie sich zur Heimreise. Sie wußten nicht, daß Vater Saddam Hussein seinen Töchtern bereits andere Männer ausgesucht hatte.

In einer Februarnacht 1996 verließ eine kleine Wagenkolonne Amman in Richtung der irakischen Grenze. Dort wurden der Oberst und der Generalleutnant bereits erwartet – vom Präsidentensohn Udai. Die »Verräter«, die am frühen Morgen die Grenze erreicht hatten, lebten am Mittag desselben Tages nicht mehr. Sie waren von Udai erschossen worden, nachdem ihnen die Scheidung von den Präsidententöchtern verkündet worden war. Mit Hussein Kamal al-Majid und Saddam Kamal al-Majid wurden ihr Vater und andere Familienmitglieder umgebracht. Sechs Monate später wurde Udai durch einen Attentäter so schwer verletzt, daß er auf Dauer gelähmt blieb. Täter waren wahrscheinlich Angehörige des Clans al-Majid.

Einen Monat nach der Abreise der beiden Iraker erreichte wieder ein hoher Offizier, ein General, die jordanische Hauptstadt. Sein Name: Nizar Khasraji. Er war während des Golfkriegs der Generalstabschef der irakischen Streitkräfte gewesen. Er hatte nur militärische Funktionen gehabt und war nie eingebunden gewesen in das Polizeistaatssystem des Saddam Hussein.

Nizar Khasraji war mit Wissen des Königs nach Amman gelockt worden. Von ihm wurde erwartet, daß er die irakischen Oppositionsgruppen leite, die sich Ende Februar 1996 unter der Bezeichnung Iraqi National Accord (INA) zusammengeschlossen hatten.

In Nizar Khasraji hatten auch die USA Vertrauen. Präsident Clinton hatte gegenüber dem König zugesagt, er werde INA mit sechs Millionen Dollar finanzieren. Dieser Betrag sollte von der königlichen Staatskasse verwaltet werden – denn der Sitz von INA müsse selbstverständlich in der jordanischen Hauptstadt sein. Während Jordanien die Administration von INA übernehme, werde der operative Sektor von Geheimdienst-Offizieren aus den USA, aus Großbritannien, aus dem saudiarabischen und aus dem haschemitischen Königreich geleitet. Als »Operationsziel« sei die Ermordung des »Diktators Saddam Hussein« vorgesehen. Damit werde die Voraussetzung geschaffen für die »Rückführung des Irak in den Kreis der Völker«.

Die Hoffnung des Königs, mit General Nizar Khasraji werde der Iraqi National Accord aktiv werden können, erfüllte sich nicht. Den Geheimdienstoffizieren des operativen Sektors gelang es nicht, auch nur einen brauchbaren Plan zur Beseitigung des Diktators auszuarbeiten. Saddam Hussein entzog sich allen Nachstellungen. Diese Erfolglosigkeit wirkte sich aus: Bald war die Organisation INA in Streitigkeiten mit der Konkurrenzgruppierung Iraqi National Congreß (INC) verwickelt. Der König sah ein, daß seine Kalkulationen, die zum Umsturz in Baghdad hätten führen sollen, gescheitert waren.

Wieder vollzog Hussein einen Kurswechsel. Im Dezember 1996 lud er den irakischen Außenminister und dessen für Handel zuständigen Kollegen nach Amman ein. Saddam Hussein hatte kurz zuvor dem Sicherheitsratsbeschluß Nummer 986 zugestimmt, der dem Irak das Recht gab, bestimmte begrenzte Mengen Öl zu verkaufen, um mit dem erzielten Erlös Lebensmittel und Medikamente zu erwerben. Hussein gestattete sofort die Erweiterung der Handelsbeziehungen seines Landes mit Irak – und er brachte kabinettsinterne Kritik durch Hinweis auf den Sicherheitsratsbeschluß Nummer 986 zum Schweigen.

Bei einem Treffen jordanischer Geschäftsleute mit den beiden irakischen Ministern für Handel und Außenpolitik wurde vereinbart, daß der Irak jordanischen Handelspartnern Vorrechte einräume gegenüber allen anderen. Jordanien – so sagten die Iraker – werde künftig Handelspartner Nummer Eins für das Land an Euphrat und Tigris sein.

Allgemein erwartete man eine baldige vollständige Aufhebung des Embargos gegen Irak. Hussein wollte aus dieser Entwicklung Profit ziehen. Seine Beziehung zu Baghdad durfte deshalb künftig nicht gestört werden. Hussein handelte entschlossen. Er teilte der amerikanischen Regierung mit, er genehmige zwar die Stationierung von US-Kampfflugzeugen auf der jordanischen Luftwaffenbasis Azraq – doch er verlange, daß sie von dort aus nicht zu Einsätzen gegen Irak starteten. Der König gestattete zwar der Organisation INA auch weiterhin, in Amman ihr Hauptquartier zu unterhalten – doch er verbot ihr, von Amman aus irgendwelche Aktionen gegen das Regime von Saddam Hussein zu planen und zu veranlassen. Die Kalkulation des Königs ging nun davon aus, daß Saddam Hussein überleben werde.

Das Resultat der erneuten Annäherung an Irak war die prompte Verschlechterung der Beziehung zu Syrien. Hafez al-Assad sprach wieder davon, es zeichne sich eine haschemitische Föderation zwischen Amman und Baghdad ab – und dazu unterstütze Hussein die eben entstehende Militärallianz zwischen Israel und der Türkei, die darauf ausgerichtet sei, Syrien zu umklammern und kraftlos zu machen. Die Regierung in Amman wiederum beschwerte sich darüber, daß Syrien »terroristische Organisationen« dazu aufhetze, das haschemitische Königreich zu »destabilisieren« in der Absicht, die Monarchie zu zerstören. Dem König kam dieser Streit ungelegen; er bat den ägyptischen Staatchef Husni Mubarak um Vermittlung. Der wiederum veranlaßte Hussein und al-Assad zu direkten Gesprächen. Sie fanden in Cairo statt, aus Anlaß einer Außerordentlichen Arabischen Gipfelkonferenz. Die beiden Staatschefs fanden rasch den Grund ihrer Differenzen: Dem Syrer hatte die Zeremonie des Friedensschlusses im Wadi Araba mißfallen. Er war der Meinung, Hussein habe sich zu deutlich bei Rabin und Peres angebiedert mit der Bemerkung, der Friedensvertrag sei Ausdruck des Willens der Völker zur engen und herzlichen Zusammenarbeit. Hafez al-Assad betonte, er sei auch weiterhin nicht daran interessiert, mit Israel zusammenzuarbeiten. Die kürzlich erfolgte plumpe Aufforderung des amerikanischen Präsidenten, Hafez al-Assad möge doch über seinen Schatten springen und sich dem Friedensprozeß anschließen, habe ihn eher abgestoßen.

Auch die direkten Gespräche änderten nichts im Verhältnis zwischen dem König und dem syrischen Staatspräsidenten.

Husseins Außenpolitik blieb ab 1996 ohne Erfolge. Die Feindschaft der arabischen Nachbarstaaten war nicht aufzulösen. Diese Zeit der außenpolitischen Stagnation wollte der König für Veränderungen im Inland nutzen. Er holte sich dazu einen dynamischen Ministerpräsidenten.

»Vorwärts zum Wandel« – der Wille zu Reformen aus der Distanz

Diese Leitlinie gab der König im Frühjahr 1996 seiner Regierung mit auf den Weg: »Vorwärts mit aller Energie und mit allen Fähigkeiten auf dem Weg des umfassenden Wandels!« Er hatte Abdul Karim Kabariti, einen jungen, drahtigen Mann aus Beduinenabstammung, zum Chef des Ministerkabinetts ernannt. Kabariti nahm die Aufforderung zum Wandel ernst: Mehr als die Hälfte seiner Minister waren noch nie in Regierungsverantwortung eingebunden gewesen. Die wichtigste Veränderung aber war, daß 22 der 31 Kabinettsmitglieder Parlamentsabgeordnete waren. Zum ersten Mal in der Geschichte des haschemitischen Königreichs war festzustellen, daß die Zusage des Herrschers, der Prozeß der Demokratisierung werde vorangetrieben, ernstgemeint war. Hussein hatte bisher oft versprochen, das Land werde künftig stärker nach demokratischen Regeln regiert, doch immer war seine Zurückhaltung bei der Übertragung von Rechten auf das Parlament spürbar gewesen. Abdul Karim Kabariti aber forderte mit kräftiger Stimme die Befolgung der Regeln von Pluralismus und Demokratie; er versprach, die Freiheit des einzelnen zu garantieren und dessen Rechte zu beachten.

Bemerkenswert für einen Politiker der arabischen Welt war seine Ankündigung, er wolle das Informationsministerium abschaffen. Gerade dieses Ministerium war auch in Jordanien ein wichtiges Instrument zur Kontrolle der Medien und zur Lenkung der öffentlichen Meinung. Die Auflösung des Informationsministeriums hätte bedeutet, daß der Grundsatz des absoluten Respekts vor der Person des Königs nicht länger Gültigkeit gehabt hätte. Es war Aufgabe des Informationsministeriums, darauf zu achten, daß in keinem Zeitungsartikel, in keiner Sendung von Hörfunk und Fernsehen auch nur ein einziges Wort der Kritik erschien. Fehlte dieses Organ der Zensur, war tatsächlich die Möglichkeit zur völligen Pressefreiheit gegeben.

Abdul Karim Kabariti verkündete auch seinen Willen, das Innenministerium zu reformieren. Er beabsichtigte eine Lockerung der Bestimmungen zur Bewahrung der Staatssicherheit. Eingeschränkt werden sollte das Recht der Organe der Staatssicherheit, Untertanen zu verhaften und eingesperrt zu halten. Der Ministerpräsident wollte die Überlegenheit der Staatsmacht gegenüber dem einzelnen reduzieren.

Aufsehen erregte Kabariti durch seine Entschlossenheit, die Ämterpatronage zu verhindern. Kaum ein Amt war während der vergangenen Jahre gemäß den Fähigkeiten des Bewerbers vergeben worden. Meist hatten die Stammessheikhs untereinander ausgemacht, welches Stammesmitglied mit einer be-

369

stimmten Position bedacht werden müsse. Wer nicht zu einem Stamm gehörte, hatte nur geringe Aufstiegschancen in der Staatsverwaltung. Nahezu völlig ausgeschlossen von einem einträglichen Amt waren die Palästinenser in Transjordanien. Sie sollten künftig nicht mehr die Unterprivilegierten sein.

Kabariti wußte wohl, daß einige seiner Reformabsichten dem König nicht gefielen, weil sie dem Volk – nach Husseins Meinung – zu viel Freiheiten gewährten. Der Monarch war sich nicht sicher, ob seine Bevölkerung wirklich reif war für die völlige Öffnung in Richtung Demokratie. Abdul Karim Kabariti aber mußte sich fragen, ob der Monarch die Aufforderung zum »umfassenden Wandel« wirklich ernstgemeint hatte.

Daß er mit seiner Reformpolitik im Basmanpalast Anstoß erregte, war dem Ministerpräsidenten bewußt. Er versuchte, sich das königliche Wohlwollen durch Treue zu den außenpolitischen Prinzipien, die Hussein verfolgte, abzusichern. Er machte die Winkelzüge der Politik gegenüber dem Irak mit, und er förderte die Pflege der Beziehungen zu Israel.

Und der König ließ seinen Ministerpräsidenten gewähren in der Hoffnung, daß die Jordanier den Willen zum Wandel honorierten. Er selbst gab sich das Image des Landesvaters, der die Entwicklung aus der Distanz beobachtet. Zu seinem neuen Erscheinungsbild gehörte die Pfeife, an der er genüßlich saugte, auch wenn sie kalt war. Die Zigaretten der Marken Chesterfield und Marlboro rührte er nicht mehr an. Verschwunden war der »Bart des Propheten«; geblieben war allein der Oberlippenbart.

In der Mitte des Monats August 1996 wurde die Ruhe im Königreich abrupt und empfindlich gestört. Überall in den Städten brachen Unruhe und Rebellion aus. Der Grund war Unzufriedenheit mit Preiserhöhungen für Grundnahrungsmittel.

Wieder einmal hatte der International Monetary Fund (IMF) – er ist unter anderem eine Sonderorganisation der Vereinten Nationen zur Lenkung des weltweiten Kreditwesens – die Aufhebung von Subventionen verlangt als Voraussetzung für die Gewährung von Krediten. Diesmal war die Verteuerung landwirtschaftlicher Produkte die Folge. Schlimm für die Bevölkerung war die Erhöhung des Mehlpreises. Brot wurde teurer. Ein Drittel der Bevölkerung lebte ohnehin unterhalb der

Armutsgrenze; für ein Drittel der Jordanier war das Grundnahrungsmittel Brot unerschwinglich geworden.

Die Schuld wurde der Regierung gegeben – und so richtete sich der Zorn gegen den dynamischen Ministerpräsidenten. Niemand interessierte sich mehr für dessen Reformvorhaben, für dessen Willen, demokratische Freiheiten einzuführen. Viele Familien im Königreich litten Hunger, und sie verlangten die Rückkehr zu den früheren Preisen.

Die Lage verschlimmerte sich täglich, denn die Brotpreiserhöhung zog die Steigerung anderer Lebensmittelpreise nach sich. Eine allgemeine Inflationswelle schien unabwendbar. Ministerpräsident Kabariti wurde vom König angewiesen, gegen den Aufstand mit Härte vorzugehen. Wieder einmal war die Informationspolitik kläglich. Das Informationsministerium sah seine Aufgabe allein darin, Zensur auszuüben; Aufklärungsarbeit zu leisten, dazu war es nicht imstande. Die Familien erfuhren nicht den Grund für die Preiserhöhung. Sie wußten nichts vom Druck, den der Internationale Monetary Fund auf den Ministerpräsidenten ausübte. Die Folge war Verzweiflung und Wut der Familienväter und vor allem der Mütter.

Besonders heftig war die Rebellion in Kerak. Die Stadt ist bekannt durch die alles überragende Anlage der Kreuzritterburg. Um den 20. August 1996 befand sich Kerak in der Hand von Aufständischen. Sie schickten Vertrauensleute in die anderen Städte des Königreichs mit der Aufforderung zum Anschluß an die Rebellion. Gefordert wurde der Sturz der Regierung Kabariti. Niemand verlangte den Sturz des Königs.

Als die Rebellion die Armengegenden von Amman erreichte, übernahm Hussein selbst die Staatsgewalt. Er schickt die Parlamentsabgeordneten nach Hause und beorderte Beduinentruppen nach Kerak. Über die Stadt im Süden wurde der Ausnahmezustand verhängt. Innerhalb weniger Stunden brach der Aufstand zusammen; nahezu 200 Männer wurden verhaftet.

Dem König fiel es schwer, den Grund des Aufstands zu benennen. Auf Fragen ausländischer Journalisten antwortete er, die Unzufriedenheit sei durch »Agenten des Irak« angestachelt worden. Daß der Monarch nicht die Wahrheit sagte, war offensichtlich. Er schonte die Führung der Moslembruderschaft und der Islamic Action Front (IAF) – die führenden Männer der islamischen Bewegung hatten den Kampf gegen die Erhöhung der Brotpreise organisiert. Den Monarchen hatten sie nicht treffen wollen. Sie hatten zunächst in der Tat die Massen gegen die Brotpreiserhöhung mobilisiert. Die politische Aggressivität, die sich daraus entwickelte, war nicht in ihrem Sinne.

Daß der König in seinen Erklärungen die Moslembruderschaft und die IAF nicht attackierte, wurde von den islamisch orientierten Politikern honoriert. Sie hatten bereits für den 23. August zu einer Massendemonstration in Amman aufgerufen, die gegen den Willen der Organisatoren für die Monarchie hätte gefährlich werden können. Die Versammlung der Massen wurde von der Moslembruderschaft und von der IAF kurzfristig abgesagt. Das Bündnis zwischen der Haschemitendynastie und den Religiösen bewährte sich auch diesmal.

Dem Ministerpräsidenten Abdul Karim Kabariti hatte der Aufstand den Schwung zu Reformen gebrochen. Die Rebellion von Kerak hatte gezeigt, daß es gefährlich war, der Bevölkerung Freiheiten zu versprechen. Dem König treu ergebene Minister kritisierten den Regierungsstil des Ministerpräsidenten, er fand im Basmanpalast kaum mehr Unterstützung. Dann trat im Dezember 1996 der Minister für Telekommunikation zurück, der dem König hörig war. Die Macht des Ministerpräsidenten Kabariti begann abzubröckeln. Noch rechnete Kabariti damit, bis zu den Parlamentswahlen im Herbst 1997 im Amt bleiben zu können. Doch am 19. März 1997 entließ Hussein den dynamischen Ministerpräsidenten ohne offizielle Begründung. Er setzte wieder Abdessalam al-Majali ein, der im Oktober 1994 den Friedensvertrag mit Israel unterzeichnet hatte.

Der Entlassung Kabaritis vorausgegangen war ein Streit mit dem Kronprinzen Hassan, der den eigenwillig-selbständigen Regierungsstil des Ministerpräsidenten kritisiert hatte. Hinter dem internen Konflikt aber steckte der Monarch selbst: Er hatte seinen Bruder nur vorgeschickt.

Hussein wollte – geschockt vom Aufstand in Kerak – den Reformkurs beenden. Abdessalam al-Majali erhielt den Auftrag, sich vor allem um die Vorbereitung der Parlamentswahlen zu kümmern. Damit war gemeint, daß der Ministerpräsident die Voraussetzung zu schaffen habe für einen Wahlausgang, der im Sinne des Königs war. Die Leitlinie »Vorwärts mit aller Energie und mit allen Fähigkeiten auf dem Weg des umfassenden Wandels!« war vergessen.

Der Hasmonäer-Tunnel –
Tiefpunkt der Beziehungen zu Israel

Seit dem 29. Mai 1996 regierte in Israel Benjamin Netanyahu. Er war aus der direkten Wahl des israelischen Ministerpräsidenten ganz knapp als Sieger über Shimon Peres hervorgegangen. Die arabischen Staatschefs, außer Hussein, hegten nach dieser Wahl die schlimmsten Befürchtungen für den weiteren Verlauf des Friedensprozesses. Der jordanische Monarch aber war das einzige Staatsoberhaupt, das schon mit dem neuen Verantwortlichen in Israel gesprochen hatte. Sein Eindruck war keineswegs deprimierend gewesen. Er hatte den Präsidenten und Königen deshalb empfohlen, dem israelischen Regierungschef mit positiven Gefühlen zu begegnen.

Husseins Kalkulation war wieder einmal aufgegangen: Ihm war schon Monate vor der Wahl in Israel bewußt geworden, daß in Israel ein Ruck nach rechts bevorstehen könne. Für große Teile der israelischen Bevölkerung war der Gedanke beunruhigend gewesen, der Palästinensischen Befreiungsbewegung werde der Aufbau eines Staates der Palästinenser gestattet. Da Hussein die Gründung dieses Staates selbst ablehnte, konnte er diesen Standpunkt verstehen. Die Brücke zu Netanyahu bildete sich schließlich von selbst.

Seit Herbst 1995 hatte der damalige Oppositionspolitiker Netanyahu seinen Berater Dore Gold mehrfach nach Amman geschickt, um dort über künftige Stärkung der Rolle des Königs im Westjordanland zu sprechen. Dore Gold übermittelte dem König den Wunsch der Likud-Regierung, er möge seinen Einfluß auf die Bewohner von Ramallah, Hebron, Djenin und Jericho intensivieren. Dort sei die Sehnsucht nach dem früheren Zustand gewachsen: Man wolle sich wieder den Haschemiten unterordnen. Die Palästinenser in der Region südlich und nördlich von Jerusalem redeten davon, Hussein möge doch wieder ihr Hoffnungsträger sein.

Dore Gold hatte den Eindruck, der König höre ihm besonders aufmerksam zu. Sein Chef Netanyahu war ohnehin schon lange überzeugt, der Verzicht des Haschemitenkönigs auf das Westufergebiet des Jordan und auf den Ostteil von Jerusalem sei nie wirklich ernstgemeint gewesen. Dore Gold erinnerte sich daran, daß schon der frühere Ministerpräsident Rabin dem König in dieser Angelegenheit nie geglaubt habe. Rabins Meinung sei bis zu seinem Tod gewesen, Hussein hoffe auch weiterhin, es werde sich irgendwann eine Chance öffnen, um das Land, das sein Großvater Abdallah für Jordanien gesichert hatte, wieder dem haschemitischen Königreich einzugliedern. Rabins Argument war: Er könne nicht glauben, daß ein Haschemitenfürst auf Land verzichte, das für die Moslems bedeutungsvoll und sogar heilig ist.

Ein augenfälliger Beweis für seine Bindung an das verlorene Gebiet demonstrierte Hussein während der Monate nach Netanyahus Amtsantritt. Er zeigte, daß er sich für die islamischen Heiligtümer in Jerusalem verantwortlich fühlte und ließ auf seine Kosten den Goldüberzug der gewaltigen Kuppel des Felsendoms erneuern. Das Geld dafür, so ist zu erfahren, stamme aus dem Verkauf eines Gebäudes in London, das dem Monarchen gehört hatte. Die Bewohner von Jerusalem sehen allerdings diese Vergoldung mit geringer Freude: Der Überzug aus massivem Gold glänzt ihnen zu protzig. Sie vermissen den mattgoldenen Schimmer der früheren Vergoldung.

An Husseins wachsende Gefühlsbindung für das Land, das er im Krieg von 1967 verloren hatte, knüpfte Netanyahus Sondergesandter Dore Gold an mit der Bemerkung, sein Chef sei der Meinung, die israelische Regierung müsse an eine Wiederbelebung der »Jordanian Option« denken, da Arafat wohl nicht in der Lage sei, die Palästinenser wirklich zu regieren. Der PLO-Chef habe vor allem die Aufgabe, die Gewalt einzudämmen, den Terrorismus zu besiegen. Dies könne ihm jedoch schon deshalb nicht gelingen, weil die islamische Kampforganisation Hamas immer stärker werde. Daß die Ursache für das Erstarken von Hamas in der Auswirkung der Regierungsübernahme durch Netanyahu lag, wurde in den Gesprächen im Basmanpalast nicht erwähnt. Netanyahu hatte zu erkennen gegeben, er werde die Abmachungen des »Oslo Channel« nicht in vollem Ausmaß erfüllen können, denn der Verzicht auf Boden, den das jüdische Volk von seinem Gott zugewiesen bekommen habe, sei für ihn nicht zu verantworten. Diese Haltung war für Sheikh Ahmed Jassin, den Chef der Hamas, Anlaß, zum Kampf aufzurufen. Netanyahus Politik löste Wut in den Gemütern der Palästinenser aus – Wut verwandelte sich in Verzweiflung – und sie erzeugte Gewalt. Sie wiederum wurde Arafat angelastet. Er konnte sie nicht verhindern.

Dem König kam diese Entwicklung gelegen. Wenn Arafat scheiterte, würde er gefragt sein, wieder Verantwortung für die Palästinenser im Westjordanland zu übernehmen. Gegenüber Dore Gold stellte er fest, er werde bereit sein, den Palästinensern in den besetzten Gebieten zu helfen – allerdings nur dann, wenn er gerufen werde. Eindeutig war Husseins Standpunkt, für die Bewohner des Gazastreifens werde er sich nie verantwortlich fühlen, denn der Gazastreifen habe nie zum haschemitischen Königreich gehört.

Die Gespräche zwischen der israelischen Regierung und König Hussein waren schon weit vorangeschritten, da wurde dem Monarchen eine Meldung überbracht, die einen Schock auslöste: Netanyahu hatte die Genehmigung erteilt zur Öffnung eines Tunnels in Jerusalem, der vom Platz vor der Klagemauer, unter dem heiligen Bezirk um den Felsendom, nach Norden führt. Der Tunnel kommt nahe der zweiten Station der Via Dolorosa wieder ins Freie. Nach Ansicht der Archäologen ist dieser Tunnel zur Zeit der Hasmonäer (Makkabäer) um das Jahr 100 gegraben worden – zu einer Zeit, als das jüdische Volk Sehnsucht hatte nach dem Tempel der Juden. Möglich ist, daß der freigelegte Gang zu einem umfangreichen Tunnelsystem im gesamten heiligen Terrassenbereich zwischen der Al-Aqsa-Moschee und dem Felsendom gehört.

Die Freilegung des Tunnelabschnitts, der am Platz vor der Klagemauer beginnt, war schon zur Amtszeit des Ministerpräsidenten Rabin erfolgt; sie war jedoch geheim geblieben. Rabin hatte den Tunnel nicht der Öffentlichkeit freigegeben. Diesen Schritt tat Netanyahu am 23. September 1996.

Mit Empörung reagierten noch am selben Tag die Palästinenser von Ostjerusalem. Zu Tausenden rotteten sich junge Männer zusammen, entschlossen, bis zum jüdischen Heiligtum der Klagemauer vorzudringen. Die israelische Polizei wehrte den Angriff ab. Verwundete dieser Auseinandersetzung wurden durch die Gassen der arabischen Altstadt zu den Hospitälern getragen.

Jassir Arafat wurde in Gaza von der Öffnung des Tunnels und von der Reaktion der Bewohner der Heiligen Stadt informiert. Er war außer sich vor Zorn. Selten hatte der PLO-Chef einem

Wutausbruch derart freien Lauf gelassen. Er schrie: »Dies ist ein Verbrechen! Ein offener Anschlag gegen das Heiligtum der Moslems! An diesem 23. September 1996 wird offenbar, daß der jüdische Staat das eine Ziel verfolgt, den Moslems die Heiligtümer von Jerusalem zu rauben!« Arafat rief die Palästinenser auf, sich gegen diese »Untat des Netanyahu« zu wehren.

König Hussein sprach dieselben Gedanken mit vorsichtiger gewählten Worten aus. Auch er sah in der Öffnung des Tunnels einen beabsichtigten Griff nach dem Eigentum der Moslems. Er glaubte, der israelische Ministerpräsident habe die islamischen Gläubigen provozieren wollen. Netanyahu habe bewußt arrogant gehandelt. Hussein verlangte, die israelische Regierung müsse die sofortige Schließung des Tunnels veranlassen.

Die Tatsache, daß der Hasmonäertunnel der Öffentlichkeit zugänglich gemacht wurde, ärgerte den haschemitischen Herrscher allerdings weniger als der Umstand, daß er nicht im Vorfeld der Öffnung von Netanyahu informiert worden war. Der jordanisch-israelische Friedensvertrag vom 26. Oktober 1994 bestimmt, daß dem haschemitischen König aufgrund seiner Abstammung aus der Familie des Propheten eine besondere Verantwortung für die islamischen Heiligtümer von Jerusalem übertragen werde. Die Öffnung des Tunnels ohne Vorankündigung aber war für Hussein die offensichtliche Mißachtung dieser Vertragsbestimmung. Wenn ihn schon die Israelis zum Wächter über den heiligen Bezirk von Jerusalem eingesetzt hatten, mußten sie ihn als Bewahrer der Integrität des heiligen Bodens akzeptieren. Die Öffnung des Tunnels aber sah der König als vorbedachte beleidigende Zurücksetzung durch den jüdischen Vertragspartner.

Hussein hatte bisher wenig von den Sorgen vieler Moslems gehalten, eine große Anzahl besonders gläubiger Juden wolle den Felsendom beseitigen, um an seiner Stelle den Tempel der Juden zu errichten. Er hatte nie den Gerüchten geglaubt, israelische Archäologen seien schon seit Jahren damit beschäftigt, unter dem Felsendom nach der Bundeslade zu suchen, die König Salomon vor rund 3000 Jahren dort versteckt haben könnte – samt dem Schatz des Salomonischen Tempels. Nach der Öffnung des Hasmonäertunnels fand Hussein den Verdacht israelischer Machenschaften im Bereich des islamischen Heiligtums nicht mehr abwegig.

Die wütenden Proteste der Palästinenser ebbten nicht ab. Den Protestaktionen in Ostjerusalem folgten gewalttätige Demonstrationen in Ramallah. Nur Stunden später befand sich das Westjordanland im Aufruhr. Diesmal standen die israelischen Sicherheitskräfte vor einer schwierigen Aufgabe: Sie mußten gegen bewaffnete Palästinenser kämpfen. Die Polizei der palästinensischen Autonomieverwaltung war mit Kalaschnikows bewaffnet – und die Polizisten schossen damit auf israelische Polizisten. 18 Israelis wurden getötet. Die Palästinenser beklagten 50 Opfer. Verwundet wurden über 100 Menschen – Israelis und Palästinenser.

Hussein setzte sich dafür ein, den Konflikt zu entschärfen. Er schlug vor, die israelische Regierung möge einer internationalen Expertenkommission die Genehmigung erteilen, an Ort und Stelle zu untersuchen, ob die israelischen Grabungen in irgendeiner Form die islamischen Heiligtümer beeinträchtigten. Dieser Vorschlag sollte eine psychologische Brücke schlagen zwischen Israelis und Palästinensern, doch Netanyahu ließ sich auf keine Diskussion ein. Er dachte auch nicht daran, den Tunnel – und sei es nur für kurze Zeit – schließen zu lassen.

Vor der Freigabe des Tunnels hatte der König die Genehmigung erteilt zur Veranstaltung einer israelischen Industrie- und Handelsmesse in Amman. Die völlig unflexible Haltung der israelischen Regierung veranlaßte Hussein, den Termin für die Messe zumindest zu verschieben. Er wollte vermeiden, daß seine Hauptstadt zum Ort gewalttätiger Proteste wurde.

Der Konflikt um den Hasmonäertunnel war eingebettet in eine Phase heftigen Streits um die Fortsetzung des Friedensprozesses. Jassir Arafat bestand auf Erfüllung der Absprachen, die im Oslo-Vertrag fixiert worden waren. Netanyahu aber gab zu erkennen, daß er die Abmachungen von Oslo eigentlich gar nicht mehr als gültig betrachten mochte. Er glaubte nicht an eine Aussöhnung zwischen seinem Volk und den Palästinensern. Er hielt den Oslo-Vertrag für einen »schrecklichen Irrtum« der Politiker Rabin und Peres.

Der Taktiker Netanjahu konzentrierte sich jetzt darauf, Hussein und Arafat gegeneinander auszuspielen. Er beauftragte Dore Gold, bei Gesprächen in Amman die »Jordanian Option« weiterzuverfolgen. Das Argument war, daß Arafat doch offensichtlich nicht die Kraft habe, die Gewalttätigkeit des palästinensischen Volkes zu zügeln. Allein der haschemitische König werde diese Aufgabe meistern.

Hussein aber durchschaute die Taktik. Er verlor um die Jahreswende 1996/97 nicht nur das Verständnis für Netanyahu, sondern auch das Vertrauen in dessen Aufrichtigkeit. Dazu trugen Erlebnisse in Washington bei. In Gegenwart des amerikanischen Präsidenten versprach der israelische Ministerpräsident, er werde alle Vertragsklauseln buchstabengetreu erfüllen. Doch schon beim Verlassen des Weißen Hauses bemerkte er, niemand könne ihn dazu zwingen, die »Umschichtung« der israelischen Truppen in Judäa und Samaria so zu vollziehen, wie sie im Oslovertrag vorgesehen ist.

Hussein aber achtete peinlich darauf, nicht vertragsbrüchig zu werden. So sah er sich im Januar 1997 gezwungen, die israelische Industrie- und Handelsmesse in Amman doch noch stattfinden zu lassen – trotz des Widerstands sämtlicher Parteien, und trotz der aggressiven Haltung aller islamischer Gruppierungen. Mehr als 3000 Demonstranten versammelten sich vor dem Messegelände in Amman, um den Zugang zu sperren. Auch in den folgenden Tagen – nach dem Abzug der Demonstranten – wagten sich nur wenige Besucher in die Hallen. Die Messe wurde für die israelische Wirtschaft zum teuren Flop.

Vier Wochen später kam Netanyahu nach Amman. Er wollte die Verhandlungen in Sachen »Jordanian Option« selbst fortsetzen. Doch Hussein – immer noch in seinem Gemüt wegen der Tunnelaffaire verletzt – ließ sich nicht auf dieses Thema ein. Er verlangte vom israelischen Ministerpräsidenten Auskunft, warum er den Bau einer Siedlung gerade auf dem Jebel Abu Ghonaym mit aller Gewalt fortsetzen lasse. Der Hügel liegt im Süden von Jerusalem an der Straße in Richtung Hebron. In seiner Antwort verwendete Netanyahu den israelischen Namen »Har Homa«. Er sagte, Har Homa sei eine Siedlung wie jede andere, dazu bestimmt, jüdische Zuwanderer aus der einstigen Sowjetunion aufzunehmen. Hussein entgegnete, die Siedlung auf Jebel Abu Ghonaym sei das letzte Glied in einer Kette von israelischen Siedlungen, die Jerusalem vom arabischen Umland abschneide. Der König meinte, er verstehe die Empörung der Palästinenser gut. Er habe alle Mühe, Jassir Arafat zu beruhigen und ihn zu veranlassen, auf sein Volk beschwichtigend einzuwirken. Netanyahu ließ sich nicht beeindrucken. Er blieb bei seiner Absicht, die Siedlung Har Homa zu bauen.

Im März 1997 waren die Beziehungen zwischen Jordanien und Israel auf dem Tiefpunkt angelangt. Der König bat sogar den Kronprinzen, auf einen geplanten Besuch in Israel zu verzichten. Hassan hatte Wirtschaftsprobleme mit israelischen Finanzfachleuten besprechen wollen – er sah ein, daß dafür die Zeit nicht günstig war.

Die jordanische Wirtschaft bekam die Verschlechterung der Beziehung zu spüren. Am Beispiel des 30jährigen Omar Saleh läßt sich dies deutlich zeigen. Unmittelbar nach dem Friedensschluß fuhr er nach Israel, um dortige Unternehmer zu veranlassen, israelisch-jordanische joint ventures zu gründen, die im Königreich produzieren sollten. Er fand in den Jahren 1994 und 1995 die Unterstützung von Shimon Peres, der den Standpunkt vertrat, der Frieden müsse »privatisiert« werden – und dazu sei die Wirtschaft fähig. Das Zusammenwachsen der Staaten Jordanien und Israel dürfe fortan nicht den Regierungen überlassen bleiben, da sie nicht dynamisch genug seien. Allein die Wirtschaft habe die Kraft, Grenzen sinnlos zu machen und bei den Menschen unterschiedlicher Staatsangehörigkeit gemeinsame Interessen zu wecken.

Der junge Jordanier Omar Saleh war ein gelehriger Schüler von Shimon Peres. Unter dem Dach seiner Century Investment Group fügte er 26 bestehende renommierte israelische Firmen mit jordanischen Neugründungen zusammen. Omar Saleh fand in Israel starkes Interesse für seine Idee: Er konnte überaus billige Arbeitskräfte und jede Menge Bauland bieten. Produziert wurden Medikamente, Autobatterien, Unterwäsche, Werkzeuge, Gemüsekonserven. Hunderte von Jordaniern fanden Arbeit. Auf Anhieb wurden 30 Millionen Dollar israelischen Kapitals im Königreich investiert. Omar Saleh wurde auch vom König als Muster des Unternehmers der Zukunft gepriesen.

Dann aber wurde Benjamin Netanyahu israelischer Ministerpräsident – mit ihm änderte sich das politische Klima, und, mit kurzer Zeitverzögerung, die Bedingungen für die Wirtschaft. Es zeigte sich, daß die Idee des Shimon Peres, die Wirtschaft sei gegenüber der Politik die stärkere zwingende Kraft, sich als falsch erwies. Die Haltung des israelischen Ministerpräsidenten, der nicht verbarg, daß er die Araber insgesamt nicht achtete, stieß die Jordanier ab.

Omar Saleh zog im Sommer 1997 die Konsequenz: Er brach die Beziehungen zu israelischen Geschäftsleuten und Finanzspezialisten ab. Die öffentliche Meinung im Königreich zwang ihn dazu: »Die Menschen in Jordanien wollen nichts mehr mit den Israelis zu tun haben! Sie denken, daß es falsch ist, den Israelis das Leben durch joint ventures zu erleichtern. Sie machen uns das Leben schwer – daran werden wir dauernd erinnert.«

»Keiner lebt ewig!« – Kronprinz Hassan ist nicht der Favorit

Der König empfand die Änderung des politischen Klimas im Nahen Osten als Schicksalsschlag. Er war es gewesen, der den arabischen Monarchen und Staatspräsidenten geraten hatte, der Likud-Regierung nicht mit Ablehnung zu begegnen, denn sie werde sich letztlich als gutwillig und verhandlungsbereit erweisen – nun hatten diejenigen recht, die vor Netanyahu gewarnt hatten. Husseins Einschätzung erwies sich als falsch.

Diese politische Niederlage fiel zusammen mit der Erkenntnis, daß ihn die Krebskrankheit nicht aus dem Griff läßt. Er hatte gehofft, der Krebs der Nieren habe – nach der Operation von 1992, damals war eine Niere entfernt worden – keine weiteren Folgen. Jetzt aber sagten ihm die Ärzte der Mayo-Klinik in Minnesota, es bestehe der Verdacht auf krebsartige Veränderung der Lymphen (Non-Hodgkins Lymphoma). Sie empfahlen ihm einen längeren Klinikaufenthalt. Königin Nur riet ihm, der Empfehlung der Ärzte zu folgen – ohne jedoch auf Amt und Würde des Königs zu verzichten. Er selbst verspürte eine starke Neigung, sein Königreich anderen Händen zu überlassen – doch er war unsicher, wem er die Macht überlassen konnte. Kronprinz Hassan war nicht sein Favorit.

Die Frage war, wer hat die Kraft, den Staat zu regieren, der in der arabischen Welt wieder einmal isoliert dastand – diesmal wegen zu rascher Annäherung an Israel. Die Herzlichkeit der Beziehung zu Rabin und Peres und die Bitte um Verständnis für Netanyahu wurde von den Mächtigen in Syrien und Saudi-

380

Arabien übelgenommen. Hussein wußte, daß er auch jetzt nicht auf Distanz zum jüdischen Staat gehen konnte. Der König sah sich in einer paradoxen Lage: Das Land, das oft auf dem Sprung war, Jordanien zu schlucken, war nun die stärkste Stütze der haschemitischen Monarchie.

Hussein wußte, daß er noch Zeit brauchte. Der Weg Jordaniens in eine demokratische Zukunft ist noch nicht gesichert. Erst vor kurzer Zeit hatte er selbst nicht dulden wollen, daß zwei islamisch orientierte Mitglieder seines Parlaments die königliche Familie als korrupt beschimpften. Er selbst hatte für harte Bestrafung gemäß den Gesetzen zum Schutz der Haschemitendynastie gesorgt: Die beiden Abgeordneten waren zu 20 Jahren Zwangsarbeit verurteilt worden. Doch vier Tage später waren sie vom König selbst begnadigt und freigelassen worden – aus Anlaß seines Geburtstages. Das harte Strafmaß und der königliche Gnadenerweis hatten Verwunderung ausgelöst. Die Kritik hatte sich vor allem gegen seine Frau gerichtet. Der Königin wurde nachgesagt, sie verschleudere Geld für Schmuck und Kleidung – während der König die Welt um Dollars für seinen Staat anbetteln müsse. Königin Nur ist 16 Jahre jünger als Hussein – eine lebenslustige Frau. Er war zu diesem Zeitpunkt schon sehr krank. Er versuchte Jugend und Kraft zu demonstrieren. Gemeinsam fuhren Hussein und Nur auf Wüstenpisten Motorrad – verborgen vor den Augen der Untertanen, denen vom Monarchen Motorradfahren verboten worden war, mit der Begründung, es sei zu gefährlich. Auf Jordaniens Straßen sind keine Motorräder zu sehen.

Die Kritik an der Königin hielt Hussein für ungerecht. Alle spürten, daß er diese Frau liebte. Er sagte öffentlich: »Ich bin froh, die Königin in dieser kritischen Zeit an meiner Seite zu haben. Sie erfüllt mich mit Kraft. Ihre Fürsorge rührt mich.«

Die Königin charakterisierte ihre Beziehung zu Hussein mit den Worten: »Ich kann gar nicht beschreiben, was er für mich bedeutet. Ich bewundere seinen aufrechten Geist und seine Aufgeschlossenheit. Er ist der wahre Führer seines Volkes.«

Mancher, der Einblick in die Verhältnisse am Hof hat, war damals der Meinung, die Königin handle mit der Demonstration ihrer Zuneigung eigennützig. Sie denke an die Zukunft und sei darauf bedacht, die Thronfolge für ihre eigenen Söhne Hamzah (Jahrgang 1980) und Hashem (Jahrgang 1981) zu sichern. Einige am Hofe glaubten, sie beeinflusse ihren Mann, er möge sich für Hamzah entscheiden.

Hussein zögerte die Entscheidung hinaus. Eigentlich durfte er sich gar nicht für Hamzah entscheiden, denn die haschemitische Hofordnung sieht vor, daß nur der Sohn einer Frau mit arabischer und islamischer Abstammung den Thron besteigen darf. Die Mutter von Hamzah, Königin Nur, aber ist von Abstammung amerikanisch und christlich. Allein Prinz Ali (Jahrgang 1970), der von der Palästinenserin Alia Bahaeddin Tukan abstammt, ist wirklich erbberechtigt. Die vier anderen Söhne haben ausländische Mütter.

Ein Ausweg wäre, daß Hassan Thronfolger bleibt. Doch er bemerkte, daß ihn die Königin nicht als Husseins Erben sehen wollte. Er spürte, daß auch beim König sein Stern im Sinken war. Hassans Frau, Prinzessin Sarvath, die aus einer pakistanischen Familie stammt, bestärkte ihren Mann darin, um seine Position als Kronprinz zu kämpfen. Ein Konflikt entstand: Zwei Frauen bauten gegeneinander ihre Feindschaft auf.

Kronprinz Hassan, der zu diesem Zeitpunkt 50 Jahre alt wurde, hielt sich diesem Machtkampf zunächst fern. Er suchte Anerkennung außerhalb des Haschemitenclans. Er sah seine Stütze in der Wirtschaft. Dort herrschte tatsächlich die Meinung vor, Hassan stelle den modernen Typ eines Herrschers dar; er befasse sich mit Inhalten und Fakten der Politik; er sei weniger als sein älterer Bruder Hussein von Emotionen beeinflußt. In den Kreisen der wirtschaftlich orientierten Jordanier war im Herbst 1997 der Standpunkt stark vertreten, ein Wechsel von Hussein zu Hassan könnte sich durchaus positiv auf die ökonomische Lage Jordaniens auswirken. Insgeheim wurde Hussein vorgeworfen, er verstehe nichts von Wirtschaft, und er habe sich auch nie um Verständnis dafür bemüht.

Im Herbst 1997 erfuhr Hassan mehr als je zuvor Unterstützung durch die Palästinenserfamilien in Transjordanien. Sie sahen mit Mißvergnügen den König auf Forderungen und Wünsche der Israelis eingehen. Sie erwarteten von Hassan einen festeren Standpunkt gegenüber Netanyahu.

Hussein selbst nahm an der Nachfolgediskussion in der königlichen Familie nicht teil. Über die Möglichkeit eines baldigen Todes sprach er nicht. Gegenüber Besuchern, deren Gesichtern er ansah, daß sie über die Zukunft des Königreichs reden wollten, sagte er: »Wenn die Zeit gekommen ist für einen Wechsel, werde ich sagen, wie ich die Zukunft sehe. Vorläufig ist die Zeit für den Wechsel noch nicht gekommen. Aber niemand lebt ewig!« Daß ihn die Sorge um die Zukunft doch stärker bedrückte, als er zugab, war aus dieser Bemerkung abzulesen: »Ich will verhindern, daß die Geschichtsschreibung so über mich urteilt: Das ist der König, mit dem Jordanien angefangen hat – mit ihm zusammen ist es auch zu Ende gegangen!«

Hussein fürchtete, daß am Tag seines Todes Unruhen im Königreich von den Nachbarn dazu benutzt werden könnten, ein »Protektorat« über Transjordanien zu beanspruchen, mit dem Argument, die eigene Sicherheit erfordere eine derartige Kontrolle. Über ein mögliches Verhalten Syriens machte er sich keine Illusionen: Hafez al-Assad sei immer bereit, nach Transjordanien zu greifen – so wie er mit Erfolg nach dem Libanon gegriffen hat. Der libanesische Staat wird von Damaskus aus beherrscht. Syrien hat strategische Gründe für sein Protektorat über den Libanon: Seit Februar 1996 arbeiten Israel und die Türkei auf militärischem Gebiet eng zusammen. Diese Kooperation hatte mit gemeinsamen Ausbildungsprogrammen und Manövern begonnen; sie hatte sich zu einer Art Militärbündnis entwickelt. Syrien sieht sich in der Zange zwischen den israelischen und den türkischen Streitkräften. Es muß für den Konfliktfall vorsorgen: Die strategische Kontrolle der »Jordanlinie« gegenüber Israel würde die militärische Situation Syriens verbessern. Gegen eine Annexion durch Syrien kann Jordanien nur ein Bündnis mit Israel retten. Hussein sah sich zu einer engen Verständigung mit Netanyahu gezwungen, auch wenn die eigene Bevölkerung dagegen Vorbehalte hatte.

Der König ließ sich erneut auf ein kalkuliertes Risiko ein, in der Hoffnung, es steuern zu können.

Das Todesurteil vermieden –
Sympathien in Israel und Amerika gewonnen

Im März 1997 entschloß sich Hussein dazu, wieder aktiv an der Politik im Nahen Osten teilzunehmen. Er fürchtete, durch Inaktivität in Vergessenheit zu geraten, unwichtig zu werden.

Man forderte eigentlich nichts von ihm. Die Stagnation des Friedensprozesses brauchte ihn nicht zu interessieren – sein Friedensvertrag mit Israel war bereits seit zweieinhalb Jahren gültig: Jordanische Probleme standen nicht zur Verhandlung an. Dennoch schrieb der König an den israelischen Ministerpräsidenten einen Brief, für den er sich starke publizistische Wirkung im eigenen Land, in Israel und vor allem auch in den palästinensischen Gebieten erhoffte.

Hussein nahm Netanyahus Zögern, die Abmachungen von Oslo zu erfüllen, als Anlaß für sein Schreiben. Der jordanische König ergriff in diesem Fall die Partei der Palästinenser. In sorgfältig gewählten Worten stellte Hussein fest, das Verhalten der israelischen Regierung zerstöre jede Aussicht auf weiteren Fortschritt der Verständigung zwischen Israel und den Palästinensern.

Wichtig war dem König eine Bemerkung am Ende des Briefes: »Die nachhaltige Störung des Friedensprozesses durch die Verantwortlichen in Israel kann Gewalt in der Region auslösen.« Ein blutiges Ereignis führte dazu, daß diese Bemerkung in Israel eine Deutung erhielt, die in Husseins Kalkulation nicht vorgesehen war.

Am Donnerstag, den 13. März 1997, besuchte eine Schulklasse des Amit-Fürst-Instituts für Mädchen das Ausflugsziel Naharajim, zehn Kilometer südlich des Sees Genezareth. Die Jordanier nennen den Platz Baqura. Er kann von Israelis und von Jordaniern besucht werden.

Die 80 Mädchen kamen aus der Stadt Bet Shemesh in Zentralisrael. Sie waren mit dem Bus nach Norden gefahren zum Zusammenfluß von Jordan und Jarmuk, zu diesem Platz Naharajim/Baqura, der nur einen Quadratkilometer groß ist. Diesen Platz hatte der König einige Monate zuvor dem deutschen Bundeskanzler als »Oase des Friedens« vorgestellt.

Naharajim ist deshalb eine Besonderheit, weil dort seit dem Friedensvertrag von 1964 israelische Bauern Pächter sind von jordanischem Land. Hussein hatte damals zugestimmt, daß die jüdischen Landwirte nach der Räumung von Naharajim durch die Israel Defence Force ihre Landwirtschaftsbetriebe nicht aufzugeben brauchten. Der Boden wurde wieder von Jordanien in Besitz genommen – um die jordanische Souveränität zu dokumentieren, wurde in Naharajim/Baqura ein Posten der jordanischen Streitkräfte eingerichtet.

384

Eine Detailklausel des Friedensabkommens sah vor, daß sich nur vier jordanische Bewaffnete gleichzeitig in der »Oase des Friedens« aufhalten dürfen – aber auch nur vier bewaffnete Israelis. Die Beachtung dieser Klausel hätte ganz von selbst verhindert, daß die Schulklasse aus Bet Shemesh den Platz an Jordan und Jarmuk besuchte, denn eine israelische Vorschrift besagt, jeweils 15 Schüler seien bei Ausflügen in »exponierte Gebiete« von einem bewaffneten Erwachsenen zu begleiten. Naharajim ist ein derartiges »exponiertes Gebiet«. Bei Anwendung der israelischen Vorschrift, die vom Erziehungsministerium erlassen worden war, hätten die 80 Mädchen von mindestens sieben Bewaffneten geschützt werden müssen. Eine derart große Zahl aber hätten die Jordanier, unter Berufung auf die Detailklausel des Friedensvertrags, verhindern können. Bei diesem Ausflug aber trugen nur drei der Lehrer Waffen bei sich.

Der Ausflug der Mädchen ins Jordantal endete mit dem Tod von sieben der 80 Schülerinnen. Sechs Mädchen und eine Lehrerin wurden verletzt. Der Hergang der Tat ist umstritten. Die Lehrkräfte berichteten, einer der jordanischen Soldaten habe plötzlich ohne Grund geschossen. In Amman wurde eine andere Version als Tatsache angesehen: Der Gefreite Ahmed Mustafa Dekamsah habe eben kniend gebetet, da hätten ihn die sieben Mädchen durch Entblößung ihres Hinterns provoziert. Dekamsah sei in Wut geraten und habe geschossen.

Kaum war die Tat in Israel bekannt geworden, brachten Kommentatoren sie mit dem Brief des Königs in Verbindung. Die Bemerkung von der Möglichkeit, Gewalt könne ausgelöst werden, wurde als Aufforderung zu Terroranschlägen gedeutet. Dem König wurde schließlich vorgeworfen, er habe durch seinen Brief den Gefreiten Ahmed Mustafa Dekamsah veranlaßt, den Akt der Gewalt auszuführen.

Der König erfuhr von diesen Vorwürden während eines Staatsbesuchs in Spanien. Er erkannte sofort deren Gefährlichkeit: Wenn er persönlich mit arabischem Terrorismus in Verbindung gebracht wird, schwinden in den USA die Sympathien für ihn und für sein Land. Die Folge wird sein, daß die finanzielle Unterstützung ausbleibt, die von der positiven Beurteilung durch den Kongreß der Vereinigten Staaten abhängig ist. Hussein versuchte deshalb, den Schaden zu begrenzen. Er erklärte, die Bemerkung über die Möglichkeit des Gewaltausbruchs sei von der Sorge vor einer derartigen Entwicklung diktiert gewesen und könne deshalb nicht als Aufforderung zu einer Gewalttat verstanden werden.

Da die Kritik in Israel nicht verstummte, unterbrach Hussein den Spanienaufenthalt. In Amman angekommen, entschloß sich der König, die Familien der toten Mädchen in Bet Shemesh aufzusuchen. Ministerpräsident Netanyahu begleitete ihn. Der König bat die Verwandten der Toten inständig um Verzeihung. Husseins Reaktion wurde von vielen Jordaniern mit Empörung beantwortet. Viele stellten die Frage: Hat Hussein jemals arabische Familien besucht, die Opfer durch israelische Kugeln zu beklagen hatten?

Der schlimmste israelische Gewaltakt war an einem Freitag im Fastenmonat Ramadan des Jahres 1994 verübt worden. Um fünf Uhr morgens waren 700 islamische Gläubige in der Moschee von Hebron versammelt zum Gebet bei Tagesanbruch. Da betrat der israelische Reservehauptmann Baruch Goldstein die Moschee. Er zielte mit seinem Sturmgewehr auf die Rükken der knienden und betenden Männer. Baruch Goldstein konnte etwa zehn Minuten lang ungehindert schießen. Nach Auskunft der palästinensischen Verwaltung von Hebron starben 52 Gläubige; 70 wurden verwundet.

Damals, drei Jahre vor den Schüssen am Zusammenfluß von Jordan und Jarmuk, hatte sich Hussein nicht ins israelisch beherrschte Gebiet begeben, um den arabischen Familien der Opfer tröstende Worte zu sagen. Daß er sich jetzt nach Bet Shemesh begab, konnten ihm viele Jordanier und die meisten der Palästinenser nicht verzeihen. Die Verärgerung steigerte sich noch durch Netanyahus Kommentar: »König Hussein zeigte seinen guten Willen mit einer ungewöhnlichen Geste. Er kam, um den trauernden Familien sein Mitgefühl und seinen Respekt zu bekunden.«

Nach dem Besuch des Monarchen in Jerusalem war in Amman eine brisante Stimmung festzustellen. Die Ansicht herrschte vor, daß ein Todesurteil für den Gefreiten Ahmed Mustafa Dekamsah einen Aufstand auslösen könnte. Unruhe entstand, als bekannt wurde, der Staatsanwalt habe tatsächlich die Todesstrafe beantragt.

Das Urteil lautete schließlich auf lebenslängliche Haft und

zehn Jahre Zwangsarbeit. Das Gericht folgte damit dem Vorschlag der Verteidigung, die den Vater von drei Kindern als Opfer seiner familiären Umstände dargestellt hatte: Ahmed Mustafa Dekamsah habe unter »sexueller Frustration« gelitten, weil seine Frau hochschwanger war. Damit wurde indirekt das Verhalten der Mädchen angesprochen: Sie hatten einen Reizeffekt bewirkt. Daß sie den Gefreiten provoziert hatten, blieb in der Verhandlung unerwähnt. Das Todesurteil wurde mit Geschick vermieden und damit auch der Aufstand in Amman. Hussein aber hatte trotz aller Schwierigkeiten erreicht, was er wollte: Er hatte Sympathien in Israel und in den USA gewonnen.

Um die Stimmung im eigenen Land gegen die Haschemitenherrschaft nicht zu verschlechtern, publizierte die jordanische Regierung nicht, daß sie – auf Wunsch des Königs – gerade zu diesem Zeitpunkt eine Absprache mit dem israelischen Transportminister geschlossen hatte, die eine Koordination der Aktivitäten auf den Flughäfen Eilat und Aqaba vorsah. Da der israelische Flughafen Eilat überlastet war, durfte künftig der Flugverkehr auch über den jordanischen Airport Aqaba abgewickelt werden. Der jordanische Transportminister glaubte an eine künftige enge Verknüpfung der Luftverkehrsaktivitäten Israels und des Königreichs. Doch am 25. September 1997 veränderte sich das Verhältnis zwischen Netanyahu und dem König radikal.

Panne des Geheimdiensts – »Netanyahu ist ein Feind des Friedens!«

Die Ursache des königlichen Meinungsumschwungs war eine Panne des israelischen Geheimdienstes. Er versuchte am 25. September 1997, einen Gast des Königs umzubringen.

Khaled Mishaal führt ein unauffälliges Leben in der jordanischen Hauptstadt. Er lebt mit Frau und sieben Kindern in einem geräumigen Gebäude auf dem Hügel der Villen von Amman. Im Basmanpalast ist Khaled Mishaal gern gesehen, denn er ist wichtig als Mittelsmann zu Saudi-Arabien. Hussein ist daran interessiert, die Beziehungen zum regierenden Haus des Ölstaates zu verbessern. Khaled Mishaal kann über Saudi-Arabien auch Bindeglied sein zur neuen Generation der politischen Geistlichen in Iran; er hat Kontakt aufgenommen zum iranischen Staatspräsidenten Khatami. Der Mann, der in Amman ein unauffälliges Leben führt, ist dem König wichtig.

Der 41jährige bärtige Mann erfüllt nicht nur diplomatische Aufgaben – er ist in die Terroraktivitäten im Nahen Osten verwickelt. Khaled Mishaal ist der Denker der islamischen palästinensischen Kampforganisation Hamas. Er ist der Vertraute des charismatischen Sheikhs Ahmed Jassin, der als Begründer der Hamas seit nahezu zehn Jahren – seit Beginn der Intifada – in israelischer Haft gehalten wird. Sheikh Jassin ist gelähmt, doch er ist eine Persönlichkeit, die trotz der Behinderung auch vom Gefängnis aus Überzeugung zu vermitteln vermag. Der Sheikh wirkt durch seine starke Ausstrahlung auf die palästinensische Jugend. Doch was er sagt, ist der Gedankenwelt des Khaled Mishaal entsprungen. Der Mann, der in Amman lebt, ist der lenkende Kopf der Organisation Hamas, die durch Anschläge und Attentate Krieg gegen Israel führt. Khaled Mishaal betont jedoch immer wieder gegenüber der haschemitischen Familie, die sein Gastgeber ist, er sei für die Anschläge nicht verantwortlich; dafür sei der militärische Flügel von Hamas zuständig, deren Führer im von Israel besetzten Gebiet tätig seien. In der Tat arbeitet der Hamas-Denker im Herbst 1997 daran, für Hamas ein politisches Konzept zu erarbeiten, das die Umwandlung der Kampforganisation in eine politische Gruppierung ermöglicht. Dem israelischen Geheimdienst aber ist Khaled Mishaal als treibende Kraft der militanten und gefährlichen Organisation bekannt. Im August 1997 unterzeichnet Ministerpräsident Netanyahu einen Befehl zur Tötung des in Amman lebenden Mannes. Der Befehl wird dem Geheimdienstchef Dani Jatom zur Ausführung ausgehändigt.

Am Morgen des 25. September 1997 verläßt Khaled Mishaal sein Haus auf dem Hügel der Villen in der jordanischen Hauptstadt. Er behält sein Umfeld mit allen Sinnen unter Kontrolle. Seit Tagen schon hat er den Verdacht, er werde verfolgt. An jenem Morgen aber ist er sicher, daß er bedroht wird. Doch im Augenblick der Tat kann er sich nicht wehren. Er bemerkt die zwei Männer, die sich an ihn herandrängen, zu spät. Khaled Mishaal hat noch das Gefühl, er atme ein scharfes Gemisch aus Staub und Luft ein – dann bricht er zusammen und verliert das Bewußtsein.

Der Denker der Hamas ist jedoch nie allein in Amman unterwegs. Schräg hinter ihm geht sein Leibwächter Abu Seif – der »Vater des Schwertes«. Auch er war durch sein Gefühl gewarnt worden. Er hat sich offenbar derart unauffällig benommen, daß ihn die zwei Attentäter nicht wahrgenommen haben. Er packt die beiden verblüfften Männer; es gelingt ihm, sie festzuhalten und der jordanischen Polizei zu übergeben.

Der bewußtlose Khaled Mishaal wird so rasch als möglich ins Hussein Medical Center gebracht. Während der ersten Untersuchung vermuten die Ärzte, daß der Bewußtlose Opfer eines Giftanschlages ist. Sie erkennen die Symptome, doch sie können die Art des Giftes nicht analysieren. Die Spezialisten des Hussein Medical Centers sehen keine Möglichkeit, dem Mann zu helfen. Ehe sie mit der Behandlung beginnen können, müssen sie die Zusammensetzung des Gifts erfahren.

Die beiden verhafteten Attentäter versuchen zunächst ihre Identität zu vertuschen. Sie behaupten, Kanadier zu sein; sie weisen kanadische Pässe vor. Die jordanischen Sicherheitsbeamten glauben von vornherein den Erzählungen der beiden nicht. Sie schlagen eine Begegnung mit den in Amman tätigen kanadischen Konsularbeamten vor, doch ein derartiges Treffen lehnen die beiden »Kanadier« ab. Sie geben schließlich zu, dem israelischen Geheimdienst anzugehören. Sie gestehen auch, den Auftrag gehabt zu haben, Khaled Mishaal zu töten.

Über die Art des Giftstoffes, der ihnen in Israel übergeben worden war, können sie allerdings keine Auskunft geben. Ihnen war allein die Methode der Anwendung erklärt worden. Die jordanischen Sicherheitsbeamten veranlassen nun die in Amman residierenden Kollegen des israelischen Geheimdienstes, bei ihrer Zentrale nachzufragen, welche Art von Gift gegen Khaled Mishaal angewandt worden sei. Die Antwort aus Tel Aviv lautet, die Zusammensetzung der tödlichen Substanz sei ein Staatsgeheimnis, das unter gar keinen Umständen preisgegeben werden dürfe.

Eine Stunde nach der Einlieferung des Khaled Mishaal ins Krankenhaus wird König Hussein vom Anschlag auf seinen Gast informiert. Er läßt sich sofort telefonisch mit Benjamin Netanyahu verbinden. Der König spricht harsche Worte – und

Netanyahu gibt nach. Wenige Minuten später wissen die Ärzte des Hussein Medical Center, mit welchem gefährlichen Stoff Khaled Mishaal hätte getötet werden sollen. Der Hamas-Denker kann gerettet werden.

Der König hält den Anschlag für einen hinterhältigen Vertrauensbruch. Er beschimpft den israelischen Ministerpräsidenten, es zeige sich, daß er eben doch ein Feind des Friedens sei, sonst hätte er nicht gerade den Mann ermorden lassen wollen, der unter haschemitischem Schutz das Konzept ausarbeite zur Umwandlung der Hamas von einer militanten Organisation, die Anschläge verübe, in eine politische Partei, die innerhalb der palästinensischen Gesellschaft einen Gegenpol zu Arafat bilden könne.

Der wütende König verlangt von Netanyahu die sofortige Freilassung des charismatischen Sheikhs Ahmed Jassin. Wenn der Sheikh nicht auf der Stelle das israelische Gefängnis verlassen könne, werde er einen Prozeß gegen die beiden »Kanadier« mit großer Öffentlichkeit inszenieren lassen. Diese Peinlichkeit will sich die israelische Regierung ersparen: Sie gibt dem radikalen Gegner des versöhnungsbereiten Jassir Arafat die Freiheit.

Etwas mehr als ein Jahr später versucht der bereits von schwerer Krankheit gezeichnete König dem durch Netanyahu bedrängten Arafat zu helfen. Während seiner letzten Lebensmonate brauchte Hussein die Unterstützung durch den einzigen wirklich bedeutungsvollen Chef der Palästinenser. Vergessen ist das kurze Zwischenspiel der Unterstützung für Hamas. Khaled Mishaal hat Amman längst verlassen. Hussein, der jetzt über sein eigenes Leben hinaus die Zukunft der Haschemitendynastie retten will, braucht den Frieden. Er rafft sich auf, die Feinde dauerhaft auszusöhnen.

Wye River –
»Sie schulden der kommenden Generation Erfolg!«

In der zweiten Hälfte des Monats Oktober 1998 rangen Präsident Bill Clinton, Ministerpräsident Benjamin Netanyahu und Jassir Arafat, der Präsident der palästinensischen Autonomiebehörde, um eine Lösung der Probleme des stockenden Friedensprozesses. Eigentlich waren diese Probleme bereits in verflossenen Verhandlungen besprochen und in Abkommen geregelt worden, doch Netanyahu hatte sich geweigert, die Verträge zu erfüllen. Er war der Meinung, er dürfe Land, das in der Bibel als jüdisches Gebiet erwähnt wird, nicht an die Palästinenser übergeben. Er beschuldigte seinen Vorgänger Rabin, bei den Verhandlungen in Oslo Verrat am jüdischen Volk begangen zu haben.

Mit Arafat war vereinbart, daß die palästinensische Autonomiebehörde über 40 Prozent des Jordanwestufergebiets verfügen kann – dazu fehlten jedoch im Herbst 1998 noch 13,1 Prozent. Arafat bestand auf der vollen Erfüllung der Absprachen. Präsident Clinton wollte unter allen Umständen einen Verhandlungserfolg erzwingen. Er steckte tief in der Affaire mit der Praktikantin Monika Lewinsky. Er mußte seine Fähigkeiten als Politiker von Format unter Beweis stellen, um endlich vom Image loszukommen, er sei ein sexbesessener Machtmensch. Er setzte alle seine Kraft ein und seine Begabung der Überredungskunst – er erreichte nichts als Kopfschütteln bei Arafat und Netanyahu. Der eine sagte: »Die israelischen Zugeständnisse reichen nicht aus!« Der andere meinte: »Ich kann nicht mehr an Land hergeben, wenn ich nicht beschuldigt werden will, auf Land der Väter verzichtet zu haben.« Clinton gab nicht auf. Er redete stundenlang mit den Kontrahenten. Der Präsident stellte ihnen dar, welche Funktion sie zu erfüllen hätten als die Führer ihrer Staaten, deren Bevölkerung nur von der einen Sehnsucht geleitet sei, endlich im Frieden leben zu dürfen. Clinton gönnte den Delegierten kaum eine Nachtruhe. Er steuerte den Marathonkampf der Verhandlungsgegner unerbittlich.

Es war kalt während jener Oktobertage 1998 im Staat Maryland an der Ostküste der Vereinigten Staaten. Der Wind, der von der Chesapeake Bay zum Wye Conference Center wehte, wurde von den Fenstern nicht aufgehalten. Ein Gasfeuer heizte den Konferenzraum nur schwach.

Am Morgen nach einer kalten Nacht traf König Hussein ein. Er hatte bei Dunkelheit die Mayo-Klinik verlassen und war von Minnesota im Norden der USA in den Süden geflogen – nach

Maryland. Den Weg zur Wye River Plantation hatte er in einem amerikanischen Regierungsfahrzeug zurückgelegt. Er ist gekommen, um eine leise, aber eindringliche Rede zu halten. Er sagt nicht viele Worte. Im Gedächtnis von Arafat und Netanyahu bleiben Sätze wie:
»Sie können es sich nicht leisten, bei diesen Verhandlungen zu scheitern! Sie schulden der kommenden Generation einen Erfolg auf Dauer! Sie sind es Ihren Kindern schuldig, daß Sie diesen Ort nicht mit leeren Händen verlassen!« Der König beschwört Arafat und Netanyahu, allein an den Frieden zu denken.
Hussein hinterläßt einen tiefen Eindruck auf die beiden Streitenden und deren Delegationen. Sein Haupt ist völlig kahl, verschwunden sind Kopfhaar und Bart. Nur ein Hauch von grauen Haaren ist vom einst gepflegten Oberlippenbart übriggeblieben. Die Haut ist faltig. Stark treten die Zähne hervor. Seit Wochen wird Hussein durch Chemotherapie behandelt. Er spricht voll Optimismus davon, daß die Non-Hodgkins Lymphoma eingedämmt sei.
Als die Verhandlungen tatsächlich ein Ergebnis erreichen – das dann kurze Zeit später trotz des emotionalen Appells des Königs doch nicht eingehalten wird – ist Hussein Zeuge der Zeremonie der Versöhnung im East Room des Weißen Hauses. Sein Lob für Clintons Verhandlungsgeschick ist seine letzte Äußerung in einer außenpolitischen Angelegenheit.
Hussein begibt sich wieder in die Mayo-Klinik. Zur Politik hat er nichts mehr zu sagen. Während der Wochen bis zum Jahreswechsel 1998/99 verengt sich seine Perspektive auf die eigene Familie, auf die haschemitische Dynastie. Sein einziger Vertrauter ist Geheimdienstchef Sami Battikhi, der Hussein regelmäßig in der Klinik besucht – und der ihm von bösen Umtrieben zu Hause berichtet.

»Ich werde alles durchstehen« –
Heimkehr mit dem Winterregen

Die Jordanier hatten lange auf den Regen warten müssen, der jedes Jahr ab November für Fruchtbarkeit des kargen Landes am Rand der Wüste sorgt. Im Winter 1998/99 kommt der

ersehnte Regen erst am 19. Januar – zusammen mit dem König. An diesem Tag regnet es gleich besonders heftig.

Die Wolken hängen tief über der jordanischen Hauptstadt, als
das Flugzeug vom Typ G 4 – es ist eine bescheidene Maschine
– zu hören ist. Die Düsen pfeifen hell. Das Geräusch wird allerdings bald überlagert vom Gedonner der zwölf Düsenjäger,
die den heimkehrenden König in der Luft empfangen. Das
Empfangskomitee am Boden, das auf dem Militärflughafen
Amman wartet, wird informiert, der Monarch steuere, wie
immer, sein Flugzeug selbst.

Er war am Morgen in London gestartet. In seinem dortigen
Haus hatte er nach der Entlassung aus der Mayo-Klinik einige
Tage verbracht, betreut von Königin Nur. Kronprinz Hassan
war ebenfalls nach London gekommen, um den Genesenen
über die Situation zu Hause zu unterrichten. Der König war
entschlossen, die Kontrolle der Politik des Königreichs wieder
selbst zu übernehmen.

Das Einvernehmen zwischen den beiden Brüdern scheint herzlich zu sein. Hussein will, daß ein Foto gemacht wird zur Ver-
öffentlichung. Es zeigt den Kronprinzen zufrieden lächelnd. Er
hatte dickere Backen bekommen während der zurückliegenden Monate. Husseins Gesicht ist ausgezehrt. Sein Lächeln
aber ist natürlich. Der König und der Kronprinz sitzen auf
einer Couch. Hussein hat den Arm um Hassans Schultern
gelegt. Dem Bild ist zu entnehmen, daß Harmonie herrscht in
der Haschemitenfamilie.

Noch vor dem Abflug aus London gibt der König bekannt, er sei
wieder vollkommen gesund und aus der Obhut der Ärzte entlassen. Doch beim Aussteigen aus dem Flugzeug ist zu erkennen,
daß er nicht mehr die energiegeladene, drahtige Persönlichkeit
ist. Der 63jährige hält sich mit beiden Händen am Geländer des
Flugzeugtreppchens fest. Doch dann, direkt vor der Maschine,
vollzieht er das Gebet eines glücklich Heimkehrenden. Er bückt
sich – er kniet nieder. Auf seinen Wunsch hin war auf der Lan-
debahn ein Gebetsteppich ausgebreitet worden.

Erst nach dem Gebet begrüßt Hussein die wartenden Fami-
lienmitglieder, die Armeeoffiziere, die Minister und die
Sheikhs der Beduinenstämme. Dann hält der König eine kurze
Dankesrede: Er sei dankbar seinem Bruder Mohammed, seiner

Schwester Basma und seinen Kindern für das Blut, das sie gespendet hätten. Hussein findet gute Worte für seine Frau, die Königin Nur, die immer an seiner Seite gewesen sei. Aufmerksam wurden die Zuhörer auf dem Rollfeld des Militärflughafens Amman aber erst durch eine Bemerkung: »Die Königin hat eine Menge durchstehen müssen. Sie erlebte unliebsame Überraschungen.«

Hellhörig geworden, beachten alle nun die weiteren Feinheiten der königlichen Rede. Als Hussein über seinen Bruder Hassan spricht, sagt er: »Während meiner Abwesenheit hat er sein Bestes gegeben.« Der König vermeidet es, den Titel »Kronprinz« zu gebrauchen. Die Minister und Hofbeamten wissen nun, daß es zu diesem Zeitpunkt keinen Kronprinzen mehr im Königreich gibt. Hassan selbst erfährt vielleicht erst in diesem Augenblick von seiner Absetzung als Thronfolger.

Auch auf heimatlichem Boden sagt der König, er sei völlig gesund nach einem langwierigen Heilungsprozeß. Sechsmal habe er wochenlange Prozeduren der Chemotherapie durchgestanden; einmal sei eigenes Knochenmark transplantiert worden. Jetzt aber besitze er wieder Kraft, die seinem Volk gehöre. Es regnet heftig, als Hussein sein Staatsfahrzeug von Typ Mercedes 600 besteigt. Die Rücksitze sind entfernt worden, ebenso ein Teil des Wagendachs, so daß der König aufrecht stehen kann. Quer über das Dach gespannte Stäbe geben ihm Halt. Auf seinen Befehl setzt sich die Wagenkolonne in Bewegung. Das Ziel ist der Palast Bab es-Salam im Westen der jordanischen Hauptstadt. Die Strecke dorthin beträgt 25 Kilometer.

Bei der Abfahrt bemerken die Höflinge, daß sich Prinz Hassan nicht im Fahrzeug des Monarchen befindet, dort sitzt – neben dem stehenden König – die Königin Nur. Die Erinnerung wird wach an die Heimkehr des Herrschers im Jahre 1992 – nach der Entfernung einer Niere: Damals hatte der Kronprinz den Ehrenplatz neben Hussein eingenommen.

Die Dämmerung bricht rasch herein über Amman an jenem 19. Januar 1999. Heftig prasselt Regen auf den König, auf die Wagenkolonne und auf die Untertanen, die am Straßenrand stehen. Eine Million Jubler sind erwartet worden, gekommen sind nur 400 000. Die fehlenden hatten sich durch Regen und durch feuchten Nebel abschrecken lassen – sie verfolgen die Heimkehr des Herrschers am Bildschirm.

394

Hussein hält die Fahrt eisern durch. Er winkt den jubelnden Menschen zu. Er bedankt sich durch Gesten bei den Gruppen der tanzenden und singenden Beduinen. Er freut sich über die Sprechchöre, die ihm zurufen:»Deine Heimkehr, o Hussein, ist wie die Rückkehr der Seele in den Körper!« Das Wasser rinnt dem König über das Gesicht, als er sich endlich, am Stadtrand von Amman, niedersetzen und das Autodach über sich schließen lassen kann.

Die jordanischen Zeitungen geben noch am späten Abend des 19. Januar 1999 Extrablätter über das Ereignis heraus. Sie stellen dabei nicht nur die Heimkehr des Königs dar – sie schildern auch die Freude der Bevölkerung, daß endlich der Winterregen das Königreich beglücke.

Im Palast Bab es-Salam angekommen, schont sich Hussein nicht. Er empfängt den jemenitischen Staatspräsidenten Ali Abdallah Saleh, der den König um Vermittlung bei Saddam Hussein bittet. Der irakische Staatchef, dessen Verhalten wieder einmal den Zorn der amerikanischen Regierung erregt hat, soll zum Einlenken gegenüber den Vereinten Nationen veranlaßt werden. Ali Abdallah Saleh will den Antrag zur Einberufung einer Gipfelkonferenz der arabischen Staatschefs stellen; auf ihr soll eine endgültige Lösung für den nun neun Jahre andauernden Streit zwischen Irak und den USA gefunden werden.

Hussein ist bereit, sich um diese Angelegenheit zu kümmern. Der König erweckt den Eindruck, er wolle wieder Einfluß gewinnen auf die Politik in Arabien. Doch am nächsten Morgen kann er seine Bereitschaft zur Lösung des Irak-USA-Konflikts vergessen. Er erfährt, daß sich die arabischen Monarchien am Persischen Golf – Saudi-Arabien, Kuwait, Oman, Qatar und die Vereinigten Arabischen Emirate – weigern, an einer Gipfelkonferenz teilzunehmen, an deren Verhandlungstisch auch Saddam Hussein sitzt.

Der Herrscher von Saudi-Arabien hatte zu erkennen gegeben, daß er nicht an einer Vermittlung in diesem Konflikt durch den haschemitischen Herrscher interessiert sei. Hussein habe sich während der gesamten Zeit des Konflikts mit Irak, seit Frühjahr 1990, einseitig für Saddam Hussein eingesetzt. Hussein sei parteiisch im Streit zwischen den Golfstaaten und Irak und sei deshalb ungeeignet, Verhandlungen zu führen.

Hussein mußte Ende Januar 1999 feststellen, daß er nicht mehr als Vermittler gebraucht wurde. Sein Einfluß als Brücke zwischen streitenden arabischen Brüdern hatte im Verlauf von 22 Jahren abgenommen. Er war stark gewesen bis zum Jahr 1977 – bis zu Sadats politischem Schwenk in Richtung der USA. Bis zu diesem Zeitpunkt hatte Husseins Vermittlungserfolg darauf beruht, daß er – wenn auch insgeheim – der einzige arabische Staatschef gewesen war, der Kontakt zur amerikanischen Regierung unterhalten hatte. Hussein war das Bindeglied zu den Mächtigen in Washington gewesen. Diese Funktion nahm ihm Anwar as-Sadat dann ab. Zuletzt hatte er in Washington als »Verteidiger des drittklassigen Diktators Saddam Hussein« gegolten, der die Glaubwürdigkeit als Vermittler verloren hatte.

Hussein, der sich vorgenommen hatte, seine Kraft wieder der »Stärkung der arabischen Solidarität« zu widmen, erlebt noch einmal den Streit der Araber untereinander. Aber da seine Vermittlung nicht mehr gefragt ist, kann sich Hussein nun darauf konzentrieren, die familiären Veränderungen einzuleiten, deren Durchsetzung er sich bereits Anfang Januar in der Mayo-Klinik vorgenommen hatte. Nach den Bemerkungen des Königs bei der Ankunft, die auf Veränderungen schließen lassen, warten die Höflinge darauf zu erfahren, wie die neue Hofordnung aussehen wird.

Schon einen Tag nach der Rückkehr, am 20. Januar 1999, ist erkennbar, was der Monarch plant: Für diesen Tag ist der Empfang für Persönlichkeiten der regierenden Familien von Saudi-Arabien und Kuwait vorgesehen. Gemäß den Vorschriften des Hofprotokolls müßte Hassan, als Vertreter des Königs, die hohen Herrschaften vom Persischen Golf empfangen – doch Hussein beordert seinen ältesten Sohn Abdallah zur Begrüßung der Staatsgäste.

Die Verblüffung ist perfekt, denn Abdallah besitzt keinerlei Erfahrung im Ablauf des höfischen Zeremoniells. Er galt bisher als eher unbeholfen. Doch alle Beteiligten am Treffen jenes Vormittags im Basmanpalast stellen fest, daß Abdallah seine Aufgabe durch Zurückhaltung meistert.

Hussein äußert sich an jenem Tag vorsichtig gegenüber seinen Beratern. Er meint, ganz ohne Zweifel habe er »gewichtige Entscheidungen« zu treffen. Dies werde jedoch erst nach gründlicher Überlegung geschehen. Er habe Zeit.

Aufmerksam registriert man am Hof, daß der König viele Stunden des 20. Januar mit der Königin verbringt. Auch sie ist nach Monaten des Aufenthalts in den Vereinigten Staaten zum ersten Mal wieder in Amman. Zu ihren Hofdamen sagt sie, es bleibe ihr nichts anderes übrig, als die Ereignisse hinzunehmen, wie sie kommen. Sie gesteht, daß sie sehr viel für die Gesundheit ihres Mannes bete: »Ich weiß, daß das Leben einen Anfang und ein Ende hat. Was auch geschieht, ich werde alles durchstehen.«

Zitiert wird im Kreis der Königin auch ihre Bemerkung: »Ich weiß, daß ich durch das Leben mit dem König ein besserer Mensch geworden bin.«

Im Basmanpalast benehmen sich die Höflinge, die Minister, die Offiziere vom Dienst, als sei das normale Leben wieder eingezogen. Die Tscherkessenwache zieht in gemessenem Schritt auf, nimmt ihre Position ein. Auch bei Regenwetter sind die Stiefel der Tscherkessen strahlend blank. Ihre gleichmäßigen Bewegungen bringen Stärke und Gelassenheit zum Ausdruck. Großgewachsene Männer aus dem Tscherkessenstamm waren schon vom Großvater Abdallah für die Palastwache rekrutiert worden. Ihre Uniform besteht aus Pelzmütze und reich verschnürter Jacke, weiter Hose und hohen Stiefeln.

Der König erscheint zwei Tage lang nicht in der Öffentlichkeit. Dann bricht die Abrechnung über den Mann herein, der das haschemitische Königreich ein halbes Jahr lang eigenmächtig regiert hatte.

»Die Königin mit Schmutz beworfen« –
Abrechnung mit dem Kronprinzen

Den anklagenden Brief gegen den Bruder schreibt Hussein am dritten Tag nach seiner Heimkehr – mit der Hand. Das Schreiben ist vierzehn Seiten lang. Der Text läßt Klarheit und Zusammenhang vermissen. Der König reiht Anklage an Anklage. Der Zorn ist zu spüren, der den Herrscher veranlaßt, mit dem bisherigen Kronprinzen abzurechnen. Er beschimpft seinen Bruder Hassan, er habe sein Amt mißbraucht; er habe bei weitem seine Kompetenzen überschritten; er habe sich mit einer Clique von egoistischen Beratern umgeben, die an ihren eigenen Profit gedacht hätten.

Erstaunlich ist die Offenheit der Formulierungen im Brief des Königs – sie widerspricht der Diskretion, mit der bisher durch alle Jahre seit der Staatsgründung Familienangelegenheiten der Haschemiten behandelt worden sind. Nie war es geschehen, daß familieninterne Auseinandersetzungen mit Absicht der Öffentlichkeit vorgetragen worden sind. Beachtet worden ist der Grundsatz, daß die Mitglieder der Haschemitendynastie nicht Gegenstand der öffentlichen Diskussion sein dürfen. Jetzt aber befiehlt das Oberhaupt der Familie, sein 14seitiger Brief müsse in Rundfunk und Fernsehen verlesen werden.

So erfährt das verblüffte Volk von Jordanien, Kronprinz Hassan habe fähige Armeeoffiziere in den Ruhestand geschickt, um sie durch ungeeignete Personen aus dem Kreis der ihm ergebenen Offiziere zu ersetzen. Hassan habe Botschafter auf attraktiven Posten durch Diplomaten ersetzt, denen er einen Gefallen erweisen wollte: »Hassan hat dabei vergessen, daß Botschafter Repräsentanten des Königs sind, und nur vom König abgelöst und ersetzt werden dürfen.«

Hussein schont seinen Bruder nicht: »Durch dieses Verhalten wurde ich gezwungen, mein Krankenbett zu verlassen, um weitere Einmischung in die Ordnung der Armee und der Diplomatie zu verhindern. Ich entschloß mich zur raschen Heimkehr, um die Probleme zu lösen. Ich muß handeln, um meine Pflicht gegenüber den kommenden Generationen zu erfüllen. Ich hatte erfahren, daß es keine Übereinstimmung gibt in der Frage der Nachfolge im Amt des Kronprinzen der nächsten Generation, wenn ich die Königswürde an Hassan übergeben habe. Ich war der Meinung, daß einer meiner Söhne nach Hassan der nächste König sein soll. Ich wollte aber, daß der haschemitische Familienrat in dieser Angelegenheit gefragt werden soll.«

Der nächste Absatz des Schreibens ist direkt an den Bruder Hassan gerichtet: »Ich habe Dir ein Schreiben übergeben lassen, in dem ich Dir meine Absichten mitgeteilt habe. Dieses Schreiben war nur für Dich bestimmt. Es war vertraulich! Mit niemandem solltest Du darüber reden. Du hast die Vertraulichkeit gebrochen! Du hast im Gespräch mit anderen meine Vorschläge abgelehnt. Du wolltest Deinen eigenen ältesten Sohn zum Kronprinzen einsetzen. Dieser Schritt widerspricht meinen Absichten. Du hast, um das Übel voll zu machen, Prinz Hamzah, meinen Sohn, aus Eifersucht und Haß verleumdet, nur weil er meinem Herzen nahe ist. Meine Familie, meine Frau und meine Kinder sind durch böse Nachrede und durch Lügen beleidigt worden. Die Königin hat darunter gelitten, daß sie mit Schmutz beworfen worden ist.«

Der Geheimdienstchef Sami Battikhi hatte am Krankenbett des Königs in der Mayo-Klinik gründliche Informationsarbeit geleistet. Der König wußte durch ihn, daß die Königin im Haushalt des Kronprinzen verspottet wurde als »die Amerikanerin, die mit zehn Worten arabisch eine Konversation zu führen versucht, und die es nicht fertigbringt, daß ihr Sohn Hamzah einen arabischen Sprachkurs besucht, der ihm die elementaren Kenntnisse vermittelt.« Hussein war durch seinen Geheimdienstchef informiert, daß die Frau des Kronprinzen, die aus Pakistan stammende Prinzessin Sarvath, eine böse Zunge besaß, die alle Söhne des Königs als »intellektuell ärmlich ausgestattet« diffamierte.

Am königlichen Hof in Amman herrschte schon während der öffentlichen Verlesung des Briefes die Meinung, der kranke Monarch habe den Geheimdienstchef direkt auf die Aktivitäten des Kronprinzen angesetzt. Ohne Auftrag des Herrschers hätte Battikhi es nie gewagt, Hassans Haushalt auszuspionieren.

Im Krankenbett der Mayo-Klinik hatte sich das Gewitter zusammengebraut, das sich dann im Basmanpalast von Amman entlud. Am Ende des Jahres 1998 hatte sich der unheilbar kranke König – unter dem Einfluß des eifrigen Geheimdienstchefs Sami Battikhi – in die Überzeugung hineingesteigert, der Kronprinz betreibe konsequent die Machtübernahme. Hussein lag in seinem Krankenzimmer im amerikanischen Staat Minnesota, ferngehalten von den Staatsgeschäften, und hatte viel Zeit zu sinnieren. Er war schließlich von der Intrige seines Bruders überzeugt. Er hielt ihn für machtbesessen; getrieben von dem einen Ziel, seinem Zweig der haschemitischen Familie die Macht zu sichern. Jedes Detail, das ihm von den Veränderungen zu Hause bekannt wurde, bestärkte ihn in seinen bösen Ahnungen.

Sami Battikhi wußte seinem Herrn zu berichten, Hassan habe

die Kommandeure der zwölf wichtigsten Truppeneinheiten aller Waffengattungen der königlich-jordanischen Armee zu sich gerufen, um ihnen mitzuteilen, der König werde nicht mehr aus der amerikanischen Krebsklinik in die Heimat zurückkehren. Diese Aussage hatte der Kronprinz eindeutig und mit Bestimmtheit gemacht – und nicht als unbestimmte Vermutung. Die Offiziere hatten bei dieser Gelegenheit den Eindruck, Hassan präsentiere sich ihnen als der neue Oberbefehlshaber. Sie nahmen die Mitteilung ohne rechtliche Bedenken zur Kenntnis, da sie der Meinung waren, die Veränderung in der Machtstruktur sei mit dem König abgesprochen.

Im Verlauf dieser Entwicklung – die von Hussein als schleichende Machtergreifung gewertet wurde – betrieb Hassan die Entlassung des Generalstabschefs, Feldmarschall al-Ka'abneh. Er galt in der jordanischen Armee als wichtigster Vertrauter des Königs. Wer den Feldmarschall aus dem Amt trieb, der kappte die wichtigste Verbindung zwischen dem Monarchen und den Streitkräften.

Die Mitteilung von der Verdrängung seines Vertrauensmannes führte zu einem Wutanfall des Kranken. Er stellte laut die Frage, warum es dieser Kronprinz nie für nötig halte, ein Flugzeug zu besteigen, um zu ihm in die USA zu fliegen; schließlich müßten doch alle Veränderungen mit ihm besprochen werden. Vor Zeugen sagte Hussein, es sei die Aufgabe eines Kronprinzen, die Politik des Herrschers in dessen Abwesenheit weiterzuführen – jedoch in dessen Sinne. Nie habe ein Kronprinz das Recht, den Generalstabschef zu entlassen oder einen Botschafter.

Unverständlich ist in der Tat, warum Hassan seinen Bruder kein einziges Mal in der Mayo-Klinik besuchte. Hussein hatte auf jeden Fall das Gefühl, er sei bereits nicht mehr wichtig und brauche nicht mehr gefragt zu werden. Aus der Resignation aber schreckte der König erst wirklich auf, als ihm Sami Battikhi von einem eher palastinternen Vorgang besonderer Art berichtete.

Prinzessin Sarvath, so erzählte der Geheimdienstchef, habe begonnen, durch Umbau die Arbeitsräume und die privaten königlichen Gemächer umzugestalten. Sie habe Architekten beauftragt, die Paläste Bab as-Salam und Basman in ihrem Sinne zu renovieren. Diese Aktivität der Frau des Kronprinzen regte ganz besonders die Königin Nur auf, die es als ihr Recht ansah, zumindest die Ausstattung des königlichen Heims in ihrem eigenen Stil zu belassen. Sie hielt sich zu jener Zeit, als Sami Battikhi von den Umbauplänen der Prinzessin Sarvath berichtete, bei ihrem Mann in der Klinik auf.

Die Königin hatte zuvor schon Grund gesehen, sich über Prinzessin Sarvath zu ärgern: Hassans Frau wagte es, in Washington Vorträge zu halten. Sarvath hatte vor einem Frauenclub der amerikanischen Hauptstadt über die Stellung der Frau im haschemitischen Königreich gesprochen. Derartige medienträchtige Aktivitäten aber hielt Nur für ihre ureigene Domäne. Die »Frechheit« der Prinzessin wollte Königin Nur nicht hinnehmen. Sie veranlaßte den König zur möglichst raschen Heimkehr nach Amman. Angenommen wird, daß die Ärzte der Klinik – auf Drängen des Kranken – durch geeignete Medikamente dem König das Gefühl gaben, er sei in der Lage, die »Machenschaften« des Kronprinzen und dessen Frau zu verhindern.

So kommt es zur Heimkehr am Tag des Winterregens. Hussein genießt seine Rache sichtlich. Nach dem Empfang auf dem Militärflughafen Amman und nach den ersten Andeutungen seiner Unzufriedenheit stellt sich der König der Begegnung mit den Beratern seines Bruders. Mit lächelndem Gesicht überhört er ihre Glückwünsche zur Genesung. Zu seinen Vertrauten sagt er: »Hassan ist von einer Clique umgeben, die ihn auf den falschen Weg gezogen hat.«

Am Haschemitenhof ist bald jedem deutlich, daß Hassan nicht mehr der Mann der Zukunft ist. Die Frage ist nur, wer an seine Stelle treten wird. Gerüchte besagen, Königin Nur dränge darauf, daß ihr Sohn Hamzah den Thron besteige; Hussein neige ebenfalls zu dieser Lösung. Hamzah ist ihm der liebste der fünf Söhne – so sagen Kenner der Spannungsfelder am königlichen Hofe.

Aber Hussein zögert. Die Rede ist davon, daß die Ernennung des Nachfolgers mit dem haschemitischen Familienrat besprochen werden soll. Ein Termin der Besprechung ist noch nicht angesetzt. Aus dem Büro des bisherigen Kronprinzen ist zu erfahren, daß Hassan an den König als Antwort auf das Schreiben der Vorwürfe einen Brief geschrieben hat. Das Schreiben wird kurze Zeit später veröffentlicht: Darin teilt Hassan dem

Monarchen mit, er habe immer nur das Ziel gekannt, dem König treu zu dienen.

Einen Tag später erläßt Hussein das Dekret, das seinen ältesten Sohn Abdallah zum König ernennt, dessen Kronprinz wird Hamzah, der vierte der Söhne. Damit ist Hassans Familienlinie völlig von der Thronfolge ausgeschlossen.

Der Grund für die Eile ist bald zu erfahren: Am Vortag hat sich der König übel gefühlt. Der Arzt stellte einen Fieberanfall und Veränderungen im Blutbild fest. Dem König wurde deutlich, daß ihm keine Zeit mehr blieb. Entschlossen regelte er die Nachfolgefrage zugunsten des Sohnes, der – als Ältester – die umfassendste Lebenserfahrung besaß.

Lächelnd sein Lebenswerk abgeschlossen –
Regelung der Nachfolge

Mit diesem Dekret schafft Hussein den Übergang zur Zukunft des haschemitischen Königreichs: »Mit königlicher Freude bestimmen wir, daß unser ältester Sohn, Seine Königliche Hoheit Prinz Abdallah Ibn Hussein, der Erbe des Thrones ist, mit allen Rechten und Pflichten, die damit verbunden sind.«

Unterzeichnet ist das Dokument von Hussein Ibn Talal. Abgezeichnet ist es vom Ministerpräsidenten Fayez Tarawneh und vom Innenminister Nayef Qadi.

Daß Hussein seine königliche Würde abgelegt hat, beweist er mit seinem Erscheinen im Basmanpalast. Er verbirgt seinen kahlen Kopf nicht mehr durch das rot-weiß gewürfelte Tuch der Beduinen. Er ist mit hochgeschlossenem schwarzem Hemd und schwarzer Hose bekleidet. Kein Umhang verdeckt den durch die Krankheit aufgequollenen Bauch. Mit einem Ledergürtel hält er ihn zusammen. Hussein stützt sich auf den Griff eines Spazierstocks. Mühsam setzt er einen Schritt vor den anderen.

Hussein bleibt nur noch die Aufgabe, Spannungen in der haschemitischen Familie auszugleichen, zu versöhnen. Er lächelt – auch wenn das Lächeln im entstellten Gesicht, bei dünnen, blutleeren Lippen – eher erschreckend wirkt. Lächelnd beobachtet er, wie sein Bruder Hassan dem neuen Herrscher ein Geschenk überreicht, das eingepackt ist in blauem Papier, verziert mit weißblauer Schleife. Verlegen wirken beide, der Geber und der Empfänger des Geschenks. Hussein veranlaßt sie zum Händedruck.

Während der vergangenen Nacht hat Hassan die Königsflagge, die bisher seine Residenz schmückte, dem neuen König übersandt, mit der Bemerkung, er sei nicht mehr Kronprinz und verdiene nicht mehr das Zeichen der königlichen Würde. König Abdallah schickte die Flagge umgehend zurück an Hassan mit der knappen Notiz: »Sie steht für immer Dir zu!«

Nach dem Händedruck mit Abdallah verläßt Hassan den Basmanpalast. Er hat künftig nichts mehr in der Nähe des Monarchen zu suchen. Kaum hat sich hinter Hassan die Tür geschlossen, neigt Abdallah weinend sein Gesicht zu Hussein herunter. Sie umarmen sich. Husseins letzte Worte zu seinem ältesten Sohn – es können nur wenige gewesen sein – versteht niemand. Sie gehen auseinander. Nie mehr werden sie miteinander sprechen können.

Adnan Abu Audeh, der politische Berater am Hof, hat Gesprächsnotizen vorbereitet, die einer Einführung des Thronfolgers in das interarabische Geschäft dienen sollten. Sie bleiben ungenützt. Hussein hat offenbar nicht mehr die Kraft, dem Sohn Instruktionen zu geben.

Der einzige, der am haschemitischen Hof an diesem Tag wirklich sichtbar aktiv ist, hat guten Grund dazu. Dr. Samir Farradsch, Husseins persönlicher Arzt, hat dafür zu sorgen, daß im Flugzeug, das den abgedankten Monarchen in die Mayo-Klinik zurückbringen soll, Vorsorge für mögliche Notfälle getroffen ist. Husseins Zustand ist besorgniserregend. Dr. Sami Farradsch drängt auf baldigen Abflug.

Eine Woche nach dem triumphalen Einzug mit dem Winterregen in Amman – sieben Tage nach der öffentlich geäußerten Erklärung, gesundheitlich völlig wiederhergestellt zu sein – verläßt Hussein seine Hauptstadt. Im als Krankenstation hergerichteten Flugzeug der Gesellschaft Alia fliegt er ab. Die Verabschiedung vom Volk und durch das Volk unterbleibt; ebenso das protokollarische Zeremoniell. Der Winterregen ergießt sich an diesem 26. Januar 1999 mit voller Wucht über Jordanien.

Von nun an vollzieht sich der kärgliche Rest des königlichen Lebens unter dem Schleier der Verschwiegenheit. Die Welt soll nicht Zeuge sein des elenden Sterbens.

Aktiv zu sein ist dem König endgültig verwehrt. Die Konflikte Arabiens, die seit nahezu einem halben Jahrhundert sein Leben bestimmt haben, existieren für ihn nun nicht mehr. Der Mann, der wenige Stunden zuvor noch mit Überlegung und Entschlossenheit interne Schwierigkeiten der haschemitischen Familie zu bewältigen versucht hatte, ist nun gezwungen, die Welt aus dem Griff zu lassen – sie entgleitet ihm.

Es ist die Königin Nur, die fünf Tage nach der Ankunft des Sterbenden in der Mayo-Klinik von Minnesota die Entscheidung zur sofortigen Rückkehr nach Amman trifft – nach Konsultation mit Dr. Sami Farradsch und den von ihm zugezogenen Klinikärzten. Sie will, daß Hussein nicht in den Vereinigten Staaten von Amerika, sondern in Amman bestattet wird. So kehrt die fliegende Krankenstation in die jordanische Hauptstadt zurück. Würde Hussein in den USA sterben, müßte er nach den islamischen Gesetzen, die sofortige Bestattung eines Toten verlangen, auch dort beerdigt werden. Eine Überführung des Toten würde die Tradition brechen.

Diesmal, am Vormittag des 5. Februar 1999, wird Hussein vom Militärflughafen Amman aus mit dem Hubschrauber zum Hussein Medical Center im Westen der Hauptstadt gebracht. Das jordanische Volk erfährt, daß der König im Sterben liege. Die Verlautbarungen der Ärzte sprechen von »Agonie des Kranken«. Er ist klinisch tot.

Erstaunlich einfach, kurz und anspruchslos ist der Staatsakt der Amtsübernahme durch Abdallah Ibn Hussein unmittelbar nach dem Tod des Vaters. Er findet im Parlamentsgebäude statt. Der neue König wird durch eine Eidesformel eingeschworen. Lange blickt Abdallah auf das lebensgroße Gemälde des Vaters, das eigens aufgestellt worden ist. Abdallah beugt den Kopf und verharrt lange in dieser Haltung. Der Tote dominiert dieses Ereignis. Bei jeder Nennung seines Namens brechen die Anwesenden in Schluchzen aus.

Der neue König des haschemitischen Staates trägt den Namen Abdallah II. Der Urgroßvater war Abdallah I. gewesen, dessen Leben im Sommer 1951 durch den Schuß eines Mörders vor der Al-Aqsa-Moschee in Jerusalem geendet hatte.

Nach Husseins Tod –
König Abdallah II. und Königin Rania

Die islamische Tradition verlangt, daß der Tote am Todestag unmittelbar zu bestatten ist. Die moderne Medizin ermöglichte es im Fall des Exkönigs, Todestag und Ankunft der kondolierenden Staatsgäste in Einklang zu bringen. Den Organisatoren des Staatsaktes standen nur wenige Stunden zur Verfügung. Zu bewundern war die logistische Leistung der jordanischen Luftaufsicht und des Personals im Tower des eher karg ausgestatteten Flugfelds von Amman. Innerhalb von sechs Stunden fanden 150 Flugbewegungen statt. Anreisen und Abreisen der Staatsmänner vollzogen sich innerhalb der Zeit zwischen 8 und 14 Uhr.

Die Luftwaffe der Vereinigten Staaten übernahm am Tag der Beerdigung des einstigen Herrschers die Sicherung des Luftraums über Jordanien. Die Sorge war nicht unberechtigt, vom Nachbarland Irak aus könne ein Raketenschlag gegen den Raghadanpalast erfolgen, vor dem Präsident Clinton und der britische Premierminister Toni Blair in der Schlange der Kondolenzgäste wartend standen – die beiden Politiker des Westens, die Saddam Hussein über jedes Maß hinaus haßte. Selbst nach der völlig unerwarteten Ankunft von Saddam Husseins Stellvertreter vor dem Raghadanpalast – er war mit dem Auto angereist – legte sich die Sorge vor einem irakischen Anschlag nur unwesentlich.

Doch niemand störte die Versammlung der Trauergemeinde. Dabei waren an Ort und Stelle die Sicherheitsmaßnahmen ausgesprochen locker. Vor dem Raghadanpalast waren keine Bewaffneten zu sehen.

Die Liste der Kondolenzgäste war beachtlich. 20 Staatspräsidenten, 9 Monarchen, 8 Kronprinzen, 14 Ministerpräsidenten, 22 Stellvertretende Ministerpräsidenten, 14 Mitglieder nicht regierender Adelshäuser, 31 Minister und Botschafter hatten sich eingetragen. Aus den USA waren zusammen mit Bill Clinton auch die einstigen Präsidenten Gerald Ford, Jimmy Carter und George Bush nach Amman gekommen. Eingereiht in die Masse der wartenden Gäste vor dem Raghadanpalast hatte sich auch Jackie Stewart, der Formel-I-Rennfahrer.

Der Tod des Königs Hussein hat Feinde zusammengeführt. Im

Freien vor dem Trauerpalast standen sie beieinander: Präsident Clinton und der irakische Vizepräsident; der israelische Ministerpräsident Netanyahu und der Syrer Hafez al-Assad; der Vertreter des Libyers Moammar al-Kathafi und der britische Premierminister Toni Blair; die türkische und die zypriotische Delegation. Sie alle vermieden zu enge Kontakte; ihre Blicke begegneten sich nicht.

Nur eine seltsam herzliche Begrüßung wurde registriert: Der in Damaskus lebende Chef der radikalen Demokratischen Volksfront zur Befreiung Palästinas, Nayyef Hawathmeh, trat auf den israelischen Staatspräsidenten Ezer Weizman zu. Weizman erkannte den Palästinenser, der die Existenz Israels bis heute ablehnt. Beide schüttelten sich die Hand.

Verloren muß sich der einstige Kronprinz Hassan gefühlt haben, der durch den Verlust von Amt und Würden brüskiert worden war. Im Raghadanpalast, im Saal, in dem der Tote aufgebahrt war, hielt er sich zunächst in Reichweite der fünf Söhne Husseins auf. Er sprach einige Minuten mit König Abdallah und trat dann in den Hintergrund. Hassan hatte ausgedient.

Hassan ist 52 Jahre alt (Jahrgang 1947). Er steht vor einer ungewissen Zukunft. Hussein hat ihm sein Amt genommen, seine Arbeit – Hussein hat auch seine Ehre angegriffen. Ein Offizier aus seinem bisherigen Stab sagt: »Er trägt die Vorwürfe des 14seitigen Briefes seines Bruders wie ein Soldat, der dem Eid treu bleibt.«

Hassan ist sich des Werts seiner Arbeit bewußt. Er hat während der vergangenen Jahre »Braintrusts« von Wissenschaftlern, Offizieren, Verwaltungsfachleuten, Ingenieuren und Volkswirtschaftlern gebildet für wirtschaftliche und politische Spezialgebiete. Sie hatten Pläne ausgearbeitet für die Bewältigung von Spannungszeiten, von Unruhen, von Kriegssituationen und Wirtschaftskrisen. Hassans Absicht war es gewesen, ein Krisenmanagement für den gesamten Nahen Osten zu entwickeln. Ohne ein derartiges Instrument, so fürchtete Hassan, werde die weite Region zwischen den Flüssen Jordan und Tigris im Sumpf einer »Balkanisierung« versinken. Ein Entwicklungsplan sollte den Gesamtrahmen schaffen für Fortschritt im Nahen Osten. Durch Einbindung war nach Hassans Meinung die Reibung zwischen regionalen Interessen zu verhindern; es durfte künftig keinen Anlaß geben für Konflikte und Kriege.

Hassan weiß am Tag des Abschieds von seinem Bruder, daß das Resultat seiner Arbeit weiter gepflegt werden müßte. Er ist sich auch bewußt, daß er kaum mehr gefragt sein wird. Hassan war immer fest überzeugt gewesen, unersetzbar zu sein. Doch schon während der Wochen vor Husseins Tod hatte er gespürt, daß einer der jungen Prinzen aus der Haschemitenfamilie ihn als Denker abzulösen begann, daß er von der jungen Generation als altmodisch, schwerfällig und sogar als überflüssig bezeichnet wurde. Ihm, dem damaligen Kronprinzen, war zugetragen worden, daß die Prinzen Abdallah (Jahrgang 1962) und Ali (Jahrgang 1975) eine Absprache getroffen hatten: Ali sollte sich um wirtschaftliche Belange des Königreichs kümmern, während Abdallah sich der Außenpolitik widmen wollte.

Dem damaligen Kronprinzen war auch nicht verborgen geblieben, daß sich Abdallah und Ali während der Monate November und Dezember 1998 entschlossen hatten, Hassan auf keinen Fall zu unterstützen, wenn er von Hussein tatsächlich zum König eingesetzt werden würde. Sie hatten den kranken König von ihrem Entschluß unterrichtet.

Es war kein Geheimnis in der jordanischen Hauptstadt gewesen, daß nicht nur Prinz Abdallah gegen den Kronprinzen Hassan Anspruch auf den Thron erhoben hatte, sondern auch Prinz Ali. Der Jüngere der beiden hatte geglaubt, einen besonderen Vorteil auf seiner Seite zu haben: Seine Mutter, Königin Alia, war Araberin gewesen – und von Geburt an islamische Gläubige. Seine vier Brüder aber waren von Müttern geboren worden, die vor der Heirat mit Hussein Engländerin oder Amerikanerin gewesen waren. Ali hatte geglaubt, er werde schließlich auch davon profitieren, daß seine Mutter nicht nur Araberin, sondern auch Palästinenserin gewesen war. Gerade die Palästinenser hatten ihn deshalb besonders ins Herz geschlossen. Ali war über Monate hin eingeredet worden, nur er käme für die Thronfolge in Frage. Nie werde es Hussein wagen, den Sohn einer Engländerin oder gar einer Amerikanerin als König des Haschemitenreiches einzusetzen. Der frühe und rasche Tod des Vaters hatte Alis Hoffnungen zerschlagen.

Zusammen mit seinen vier Brüdern hatte Ali Vaters Sarg in den Raghadanpalast getragen. Zwei der Brüder waren nun die Privilegierten: Abdallah (Jahrgang 1962) und auch Hamzah

(Jahrgang 1980), dem die Funktion des Kronprinzen zugesprochen worden war. Er aber, Ali, mußte sich mit Prinz Feisal (Jahrgang 1963) und Prinz Hashem (Jahrgang 1981) ein Schattendasein teilen. Ali ist entschlossen – trotz der schlechten Ausgangslage – seine Chance in Zukunft zu wahren.

Bald schon nach der Beisetzung des Vaters spricht Prinz Ali, im Einvernehmen mit König Abdallah, über das Programm, für das er sich ganz persönlich einsetzen will. Zu hören ist die Absage an die politischen Kategorien des Vaters. Prinz Ali sagt: »Was wir im Königreich und in der arabischen Region brauchen, ist weniger Politik und mehr Wirtschaft. Politik führt zu Streitigkeiten und zu Konflikten – Wirtschaft baut Brücken und schafft Zusammenarbeit. Wir müssen die Gemeinsamkeit fördern, ohne an Macht über andere zu denken. Zur Förderung der Gemeinsamkeit sind in Jordanien Gesetzesänderungen nötig. Sie werden in die Wege geleitet. Das Ziel ist freier Handel zwischen sämtlichen Ländern ostwärts des Mittelmeers.«

Als besonders bemerkenswert ist zu bewerten, daß Prinz Ali Saudi-Arabien in die gemeinsame Handelszone einschloß – und Syrien auch. König Abdallah II. habe vor, bei seinem Besuch in Damaskus dieses Thema anzusprechen. Abdallah II. zeigt, daß er bereit ist, eigene politische Wege zu beschreiten – auch wenn er die vom Vater berufenen Minister vorläufig im Amt behält.

Prinz Abdallah war schon einmal zum Thronfolger ausersehen gewesen – unmittelbar nach seiner Geburt im Jahr 1963. Hussein war damals 25 Jahre alt und stolz auf seinen Erstgeborenen. Gerade in jener Zeit aber begann die lebensgefährliche Phase in der Existenz des Königs: Attentäter bedrohten ihn – sein Leben war keine Stunde sicher. Die Palästinenser hatten begonnen, Krieg mit Israel zu provozieren. Vorsorge mußte getroffen werden für den Fortbestand des haschemitischen Königreichs, auch für den Fall, daß Husseins Leben ausgelöscht wird. Es war Husseins Mutter, Königin Zain as-Sharaf, die vorschlug, die Nachfolgefrage vernünftiger zu regeln – ein eben geborener Junge schien ihr als Kronprinz ungeeignet zu sein. Auf Königin Zains Anregung hin wurde im Jahr 1965 Husseins jüngerer Bruder Hassan (Jahrgang 1947) zum Kronprinzen bestimmt.

Die Mutter des Königs sorgte allerdings auch dafür, daß Abdallah im Bannkreis des haschemitischen Hofs blieb. Zain hielt die geschiedene Muna – die einst bei der Heirat nicht Königin hatte werden wollen – samt ihrem englischen Vater, dem Offizier Gardiner, in Amman. Zain organisierte die Ausbildung von Husseins Ältestem.

Aber auch Hussein verlor den Jungen nicht aus den Augen. Während seines Aufenthalts zu den Trauerfeierlichkeiten in Amman erzählte der amerikanische Expräsident Jimmy Carter, Hussein habe ihn einst gefragt, ob er seinen Sohn Abdallah zu politischen Gesprächen mitbringen dürfe. Abdallah, damals gerade 15 Jahre alt, habe auf ihn einen starken Eindruck gemacht: Er habe durch wenige Bemerkungen, die ihm gestattet gewesen seien, Verstand und Urteilskraft bewiesen. Jimmy Carter warnte davor, den neuen Herrscher Jordaniens zu unterschätzen. Dieses Urteil bestätigte die amerikanische Außenministerin Madeleine Albright mit ihrer Aussage: »Ich glaube, er besitzt wirklich Führungsqualitäten!«

Als 20jähriger Prinz hatte sich Abdallah das Leben seines Vaters, das dieser während der ersten zwei Jahrzehnte nach der Thronbesteigung geführt hatte, zum Vorbild genommen: In England und in den USA hatte er rasante Autos getestet und sich mit flotten Frauen umgeben. Die Orte waren ihm bekannt, an denen sich die Reichen und die Schönen aufhielten. Im Gegensatz zum Vater war er dabei für die Reporter, die über die elegante Welt berichteten und auf der Suche nach Skandalen waren, nie in Bild und Wort zum Objekt geworden – und zu Hause fand er selbst dann nur geringe Beachtung, als er sich im Autorennsport auszeichnete und die Jordanian National Rally gewann.

Seine militärische Laufbahn hat Prinz Abdallah im Jahr 1980 begonnen – damals war er 18 Jahre alt. Zuvor schon hatte der Krieg von 1967 auf ihn Eindruck gemacht: Zusammen mit dem Vater hatte er sich manchmal daran erinnert, daß er als Fünfjähriger die israelischen Kampfmaschinen bejubelt hatte, die damals über den Palast im Westen der Stadt gedonnert waren. Wie der Vater hatte Abdallah militärische Grundbegriffe in der britischen Militärakademie Sandhurst gelernt. Im Gegensatz zum Vater hatte er dort keinen bleibenden Eindruck hinterlassen. Dem Drill entzog er sich, er suchte sich Spezialgebiete aus, in denen er glänzen konnte: Er ließ sich zum Fallschirmspringer und zum Froschmann ausbilden. Praktische soldatische Erfahrungen gewann er beim Dienst in der jordanischen Armee. Er fand seine Lebensperspektive in der Truppe und war schließlich der Meinung, die königlich-jordanische Armee werde seine berufliche Heimat bilden. Im Jahr 1993 – Abdallah war gerade 31 Jahre alt geworden – ernannte ihn der Vater zum Brigadegeneral und zum Kommandeur der »Special Forces«, die auf Sondereinsätze vorbereitet wurden.

Im Juni desselben Jahres fand seine unspektakuläre Hochzeit mit Rania al-Jassin statt, die einer angesehenen und wohlhabenden Palästinenserfamilie entstammt, die in Tulkarim, im Norden des israelisch besetzten Palästinensergebiets, zu Hause war.

Rania al-Jassin ist allerdings in Kuwait geboren worden, am 31. August 1970. Ihr Vater war dort im Emirat am Persischen Golf Geschäftsmann. Er mußte, wie alle Jordanier, das Emirat im Verlauf des Golfkriegs verlassen, als König Hussein deutlich Position für Saddam Hussein und damit gegen Kuwait bezogen hatte. Rania al-Jassin lebte zu dieser Zeit als Studentin in Cairo. Sie schloß im Jahr 1991 ihr Studium an der American University der ägyptischen Hauptstadt mit Diplom im Fach Betriebswirtschaft ab und zog zu ihrer Familie nach Amman. Rania lernte den Offizier Abdallah Ibn Hussein auf einer Gesellschaft kennen. Daß Rania einen halben Kopf größer ist als Abdallah, stört beide nicht.

Sie wird als eigentümlich farblos geschildert. Von Abdallah ist bekannt, daß er sie als »bescheiden und demütig« preist. Sie scheuten beide jedoch die Öffentlichkeit nicht. Häufig waren sie in einem der schickeren Restaurants der Hauptstadt zu sehen gewesen, das die Jugend bevorzugt. Sie hatten dort mit ihren zwei Kindern zu Mittag gegessen.

Höflinge wußten zu berichten, Abdallah und Rania fänden ihr besonderes Vergnügen darin, auf einem britischen Motorrad mit Beiwagen über die weitläufigen Straßen der Palastanlage von Amman zu brausen – mit dem Sohn Hussein auf dem Rücksitz der schweren Maschine und der Tochter Iman neben der Mutter im Beiwagen. Prinz Hussein ist am 28. Juni 1994 geboren worden – Prinzessin Iman am 27. September 1996.

In einem Fall hat die bescheidene Rania bewiesen, daß sie mu-

tig sein kann. Sie erregte Verblüffung in der Ammaner Gesellschaft, als sie sich öffentlich zum Thema »Kindesmißbrauch«
geäußert hatte. Darüber hatte in Jordanien bisher niemand gesprochen. Auf Mißfallen stießen ihre Worte: »Kindesmißbrauch ist ein Übel, das in jeder Gesellschaft vorkommt – auch
in der unseren!« Widerspruch gab es keinen. Ranias Aktivität
zugunsten mißbrauchter Kinder wurde einfach totgeschwie-
gen. Rania aber besteht darauf, dieses Übel müsse auch im
haschemitischen Königreich bekämpft werden.
Manchmal gingen während des Jahres 1998 Gerüchte in Amman
um, Abdallah sei dabei, sich eine andere Frau ins Haus zu
holen. Doch es gab nie einen konkreten Hinweis, der diese
Gerüchte bekräftigt hätte. Sie fanden ein Ende, als Abdallah II.
seine Frau unmittelbar nach der Amtsübernahme durch Dekret zur Königin bestimmt. Abdallah ist gut beraten, sich von
Rania nicht zu trennen. Diese Frau ist – da er König geworden
ist – ein außerordentlicher Glücksfall: Sie bedeutet seine ganz
persönliche Bindung an den palästinensischen Volksteil Jordaniens – er bildet die Mehrheit. Verstimmung der Palästinenser
kann er sich nicht leisten. Er will sich Mühe geben, populär
und anerkannt zu werden.
Einmal hatte das Fernsehen ausführlich über den Prinzen Abdallah berichtet. Zwei entsprungene Mörder terrorisierten damals ein Dorf bei der Hauptstadt. Sie waren schwer bewaffnet
und drohten, jeden zu erschießen, der ihnen gefährlich werden
konnte. Die beiden richteten sich auf einen langen Widerstand
ein. Die Polizei der Hauptstadt war der Aufgabe nicht gewachsen, die Mörder unschädlich zu machen. Die »Special Forces«
mußten eingreifen. Sie stürmten schließlich den Schlupfwinkel
der beiden. Einer wurde getötet – aber auch die »Special Forces« erlitten Verluste.
Nach Abschluß der Aktion wurde Prinz Abdallah im Fernsehen als besonders mutig gepriesen. Der Vater beförderte ihn
daraufhin in der Hierarchie der jordanischen Generäle um
einen Rang höher.

Politik der Öffnung –
»Die neue Zeit braucht eine andere Politik«

Den Trauergästen, denen Abdallah Ibn Hussein am Tag der Beerdigung des Vaters in einer Reihe von Audienzen begegnen
mußte, vermittelte er geschickt den Eindruck, er habe nie daran gedacht, eine Machtfunktion in der Politik zu übernehmen.
Er sei von Herzen Offizier gewesen und habe zu gehorchen
gelernt. Die arabischen und die europäischen Politiker, die
dem neuen König zuhörten, waren nach dem Gespräch der
Meinung, er übernehme das Amt des haschemitischen Herrschers unvorbereitet. Diese Bescheidenheit wurde als sympa-
thisch empfunden. Abdallah hatte jedoch sehr wohl für eine
politische Zukunft vorgesorgt, in der ihm Beziehungen von
Nutzen sein konnten.
Unbemerkt hatte er wichtige Freundschaften geschlossen. Ohne
Funktion und ohne Auftrag konnte sich Prinz Abdallah, dessen Person nirgends Aufsehen erregte, von der Mitte der 90er
Jahre an um die junge Generation der Herrscherfamilien am
Persischen Golf bemühen. Er besuchte die Prinzen von Saudi-
Arabien, die Enkel des Königs Fahd und seiner Brüder – die
darauf warteten, endlich die 80jährigen Mächtigen im saudischen Königreich ablösen zu können. Die Jungen sprachen untereinander darüber, daß die Zeit gekommen sei für eine »Politik der Öffnung«, die Rücksicht nehme auf die Wünsche der
Untertanen. Sie redeten viel darüber, welches Maß an Demokratie für ihre Völker zuträglich sei. Im Verlauf dieser Unter-
haltungen, die in Saudi-Arabien stattfanden, aber auch in London und in den USA, war es auch Abdallahs Anliegen zu verhindern, daß die künftige Generation der Regierenden im
wichtigsten Ölstaat der Welt das Mißtrauen der Alten weiter
pflegten, die Haschemiten hätten nur das eine Ziel, dem Haus
As-Saud Mekka und Medina zu entreißen, um wieder das She-
rifenamt für diese heiligen Stätten zu übernehmen.
Als Prinz war Abdallah darauf bedacht gewesen, das Mißtrauen und den Haß der Saudiprinzen auf die Sippe der Haschemiten abzubauen. Dem ältesten Sohn des Königs Hussein
war ins Gedächtnis geprägt, daß der Vater schlimmen Gehäs-
sigkeiten ausgesetzt war. Im Herbst 1990 hatte Prinz Bandar
Ibn Sultan die Unverschämtheit besessen, Hussein daran zu

erinnern, daß die Haschemiten ihr Königreich nicht aus eigener Kraft geschaffen hatten. In einem öffentlichen Brief, der in der Washington Post und in der New York Times veröffentlicht wurde, hatte Prinz Bandar Ibn Sultan dem Haschemitenstaat das Existenzrecht abgesprochen: »Majestät, Ihr sogenanntes Königreich ist durch eine Laune der Kolonialmacht England entstanden. England hat die Grenzen gezogen und hat Jordanien am Leben gehalten.« Das Fazit des Briefes: Es ist Zeit, Jordanien aufzulösen. Abdallah wollte dafür sorgen, daß dem Haus Haschem künftig derartige Demütigungen erspart blieben.

Adnan Abu Audeh, ein wichtiger Berater des neuen Königs, lüftete ein Geheimnis durch die Andeutung, der Monarch habe es als Prinz mit Geschick verstanden, Kontakte mit israelischen Generälen der jüngeren Generation aufzunehmen, die über den militärischen Bereich hinauszublicken verstünden und von denen anzunehmen war, daß sie die Offizierslaufbahn als Sprungbrett für die militärische Karriere betrachten würden. Adnan Abu Audeh war vorsichtig genug, keine Namen zu nennen. Der Berater des Königs deutete nur an, diese Kontakte könnten für die Zukunft Jordaniens überaus nützlich sein bei der Lösung eines besonders dringlichen Problems – gemeint sind die Schwierigkeiten bei der Verteilung des Jordanwassers.

Noch vor dem Tod Husseins war in Amman bekanntgeworden, daß die Regierung Netanyahu entschieden hatte, sie werde künftig nur noch die Hälfte der Wassermenge aus dem Gewässersystem des Jordan, die dem haschemitischen Königreich gemäß dem Friedensvertrag von 1994 zusteht, in das jordanische Versorgungssystem weiterpumpen. Der Grund für die Einschränkung der Wasserlieferung sei die anhaltende Trockenheit. Die Aufkündigung der Vereinbarung des Friedensvertrags löste Ängste in Jordanien aus. Betroffen sind vor allem die Betreiber landwirtschaftlicher Unternehmen im Jordantal und auf der Hochfläche zwischen Jerash und Amman. Dort verdient ein Viertel der jordanischen Bevölkerung den Lebensunterhalt. Die Reduzierung der zur Verfügung stehenden Wassermenge um die Hälfte hätte eine starke Verminderung der Anbauflächen zur Folge. Zu rechnen ist dann mit der Arbeitslosigkeit von mindestens 50 000 Menschen. Unruhen wären nicht zu vermeiden.

Ein vom einstigen Kronprinzen Hassan geleiteter Braintrust hatte die katastrophale Entwicklung der Wasserversorgung vorhergesagt. In dem Diskussionspapier der Spezialisten ist auch der Hinweis zu finden, daß die jordanischen Landwirtschaftsbetriebe im Jahr 320 Millionen Kubikmeter Wasser, das nicht erneuerbar ist, aus dem Boden pumpten. Der jordanischen Regierung liegt auch eine Studie der Vereinten Nationen vor, der die bittere Prognose zu entnehmen ist, daß im Jahr 2000 das haschemitische Königreich nur über zwei Drittel des Wassers verfügen kann, das bei größter Sparsamkeit der Privathaushalte und der Wirtschaft benötigt wird. Der Wassernotstand ist nicht abzuwenden. Abdallah ist beim Problem der Verteilung des Jordanwassers der Gnade der Israelis ausgeliefert. Der König kennt die Feststellung seines Vaters: »Wenn Jordanien jemals wieder Krieg gegen Israel führt, dann nur wegen des Wassers. Der Krieg der Zukunft wird ein Konflikt um das Wasser sein.« Abdallah muß diesen Krieg vermeiden. Er weiß, daß sein Königreich ihn nicht gewinnen kann. Abdallah setzt deshalb nicht auf militärische Stärke. Der Offizier überrascht durch eine diplomatische Offensive.

Während der kurzen Vorbereitungszeit dazu veränderte er sein Ausehen.

Keine modische Bedeutung – der Nachfolger läßt sich einen Bart wachsen

Nach Abreise der Trauergäste zeigt sich Abdallah einige Tage lang nicht in der Öffentlichkeit. Während dieser Zeit werden überall im Land in Ministerien, Ämtern, Gerichten und Kasernen die Bilder des Vaters abgehängt. Erwartet wird die Anlieferung des Porträts von Abdallah. Doch zu allererst verbreitet das königlich-jordanische Informationsministerium ein Gruppenbild mit König, Königin und Sohn Hussein. Alle drei zeigen lächelnd strahlend weiße Zähne. Die Fotos bieten den Jordaniern eine Überraschung: Abdallah trägt einen Bart auf Backen, Kinn und Oberlippe.

Daß dieser Bart keine modische Bedeutung hat, ist den Jordaniern bewußt. Er dient nicht dazu, die etwas robusten Gesichtszüge zu veredeln. Die Untertanen erinnern sich sehr wohl daran, daß Hussein einen derartigen Bart immer dann getragen hat, wenn er auf die verwandtschaftliche Beziehung der Haschemitenfamilie zum Propheten Mohammed hinweisen wollte. Vom Mohammed, dem Gesandten Allahs, wird berichtet, er habe einst einen derartigen Bart getragen – und nach ihm alle wichtigen Männer der Prophetenfamilie.

Durch den Bart signalisiert Abdallah, er gehöre in die Reihe der haschemitischen Emire und Sherifen, die in Mekka und Medina mächtig gewesen waren. Daß er keinen Anspruch auf die heiligen Stätten erhebt, soll nicht Verzicht auf Stellung und Würde der Haschemiten in der islamischen Ordnung bedeuten.

Der Bart ist Blickfang für alle Gesprächspartner, die Abdallah in der zweiten Maiwoche 1999 in Europa, Kanada und in den Vereinigten Staaten von Amerika aufsucht. In Berlin trifft er den Bundespräsidenten, den Bundestagspräsidenten, den Bundeskanzler und die Ministerin für Entwicklungshilfe. Thema der Gespräche ist die schwierige wirtschaftliche Lage des haschemitischen Königreichs. Abdallah bittet um Verständnis, daß sein Land bei der geringen Bevölkerungszahl von derzeit etwa vier Millionen Menschen die Schuldenlast von sieben Milliarden Dollar nicht länger tragen kann. In Berlin beginnt der König seine Rundreise als Bittsteller. Er möchte die Voraussetzung schaffen, daß dem jordanischen Staat wenigstens die Hälfte der sieben Milliarden erlassen werden.

Abdallah schweigt darüber, daß er wohl Grund hätte, über die Schuldenpolitik des Vaters enttäuscht zu sein – sie war kein Thema gewesen in der jordanischen Hauptstadt vor Abdallahs Amtsantritt. Über Fehler in der Finanzpolitik sagt er: »Wir haben keine Zeit, darüber zu jammern!« Zur Hinter-lassen-schaft des Vaters meint er: »Wir denken nicht darüber nach, ob wir mit seinem Tod einen Verlust erlitten haben. Wir müssen uns auf die Gegenwart konzentrieren. Unser Volk muß die Sicherheit haben, daß Jordanien fortbesteht!« Abdallah verheimlicht nicht, daß ihn die Sorge vor inneren Unruhen in Jordanien umtreibt: »Wenn unser Land in einem Schuldenberg und im Zinssumpf versinkt, wird unser Volk unzufrieden und es kann zur Beute werden für Unruhestifter jeder Art. Noch kann ich die Destabilisierung verhindern. Aber sie wird eintreten, wenn uns in der Schuldenfrage nicht geholfen wird!«

In den europäischen Hauptstädten wird Abdallahs Kühnheit mit einer Mischung aus Verärgerung und Staunen zur Kenntnis genommen: »Er fordert ein Geschenk von dreieinhalb Milliarden Dollar ein!« Die Entgegnung des Königs: »Von mir wird verlangt, daß ich Jordanien stabil halte. Stabilität kostet Geld.«

Verständnis findet Abdallah in den USA. Präsident Clinton und seine Außenministerin sind in den Konflikt mit Saddam Hussein verwickelt. Beide wollen Jordanien in diesen Streit auf ihrer Seite einbeziehen. Sie geben zu erkennen, daß sich die USA finanziell erkenntlich zeigen würden, wenn Jordanien dem amerikanischen Geheimdienst »bei der Lösung des Problems Saddam Hussein« behilflich sein könnte. Doch der Haschemitenkönig stellt klar: »Ich beteilige mich nicht an einem Umsturzversuch in Baghdad, der von den USA aus gesteuert wird!« Daraufhin schwindet die Hilfsbereitschaft der amerikanischen Regierung. Abdallah erinnert sich daran, daß ihm sein Vater diese Lebenserfahrung eingeschärft hat: »Die Amerikaner werden auch dir Tiefschläge versetzen! Sorge dafür, daß du aufrecht stehen bleibst!«

Ein Vierteljahr lang ist Abdallah im Amt, da steht für den Nahen Osten eine wichtige Entscheidung bevor, die seine Politik beeinflussen wird: Israel wählt. Abdallah bemüht sich, vor der Wahl keine Stellung zu beziehen. Er will nicht zeigen, daß er Netanyahu die Niederlage wünscht. Doch da geschieht es, daß er gegenüber einem Besucher aus Europa diese Bemerkung macht: »I would be optimistic about peace if we have a new face in Israel.« Geistesgegenwärtig verändert er die Bedeutung seiner Worte: »I want to say if we have an new phase«.

Über Nacht –
A new face – a new phase

Der 17. Mai 1999 bringt tatsächlich ein neues Gesicht an die Spitze der israelischen Regierung – und mit ihm beginnt eine neue Phase der israelischen Politik. Seit dem 17. Mai 1999 herrscht im Nahen Osten insgesamt eine neue Atmosphäre.

416

Die Wahl des Ministerpräsidenten hatte sich von selbst zum »Amtsenthebungsverfahren durch Volksabstimmung« entwickelt. Die Mehrheit der israelischen Wähler hat Benjamin Netanyahu aus dem Amt vertrieben.

Dieses Ergebnis der Wahl hätte König Hussein sehr behagt: Er hatte Netanyahu während seiner letzten Lebensmonate gehaßt. Hussein war mit dem Rest seiner Lebenskraft im Oktober 1998 am Verhandlungsort Wye River Plantation für den Fortschritt im Friedensprozeß zwischen den Palästinensern und Israel eingetreten und hatte Erfolg gehabt. Doch Netanyahu hatte Hussein getäuscht: Der israelische Ministerpräsident hatte nie die Absicht gehabt, den Vertrag einzuhalten. Netanyahus Verhalten hatte dem König die letzte bittere Enttäuschung seines Lebens bereitet.

Daß dem toten Vater durch das israelische Volk Gerechtigkeit widerfährt, hatte Abdallah nicht zu hoffen gewagt. Am Wahltag befand er sich in Cairo. Im Gespräch mit Husni Mubarak brachte er seine Besorgnis zum Ausdruck, sein Land werde zerrissen, wenn Netanyahu an der Macht bleibe. Abdallahs Furcht war, die palästinensische Mehrheit der Bewohner Jordaniens könnte islamisch radikalisiert werden und könnte sich – wieder einmal – von der haschemitischen Dynastie zu befreien versuchen.

In der heißen Phase des israelischen Wahlkampfs waren Explosionen der palästinensischen Abneigung gegen Israel zu befürchten gewesen – sie hätten die israelischen Wähler wieder in das Lager Netanyahus getrieben. Doch der bisher so radikale Hamaschef Sheikh Ahmed Jassin hatte überraschend für Mäßigung gesorgt: »Wir wollen Israel nicht von der Landkarte auslöschen. Hamas hält Waffenstillstand ein.« Damit kam Sheikh Ahmed Jassin nicht nur Israel entgegen, sondern auch dem haschemitischen Königreich. Abdallah war die Sorge los, die islamische Kampforganisation Hamas werde von Jordanien aus Anschläge in Israel organisieren.

Doch noch eine Woche vor der Wahl mußte Abdallah befürchten, Netanyahu löse eine Explosion der Emotionen aus, die nicht nur die von Israel besetzten Gebiete, sondern auch das Land östlich des Jordan erschüttern werde. Netanyahu ordnete an, die Büros der PLO im Orient House, das sich im arabischen Teil von Jerusalem befindet, müßten geschlossen werden. Im

Orient House, einem Gebäude im traditionellen Jerusalemer Baustil, befindet sich das Zentralarchiv der Palästinenserorganisation und das Kontaktbüro zu den in Israel anerkannten diplomatischen Vertretungen. Hätte nicht ein hohes israelisches Gericht die Schließung des Hauses verhindert, hätte die Empörung der Palästinenser insgesamt wahrscheinlich zu einem gewalttätigen Aufstand geführt, der von den israelischen Sicherheitstruppen mit Gewalt bekämpft worden wäre. Die Niederschlagung des Aufstands hätte Netanyahu die Möglichkeit gegeben, sich als Bewahrer der Sicherheit in Israel zu präsentieren. Der Aufstand der Palästinenser hätte Transjordanien in Turbulenzen gestürzt und auch den König veranlaßt, seine Sicherheitstruppen gegen Aufständische einzusetzen. Die Stabilität des Landes wäre gefährdet gewesen.

Der politische Erdrutsch des 17. Mai 1999 löste Abdallahs Sorgen weitgehend auf. Netanyahu wurde »amtsenthoben«: Sein Gegner Ehud Barak erhielt 56 Prozent der Stimmen bei der Wahl des israelischen Ministerpräsidenten – Netanyahu wurde mit 44 Prozent abqualifiziert. Nie hatte es in der israelischen Geschichte einen derartigen Unterschied im Abstimmungsverhältnis gegeben.

Am Tag nach der Wahl hält sich Abdallah in Washington auf. Vom Weißen Haus aus gratuliert der König dem Wahlsieger. Barak verspricht, künftig eng mit dem haschemitischen Herrscherhaus zusammenzuarbeiten.

Der Haschemitenkönig und der amerikanische Präsident atmen auf. Beide zeigen sie ihre Zufriedenheit, daß Benjamin Netanyahu keinen Einfluß mehr haben wird auf die politische Zukunft des Nahen Ostens.

Mit Netanyahu verliert auch ein ausgesprochener Gegner der Haschemitenherrschaft seine Macht: Ariel Sharon. Der Politiker, der das Schlagwort erfunden hatte vom »Palästinensertransfer«, der die Palästinenser des Westjordanlandes nach Transjordanien hatte deportieren wollen – damit sie sich dort das Land für ihren Palästinenserstaat eroberten – muß auf Amt und Würden verzichten. Ariel Sharon erklärt am 18. Mai 1999, er werde sich künftig auf seine Melonenfarm in der Negevwüste zurückziehen.

Die Niederlage dieses Feindes läßt die Zukunft der Haschemitenfamilie wieder strahlend erscheinen. Es ist dem König Abdallah II. Ibn Hussein zu wünschen, daß er lernt, den Kopf nicht gesenkt, sondern erhoben zu tragen. So, wie sich der Vater erhobenen Hauptes präsentiert hatte – auch in schwierigen Zeiten.

Daß er dem Vermächtnis des Vaters treu bleiben will, zeigt König Abdallah II. am 9. Juni 1999 – am Tag seiner Thronbesteigung. Erst von diesem Ereignis an fühlt sich Abdallah wirklich als Herrscher im Königreich Jordanien. Der zeitliche Abstand zum Todestag des Vaters war ihm wichtig.

Es sind genau 120 Tage vergangen, seit Hussein verstorben ist. Mit der Zeremonie der Thronbesteigung soll die »Epoche Abdallah« beginnen. Die Richtung zeichnet sich ab: Husseins Weg zum Frieden wird beibehalten – doch die Methode zur Erreichung des Ziels ändert sich.

Hatte Hussein Zeit seines Lebens deutlich gemacht, daß für ihn die Armee die Stütze ist, die dem Staat Stabilität gibt, so vertraut Abdallah der Wirtschaft. Drei Tage vor der Thronbesteigung hat er vor den Parlamentsmitgliedern verkündet, der Staat müsse den wirtschaftlichen Kräften Freiheit gewähren; das Überleben des Staates hänge davon ab. Der Vater hätte nie einen derartigen politischen Grundsatz verkündet. Hussein hatte sich auf die Streitkräfte verlassen.

Am 9. Juni 1999 demonstrierte Abdallah II. im Raghadanpalast, daß er dem Beispiel des Vaters auch im Geschick der Lenkung der Haschemitenfamilie zu folgen vermag. Auffällig war, daß Kronprinz Hamzah bei der Zeremonie der Thronbesteigung fehlte – und seine Mutter, Königin Nur, auch. Abdallahs Protokollchef hatte die Anweisung des Königs befolgt, den beiden »einen Auslandsaufenthalt zu gestatten«.

Daraus ist abzulesen, daß Hamzah nicht mehr als Kronprinz anzusehen ist. Zum Kronprinzen ist der jetzt vierjährige Hussein bestimmt – Abdallahs Sohn. Daß Husseins letzte Frau Nur im Rang der Haschemitendynastie weit zurückgestuft wird, gefällt der Bevölkerung in der Hauptstadt Amman. Dort herrscht die Meinung vor: »Nur war die Frau des Königs – sie war nicht Jordaniens Königin!«

BIBLIOGRAPHIE

Primäre Informationsquellen

Tagebücher und Aufzeichnungen des Autors von 1968 bis 1999

Ergänzende Informationsquellen

Bregman, Ahron: The Fifty Years War – Israel and the Arabs. London 1958
Salibi, Kamal: The Modern History of Jordan. London 1993
Glubb, Pascha: Jenseits von Jordan – Soldat mit den Arabern. München 1958
Herzog, Chaim: The Arab-Israeli Wars. New York 1982
Hussein von Jordanien: Mein gefährliches Leben. München 1962
Hussein von Jordanien: Mein Krieg mit Israel. München 1969
Khazendar, Sami: Jordan and the Palestine Question. Berkshire 1997
Netanyahu, Benjamin: A Place Among Nations. New York 1993
Peres, Shimon: Shalom – Erinnerungen. Stuttgart 1995
Riad, Mahmud: The Struggle for Peace in the Middle East. London 1981
Rabin, Jitzhak: The Rabin Memoirs. Israel 1979/1994
Snow, Peter: Hussein – König und Soldat. Düsseldorf 1973
Weizman, Ezer: Eine Schlacht für den Frieden. München 1981

Daten und Fakten

Regional Surveys of the World – The Middle East and North Africa (44 Jahrgänge)

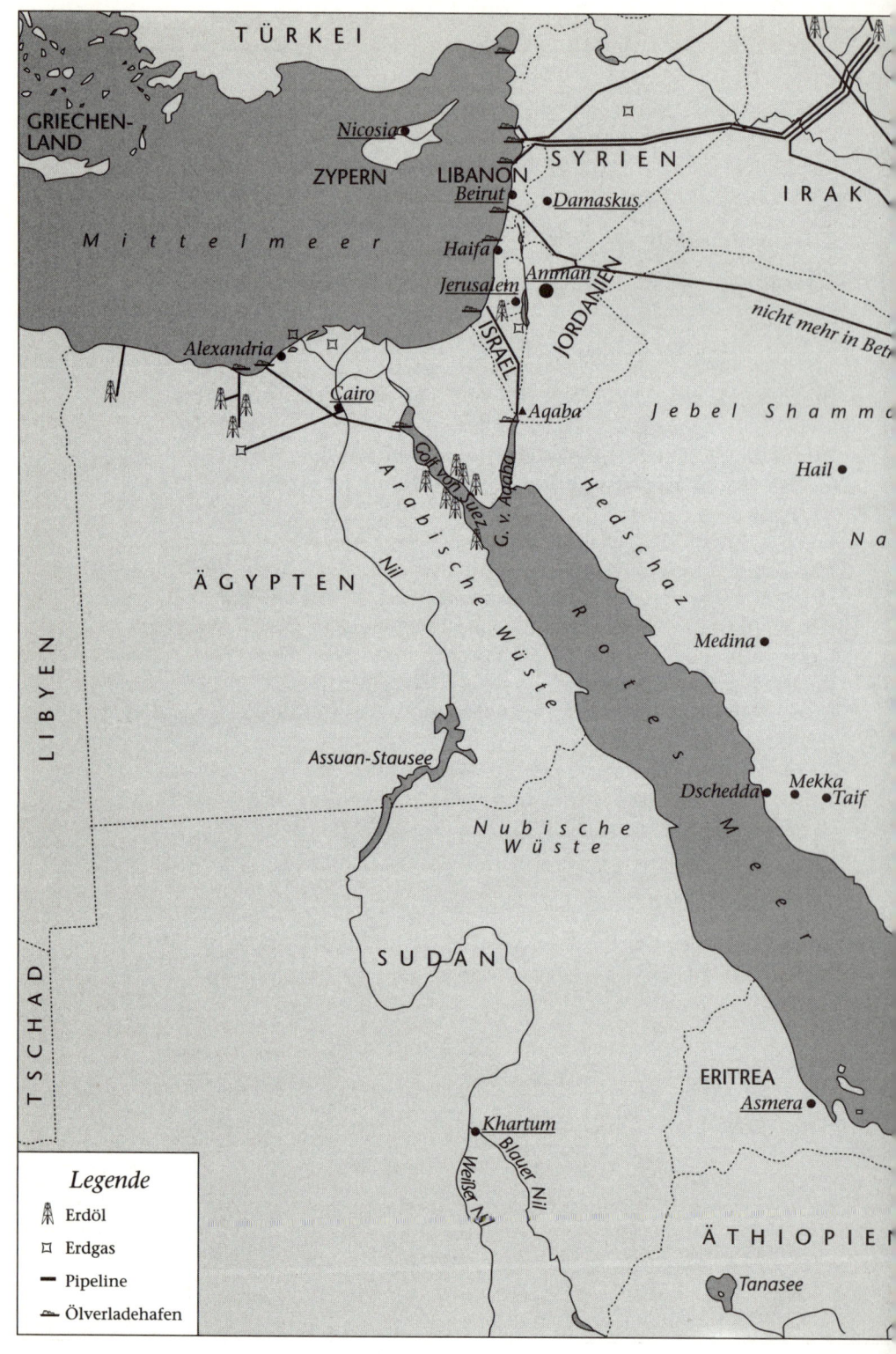

TÜRKEI

GRIECHEN-
LAND

Nicosia

ZYPERN

LIBANON

SYRIEN

IRAK

Beirut

Damaskus

Mittelmeer

Haifa

Jerusalem

Amman

JORDANIEN

nicht mehr in Betr

Alexandria

ISRAEL

Cairo

Aqaba

Jebel Shamm

Hail ●

G. v. Aqaba

Golf von Suez

Arabische Wüste

Hedschaz

N a

ÄGYPTEN

Nil

R o t e s

Medina ●

LIBYEN

Assuan-Stausee

Nubische
Wüste

M e e r

Dschedda

Mekka

Taif

SUDAN

TSCHAD

ERITREA

Asmera ●

Khartum

Blauer Nil

Weißer Nil

ÄTHIOPIEN

Tanasee

Legende
🛢 Erdöl
⬚ Erdgas
— Pipeline
⚓ Ölverladehafen

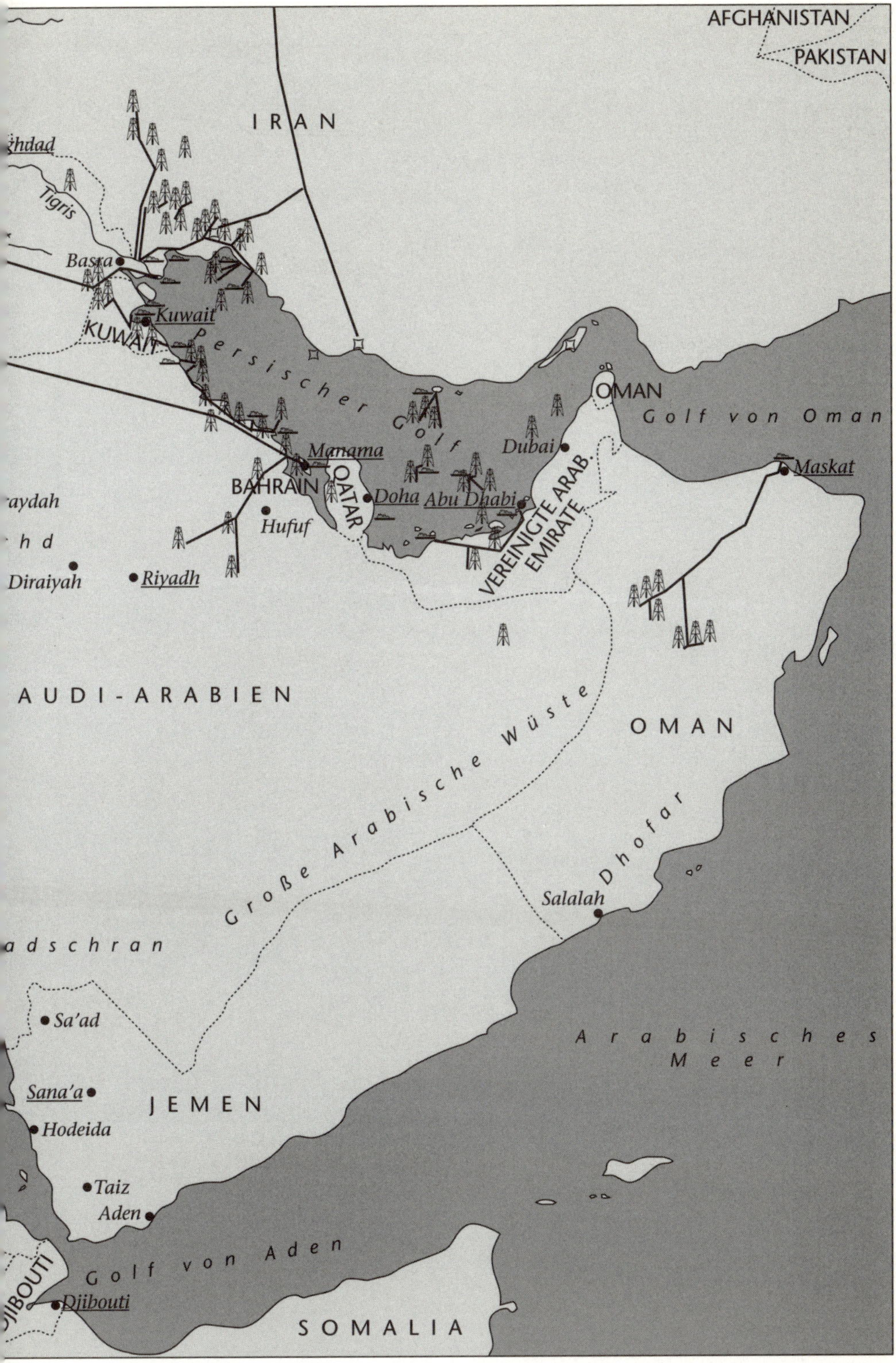

AFGHANISTAN

PAKISTAN

IRAN

hdad

Tigris

Basra

KUWAIT

Kuwait

P e r s i s c h e r   *G o l f*

OMAN

Golf von Oman

Manama   *Dubai*

BAHRAIN   QATAR

aydah   *Doha*   *Abu Dhabi*

h d   *Hufuf*   VEREINIGTE ARAB.
EMIRATE

Diraiyah   *Riyadh*

Maskat

AUDI-ARABIEN

G r o ß e   A r a b i s c h e   W ü s t e

OMAN

Dhofar

Salalah

adschran

*A r a b i s c h e s
M e e r*

Sa'ad

Sana'a   JEMEN

Hodeida

Taiz
Aden

G o l f   v o n   A d e n

DJIBOUTI

Djibouti

SOMALIA

*Bitte beachten Sie
die folgenden Seiten*

432 S. mit 2 Übersichtskarten
ISBN 3-7766-1976-7

Gerhard Konzelmann

Wem gehört Mekka – Krisenherd Saudi-Arabien

„Saudi-Arabien ist für die USA so wichtig wie Texas"

Die Sprengstoffanschläge von 1996 kündigten an, daß das saudische Königshaus vom Sturz bedroht ist und die Zahl derer steigt, die ihm die Beschützerfunktion über die heiligen Stätten Mekka und Medina, den Zentren der islamischen Welt, entreißen wollen. Die USA, Europa und Japan aber sind abhängig vom Königreich auf der arabischen Halbinsel, dem größten Ölproduzenten der Welt . . .

Herbig

446 Seiten, ISBN 3-7766-2048-X

Gerhard Konzelmann
Felsendom und Klagemauer

Am Brennpunkt des israelisch-palästinensischen Konflikts

Seit 1967 kontrollieren die Israelis den Ort, von dem aus Mohammed in den Himmel aufgestiegen sein soll. Doch Arafat will seinem Volk sein Heiligtum wiedergeben …

Das aktuelle Buch zum Nahost-Friedens-prozeß, das aus dem engen, ja freundschaftlichen Kontakt des Autors mit Yassir Arafat brisante Insider-Informationen liefert.

Herbig

Geländerten auf Trip in die Gegend von Jerash "former Comando strong-holds". Frucht: Verschieben auf morgen, genaues erfährt man natürlich nicht. Unzerstört hängt noch immer das Bild des Königs in der Hotelhalle freundlich lächelnd.

Brief an Dr. Dülk: Zusage Produktion Arabien — Reihe für 3. Program. // 11:00 Uhr Weltdienst von Aman. Andi vor Verantwortlichen zu verantwortlichen: die Comandos werden entlassen. Wir brauchen Genehmigung. Assem Andi schafft das schließlich. Gefangene in Reih und Glied, warten bis sie registriert sind. Nur Fatahleute werden entlassen. Alle Männer bärtig, schmal, schwach auf den Beinen, viele verwundete Verbittert über ihre Führer. Einige sagen nur sie seien von Fatah, um entlassen zu werden. Wartende Verwandte vor der Militärakademie. Die Comandos haben sich ergeben weil kein Wasser da war. Einige Entlassene schlagen beim Zentralkomittee der Palästinenser die Scheiben ein: "Es lebe König Hussein" langes Interview auf deutsch gnädigen Fatahmann. Im Beisein von Armeeleuten sagt er: Es war ein Fehler, daß Araber gegen Araber gekämpft haben. Brief an Constanze. Nachmittag 2 versanaphen. 19:00 Am Swimmingpool spielt Orchester-Kapelle. Damen in langen Kleidern "gesellschaftliches Leben" beginnt wieder in Aman. Wein aus Latroun.

Frage an König, weil

After this solution of the Comando problem in Joel which political steps you have in mind to promote the peaceful solution for the Middle East conflict? Which steps you have in mind to overcome isolation of Jordan?

Army — Material an Durra. Name des Fatahman Fathi Mubarak interim veröffentlicht.

Freundliche Geste: König Hussein im Talbia Camp sicheres Lager. Zum ersten mal besucht Hussein ein Lager. Freundliche Reaktion der Lagerbewohner.